本书为教育部人文社会科学研究基地2001年度重大项目
"中国农村微观经济组织形式研究"（01JAZJD790002）最终结项成果

中国农村
微观经济组织
形式研究
系列

当代中国农村微观经济组织形式研究

曹 阳◉著

中国社会科学出版社

图书在版编目（CIP）数据

当代中国农村微观经济组织形式研究/曹阳著 . —北京：中国
社会科学出版社，2007.3
（中国农村微观经济组织形式研究系列）
ISBN 978-7-5004-6115-9

Ⅰ. 当… Ⅱ. 曹… Ⅲ. 农村经济—经济组织—研究—中国—
现代 Ⅳ. F325.1

中国版本图书馆 CIP 数据核字（2007）第 036405 号

责任编辑 周晓慧
责任校对 韩天炜
封面设计 毛国宣
版式设计 李 建

出版发行 中国社会科学出版社
社　　址 北京鼓楼西大街甲 158 号　　邮　编　100720
电　　话 010－84029450（邮购）
网　　址 http：//www.csspw.cn
经　　销 新华书店
印　　刷 北京新魏印刷厂　　　　装　订　丰华装订厂
版　　次 2007 年 3 月第 1 版　　　印　次　2007 年 3 月第 1 次印刷
开　　本 880×1230 1/32
印　　张 15.75　　　　　　　　　插　页　2
字　　数 378 千字
定　　价 34.00 元

总　　序

　　中国是一个农业大国、农民大国、农村大国。迄今为止，农村人口仍然占全国人口的多数。但是，在中国，要想透彻地理解农业、农民、农村这"三农"问题实属不易。二十多年前，有一位热血青年曾激愤地写道："农村问题最重要，却最不受人重视；农民人数最多，研究农村的人却最少；农村问题牵扯面最广、最复杂，对它的研究却最狭隘、最贫乏。"① 二十多年过去了，我国的农村经济发生了极大的变化，农村经济的研究也比过去深入了很多，但是，农业、农民、农村这"三农"问题依然是中国经济发展中最严厉的制约因素，是几届总理"最忧心的问题"，是经济工作中的"重中之重"。当然，今天的"三农"问题已不同于二十多年前的"三农"问题。旧的矛盾解决了，新的矛盾又产生了。在一定的程度上，新的矛盾比旧的矛盾更复杂，牵涉面更广，解决的难度也更大。

　　研究课题越是重大和复杂，研究的难度越大，就越具有理论上的挑战性，也越能激发人们的研究潜能与创新动力。二十多年

---

　　① 　中国农村发展问题研究组：《认清国情，加强农村发展的综合研究》，《农业经济丛刊》1981 年第 3 期。

前的农村改革，从家庭联产承包责任制起步，实质上是农村微观经济组织的重新构造。家庭替代公社体制下的生产队，成为农村经济最普遍、最基本的微观主体，是农村改革与发展的基础。然而，农户（家庭）并不是我国目前农村唯一的微观经济组织形式。在一个较为自由的广阔空间，中国的农民创造了许多各具特色的微观经济组织形式，例如农业股份公司、各种类型的专业合作社、股份合作社、农业技术协会、家庭农场、公司＋农户等等，当然，它还应包括河南临颍南街村的"共产主义小社区"、广东中山崖口村的农业生产大队这些仍体现人民公社体制本质的组织。总之，与人民公社体制的"大一统"、"清一色"相比，我国的农村微观经济组织形式已呈现出千姿百态、共存并竞争的多样化发展态势。这些非家庭的农村微观经济组织在什么情况下可以替代农户（农户微观经济主体地位消失），在什么情况下又与农户并存、互补或兼容？各种不同类型微观经济组织形式存在与发展的内在机理、外在环境是什么？这些组织存在与发展的合理边界在哪里？它们是否具有发展的可持续性？我国农村微观经济组织未来的发展趋势又是什么？诸如此类的种种问题，要合理地解释、正确地回答，确实非常不容易，而这些问题又是关系到我国农业、农民、农村发展命运的大问题。如果我们把眼光放得更远一点，新中国成立后半个多世纪的农村史，事实上也是一幅波澜壮阔的微观经济组织变迁史。这里有经验，也有教训；有理想，也有迷惘；有激情，也有狂热。的确，这是一段充满希望的历史，也是一段充满痛苦的历史。借用曾经十分流行的一句话："前途是光明的，道路是曲折的。"我说这些，无非是要说明，从微观经济组织的变迁入手，或许是研究农村经济的一个适宜的切入点。

2001 年我们通过投标竞争，承担了教育部人文社会科学基金的重大科研项目《中国农村微观经济组织形式研究》(01JAZJD790002)。几年来，课题组组织了华中师范大学经济学院的100多名本科生在全国20个省、市、自治区87个县（市）开展了两次农村千户调查；课题组成员还实地考察了湖北、湖南、河南、广东、浙江、甘肃等一些农业股份公司、合作社、私人农场等不同类型的微观经济组织。作为课题组负责人，2003年8月至2004年2月我还利用在英国剑桥大学做访问学者的机会实地考察了英国的农村。几年来，课题组成员共发表了相关论文近二十篇，并形成了三本既有内在关联、又具有相对独立意义的专著：《中国农村微观经济组织变迁研究（1949—1985）——以湖北省为中心的个案分析》（梅德平）、《中国农业上市公司的绩效与股票运行分析研究》（叶桦）、《当代中国农村微观经济组织形式研究》（曹阳）。我们的这些研究肯定不是尽善尽美，但可以告慰的是，我们确实付出了艰辛的努力。

　　最后，我要感谢课题组的同事，他们是：梅德平先生、张启春女士、李庆华先生、叶桦女士。我还要感谢参与课题调查的华中师范大学经济学院的同学，感谢许许多多为课题研究提供过帮助的朋友。代表课题组全体成员，我要特别感谢华中师范大学中国农村问题研究中心的徐勇先生、项继权先生，感谢华中师范大学社会科学处的石挺处长，感谢他们为本项目的顺利完成以及系列专著的公开出版所做出的贡献。

曹　阳

于武昌桂子山

目　　录

第 一 章

导 论

一 研究背景

　　20 世纪尤其是 20 世纪的下半叶，是中国农村微观经济组织制度变迁波澜壮阔的年代。中国共产党夺取政权、中华人民共和国的成立，结束了几千年的封建土地所有制。土地改革的推进实行了人们梦寐以求的"耕者有其田"的理想，自耕农成为当时最普遍的农村微观经济组织形式，中国成为小农经济的汪洋大海。但是，土地改革、"耕者有其田"在本质上依然是新民主主义革命的内容，用毛泽东主席的话说就是："农民得土地这件事，是属于资产阶级民主革命的性质，它只破坏封建所有制，不破坏资本主义所有制和个体所有制。"[①] 虽然当时党中央的高层有着"较长时期巩固新民主主义秩序"和"迅速转入社会主义革命"的分歧，但在社会主义基本目标上没有争论，争论只局限于过渡

---

① 毛泽东：《农业合作化的一场辩论和当前的阶级斗争》，《毛泽东选集》第 5 卷，人民出版社 1977 年版，第 198 页。

时期的长短和过渡的快慢。① 由于一系列主客观方面的原因，自耕农还没有来得及把自己的土地焐热，急风暴雨式的农业合作化运动和随后更加急风暴雨式的人民公社化运动就席卷了中国农村。互助组、初级农业合作社乃至高级农业合作社在这场运动中都只是昙花一现的农村微观经济组织形式，最后全国农村大一统地定格于"一大二公"、"政社合一"的人民公社体制。"大跃进"失败以后，"跑步进入共产主义"的幻想破灭，人民公社体制退到了"队为基础、三级所有"的格局，生产队成为农村微观经济组织的基础，但生产大队和公社是更高层次的所有者。这是人类历史上一种极其独特的农村经济组织形式。人民公社体制的产权模糊使得委托—代理关系异常复杂，监督成本高昂，"搭便车"的现象普遍化，经济激励机制严重扭曲；再加之"政社合一"使得政府干预和过度吸取农业剩余有了合法的制度基础，人民公社体制的规模经济效益远远赶不上高昂的组织成本和监督成本。在公社体制下，全国 70% 左右的劳动力搞农业、种粮食依然不能解决中国人民的温饱问题。

发轫于贫困农村地区的"大包干"的确可以看作是"饥饿逼出来的革命"，但它带来的冲击效应与后续效应决不仅仅是解决饥饿问题，解决温饱问题。与人民公社化自上而下的强制性制度变迁方式不同，家庭承包制的推进至少在它的初期，是自下而上的诱致性制度变迁。人民公社体制随着"政社合一"的崩溃而彻底崩溃，农户（家庭）替代生产队成为新时期最基础、最普遍的农村微观经济组织形式。但是，这种农户经济决不是土改时期自耕农经济的简单复归。其中最重大和最本质的

---

① 参见薄一波：《若干重大决策与事件的回顾》修订本上卷，人民出版社 1997 年版，第 47—68、219—237 页。

变化是市场导向的经济体制改革使我国农村经济不可逆转地走向了社会主义市场经济的轨道，农户已不是传统的自然经济条件下的自给自足型小农，而是市场化或正在市场化的农户。同时，与人民公社体制的"大一统"格局不同，农民与基层干部的自由选择与创新精神，再加之日益宽容的政治环境和氛围，使得在最普遍的农户经济之外，还并存着许多不同类型的微观经济组织形式，例如，各种类型的农村专业性合作经济组织、农村个体私营企业、农村股份制公司，等等；甚至还包括依然体现着公社体制本质的一些组织形式，例如河南临颍南街村的"共产主义小社区"、广东中山崖口村的"农业生产大队"。这种微观经济组织形式的多样化拓宽了农村经济发展的制度空间，形成了不同微观经济组织"百花齐放"、互为补充、自由竞争、优胜劣汰的可喜局面。

在任何社会里，微观经济组织都是构成该社会经济机体的经济细胞。一个社会的经济是否有活力，在很大程度上就取决于经济细胞是否有活力。人们为什么不能单干，而需要结合成"组织"？这归根到底是单个人的认知能力和行为能力的有限性。单个人既无法对付大自然的风险，也很难对付人类社会的环境复杂性和不确定性。因此，人类从自身利益出发需要"合作"，而"组织"则是人类合作的产物。马克思指出："人们在生产中不仅仅同自然界发生关系。他们如果不以一定方式结合起来共同活动和互相交换其活动，便不能进行生产。"① 作为一种团队生产的"组织"，就是人们之间的一种"共同活动"，而市场交易则可以看作是"互相交换其活动"。

① 马克思：《雇佣劳动与资本》，《马克思恩格斯选集》第 1 卷，人民出版社 1972 年版，第 362 页。

从本质的意义而言，微观经济组织就是人们在经济领域合作行为、合作关系的长期化、稳定化和制度化的一种形式。不同的微观经济组织体现了人们不同的合作行为和合作关系。同时，作为人类经济合作行为、合作关系长期化、稳定化、制度化的微观经济组织形式也不是一成不变的，它必须伴随着宏观社会经济环境的变化而变化。从组织演化的理论看，不同的社会经济环境对微观经济组织形式必然有不同的要求。所谓适宜的微观经济组织形式就是能与宏观社会经济环境相适应的组织形式。"适应性"，即微观经济组织适应社会经济环境是组织生存与发展的第一位需要。对于任何微观经济组织而言，宏观社会经济环境都是一个已给定的现实，是一个已确定了的"生存空间"。"适者生存"的原理不仅适应于自然界，适应于生物圈，也同样适应于人类社会。微观经济组织要适应宏观社会经济环境，就必须采取各种适应的方式，包括组织的名称、内部结构、运作方式等等，都要适合宏观社会经济环境的特定要求。环境变了，组织也必须随之而发生相应的变化。微观经济组织的改革与变迁本质上就是对宏观社会经济环境变化的适应。要适应不断变化的社会经济环境，微观经济组织应是柔性的机制，要有动态反馈与动态平衡的基本功能，要善于学习和善于变化。那种僵化、缺乏弹性的微观经济组织很难在一个复杂多变的社会经济环境中长期生存。从实践中观察，有些微观经济组织兴起，有些微观经济组织衰亡，其中决定性的因素就是这些微观经济组织对宏观社会环境变化的适应性不同。

当然，微观经济组织并不仅仅是只能对宏观社会经济环境作出被动适应性的反应，它也可以主动、积极地构建和参与"制定"它们的环境。"制定"的过程就是一个"主体部分地与客体互动并构成客体"的过程。① 这也就是说，微观经济组织既是一定社会经济环境状态下的产物，但反过来又可影响与改造它们所处的社会经济环境。这种影响与改造，不仅仅是影响和改造该社会的经济结构、经济法规和制度，而且还能影响和改造人们的思想观念、交往方式和习俗文化。

正是从微观经济组织与社会经济环境的互动关系出发，笔者认为，对中国农村微观经济组织形式的研究可作为研究中国农村整体社会经济适宜的切入点。同时，中国农村微观经济组织形式半个多世纪波澜壮阔的历史变革也是研究我国社会经济制度变迁乃至人类社会制度变迁的最好的案例。② 为此，2001年以笔者为负责人的课题组通过投标竞争，承担了教育部人文社会科学基地的重大科研项目"中国农村微观经济组织形式研究"(01JAZJD790002)。通过近五年的艰辛工作，也感谢课题组其他成员的共同努力，该课题取得了一系列研究成果，包括已出版的一部专著［梅德平：《中国农村微观经济组织变迁研究（1949—1985）——以湖北省为中心的个案分析》，中国社会科学出版社2005年版］和二十多篇公开发表的论文以及内部研究报告。本书则是这一课题的最终结项研究成果。

---

① Weick, K., 1979, *The Social Psychology of Organizing*, 2 ed., Reading, Mass: Addison-Wesley, p. 165.

② "从全部土地、生产资料，甚至锅碗瓢盆都归公的人民公社体制，到农户拥有土地使用权、收益权和转让权的家庭承包制，中国农村从 50 年代末到 80 年代中，差不多经历了产权制度最夸张的两极性变化。其间，'所有权和基本核算单位'在几十万人口的县和十几户、几十户人家的'小队'之间升级降级；自留地（牧区是'自留畜'）从无到有，从多到少或从少到多；包工包产的责任制从到队、到组、到户，从短期的权宜之计到长期的最终获得法律表达的正规合约，一切应有尽有，仿佛是一间人类产权制度及其变革的历史博物馆。"（周其仁：《信息成本与制度变革——读〈杜润生自述：中国农村体制变革重大决策纪实〉》，《经济研究》2005 年第12 期。）

二 当代中国农村微观经济组织形式
国内外研究历史与现状述评

中国的农村经济体制改革以及它所带来的巨大绩效和随之而产生的一系列新挑战和新问题从一开始就引起了国内外学术界以及社会各界的高度关注，是"热点"研究领域。农村微观经济组织形式的变迁是中国农村经济体制改革的核心内容，它无疑也是人们关注的重点。

自 20 世纪 80 年代以来，国内外学术界对当代中国农村微观经济组织形式的研究大致可分为如下几个阶段。

第一阶段是改革初期，主要是 20 世纪 80 年代上半期。人们研究的重心是当时刚刚兴起的农村土地家庭承包制和初见端倪的农户经济。

实事求是地说，在改革的初期，人们对家庭联产承包责任制，尤其是对"大包干"以及农户经济再生的重大历史意义普遍认识不足。在国内学术界和经济决策层，由于几十年来计划经济传统观念的熏陶，相当一批学者和领导干部对家庭承包责任制，尤其是对初见端倪的农户经济十分反感和抵触，认为这是瓦解集体经济，重新回到私有制的"小农经济"时代。[①] 即使是支持家庭责任制和"大包干"的学者，对之往往也只是有保留的支持。例如，他们遵从马克思主义生产关系必须适应生产力发展的理论

---

① 杜润生的自述中记载了如下一段史实："任重把先念所讲'几千年来都是小农经济，已经试验过了还要试验什么？'……"（见《杜润生自述：中国农村体制变革重大决策纪实》，人民出版社 2005 年版，第 108 页。）

分析框架，但非常机械地类比、照搬，认为家庭承包只是适应贫穷地区落后的生产力，把家庭承包责任制和"大包干"仅仅看作是落后地区解决温饱问题的一种权宜之计。这种认识在 80 年代初期是主流意识形态，并明确地反映在当时党的文件之中。1980年中共中央《关于进一步加强和完善农业生产责任制的几个问题》中就写道："在那些边远山区和贫困落后的地区，长期'吃粮靠返销，生产靠贷款，生活靠救济'的生产队，群众对集体丧失信心，因而要求包产到户的，应当支持群众的要求，可以包产到户，也可以包干到户，并在一个较长的时间内保持稳定。就这种地区的具体情况来看，实行包产到户，是联系群众，发展生产，解决温饱问题的一种必要的措施。"但是，"在一般地区，集体经济比较稳定，生产有所发展，现行的生产责任制群众满意或经过改进可以使群众满意的，就不要搞包产到户"①。不可否认，伴随着实践的发展，一些思想较为解放的学者已逐步看到了农户经济在中国具有普适性的价值，但大多数学者仍然把它看作是集体经济框架内生产经营方式的一种调整，而有意或无意地回避了生产关系重大变革、微观经济组织形式变迁这一更为本质性的内核，对农户经济缺乏更深刻、更本质性的认识。理论明显地落后于现实经济的发展。

在国际学术界，一批关心中国问题的学者对家庭承包制所带来的农村巨大变化，尤其是粮食生产的迅猛增长感到惊异。他们运用现代经济学的研究方法，实证性地试图解析农村家庭责任制的绩效之谜。这批学者比较了人民公社经济与农户经济的绩效差异，力图从激励与约束机制、监督成本、退出机制等多方面说明

---

① 中共中央文献研究室编：《三中全会以来重要文献选编》（上），人民出版社1982 年版，第 547 页。

农户经济效率为什么高于人民公社经济的内在制度原因。他们的研究成果，尤其是研究方法使国内学者有耳目一新的感觉，极大地拓宽了国内学者的研究视野。①

当农户经济已普遍化，农户成为当代中国农村经济最基本的微观经济组织形式已是不可逆转的既定事实以后，国内学术界对农户经济的争论逐步平息，但是"不争论"不等于大家的思想已经统一。事实上，对当代中国农户经济的性质、内在运行机理、未来发展趋势等问题，人们的认识还存在极大的分歧，许多研究还远远谈不上深入。

第二阶段是 20 世纪 80 年代后半期和 90 年代，研究的重心转向了乡镇企业以及与之相关的"苏南模式"、"温州模式"的争论。

乡镇企业的"异军突起"带来了中国农村经济的巨大变化，也使得中国农村的微观经济组织形式在农户经济的基础上更加多样化。这一阶段的前期，国内外学术界普遍关注乡镇企业，尤其是以"苏南模式"为代表的社区集体所有制乡镇企业成功的原因，并提出了各种理论假设。例如，威茨曼（Weitzman）和许成钢的"界定模糊合作组织有效性"的假设；② 李稻葵"灰色市场下模糊产权结构有效性"的假设；③ 戴慕珍（Jean C. Oi）"地方公司主义"的假设④等等。这些假设从不同角度深入地剖析了

---

① 在这方面，林毅夫教授系列研究论文可看作是其中的代表。可参看林毅夫：《制度、技术与中国农业发展》，上海三联书店、上海人民出版社 1994 年版。

② Weitzman, Martin & Changgang Xu, "Chinese Township-Village Enterprises as Vaguely Defined Cooperatives," *Journal of Comparative Economics*, 1994, No. 18, pp. 121-145.

③ 李稻葵：《论转型经济中的模糊产权》，海闻主编：《中国乡镇企业研究》，中华工商联合出版社 1997 年版。

④ Jean C. Oi, "Fiscal Reform and the Economic Foundation of Local State Corporatism in China," *Journal of World Politics*, Vol. 45, No. 1, 1992.

以苏南为代表的社区型集体所有制乡镇企业的产权结构与运行机理。

　　然而，中国的乡镇企业并非苏南一种模式，在浙江温州，以个体、私营企业为主体的乡镇企业发展也异常迅速，甚至比苏南更迅速，但争议也更大。这是因为温州乡镇企业的个体、私营特征动摇了从社队企业脱胎而来的传统乡镇企业单一公有化的格局。推崇"温州模式"的学者，高度评价了温州以民营化、市场化推动工业化、城市化发展的道路，"对争论激烈的问题做了明确的回答，给温州等地遭受巨大政治压力的干部以积极的支持，同时解除其疑虑"①。在这场争论中，董辅礽教授的一系列论文以及他与英国剑桥大学彼德·罗兰教授 1990 年在英国共同编辑出版的英文著作《市场的力量：温州的争论》，袁恩桢教授主编的《温州模式与富裕之路》（上海社会科学出版社 1987 年版），张仁寿、李红的《温州模式研究》（中国社会科学出版社 1990 年版）等是这一时期"温州模式"研究中有影响的论著。

　　进入 90 年代后期，"苏南模式"遇到了极为严峻的挑战，地方政府和准政府主导的社区型集体所有制乡镇企业开始了大范围的改制、改革；同时，温州的民营乡镇企业也出现了从家族企业向现代公司制企业发展的趋势。乡镇企业的新发展吸引了一批学者对"苏南模式"和"温州模式"的反思，人们开始更加深入地研究不同类型农村企业的内在机制和外部环境。另一个趋势是农村企业的研究也逐步纳入规范化企业制度研究的轨道。

　　对当代中国农村微观经济组织形式研究的第三个阶段是进入新世纪之后。这一阶段的特点是研究更全面、更理性、更深入。

　　所谓更全面，是人们的研究视野进一步拓宽，涉及了广大农

---

　　①　董辅礽：《经济发展研究》上卷，经济科学出版社 1997 年版，第 10 页。

村地区各种各样、不同类型、不同形式的微观经济组织。没有特别明显的研究"热点"就是研究视野更全面的重要体现。就国内这一时期的出版物看，有的关注"小农村社经济"（例如温铁军：《中国农村基本经济制度研究》，中国经济出版社 2000 年版）；有的仍关注农户经济；有的关注农村合作社和乡村新型合作经济组织（例如杜吟棠：《合作社：农业中的现代企业制度》，江西人民出版社 2002 年版；王景新：《乡村新型合作经济组织崛起》，中国经济出版社 2005 年版）；有的关注仍保留公社经济特征的社区型集体经济组织（例如曹正汉：《信念、效率与制度变迁——广东省中山市崖口村公社制度研究（1980—1999）》，中国经济出版社 2002 年版）；有的关注农业产业化进程中的龙头企业；有的继续关注农村的民营企业和"温州模式"的新发展（例如史晋川等：《民营经济与制度创新：台州现象研究》，浙江大学出版社 2004 年版；史晋川等：《制度变迁与经济发展：温州模式研究》，浙江大学出版社 2002 年、2004 年版）。总之，当代中国农村每一种类型的微观经济组织形式似乎都有人关注、有人研究，至少也有人涉及。

所谓更理性，是指人们的研究心态更成熟。虽然中国的传统文化推崇"中庸之道"，但长期的"斗争哲学"使人们缺乏宽容。在理论研究中，当人们推崇一种模式时，就往往排斥其他任何与其不同的模式。例如，当人们歌颂人民公社的时候，农户经济就无立足之地；反过来，当农户经济成为主流的经济组织形式时，人民公社制度又被贬斥得一无是处，凡保留公社制度的都被视为"保守"。又例如，当人们推崇"苏南模式"时，地方政府主导的社区型集体所有制乡镇企业被看作是农村"共同富裕"的唯一道路，内在的弊端也被当作优越性加以歌颂，凡不合此规范的乡镇企业都被看作是瓦解集体经济的"异己"；反过来，当"苏南模式"出现危机时，舆论又是"一边倒"的批评，似乎"早知今日，何必当初"。应该说，这种"非此即彼"的思维在新世纪依然存在，但在学术界已逐步弱化，已不是当代中国学术界的主流。就当代中国农村微观经济组织形式的研究来看，虽然大多数研究者仍然有自己理想的价值观念和理想的组织模式，但也能宽容地对待多元化的现实，对各种不同类型的微观经济组织的存在与发展有着越来越客观的评价。

所谓更深入，是建立在更理性的基础之上的。"深入"，是对客观事物本质的认识更全面、更深刻。首先，它得益于随着实践的发展，人们占有的实际资料更丰富；随着时间的推移，一些微观经济组织的内在矛盾暴露得更充分。其次，它得益于各种新的研究方法和研究手段。这不仅包括建立模型和数据处理的日益广泛，而且还包括人们日益重视实证调查和案例分析。从更广泛的角度看，它还应包括国外新的研究思路的引进和国内研究思路的创新。

理论研究没有终点，也没有顶峰。当代中国农村微观经济组织形式的研究虽然有许多重大的进展，但依然存在一些缺憾和薄弱环节：（1）单独研究某一类微观经济组织形式的论著的确不少，但全面、系统地研究当代中国农村各种不同类型微观经济组织形式的论著还鲜见。如果没有这种全面、系统的研究就很难了解当代中国农村微观经济组织形式的全貌。（2）对各类农村微观经济组织内部的产权安排、运行机制的研究是过去此类研究的重点，但相比之下，对各种不同类型的农村微观经济组织形式之间的关系研究就显得薄弱。应该看到，各种不同类型的农村微观经济组织的共存并不是那种"井水不犯河水"式的各行其道，它们相互补充也相互竞争，有合作有矛盾也有融合。这种复杂的组织之间的关系是深入研究的重要方面。（3）有些研究有宏大的理论模型但缺乏实证基础，缺乏案例支撑；特别是那些以数量模型见长的某些研究，力图以一个包罗万象的模型来包揽丰富多彩的现实因而显得削足适履，离现实太远。还有些研究则恰恰相反，有大量的案例，但缺乏理论分析框架，人们看到的也只是一大堆没有内在逻辑联系的事实。当然，也有一些研究做到了理论与现实的有机统一，但遗憾的是，此类研究还不是太多。

三 本书的理论创新与主要观点

本书是一本全面、系统研究当代中国农村不同类型微观经济组织形式的专著，不敢说是填补了此项研究的空白，但可以说是加强了这一薄弱环节的研究，做了自己力所能及的工作。

统揽本书的理论分析框架是经济人—经济组织—外部环境的内在联系与互动。熟悉现代经济学的读者都知道，这不是笔者的理论创新，而是沿袭了现代经济学的研究方法和研究思路，本书并没有大量的数学公式和计量分析。按照林毅夫教授的话说就是，"提起现代经济学的研究方法，也许就会令人联想起大堆难懂的数学公式及复杂繁琐的计量分析，然而这并不是现代经济学研究方法的特征。""现代经济学是研究人类行为的科学……经济学研究方法的特征在于它的研究以'人的行为是理性的'为其基本前提。"①

"经济人"假设是自亚当·斯密以来主流经济学最基本的理论假设，它也是研究各类微观经济组织的基础与前提。但是，与

---

① 林毅夫：《制度、技术与中国农业发展》，上海三联书店、上海人民出版社1994年版，第1—2页。

西方主流经济学不同，本书从"人们的社会存在决定人们的思想意识"这一马克思主义的基本立场出发，把"经济人"假设看作是一定历史时期、一定制度环境中对具有独立经济利益的微观经济主体经济行为的一种科学抽象与概括。在此前提下，本书将"经济人"假设作为分析经济组织的逻辑起点，并把理性行为的收益成本决策作为研究微观经济组织形式存在、运行与变迁的基本分析框架。

　　事实上，"经济人"并不具备"完全理性"，而只具备"有限理性"。这一是因为人的认知能力及行为能力的有限性；二是因为外部环境的复杂性和不确定性。本书强调，"经济人"追求自身利益的内在动机和"有限理性"是"经济人"需要合作，并形成经济组织的基本前提。经济组织的产生与发展就是为了拓展个人理性，使人们的合作行为和合作关系长期化、稳定化、制度化。经济人形成经济组织既会产生协作收益、分工收益、规模收益、抗风险或保险收益、心理收益等"组织收益"，也会带来谈判与组建成本、计量与核算成本、学习与适应成本、监督与管理成本、意识形态灌输成本、心理摩擦成本、产权与自由权丧失成本等"组织成本"。组织成员之所以最终会自愿选择加入组织，归根结底是因为组织收益高于组织成本。

　　笔者在本书中特别强调了个体经济人加入经济组织后所带来的个人自由权丧失的成本，这是人们过去研究经济组织时所忽略了的，但又是极为重要的一项组织成本。而且，个人自由权的丧失成本很难度量，这在很大程度上要取决于个人对自由权的偏好程度。如果个人对自由权的偏好程度很强，那么，即使加入组织的经济收益远高于单干的收益，他也可能会选择单干，而不愿受组织规章和纪律的约束。从另一个角度看，如果组织更有弹性，给成员更广泛的自由空间，也就是降低成员个人自由权丧失的成本，也有可能使组织的吸引力更强，并更能保持组织的可持续发展。

与一些学者对于经济组织保持全开放性的"自由进入"、"自由退出"的高度评价不同，笔者在肯定了"自由进入"与"自由退出"对经济组织的正面效应的同时，也着力强调了如果组织成员完全不加限制地"自由进入"与"自由退出"，对于一个经济组织的稳定，同时对于该组织的绩效，乃至对于组织其他成员的利益也会带来严重的负面影响。因此，如何在维护经济组织成员进入与退出自由选择权与保持经济组织稳定之间取得一个适度平衡，需要十分精巧的制度设计。

从经济组织与外部环境的关系看，本书不仅强调了组织对环境的"适应性"，同时也强调了经济人、经济组织的经济活动可以影响和改造环境，它们之间是一种积极、互动的关系。笔者还强调了外部环境不仅具有整体性，而且还有层次性，"大规则"可以"内在化"地融入"小规则"。笔者认为，组织与环境的互动是理解微观经济组织发展与变迁的关键。由于环境是历史的，即是一定历史阶段的环境，而不是亘古不变的，因此，也不存在亘古不变的经济组织。即使外壳相同，内部的运行机理也会发生实质性的改变。组织与环境的互动主要表现为组织与环境的互相适应以及相互推动的变革。当组织与环境互相适应时，组织处在一个相对稳定的状态；即使有变化，也是"量变"而非"质变"。一般而言，环境的变化要快于组织的变化。这是因为环境是一个综合体，包含的各种因素中总有一些快变量，因而会引起整体环境发生变化。环境改变后，原有的经济组织形式就不能适应新的环境，它必然也要随之变化才能继续生存与发展。于是，组织内部就会出现制度变迁。这种制度变迁或者是抛弃旧的组织形式，采用新的组织形式；或者是组织外部形式不变，但内在性质与运行机理发生重大改变。

农户经济是当代中国农村微观经济组织的最基本形式。如果从生产经营的规模看，它也可称之为"小农经济"。但本书特别强调的是，当代中国的"小农"已不是传统自然经济中的"自给性小农"，而是"市场化或正在市场化的小农"。这种市场化或正在市场化的小农不仅能与社会主义市场经济相容，而且还能成为农村市场经济发育与生长的基础。因此，要正确理解马克思"大农"消灭"小农"的理论。把家庭经营农业＝小农经济＝自然经济这种认识的绝对化与僵化使人们在相当长的一段时期里不敢想象还有与社会化大生产相联系的，与商品经济、市场经济相联系的农户经济。事实上，马克思认为"大农"必定要取代"小农"，其理论精髓是社会化的大生产必定要取代自然经济的小生产，至于农业组织经营规模的大小并不是这一理论的精髓与实质所在。遗憾的是，在相当长的一段时期里，我们把非本质的外在形式当作了内在的本质，因而片面地理解了马克思的理论。

很多学者已经指出，中国农户经济顽强的生命力与中国传统的"家文化"有着极为紧密的联系。即便是在人民公社体制时期，农户经济也没有完全消失。本书特别强调了人民公社时期自留地的历史贡献和历史价值：在人民公社体制食物普遍短缺的情况下，自留地对于保证广大农村居民的基本生存权有着不可磨灭的历史贡献。如果没有自留地，农民的生活将会更加贫苦，营养也将更加不足。广大的农民以及相当一批基层干部，乃至中央的部分高级干部正是从自留地与集体经营土地的对比中悟出了农户经营比集体经营更优越的道理，这是后来农村经济改革、重新恢复农户经济的重要历史资源。从一定的意义上说，土地的家庭承包也可以看作是自留地的扩大化与普遍化，二者之间有着内在的逻辑联系。

农村人民公社体制崩溃后，农户取代生产队重新成为中国农村最基本的微观经济组织，农户经济在全国范围内再生。但是，当代中国的农户经济决不是传统农户经济的简单复归。本书特别强调了当代中国农户经济有其鲜明的时代特征：首先，当代中国的农户经济是建立在土地社区集体所有制基础之上的，从土地产权的角度看，当代中国的农户是一种特殊制度安排下的租佃（承包）农户；从农户与社区的关系看，它比中外历史上实行土地村社所有制的农户与村社的关系更为松散，因此，有更为广阔的制度创新空间。其次，我国当代的农户经济是在我国全面转向市场经济体制这一宏观大背景下的农户经济，它保留了传统小农经济小规模家庭生产经营的组织形式，但逐步改变了传统小农经济自给自足的自然经济属性。市场化程度是我国当代农户经济区别于传统农户经济的主要标志。

农村土地制度无疑是农村最基本的经济制度，也是农户经济赖以生存的基础。完整的农村土地制度不仅包括现行的土地占有制度，即现行的土地产权安排，而且也应包括土地占有的继承制度，即未来的土地产权安排。继承权，从本质意义上说，是现行产权安排的动态化，它决定了现行产权安排的未来走向。本书特别强调指出，在我国，现行的农村土地制度遇到了一个无法调和的矛盾：维持农村土地的社区所有制与维持土地承包关系的长期稳定不变这两大基本原则有着内在逻辑相悖。如果要稳定农户的土地承包权，保持土地承包期的长期不变，并从根本上克服土地均分承包的种种弊端，其发展趋向就是逐步走向土地承包的长子（或一子）继承权或永佃制。

本书以离散选择模型为基础，建立了一个农户劳动力配置的家庭选择模型。我们认为，当代中国农户对于支配权最为自由、最为完整和最为充分的劳动力资源，配置决策十分务实和理性。

在他们的知识结构与可获得信息的框架内，面对外部的制度安排与经济环境，依据自身的比较优势，实现了家庭内部的最佳劳动分工。同时，作为"经济人"的农户，也本能地明白"谁投资，谁所有"的投资法则，本能地知道投资与产权的关系，因此，农户的投资取向是产权明晰、产权保护确定的领域。

在全国绝大多数地区，农户是农村最基本的微观经济组织形式，但农户只有农村土地的承包权（经营权）而没有所有权。农村土地归村（或村民小组）集体所有，其实质依然是从人民公社体制继承下来的一种土地社区集体所有制，这构成了当代中国农村社区经济组织的基础。事实上，农村社区经济组织在全国也呈现出许多不同的形态：既有仍坚持"劳动公社"式的村一级社区集体经济组织，也有更富兼容性的集体控股、个人参股的社区型合作经济新实践，还有村一级社区股份制合作经济组织的新形式。它们的发展走向对于中国农村未来的制度变迁关系重大。

"村"是中国乡村的主要"社区"。本书特别强调了村的"准政府"功能：村的公共权利大小、村能提供的公共产品的多寡与村所掌控的社区经济资源密切正相关。同时，村的公共权利与公共事务，与村的精英人物，尤其是"一把手"也密切相关。这说明了人力资本在社区经济中占有举足轻重的地位。

人民公社是中国历史上最典型的农村"大一统"社区经济组织。笔者把它分为典型模式与改良模式两大类。改良模式即"队为基础、三级所有"的模式，它仍然保留了典型人民公社模式中"政社合一"、"自然经济"等基本和本质的特征，但在"一大二公"方面向后作了较大（但不是本质性）的改变。笔者认为，人民公社体制，从整体上看，无疑是一个失败的体制，是一个低效率的微观经济组织形式，但是，人民公社体制的理论与实践中依然包含着一些有价值的理念，例如，利用社区居民集体的有组织的力量，实施对社区全体居民，尤其是弱势群体基本的生存保障，包括最低的生活保障（"五保户"制度），基本的医疗保障（"合作医疗"制度），基本的教育保障（"义务教育"制度），在今天乃至未来，仍然有着重大的意义。问题在于，人民公社用来获取公共收入的途径效率低下，在经济上不具有可持续性。在如何保证乡村公共产品有效供给的问题上，不仅要考虑到"公平"，同时也必须有"效率"的考量。

本书不认同当代中国乡村仍然是"小农村社经济"的判断。这主要是因为当代中国农村整个宏观经济的外部环境已经发生，而且还正在发生两大根本性的变化。第一个根本性的变化是：当代中国的农户经济以及村社经济面对的是一个越来越市场化的宏观经济环境，它使得农户经济与村社经济也越来越市场化，并逐步成为市场经济的微观经济主体，而不是自然经济的微观经济主体。这与传统的"小农村社经济"有着根本性的区别。第二个根本性的变化是：当代中国的农户经济与村社经济面对着工业化、城市化的强烈冲击，使得村社与村社人口处于一种开放、不稳定的运动状态，这与传统村社及村社人口的非流动性和凝固性也有着重大的区别，而且，从发展趋势看，当代中国的农村村社在逐步缩小，而不是发展壮大。

毋庸讳言，人民公社体制解体以后，我国乡村公共产品的供给遇到了极为严峻的挑战。其中的一个重要原因是在相当长一段时期里，大多数村这一级社区组织没有伴随着制度的变化而适时调整自己的职能，依然把直接支配和使用经济资源，创办和经营村级所有的企业作为主要职责，没有找到如何在市场经济和农户经济的基础上保障乡村公共产品的生产与供给的有效途径。笔者认为，需要摈弃一种传统观念，即把社区的经济实力等同于社区性集体经济组织的实力。村这一级社区"所用"的资源不一定非得社区"所有",更不一定非得社区自己"经营"。就全国大多数乡村而言,与其花大精力去创办或经营社区集体所有的企业,与私人争夺有限的经济资源,不如花大精力去治理社区的投资环境,在市场推动下吸引民间自主创办企业和自主经营企业。当然,村一级社区有必要探索一种新的机制,使民营企业创造的部分财富转移用于社区的公益事业,保证社区公共产品生产与供给所必需的财源。

跳出"村"的框框,乡村公共资金的筹集还有一条越来越重要的渠道,就是上级政府的财政转移支付。从统筹城乡发展的角度,各级政府理应把农村社区的公共产品建设纳入到全社会整体的公共产品建设之中。由于我国的经济格局和财政收支的格局已发生了历史性的根本转变,那种依赖农村积累来推进城市工业化的时代已经结束,现在应该逐渐转向城市支援农村,城市反哺农村。政府财政对农村社区的转移性支付应成为农村社区公共产品供给的最重要源泉。

就全国大部分农村地区而言,建立在市场经济与农户经济基础上的村这一级社区组织,其作为一级经营层次的功能在逐渐减弱,而作为"准政府"的社区公共服务功能则在逐渐加强。

村一级社区型"劳动公社"或"劳动组合"式的集体经济组织形式虽然在市场经济大环境中已只是个别案例,但仍具有典型性。不过,这些依然坚持劳动组合或劳动公社集体经济模式的村,由于它们生存的外部经济环境毕竟已发生了深刻的变化,因此,在劳动公社或劳动组合的一些基本内核不变的前提下,另外的很多方面也必须变通,以适应新的变化了的环境。如果说"内方"体现的是这一类微观经济组织在坚持社区型劳动公社集体经济模式"不变"的话,"外圆"则体现的是面对市场经济大环境的"变"。本书强调,对于这一类微观经济组织,"外圆"的

"变"是方法，"内方"的"不变"才是本质与核心理念。"变"是为了"不变"。

在市场经济的大环境中，以强制性的方式排斥私营经济，排斥农户经营，实行生产资料与生活资料的高度公有化，实行排斥货币交换的供给制，事实上是很难持续的。在这种背景下，有一些依然以集体经营、集体经济为主干的村也采用了灵活变通的措施，实行了组织内部的若干制度创新与管理创新，逐步发展形成了一种更富兼容性的社区型合作经济组织模式，也可以称之为"改良型的社区合作经济模式"。这里的所谓"更富兼容性"，最主要的是它能兼容一定范围、一定程度的私有经济，兼容一定范围、一定程度的个人自由选择权，承认私人财产权。笔者认为，这种公私兼容的社区型合作经济模式顺应了市场经济的发展潮流，拓展了组织对环境的适应性，也拓展了组织发展的空间，因此也更富有生命力，更具有发展的可持续性。当然，这种公私兼容的社区型合作经济组织也会面临"公"、"私"之间不可避免的矛盾和冲突，如何保持集体经济的主导地位是这一类组织必须面对的难题。

本书特别强调，不同类型的社区型集体经济组织形式在一定时期里都得到了本地绝大多数村民的认同和支持。对于绝大多数村民而言，作为"经济人"，他们之所以认同和支持这些社区型集体经济组织，是因为他们希望依赖集体经济组织来抵御市场风险，保证经济安全。在这里，村民们付出的代价（成本）则是个人自由选择权在一定程度上的丧失。用纯经济学语言来表示，经济安全的成本就是个人自由选择权的丧失，或者说，个人自由选择权丧失所带来的收益就是经济安全。一般而言，在经济发展的初级阶段，经济安全的边际收益往往要大于个人自由选择权的边际收益，人们更倾向于用个人自由选择权来交换生活的保障和经济的安全。但是，当经济发展到了更高阶段之后，个人自由选择权的边际收益会越来越高，这种组织模式就会遇到越来越严峻的挑战。

村一级社区型集体经济组织加进股份制因素，以现代经济的股份为纽带把村民与村集体联结为新的社区经济合作利益共同体，是我国农村社区型微观经济组织制度的一大创新，也是村一级社区型合作经济组织顺应市场经济潮流的未来发展趋势。本书强调，作为一种组织创新与制度创新，村一级社区股份制合作经济组织的出现与兴起是由于经济发展出现了一些诱致性创新的收入源泉，而这些新的收入源泉在旧的组织与制度框架内难以有效利用。同时，这一制度安排充分尊重了农户的土地承包权以及村民在原集体经济中的财产所有权，考虑了历史的继承性与改革的"路径依赖"，因而减少了制度创新和组织创新中的利益摩擦，降低了组织成本与交易成本。实践表明，把股份制引入社区型合作经济组织，使社区公共资产产权明晰，权责明确，民主监督、科学管理，能较为有效地防止"公共草场"现象，并顺应市场经济对经济资源流动性的要求。

合作经济在中外历史上有社区型劳动组合或劳动公社式的集体经济模式和专业型合作社模式两大类。这两种合作经济模式的主要区别在于：第一，产权制度的安排不同；第二，与市场经济的内在关联性不同。专业性合作经济组织是一种产权制度的包容量更广阔，并且和市场经济、商品货币关系可以内在相容的微观经济组织形式。它的本质规定性主要有三点：一是加入与退出的自愿性；二是管理的民主性；三是利益的共享性。在这三点本质规定性中，加入与退出的自愿性是基本前提；管理的民主性是基本手段；利益的共享性是根本目的。

在我国，乡村各种形式的互助合作有着悠久的历史，但专业性的合作经济组织作为微观经济的一种组织形态在传统农业社会的土壤上很难生存与发育。新中国成立后，虽然名义上也有农业供销合作社、农村信用合作社等专业性合作经济组织，但由于实行计划经济体制，这些名义上的专业性合作经济组织具有浓厚的"官办"性质和行政性色彩，离真正的"合作经济"性质相差甚远。农村实行家庭承包制以后，人民公社体制解体，中国农村经济的一个根本性变化就是实质性地启动了市场化的进程。作为农村经济最主要的微观经济主体——农户，在越来越广泛、越来越深刻的程度上被卷进了现代市场体系，他们的生产、生活与市场的联系越来越密切，关联度越来越高。尤其是中国加入 WTO 以后，中国的农民和农村经济不仅受到了国内市场的强烈影响，而且还受到了国际市场的强烈影响，那种传统的自给自足的封闭性生产体系已经彻底瓦解。因此在当代中国的乡村，虽然基本的生产组织形式依然沿袭了传统的农户小规模生产方式，但它面对的已是一个社会化的大市场。这就构成了人们通常所说的"小生产"与"大市场"之间的矛盾。

在这种"大市场"的经济环境中，在生产越来越社会化、现代化的背景下，单个农户的眼界、对市场行情的判断力、知识与技术能力、经济实力都十分有限，很难抵御"大市场"，尤其是在转型经济的市场环境中出现的各种不确定性与风险，因此，利用组织的力量来扩展个体理性的有限性就是一种合理的也是必然的选择。各种不同类型的专业合作经济组织就是这样的一种组织形式，它的基本功能就是在农户经济的基础上，利用互助合作的力量把单个农户的分散经营与社会化的大市场连接起来。

虽然有不少学者认为"合作社是弱者的联合"，但本书强调，就当代中国农村专业性合作经济组织的发展而言，事实上是相对的"强者牵头"，而不是单纯的"弱者联合"。强者牵头，即强力组织牵头或强力能人牵头，反映了在农村组建专业性合作经济组织迫切需要组织者（熊彼特意义上的"企业家"）这一稀缺和宝贵的经济资源；同时它还表明农村专业性的合作经济组织在自由联合、民主管理的基础上也需要一定的权威。

从理论与实际的经济运行看，信用领域的合作在当代中国农村事实上有着十分强烈的需求。但是，除了徒有合作社形式的农村信用合作社外，其他被官方认可的正规的农村信用领域的合作经济组织在我国是一片空白。从中央到各级地方政府目前都在大力推动和扶持各个领域、各种不同类型的专业性经济合作组织，但唯独不敢推动和扶持民间自发形成的农村信用合作经济组织。即便是已经事实上存在的农村民间合作信用组织，也得不到政府的正式认可，因此，也谈不上政府的规范化管理。这就使得大量实际上存在的农村民间金融合作组织长期处于一种非正规、非合法的"地下"状态。这种"地下"状态的无规则与无序极有可能酿成巨大的金融风险，威胁到农村经济、社会乃至民生的安定，因此，对农村信用合作以及整个农村民间金融的政策缺失与政策偏差是当代中国农村经济发展中不容忽视的大问题。同时，农村的专业性合作经济组织如果没有信用合作经济组织，也将构不成一个完整的农村专业性合作经济组织体系。

我国各类农村专业性合作经济组织与农户经济的关系，其主流形态是"兼容性"。它有契约型联结、服务型联结、股份型联结三种基本方式。专业性合作经济组织与农村企业则是两种不同形式的、联结"小农户"与"大市场"的组织平台。笔者不认同那种褒扬专业性合作经济组织而贬损农村企业的观点。笔者认为，分散经营的农户是选择专业性合作经济组织，还是选择企业来连接大市场，归根结底要取决于他们的收益成本比较。专业性合作经济组织与企业有各自的优势和不足，二者完全可以共存竞争，取长补短。这也就是说，专业性合作经济组织与企业不仅具有竞争性的关系，同时也更具有互补性的关系。

农村企业，从产业构成看，包括农村地区的农业企业与非农业企业；从所有制形态看，包括农村地区不同经济形态的各类企业：乡镇集体企业、个体私营及家族企业，以股份制为主要形式的混合所有制企业，等等。就数量而言，我国的农村企业在农村微观经济组织形式中所占的比重并不大，但农村企业对农村经济生活的影响，尤其是对农业产业化进程的影响不可低估。

从历史上看，在中国推进乡村工业化、兴办乡村企业从一开始就带有爱国主义、图存图强、复兴农村、救世救民的崇高政治使命，不单纯是一个经济层面的问题。按照"冲击—回应"的理论构架，中国的乡村工业化是非内源性的，而是对外来冲击的一种反应。凭借政治热情、政治权威，利用行政力量、行政网络推动乡村企业的发展，推动乡村工业化，对于打破传统农业社会低水平的超稳定静态均衡，在现代化资源极度稀缺的乡村、乡民中迅速传播工业化理念及新的知识技能确实具有十分重要的作用与意义。但是，这是依靠政治热情、政治权威，利用行政力量、行政网络推动的，带有浓厚的外在"嵌入式"特征，往往容易脱离当地实际，超越现实的发展水平，出现"水土不服的现象"；而且从政治理念上的考虑往往"只算政治账，不算经济账"，或"多算政治账，少算经济账"，以致企业组建成本太高、效益低下，虽在短期内轰轰烈烈，但难以持久。此外，农村企业只有与市场化相联系也才会有持久的生命力。把工业化等同于建立工业企业，这是乡村工业化进程中一个相当长时期的理论与实践"误区"。

在相当长的一段时期里，社队企业、乡镇企业就是集体企业。笔者探讨了人民公社时期的社队企业为什么主要是公社与大队这两级企业，而作为"三级所有"基础层的生产队所拥有的企业则寥寥无几。我认为，如果生产队的企业亏损，它无法再向外转嫁。也就是说，生产队一级的预算约束相对较硬，而公社和大队两级的预算约束相对较软。公社和大队这两级的社队企业是在一个较小的区域内复制了国有制企业的"软预算约束"，它用无偿抽调生产队资产、劳力的方式来弥补企业的亏损。

不可否认，政府主导或政府推动的、"模糊产权"型的乡镇集体企业在我国从计划经济体制向市场经济体制转轨的初期，由于顺应了当时的宏观制度环境，显示出了独特的竞争优势。事实证明，在经济转轨和经济短缺同时具备的历史条件下，在生产要素市场和企业家市场都不完善，甚至不具备的宏观经济环境中，在社会文化和意识形态的约束力很强的背景下，依赖社区共有资源，借助地方政府和村一级"准政府"的权威、"公信力"以及人力资本资源，确实可以加速推进乡村企业的发展，推进乡村工业化的进程。但是，伴随着我国经济市场化改革的深入，对外开放的扩大，"卖方市场"向"买方市场"的转变，"模糊产权"、政企不分、规模不经济所带来的弊病越来越大，因此，以"苏南模式"为代表的乡镇集体企业的发展面临着越来越严峻的挑战，以致出现了严重的发展危机。

"意识形态瓶颈"在"改革""开放"的早期是农村个体、私营企业发展的主要障碍。这意味着个体、私营企业的创建与发展具有"政治风险"，需要支付"政治成本"。因此，许多实质性的个体、私营企业都要想方设法戴上一顶"红帽子"，即挂靠一个国营或集体单位，成为形式上的集体企业。本书特别强调，这种挂靠形式是民间企业家与地方政府在特定的制度背景与意识形态氛围中的一种巧妙的组织创新，是一种"创造性的骗术"。从中国制度变迁的进程看，个体、私营企业的发展虽然整体而言是一种微观经济主体诱致性的制度变迁，但中央及地方政府初期的默认、后期的鼓励依然有着至关重要的作用。在这一进程中，邓小平的"不争论"政策和温州等地的"创造性骗术"是上下结合的高度政治智慧。

"资本瓶颈"是个体、私营企业发展到一定阶段后所面临的主要困难之一。个体、私营企业要突破资本"瓶颈"，内在的改革是要走股份制道路，从私营企业转向股份制企业，变封闭性的资本模式为开放性的资本模式。就外部环境看，则是要努力推进金融深化，发展和完善金融市场，这就需要放宽金融组织的进入门槛，允许各种不同类型的民间金融组织在规范的基础上合法存在，并推动金融业的良性竞争。

"管理瓶颈"则是私营企业的规模达到较大程度后所面临的主要发展障碍，是大型私营企业面对的主要问题。要从根本上突破私营企业发展的"管理瓶颈"，就需要私营企业从家族式管理的束缚中解脱出来。家族化管理以血缘、亲缘为纽带，家族成员间利益关系密切，构成一个长期合作的隐性契约。在一个社会公共信用普遍缺乏的环境下，利用这种血缘、亲缘关系建立的家庭和家族信任机制可较为有效地解决管理链条延长时的委托—代理矛盾，节约信息搜寻和监督成本。因此，家庭、家族企业在一定的约束条件下是一个有效率的微观经济组织。但是，笔者特别强调，基于血亲关系的信任，只是一种低信任度社会；而只有超越血亲关系的信任，才是高信任度社会。家族化管理建立在低信任度社会的基础之上，缺乏持续发展的扩张力和更广阔的发展空间。作为一种内闭型的管理模式，家族化管理选拔人才的空间极为狭窄，而人才是决定企业生死存亡的关键。因此，大型私营企业要克服"管理瓶颈"的弊病，就必须超越"家族化管理"。现代社会的企业家市场、社会诚信评价机制的逐步建立，为基于血亲关系的低信任度社会向基于社会网络的高信任度社会的转轨奠定了必要的基础和前提。

与西方发达国家的股份制公司大都脱胎于私营企业不同，我国当代农村的股份制公司大都脱胎于集体企业，尤其是社区型的集体企业。笔者认为，从集体企业脱胎而形成的股份制企业，事实上也是一种"扬弃"，即保留了社会化占有的本质，而抛弃了封闭、混沌、单一的集体产权结构。与单一的集体产权或单一的私人产权相比，股份制公司最明显的特征就是产权主体的多元化。这种多元化的产权主体具有广泛的制度包容性以及资本的社会性与开放性，使它既可以在私有制基础上发育而成为资本主义市场经济中占主导地位的微观经济组织形式，也可以在公有制基础上发育而成为社会主义市场经济中占主导地位的微观经济组织形式。

农业产业化进程中的龙头企业，在现有的农村企业中并不占多数，但未来的发展前景十分广阔。这是因为农业产业化进程中的龙头企业以农产品的加工和流通为主业，与农村、农民有着共存共荣的利益关系，从本质上讲，它就是农业产业链条的延伸。根据发达国家的经验，农村企业的主体最终必然是与农业密切相关的企业。

农业企业与农户经济的关系错综复杂，不可能是单一模式。概括起来，大致有如下几类：（1）家庭农场、私人农庄对小规模农户经济的替代；（2）集体农场或农业车间对农户经济的替代；（3）农业产业化龙头企业对农户经济的改造和二者的共存；（4）农业产业化龙头企业采用股份制的方式联结农户，使农户成为企业的股东，但依然保持农户的独立经济地位；（5）农业产业化龙头企业吞并农户，农民转变为企业工人。

四 本书的研究方法与篇章结构

本书的研究主要采用了两种方法：

1. 规范分析与实证分析的有机结合。

本书力图在一个统一的理论分析框架下，全面、系统地分析我国当代农村各种不同类型的微观经济组织形式，因此，十分重视规范分析与实证分析的有机结合。这也是本书的主要研究方法之一。

书中有较多的专栏、案例与图表。专栏是为了更深入，或从一个更新的角度来探讨一些相关的理论问题；案例则是为理论观点提供现实的依据。这些专栏和案例之所以单列出来而没有放进正文，一是要避免正文的冗长与累赘；二是希望专栏和案例中的理论分析与实证资料更加醒目和突出。这些专栏和案例在书中决不是可有可无的点缀，而是全书中不可或缺的有血有肉的有机整体，离开了它们，规范分析与实证分析都是不完整的。

2. 历史分析与逻辑分析的统一。

当代中国农村各种不同类型的微观经济组织形式都不是凭空出现的。它们都有历史的渊源，是历史的产物。注重逻辑分析与历史分析的统一是本书追求的又一研究特色。在讨论每一种微观经济组织形式及与之相关联的理论时，笔者总是力图在自己有限的知识（信息）框架内，尽可能地追溯它们的实践演变过程和理论演变过程，并在此基础上预测它们未来的发展趋势。笔者坚信，经济学本身也是一门历史的科学。不了解历史，也就难以透彻地理解当代。

本书的篇章结构如下。

第一章：导论。介绍了全书的研究背景，对当代中国农村微观经济组织形式国内外研究的历史与现状进行了评述，概括了本书的理论创新与主要观点，介绍了本书的研究特色和篇章结构。

第二章：经济人、经济组织、外部环境。本章从经济人—经济组织—外部环境的内在联系出发，确立了全书理论分析的逻辑思路与基本框架。该章从"经济人"假设出发，以经济组织为分析的中心，着重探讨如下两个问题：（1）个体的"经济人"为什么需要经济组织，又如何形成经济组织？（2）外部环境如何制约和决定经济组织的形式和功能，反过来，经济组织又如何影响、改造和构建环境？

第三章：农户：农村家庭经济组织。该章首先回顾和评述了家庭理论和农户理论；接着讨论了传统中国的"家文化"与中国农户经济的历史命运；指出了当代中国农户经济的时代特征；分析了当代中国农户经济土地占有制度的内在逻辑矛盾与发展走向；并在农户离散选择模型的基础上探讨了当代中国农户经济的劳动配置决策；最后分析了当代中国农户经济的投资取向与融资环境。

第四章：农村社区经济组织。该章首先探讨了"村"在中国历史上的功能与地位。分析了"大一统"社区型、政社合一的人民公社体制。随后讨论了新形势下"村"一级社区的经营性功能与服务性功能。并具体分析了三种典型的社区经济组织模式：仍保持"劳动公社"或"劳动组合"本质的村一级社区集体经济组织模式；灵活变通、更富兼容性的村一级社区型合作经济组织模式；新型的村一级社区股份制合作经济模式。

第五章：农村专业性合作经济组织。该章首先回顾和评述了专业性合作经济模式的理论与实践；接着讨论了当代中国农村多种形态的专业性合作经济组织"百花齐放"的宏观背景以及内在的原因与机理；并特别分析了农村民间信用合作的重要性与目前的困境；最后探讨了农村专业性合作经济组织与农户经济、农村企业之间的关系。

第六章：农村企业。该章首先回顾和评述了企业理论；讨论了中国农村企业的历史沿革；然后分别分析了农村集体企业、农村个体私营企业、农村公司制企业（股份制企业）以及农业产业化进程中的龙头企业；最后探讨了农业企业与农户经济错综复杂的关系。

第 二 章

经济人、经济组织、外部环境

本章从经济人—经济组织—外部环境的内在联系出发,确立全书理论分析的逻辑思路与基本框架。"经济人"假设是自亚当·斯密以来主流经济学最基本的理论假设,"经济人"也是构成经济组织的微观基础。与此同时,经济组织是在一定的经济与社会环境中生存的。外部环境是经济组织存在与运行的宏观背景,它在很大程度上决定了经济组织的生存方式与运行机理。当然,经济组织也决不是只能被动地对外部环境作出反应,它也在以自己的方式影响、改造和构建环境。本章将以经济组织为分析的中心,着重探讨如下两个问题:(1)个体的"经济人"为什么需要经济组织,又如何形成经济组织?(2)外部环境如何制约和决定经济组织的形式和功能,反过来,经济组织又如何影响、改造和构建环境?

一 "经济人"假设

人是"万物之灵"①,但人对自身的了解并不见得比人对自

─────────────

① "惟天地万物父母,惟人万物之灵。"(《书·泰誓上》)

然界的了解更透彻、更全面。这或许应了中国的一句古诗："不识庐山真面目，只缘身在此山中。"

"人"，无疑是一种高度的抽象，现实中只有具体的张三、李四，没有一个抽象的"人"。但是，这一抽象使"人"这一"类"与其他"类"的动物区分开来，它的认识价值与实用价值是无可置疑的。在这一基础之上，人又可以分类为中国人、外国人；现代人、古代人；男人、女人；老年人、中年人、年青人等等。这些分类使"人"这一概念更加具体化，但本质上仍然是一种抽象和概括。

从认识论的角度看，抽象和概括是形成概念的思维过程和方法。"抽象是在思想中抽取事物的特有属性，撇开偶有属性；概括是在思想中把从某些具有若干相同属性的事物中抽取出来的特有属性，推广到具有这些相同属性的一切事物，从而形成关于这类事物的普遍概念。""科学的概念、范畴和一般原理都是通过抽象和概括而形成的。"① "经济人"作为经济分析的基本概念，也是在这样一种抽象和概括的基础上形成的，它如同黑格尔所说的是"理性的思维抽象"的产物，反映了人们在一定历史阶段、一定的经济环境中经济活动的行为本质特征。

经济学界普遍认为，"经济人"是亚当·斯密经济世界里的核心概念，它奠定了自斯密以来经济学大厦的基础。虽然斯密本人并没有明确使用过"经济人"这一概念，② 斯密以前也曾有过

---

① 《辞海》缩印本，上海辞书出版社 1989 年版，第 771 页。
② 据考证，最早明确使用"经济人"这一概念的是约翰·穆勒。他在 1844 年出版的《经济学上若干尚未解决的问题》的论文集中，提炼出了"经济人"这一概念。

"经济人"思想的某些萌芽，① 但斯密第一个将人类欲望、动机等本能因素引入经济领域，并与收益—成本分析结合在一起，这就为"经济人"概念的最终确立奠定了根基，因此，斯密是当之无愧的"经济人"假设之父，也是经济学作为一门独立学科无可争辩的奠基者。②

按照斯密的逻辑思路，所谓"经济人"，就是有着自己独立的经济利益，并受经济利益驱使，在经济生活中追求自身利益最大化的理性"自由人"。"经济人"首先是独立的人，这里的"独立"，就是说他们有着自身独立的经济利益；同时，"经济人"作为"自由人"，在法律地位上也是独立的，不存在超经济的人身依附关系。因此，"经济人"之间法律地位是平等的。独立的经济利益支配着"经济人"的经济行为，法律上的"自由人"身份决定了他们可以自由地支配自己。在这里，"自利心"被看作是人的本性之一，基于"自利心"动机去追求自身利益最大化的理性决策行为被看作是人类的基本经济行为。但是，需要着重指出的是，斯密的"经济人"、"自利人"并不等于是损人利己的人。这也就是说，利己并不一定损人。在斯密看来，市场交易实质上是"自利"基础上"经济人"之间的一种"互利"行为。这是因为两个"经济人"之间的交易都是基于各自的利益，平等独立的身份使任何一方都不能把自己的意志强加于对方，在这里不存在"超经济强制"。如果一方认为交易对自己不利，他可以退出交易，交易就不能实现；如果交易成功，就意味着交易双方的利益

---

　　① 例如，早于斯密，英国学者伯纳德·孟德维尔在 1714 年出版的《蜜蜂寓言，或个人劣行即公共利益》一书中就表达了如下思想：人们以自利为动机所进行的活动要比他们以非利己目的所进行的活动更能促进公共利益。

　　② "一般认为在斯密之前有经济讨论，而在斯密之后人们就讨论经济学了。"（〔美〕萨缪尔逊著，高鸿业译：《经济学》下册，商务印书馆 1982 年版，第 314 页。）

都得到了满足。斯密说："请给我以我所要的东西吧，同时，你也可以获得你所要的东西：这句话是交易的通义。"[①] 从自利的动机出发通过自主、平等的市场交易达到互利互惠的结果（自利且互利），这是斯密"经济人"的本义。对于交易双方来说，交换是等价的，这就是市场经济的基本规律之一：等价交换规律；但是，对于"经济人"个体而言，交换增进了自己的收益，或者说，交换之后个人的福利得到了改善，因此，交换不能简单地看作仅仅是物品所有权的换位。

专栏 2—1　　交换为什么能增进个人福利

交换为什么能增进个人福利？这可以从生产与消费两个层面去理解。

首先，交换是"优势互补"，它与分工、专业化经济紧密相连。交换是利用自己的比较优势，用自己生产有优势的产品去交换自己生产缺乏优势的产品，扬长避短。因此，交换促进了分工和专业化，使个人的劳动效率提高，从而增加了个人所拥有的物质财富，增进了个人福利。例如，甲、乙两人生产 A、B 两种产品。没有分工与交换，甲生产五个单位的 A，三个单位的 B；乙生产三个单位的 A，五个单位的 B。如果甲专业化生产 A，他可生产十个单位；乙专业化生产 B，他也可生产十个单位。在专业化生产的基础上，甲用他生产的五个单位 A 产品与乙生产的五

---

① ［英］亚当·斯密著，郭大力、王亚南译：《国民财富的性质和原因的研究》上卷，商务印书馆 1974 年版，第 13—14 页。

个单位 B 产品交换，这就可以使甲比不交换要多拥有二个单位的 B 产品，同样，也可以使乙多拥有二个单位的 A 产品。这种多出的产品，也就是交换在分工基础上所带来的增量收益。

退一步讲，即使交换不能带来社会产品的增加，它也能够改变个人的消费结构；个人通过交换可以带来消费的多样化。仅此一点，也可以增加个人的效用水平，增进个人的福利。从这个层面看，交换往往是"互通有无"，用自己有的去交换自己没有的，用自己多的去交换自己少的，使自己的消费可以多样化。经济学有一个"边际效用递减规律"，即连续消费同一种物品，效用递减。如果消费的不是同一种物品，而是多样化的物品，那么效用就会增加，个人福利也会因此而增加。例如，甲生产粮食，乙打猎生产肉食。如果不交换，甲每天都只能消费粮食，乙每天都只能消费肉食，消费单调，效用递减。如果甲用一半粮食去交换乙的一半肉食，即使粮食与肉食总产量都不增加，对于甲乙二人而言，其效用仍然有极大的提高，个人福利也因交换而增长。

当然，交换也不是零成本，科斯的伟大贡献之一就是确立了交易成本的概念。如果考虑到交易成本，是否交换还需要看交易的增量收益是否要高于交易支付的成本。

在这里，对于利己主义，我们有两种不同的认识视角。如果从一个静止的、单纯分配的角度看，一人之所得必是他人之所失，利己与损人确实分不开。例如，20 元钱两个人分，我多得 1元，对方必然就要少得 1 元。我之所得就是对方之所失。但是，如果从一个动态的、发展的、财富增长的眼光看，我之所得并不一定是他人之所失。平等的交易发挥了双方的比较优势，促进了

双方共同的发展，大家从社会财富的增长中共同获利。用现在时髦的话说，就是"你发展、我发展"，大家"双赢"。传统中国的主流心态是"不患寡而患不均"，这是因为传统中国是一个相对静止的社会，因此，人们更多地注重如何分配既定权益，更关注利己而损人的行为。亚当·斯密的研究重心是国民财富的增长，利己心引导的是互利互惠的行为。在这种互利互惠基础上建立的市场经济我们可以称之为"好的市场经济"，或者说"理性的市场经济"。如果"经济人"无时无刻存在的机会主义行为只是损人利己，如果市场经济真的是欺诈成风，那么，我们无法解释市场经济如何创造出了如此巨大的社会生产力和巨大的社会财富。笔者在十多年前的一本有关市场经济发展史的著作中曾经对"经济人"作过如下的概括：

> "经济人"既是个体的"人"，但也是社会中的"人"，是群体的"人"。市场经济制度中的"经济人"是相互独立而又相互依存的经济个体，自己的独立必须以他人的独立为前提。保护自己的利益，尊重自己的利益，也必须保护他人的利益，尊重他人的利益。损人而利己决不是市场经济中"经济人"交易的准则。市场经济中"经济人"交易的准则是：利己且利人，自利且互利。[1]

斯密进一步认为，"经济人"孜孜不倦地追求自身利益的行为不仅有利于交易的对方，而且在市场机制这只"看不见的手"的引导下，客观上最终也将促进全社会的利益。因此，国民财富

---

[1] 曹阳：《历史的选择——市场经济发展史》，华中师范大学出版社1993年版，第39—40页。

增长的原动力也来自于"经济人"这一微观经济主体对自身利益的追求。斯密有如下一段名言："在这场合，像在其他许多场合一样，他受着一只看不见的手的指导，去尽力达到一个并非他本意想要达到的目的。也并不因为事非出于本意，就对社会有害。他追求自己的利益，往往使他能比真正出于本意的情况下更有效地促进社会的利益。"① 国民财富的增长与市场经济制度以及"经济人"追求自身利益的努力紧密依存，这就是斯密《国富论》富民乃至富国的内在逻辑。

勿庸讳言，"经济人"假设在经济学界得到了广泛的认同，但也受到了来自各方面的批评。这些批评大致有两类。一类是从根本上否定这一假设，这类批评是颠覆性的。另一类则是批评这一假设的缺陷与不足，并试图补充、完善或部分修正这一假设。

"人的本性"究竟是什么？这是古今中外一直争论不休的深层次哲学命题。在我国的春秋战国时期，社会上奉行"百家争鸣"。孟子持"性善论"："人之性善也，犹水之就下也，人无有不善，水无有不下。"② 荀子持"性恶论"："人之性恶，其善者伪也。"③ 他认为"好利"是人的天性。这似乎接近于"经济人""利己主义"的假设。告子持"性无善恶论"："人性之无分于善不善也，犹水之无分于东西也。"④ 他认为"生之谓性"，"食色，性也"，人生来只有求生存和生殖两种欲望。世硕则持"性有善有恶论"："人性有善有恶。举人之善性，养而致之则善长；性

---

① ［英］亚当·斯密著，郭大力、王亚南译：《国民财富的性质和原因的研究》下卷，商务印书馆 1974 年版，第 27 页。

② 《孟子·告子上》。

③ 《荀子·性恶篇》。

④ 《孟子·告子上》。

恶，养而致之则恶长。"① 他认为善恶两性究竟哪方面得到发展，要取决于后天的环境和教养。在西方，人是天使，还是魔鬼？或一半是天使，一半是魔鬼？对之历来也有争论。"人是什么"这一问题被看作是"斯芬克斯之谜"，而"斯芬克斯"本身就是狮身人面的怪物。它预示着"人性"与"兽性"的共存。十七八世纪文艺复兴时期的西方哲学家对人性有"性善论"与"性恶论"的争辩。霍布斯、斯宾诺莎、霍尔巴赫等持性恶论的学者认为，人在本质上是自私自利的，因而人与人之间就像狼与狼一样地相互对立与争斗，相互处于战争状态，是"一个人对所有人的战争"，人类世界即所谓"霍布斯丛林"；而洛克、孟德斯鸠、卢梭、狄德罗等持性善论的学者则认为，人的本性虽然是利己的，但人与人之间不仅是潜在的对手，也是同类，可以建立起互利互惠的合作关系。斯密的"经济人"假设基本上是承袭洛克等思想家的理论路径（关于这一点，学术界也有争论），② 他承认自利是人的本性，但在自利的基础上人类可以建立起互利互惠的合作关系。

事实上，这里还涉及两个不同层面的问题。第一个层面的问题是："自利心"是人的唯一本性，还只是人的本性之一，或根本上就不是人的本性？第二个层面的问题是：如果"自利心"是人的本性，那么，这一本性是与生俱来的，还是后天的社会经济环境中带来的，或二者兼而有之？

---

① 王充：《论衡·本性》。

② 哈耶克认为洛克与卢梭等人不同，洛克是"真正的个人主义"，而卢梭等法国"百科全书派"成员是"伪个人主义"。他认为只有洛克等英国"真正的个人主义"思想家的思想才是斯密的思想源泉。（［奥］哈耶克著，贾湛、文跃然等译：《个人主义与经济秩序》第1章，北京经济学院出版社1989年版。）马克思也认为洛克的哲学"成了后来英国整个政治经济学一切观念的基础"（马克思著，郭大力译：《剩余价值学说史》第1卷，人民出版社1975年版，第411页）。

　　很多对"经济人"假设持批评态度的学者认为，人除了"自利心"外，还有"利他心"、"同情心"。为此一些学者还设计了各种"利他主义"的经济模型，以证明"经济人""利己主义"假设的非普适性。事实上，斯密并不认为"自利心"是人的唯一本性，在他看来，"利他心"、"同情心"也是人的本性。斯密说得十分明确："不论我们假定人的利己主义达到何种程度，但是人的本性显然是具有同情他人遭遇的本能的。"[①]不过，在经济生活中，尤其是在市场交易过程中，起支配作用的仍然是人的利己心，而不是利他心和同情心。斯密写道："我们每天所需的食料和饮料，不是出自屠夫、酿酒家或烙面师的恩惠，而是出于他们自利的打算。我们不说唤起他们利他心的话，而说唤起他们利己心的话。"[②]"人类几乎随时随地都需要同胞的协助，要想仅仅依赖他人的恩惠，那是一定不行的。他如果能够刺激他们的利己心，使有利于他，并告诉他们，给他做事，是对他们自己有利的，他要达到目的就容易得多了。"[③]我国著名学者茅于轼教授运用我国古代小说《镜花缘》中君子国的案例，生动地说明了以利他心为基础的市场交易无法成交的道理："以自利为目的的谈判具有双方同意的均衡点，而以利他为目的的谈判则不存在能使双方都同意的均衡点。"[④]

---

　　①　转引自卢森贝著，李侠公译：《政治经济学史》第 1 卷，生活·读书·新知三联书店 1959 年版，第 246 页。

　　②　［英］斯密著，郭大力、王亚南译：《国民财富的性质和原因的研究》上卷，商务印书馆 1979 年版，第 14 页。

　　③　同上书，第 13 页。

　　④　茅于轼：《中国人的道德前景》，暨南大学出版社 1997 年版，第 3 页。

专栏2—2 君子国中的普遍利他主义行为
为什么不能达成交易

我国清代的著名文学家李汝珍写了一本小说，叫《镜花缘》。书中有一个叫唐敖的人，由于宦途受挫，跟随妻弟林之洋去海外游历。他们经过的第一个国家就是"君子国"。

君子国里的人，个个都以自己吃亏他人得利为乐事，也就是都以利他主义行事。小说的第11回就描写了一名隶卒买物的情况。

该隶卒拿着货物对卖货人说："你这么好的货却只卖这么低的价钱，如果我买去，怎么能安心？所以，你必须提高价钱我才能买，否则，你就是故意不肯卖给我。"

卖货人回答说："你肯买我的货，我已十分荣幸。但刚才我的卖出价已实在太高，我很不好意思。你反倒说我货好价低，岂不是更叫小弟惭愧？况且，我的货也不是'言无二价'，其中本来就有很多虚头。俗话说，'漫天要价，就地还钱'。你老兄不但不减价，反而要加价，如此克己，这生意没法做，请到别家交易。"

隶卒说："老兄这么好的货，只要这么低的价，反而说我克己，岂不失了'忠恕之道'？凡事总要彼此无欺，方为公允。试问哪个心中没有算盘，我怎能受人之愚哩。"

谈了许久，卖货人不肯加价，隶卒赌气，按数给钱，但只拿了一半货物。卖货人不依，只说"价多货少"拦住不放，非要隶卒拿走全部货物。如此纠缠，交易不能实现。最后路旁走出两个老人，作好作歹，令隶卒照价拿了八折货物，交易才勉强实现。

小说里还描写了另一笔交易。交易双方在银子的成色与分量上发生争执。付银的一方说自己的银子成色欠佳，分量也不足；而收银的一方则认为银子的成色超标，戥头又过高。无奈付银人已走远，收银人只好将他认为多收了的银子送给了一个从外国来的过路乞丐。

我国著名学者茅于轼先生就此评论说："在现实世界的商业往来中，虽然双方都以谋利为目的，通过讨价还价却都可以达成协议，而无私的君子国里的讨价还价则不可能。小说里不得不借助于两个路过的老翁或一个乞丐，用强制性的办法来解决矛盾（幸亏乞丐是从外国来的，如果他也是君子国人的话则纠纷永无了结之时）。这里包含着一个极深奥而且非常重要的道理：以自利为目的的谈判具有双方同意的均衡点，而以利他为目的的谈判则不存在能使双方都同意的均衡点。"①

20世纪60年代中期，美国的乔治·威廉斯（George Williams）和英国的威廉·汉密尔顿（William Hamilton）等生物学家发现了所谓"自私的基因"，对生物圈中蚂蚁、蜜蜂等动物群体的利他主义行为给出了利己主义的解释，这导致了从基因遗传角度确认利己性是人的本性的思潮。② 英国牛津大学的 R. 道金斯（Dawkins）教授在其1976年出版的《自私的基因》一书中明确提出："自然选择的基本单位，也就是自我利益的基本单位，既不是物种，也不是群体。从严格意义上来说，甚至也不是个体，而是基因这一基本的遗传单位。"③ 然而，由以色列希伯莱

---

① 茅于轼：《中国人的道德前景》，暨南大学出版社1997年版，第3页。

② 参见［美］麦特·里德雷著，刘珩译：《美德的起源——人类本能与协作的进化》，中央编译出版社2004年版。

③ Dawkins, *The Selfish Gene*, Oxford Press, 1976.

大学心理学家爱伯斯坦领导的研究小组，从遗传学的角度也宣布发现了促使人类表现"利他主义"行为的基因，其基因变异发生在 11 号染色体上。而且，他们认为，还有其他"利他主义"基因有待发现。① 虽然从基因遗传的角度来解释人的"自利心"或"利他心"已成为一种学术时髦，但正如美国斯坦福大学的保尔·埃利希所指出的："基因并没有给我们提供一种事先编定的'人类本性'程序，没有理由能证实人到底是'性本恶'还是'性本善'。"② 这也就是说，即便人类确有自私基因，它也不是形成"经济人"自利动机的根本原因。更明确地说，自利心是人类社会的产物，而不是所谓生物基因的产物。

诚然，人们是生活在社会之中的，经济行为无疑只是人们众多社会行为中的一种行为，经济动机也决不是人们生活的唯一动机，因此，一些学者认为，人是"社会人"，而不是"经济人"。我国的一些学者往往引用马克思的名言，即"人的本质并不是单个人所固有的抽象物，在其现实性上，人是一切社会关系的总和"③，以此来批判"经济人"假设，并断定马克思认为人就是"社会人"，而从根本上否定"经济人"。

但是，（1）马克思的这一段话针对的是费尔巴哈的唯物主义，并非评论斯密的"经济人"假设，而且，斯密的"经济人"假设与费尔巴哈的唯物主义也没有什么内在的关联。因此，不能认定马克思的这段名言就是针对"经济人"假设的评价和批评。

（2）"社会人"假设并不一定就排斥"经济人"假设，二者作为"人"的不同层面的抽象与概括完全可以并存。例如，"中

---

① 田学科：《人类的利他行为与基因有关》，《科技日报》2005 年 1 月 25 日。

② 转引自杨春学：《经济人的"再生"：对一种新综合的探讨与辩护》，《经济研究》2005 年第 11 期。

③ 《马克思恩格斯选集》第 1 卷，人民出版社 1972 年版，第 18 页。

国人"、"亚洲人"就是不同层面的抽象与概括,二者都有成立的理由。同理,"经济人"、"社会人"、"阶级人"、"生物人"等都只是对"人"不同属性的不同层面的抽象与概括,在各自研究的领域和视野,这些概念都是有意义和有价值的。肯定一种层面的抽象与概括并不等于就否定了其他层面的抽象与概括。正如法国学者亨利·勒帕日所说:"经济学家并没有把人类全部本性简化为经济人的奢望。他们还没有荒唐到这种地步,会否认人类行为是无法简化到用单一的尺度,即'经济'尺度来衡量的。证明经济人是一个相当有效的分析工具,可以合理地解释人类及社会的一系列相当广泛的问题,这并不等于否认存在着衡量'人性'的其他尺度(例如政治、宗教、精神等尺度)。"①

(3) 马克思不仅不否定对人们现实经济行为的理论抽象,而且十分肯定这种抽象的科学意义。马克思说:"经济范畴只不过是生产的社会关系的理论表现,即其抽象。"② "分析经济形式,既不能用显微镜,也不能用化学试剂。二者都必须用抽象力来代替。"③ 基于上述道理,马克思对资本主义现实经济生活中的人作出了如此高度的抽象:"这里涉及到的人,只是经济范畴的人格化,是一定的阶级关系和利益的承担者。我的观点是:社会经济形态的发展是一种自然历史过程。不管个人在主观上怎样超脱各种关系,他在社会意义上总是这些关系的产物。"④

(4) 当然,马克思并不完全认同斯密的"经济人"假定。马克思认为资产阶级经济学家(当然也包括斯密)的主要错误之一

---

① [法] 勒帕日著,李燕生译:《美国新自由主义经济学》,北京大学出版社1985年版,第25页。

② 《马克思恩格斯选集》第1卷,人民出版社1972年版,第108页。

③ 《马克思恩格斯全集》第23卷,人民出版社1972年版,第8页。

④ 同上书,第12页。

是"把这些经济范畴看做永恒的规律，而不是看做历史性的规律——只是适于一定的历史发展阶段、一定的生产力发展阶段的规律"①。但是，如果把"经济人"假设等一些资产阶级经济学家抽象与概括的经济范畴不是当作超历史的永恒规律，而是当作一定历史时期、一定社会经济环境中的经济规律，马克思并不采取全盘否定的态度。马克思指出："从交换行为自身出发，个人，每一个人，都成为只想到自己，排他的和占支配地位的（具决定作用的）交换主体。""自私的利益并不是作为一种比它自身更为崇高的东西而实现的，对方同样承认而且意识到他也是实现他自私的利益，所以双方都知道：共同的利益只存在于双方和多方的自私自利之中，共同利益就是从种种不同方面使自私自利独立自主，就是交换大家的自私自利。一般利益就是自私自利底一般性。"② 这些论述是对斯密"经济人"、"利己心"的精确描述。不过，它有明确的前提，即"从交换行为自身出发"，也就是从市场关系出发。因为马克思认为，只有资本主义社会才是市场交换关系占主导的社会，在未来的共产主义社会已没有商品、货币、市场交换关系，所以，"个人关于个人间的相互关系的意识也将完全是另外一回事，因此，它既不会是'爱的原则'或 devouement［自我牺牲精神］，也不会是利己主义"③。那么反过来说，在市场交换关系占主导的社会，"经济人"利己主义的抽象和概括就确实抓住了这一历史时期微观经济主体的本质特征。有着短暂的社会主义实行市场关系与市场经济实践（"新经济政策"时期）的列宁也看到了这一点。他指出，只要实行新经济政策，

① 《马克思恩格斯选集》第 4 卷，人民出版社 1972 年版，第 325 页。

② 马克思：《政治经济学批判大纲》（草稿）第二分册，人民出版社 1962 年版，第 10—11 页。

③ 《马克思恩格斯全集》第 3 卷，人民出版社 1972 年版，第 516 页。

实行贸易与市场原则，就"必须把国民经济的一切大部门建立在个人利益的关心上面"①。退一步讲，即便是在市场交换关系不占主导的社会，只要存在个人利益，自利动机也是刺激生产最为持续有效的机制。例如，毛泽东在战争年代谈到如何刺激生产发展时也讲过："还应规定按质分等的个人分红制度，使直接从事生产的人员能够得到红利，借以刺激生产的发展。"②

"经济人"假设也受到了来自西方经济学家，包括西方主流经济学家的一些批评。批评最为激烈的可能是 1974 年度诺贝尔经济学奖的获得者之一哈耶克教授。③ 他把"经济人"假设称之为"我们家中的怪物"④。不过，哈耶克教授认为，"经济人"假设，尤其是理性行为的假设，与斯密毫无关联。哈耶克说："当前对于亚当·斯密及其信徒的个人主义的许多误解当中，最突出的一点就是人们普遍认为，他们发明了'经济人'这个可怕的字眼；人们还认为，由于他们的结论是根据严格的理性行为假设以及错误的理性主义心理学得出来的，因此这些结论有很大缺陷。但是实际上，亚当·斯密及其信徒们根本没有作此假定。"⑤ 哈耶克教授坚持所谓"真正的个人主义"立场，激烈地抨击所谓的"理性主义"，认为"理性主义"的"经济人"假设是一种"假的个人主义"。

的确，"经济人"假设与"理性行为"假设是紧密联系在一

---

① 《列宁全集》第 33 卷，人民出版社 1972 年版，第 51 页。

② 《毛泽东选集》第 2 卷，人民出版社 1991 年版，第 1019 页。

③ 我国许多学者认为"经济人"假设导向了经济自由主义，但恰恰是所谓公认的现代经济自由主义领军人物哈耶克教授对"经济人"假设批评最为激烈，这是一个十分有趣的现象。

④ 哈耶克：《个人主义与经济秩序》，北京经济学院出版社 1989 年版，第 44 页。

⑤ 同上书，第 11 页。

起的，二者并称为"理性经济人"。何谓理性？简而言之，就是"有理性"的个体（"经济人"），根据自己的偏好，在资源稀缺性的前提下，在面临选择问题时，作出最有利于自身利益的选择。因此，理性与选择紧密关联。路斯（Duncan Luce）和莱法（Howard Raiffa）从博弈论的逻辑出发，把理性定义为："在两种可供选择的方法中，博弈者将选择能产生较合乎自己偏好的结果的方法，或者用效用函数的术语来说，他将试图使自己的预期效用最大化。"[1]

在古典，尤其是新古典经济学的框架中，人是"经济人"，即卡尔·布鲁内所说的"会计算、有创造性并能获取最大利益的人"[2]。由于假定市场是完全竞争的，价格包含了市场交易有用的完全信息，交易是零成本，因此，"经济人"的理性行为被看作是完全理性。

完全理性的假定与现实明显冲突，或者说，完全理性的前提条件在现实中不可能普遍存在，甚至根本就不存在。因此，主流经济学对"经济人"的批评就主要集中于对完全理性假设的批评上。在这方面，1978 年度诺贝尔经济学奖获得者赫伯特·西蒙教授的"有限理性论"尤为值得注意。依据西蒙的定义："广义而言，理性指一种行为方式，它第一，适合实现指定目标，第二，而且在给定条件下和约束的限度之内。"[3] 这一定义最为重要的在于第二点，它强调"给定条件"和"约束限度"。在西蒙

---

① 转引自林毅夫：《关于制度变迁的经济学理论：诱致性变迁与强制性变迁》，《财产权利与制度变迁——产权学派与新制度学派译文集》，上海三联书店 1994 年版，第 404 页。

② 转引自亨利·勒帕日：《美国新自由主义经济学》，北京大学出版社 1985 年版，第 24 页。

③ 西蒙：《现代决策理论的基石》，北京经济学院出版社 1989 年版，第 3 页。

看来，理性可分为完全理性、有限理性、直觉理性三大类。完全理性是假定人们能依据所获得的各种信息，找到实现目标的所有备选方案，并能预见这些方案的实施后果，至少也能给未来的可能状态确定一个联合概率分布，并依据某种价值判断在这些方案中作出最优抉择。直觉理性则是指人类的思维和由此而来作出的决策要归功于人类具有良好的直觉和判断能力，这种直觉和判断能力作为一种技能被认为与某种再认识过程相联系，它是人类通过存储经验事实和在适当情况下再认一定的情景时而获得的。如果说完全理性是一种强理性，直觉理性是一种弱理性，一种出于本能反应的理性，那么，有限理性就是一种介于中间的、更具普遍意义的理性。西蒙把它界定为"主观上追求理性，但客观上只能有限地做到这一点"。① 这意味着一个具有有限理性的"经济人"虽然力图最大化其效用，但他只具备有限地获取和处理信息的能力，对其决策后果缺乏足够的认识，因此，他只能满足于"次优"的结果，而不可能达到"最优"。"有限理性"的前提是信息的不完全和非对称。

人的理性之所以是有限的，而不是无限的、完全的，就人自身而言，取决于人的认知能力的有限性。哈罗德·德姆塞茨教授指出，人的理性受到接受、储存、检索以及处理信息的神经物质能力的限制，也受到让其他人理解他的知识和感觉的语言能力的限制。② 从人所处的外部条件看，市场环境具有复杂性和不确定性。无论是产权界定，还是市场交易，都需要支付成本，而不是零成本。我国学者刘世锦认为："只有当复杂性和不确定性的环

---

① 以上论述参阅西蒙为《社会科学辞典》撰写的条目，同时可参阅西蒙：《现代决策理论的基石》，北京经济学院出版社 1989 年版，第 3—4 页。

② Demsetz, H., *Ownership, Control, and the Firm*, Basil Blackwell Ltd., 1988.

境与受限制的人类自身理性能力相结合时，有限理性的假设才有意义。如果经济活动人的理性能力不受局限，或者说具有完全理性，那么不论遇到多么复杂和不确定的问题，他们都足以应付自如。另一方面，如果给定一个非常简单的环境，经济活动人也不会感到理性能力的不足。只有当交易在具有相当程度复杂性和不确定性的环境内进行，而经济活动人的理性能力又受局限的时候，理性边界的限制才能被实际地感受到，才会出现有限理性的问题。"[①] 因此，"经济人"的理性选择事实上是有限制、有边界的，人们只能在"给定的条件"和"约束的限度"内选择。

虽然西蒙本人认为"有限理性"假设从根本上否定了"经济人"最大化行为的假设，但大多数学者认为"有限理性"假设与"经济人"最大化行为假设在逻辑上并没有不可克服的矛盾，二者完全可以结合在一起。"经济人"事实上就是在一系列约束条件下，在一个有限的而不是无限的"选择集"内去追求自身利益（效用）的最大化。从这一意义上说，"有限理性"假设并没有否认"经济人"假设的核心——利己主义动机与追求利益（效用）最大化的主观愿望，它不过是修正了（更恰当地说是更明确了[②]）"经济人"假设的前提条件，使这一假设更符合现实，因而也更具普适性。

当然，强调"经济人"的"有限理性"对经济理论的进一步拓展是有重要意义的，这种拓展包括经济分析的深度与广度。就深度而言，承认"经济人"的有限理性，为新制度经济学更深入地研究人类经济行为以及制度框架提供了一个更为广阔的平台。

---

① 刘世锦：《经济体制效率分析导论——一个理论框架及其对中国国有企业体制改革问题的应用研究》，上海三联书店1993年版，第29页。

② 斯密和古典经济学家是否认定"经济人"全知全能，具有完全理性，这本身就是一个值得讨论的问题。

奥利弗·E. 威廉姆森教授指出："理性有限是一个无法避免的现实，因此就需要正视为此所付出的各种成本，包括计划成本、适应成本，以及对交易实施监督所付出的成本。"总之，"只有承认理性是有限的，才会更深入地研究市场和非市场这两种组织形式"①。同时，深入研究人类的合作行为和经济组织，研究意识形态乃至"社会资本"在经济决策中的作用，都与"有限理性"的假设密切相关。1972 年度诺贝尔经济学奖获得者之一肯尼思·阿罗教授指出："人类的合作行为是为了扩展个人理性。"②因此，个人理性的有限性是人类合作，并结合为经济组织，形成经济制度的前提条件。1994 年度诺贝尔经济学奖获得者道格拉斯·诺思教授则认为："西蒙的表述把握了为什么主观主义的不完全信息处理在决策中起决定作用的实质，它基于对现实的主观看法解释了意识形态在人类选择中所起的重要作用。"③

　　"有限理性"的"经济人"假设，也为"经济人"模式拓宽了分析的疆界，并在肯定"经济人"以"自利心"追求利益（效用）最大化的基础上，把分析的重点转向了"给定条件"和"约束限度"，因而极大地拓宽了这一分析框架的应用范围。

　　过去人们普遍认为"经济人"理性行为决策只适用于市场经济条件下的微观经济主体，它的适用边界是有限的，例如，传统社会中的农民，计划经济体制中的企业就不适用于这一分析框架。1979 年度诺贝尔经济学奖获得者之一西奥多·舒尔茨教授

---

① ［美］奥利弗·E. 威廉姆森：《资本主义经济制度——论企业签约与市场签约》，商务印书馆 2002 年版，第 68 页。

② Arrow, K. J., *The Limits of Organization*, New York: Norton, 1974.

③ ［美］诺思：《制度·制度变迁与经济绩效》，上海三联书店 1994 年版，第 31 页。

在其 1964 年出版的《改造传统农业》一书中，以大量的实证性观察资料论证了传统农民那些看来是非理性的经济行为在传统社会的经济环境中恰恰是合理的经济选择，是理性的经济行为。这意味着，传统社会的农民与市场经济中的"经济人"一样，有着追求自身利益最大化的行为动机，对经济刺激，例如市场价格的变动能作出迅速而正确的反应；只是由于他们所处的经济制度和经济环境不同，追求自身利益最大化的行为方式才有差异。① 匈牙利著名经济学家亚诺什·科尔内教授则在其 1980 年出版的名著《短缺经济学》一书中，精辟地描述了在中央计划经济体制下，计划者、国有制企业的管理者与劳动者又是如何在外部制度环境约束下追求自身利益最大化的。科尔内指出："计划者的观点，'条件反射'以及行为规律性并不决定于他的主观性格，而是决定于影响他的客观环境和社会条件，以及他在该体制中的地位。"② 北京大学的林毅夫教授对此概括指出："'人的行为是理性的'这一基本前提不仅适用于现代市场经济，而且也适用于古代传统的以及非市场的经济"，当然，"这并非说人类行为的表现在不同的经济中没有不同，而是说人类的行为所以表现不同，不是它的'理性'有所不同，而是制度环境和自然条件不同，造成可供他们选择的方案不同所致。"③ 用诺思教授的话说，人们之所以有不同的选择和不同的行为方式，是因为有不同的制度框架，"制度框架约束着人们的选择集"④。

---

① 参见［美］西奥多·W. 舒尔茨著，梁小民译：《改造传统农业》，商务印书馆 1999 年版。

② ［匈］亚诺什·科尔内著，张晓光等译：《短缺经济学》上卷，经济科学出版社 1986 年版，第 296 页。

③ 林毅夫：《制度、技术与中国农业发展》，上海三联书店 1994 年版，第 2 页。

④ D. 诺思：《经济史中的结构与变迁》，上海三联书店 1994 年版，第 225 页。

更进一步讲，"经济人"理性行为决策的分析框架不仅被应用于不同的经济制度环境，而且还应用到了许多传统的非经济领域，由此形成了所谓"经济学帝国主义"对社会科学其他领域的大举入侵。1993 年度诺贝尔经济学奖获得者加里·贝克尔教授把"经济人"理性行为决策分析扩展到了家庭、婚姻等众多的非经济领域，"在家庭范畴全面应用了传统上只用于研究企业及消费者的分析框架"①。公共选择学派则把理性行为决策分析应用到了所谓政治市场。"它的特点是根据个人对经济市场或政治市场的影响，以不同方式来探讨人们做出决定的过程。"② 总之，"所有这些模式的基点都是把经济人范例扩大到个人在面临'非商品'选择时所采取的行为和态度"③。贝克尔教授则依据这种经济分析框架研究对象的扩展把经济学分为三个阶段："在第一阶段，人们认为经济学仅限于研究物质资料的生产和消费结构，仅此而已（即传统市场学）；到了第二阶段，经济理论的范围扩大到全面研究商品现象，即研究货币交换关系；今天，经济研究的领域业已囊括人类的全部行为及与之有关的全部决定。""凡是以多种用途为特征的资源稀缺情况下产生的资源分配与选择问题，均可以纳入经济学的范围，均可以用经济分析加以研究。"④

综上所述，"经济人"理性行为决策的分析框架虽然不乏批评之声，但总体而言，这一分析框架奠定了现代经济分析的基础，把经济学与其他社会科学区分开来。正如贝克尔所说："经

---

① 参见［法］亨利·勒帕日：《美国新自由主义经济学》，北京大学出版社1985 年版，第 253 页。

② 同上书，第 17—18 页。

③ 同上书，第 128 页。

④ ［美］加里·S. 贝克尔：《人类行为的经济分析》，上海三联书店 1993 年版，第 3 页。

济学之所以有别于其他社会科学而成为一门科学，关键所在不是它的研究对象，而是它的分析方法。"贝克尔所谓的分析方法，也就是"经济人"理性行为决策的分析方法："经济分析比其他方法更明确更全面地假定最大化行为，假定家庭、厂商、工会或管理当局的效用或福利函数能够极大化。"①

本书从"人们的社会存在决定人们的思想意识"这一马克思主义的基本立场出发，把"经济人"假设看作是一定历史时期、一定制度环境中对具有独立经济利益的微观经济主体经济行为的一种科学抽象与概括。在此前提下，本书将"经济人"假设作为分析经济组织的逻辑起点，并把理性行为的收益成本决策作为研究微观经济组织形式存在、运行与变迁的基本分析框架。

二 经济组织理论

人都是生活在一定的社会之中的，社会生活就是与其他人的互动过程。马克思和恩格斯指出："社会关系的含义是指许多个人的合作"，"而这种共同活动方式本身就是'生产力'。"②

人们为什么需要合作？这是因为单个人的认知能力及行动能力都是极其有限的（理性有限）。单个人既无法对付大自然的风险，也很难对付人类社会的环境复杂性和不确定性。如果说人类确有自私的基因，那么人类也同时具有社会协作，即合

---

① ［美］加里・S. 贝克尔：《人类行为的经济分析》，上海三联书店1993年版，第7页。

② 《马克思恩格斯选集》第1卷，人民出版社1972年版，第34页。

作的本能。① 马克思指出："人们在生产中不仅仅同自然界发生关系。他们如果不以一定方式结合起来共同活动和互相交换其活动，便不能进行生产。"② 团队生产，或者说结为组织的生产，就是人们之间的一种"共同活动"；而市场交易则可以看作是"互相交换其活动"。斯密也认为，互通有无，物物交换，互相交易是人的特性，"这种倾向，为人类所共有，亦为人类所特有"③。阿罗说："人类的合作行为是为了扩展个人理性。"④ 这意味着个人理性的有限性是人类合作的前提。诺思则指出："人类发展中的合作与竞争形式以及组织人类活动的规则的执行体制是经济史的核心。"⑤

　　人类合作行为和合作关系的长期化、稳定化、制度化就必然会催生出"组织"。"组织"，有许多种不同的定义，包含着十分广泛的内容。从词义学的角度看，"组织"作为一个动词，可以把它看作是一种行为，即对由群体形成的社会经济活动的协调与管理；"组织"作为一个名词，主要是指一个团体或机构，它可以看作是人们为了一定的目的、依据一定的规则而形成的一种较为稳定的社会关系。当然，作为团体的"组织"与作为行为的"组织"事实上是密不可分的。团体需要有人协调与管理，换句

---

　　① "现在，逐渐出现了一种对人类社会的全新的解释。人类社会的典型特征之一就是协作，这种协作并非是近亲之间的协作，不是出于互惠互利的目的，也并不是遵守某种道德规范的约束，而是出于'种族优胜劣汰的自然规则'——协作的团体能够兴旺发达，繁衍不息，自私自利的团体则走向衰亡。"（［美］麦特·里德雷：《美德的起源——人类本能与协作的进化》，中央编译出版社 2004 年版，第 187 页。）

　　② 《马克思恩格斯选集》第 1 卷，人民出版社 1972 年版，第 362 页。

　　③ ［英］亚当·斯密著，郭大力、王亚南译：《国民财富的性质和原因的研究》上卷，商务印书馆 1979 年版，第 13 页。

　　④ Arrow, K. J., *The Limits of Organization*, New York: North, 1974.

　　⑤ ［美］道格拉斯·C. 诺思著，陈郁、罗华平等译：《经济史中的结构与变迁》，上海三联书店、上海人民出版社 1994 年版，第 17 页。

话说，作为团体的"组织"需要组织者把它"组织"起来。阿弗里德·马歇尔教授把组织看作是劳动、土地、资本之外的第四生产要素，组织者被看作是企业家，他提供"组织"这一特定的生产要素。金德尔伯格和赫里克进一步指出："在组织和其他要素之间存在一个重要的区别：所有其他要素都有可以互相替代的倾向……但组织却是一个补充物而不是替代物。"① 更明确地说，"组织"与劳动、土地、资本不存在互相替代的关系，组织这一生产要素把其他生产要素凝聚在一起。因此，拉坦把组织定义为一个对资源实施控制的决策单位。② 在本书中，我将采用一个更为宽泛的定义，把"组织"定义为由一定数量的个人（或法人）组成的、由一定制度（成文的或不成文的，或者说，正式的或非正式的）联系和约束的、比较稳定的社会团体。小的团体，如家庭，它是"由婚姻、血缘或收养而产生的亲属间的共同生活组织"。"家庭是最早产生的社会经济组织形式。"③ 大的团体，如国家，它表示"在政治上组织起来的社会"④。在家庭与国家之间，还有许许多多不同类型、不同功能的团体，如企业、合作社、政党、学校、俱乐部、教会等等；这其中既有经济组织，也有政治组织、文化组织、教育组织、宗教组织等；既有营利组织，也有非营利组织。此外，在当今社会里，还有许多跨国的组织与国际组织，例如跨国公司、联合国等等。

---

① ［美］查尔斯·P. 金德尔伯格、布鲁斯·赫里克著，张欣等译：《经济发展》，上海译文出版社 1986 年版，第 130 页。

② "一种组织则一般被看作是一个决策单位——一个家庭、一个企业、一个局——由它来实施对资源的控制。"（拉坦：《诱致性制度变迁理论》，《财产权利与制度变迁——产权学派与新制度学派译文集》，上海三联书店 1991 年版，第 329 页。）

③ 《辞海》（缩印本），上海辞书出版社 1989 年版，第 1152 页。

④ 《简明不列颠百科全书》第 3 卷，中国大百科全书出版社 1985 年版，第 557 页。

无论是经济组织，还是政治组织，或其他类型的社会组织，都具备一系列共同的基本特征。斯蒂芬·P. 罗宾斯（Stephen P. Robbins）和玛丽·库尔特（Mary Coulter）认为："组织这个术语是指一种实体，它具有明确的目的，包含人员和成员以及具有某种精细的结构。"① 目的、人员和机构被看作是组织的三大要素。诺思则从制度的层面，把组织的特征概括为三个方面："1. 以规则和条令的形式建立一套行为约束机制。2. 设计一套发现违反和保证遵守规则和条令的程序。3. 明确一套能降低交易费用的道德与伦理行为规范。"② 当然，这些规则、条令、程序、道德与伦理行为规范，可能是成文的、正式的，也可能只是组织成员间或组织所处的社会约定俗成的，或潜意识而存在的。但不管是正式的，还是非正式的；是成文的，还是不成文的，如果没有这些联系组织成员的规则、条令、程序、道德与伦理行为规范，任何组织都难以正常运行，更不能持续发展。因此，从这个层面上看，组织也可以看作是一系列社会契约（成文的和不成文）的集合与联结。具体而言，组织应该具有如下五个基本要素：一是一定数量人员（至少是两人，例如一夫一妻的家庭）的集合，这使组织区别于个体；二是有确定的组织目标，它不是组织成员个体目标的简单相加；三是有约束组织成员的组织章程或行为道德规范，这是维系组织运行的约束机制；四是有组织者，或者叫企业家，即组织要有权威的领导人或领导机构；五是要有一定的组织财产，这是组织赖以运行的基本物质条件。经济组织与其他社会组织的区别在于它的运行方式、运行规则以经济利益

① 斯蒂芬·P. 罗宾斯、玛丽·库尔特著，孙健敏等译：《管理学》，中国人民大学出版社 2004 年版，第 16 页。

② ［美］道格拉斯·C. 诺思著，陈郁、罗华平等译：《经济史中的结构与变迁》，上海三联书店、上海人民出版社 1994 年版，第 18 页。

为基本目标。

作为个体的"经济人"为什么要加入经济组织？从规范的"经济人"分析框架看，作为一个决策单位，经济组织也可以看作是"经济人"，因此，更准确的提法是："个体经济人"为什么要完全或部分地放弃自己独立的生产经营决策权而成为"组织经济人"的一部分？换句话说，"个体生产"为什么要结合成"团队生产"？这里，首先要区分两种不同的组织加入类型，或组织结合类型。一种是基于个人自愿性质的加入或结合，借用新制度经济学的术语，我把它称为"诱致性加入"，其目的是个体为了获取加入组织所带来的潜在合作收益；另一种则是个人被迫性的加入，这可以看作是"强制性加入"。如果这种"强制性加入"不能使个体成员获得组织所带来的潜在合作收益，那么，就必然是具有权威的组织者为了获取组织所带来的潜在收益。当然，也还有介入"自愿"与"强制"二者之间的，即半自愿半强制性的，我国农业合作化时期这种类型的加入者实际上非常普遍。一方面，他们对当时主流舆论所宣传的合作化及人民公社化的未来美景（例如，"楼上楼下，电灯电话"）很向往；另一方面，他们也迫于当时的形势，"不得不加入，不敢不加入"[①]。

我们首先分析"诱致性加入"，这是"个体经济人"形成"经济组织"这一"组织经济人"的基础。按照"经济人"理性行为决策的分析框架，个人在经济组织活动中所获得的收益要高于他所付出的成本；更进一步讲，个人加入经济组织的纯收益要高于他单干所获得的纯收益，这是个人自愿加入经济组织的根本

---

① "如果以合作化这一过程缺乏'自愿互利'的成分就将它完全看作政府推动和强制的结果，则有失片面。"（卢晖临：《革命前后中国乡村社会分化模式及其变迁：社区研究的发现》，《中国乡村研究》第 1 辑，商务印书馆 2003 年版，第 163 页。）

动因。用公式表示如下：

$$R > C ; \quad R - C = R_T$$
$$R_T > R_M$$

上式中 R 为个体参加经济组织的收益，C 为个体参加经济组织的成本；R_T 为个体加入经济组织所获得的纯收益，R_M 为个体单干的纯收益。

经济组织，或者说团队生产的纯收益为什么会高于单干的纯收益，我们先来看看经济组织所带来的而单干所没有的"组织收益"，或者也可以称之为"合作剩余"。

协作收益。马克思说："许多人在同一生产过程中，或在不同的但互相联系的生产过程中，有计划地一起协同劳动，这种劳动形式叫做协作。"[①] 协作是一种有组织的群体劳动，它弥补了个人劳动的有限性，拓展了劳动的空间与时间范围，创造出了个体劳动所不具有的新的生产力——集体力。马克思指出："在这里，结合劳动的效果要末是个人劳动根本不可能达到的，要末只能在长得多的时间内，或者只能在很小的规模上达到。这里的问题不仅是通过协作提高了个人生产力，而且是创造了一种生产力，这种生产力本身必然是集体力。"[②] 这种由协作创造的新的生产力（集体力）就是协作收益，它不是单个个体劳动简单相加就能达到的。简单的协作没有劳动分工，但稍为复杂一点的协作往往都与劳动分工相联系。因此，狭义的协作收益不包括分工收益，但广义的协作收益则与分工收益在很大程度上重合。

---

① 《马克思恩格斯全集》第 23 卷，人民出版社 1972 年版，第 362 页。
② 同上。

分工收益。斯密说:"劳动生产力上最大的增进,以及运用劳动时所表现的更大的熟练、技巧和判断力,似乎都是分工的结果。"[①] 最简单的经济组织,例如,在农业家庭里,男耕女织就是一种发挥各自性别专长的劳动分工;而越复杂的经济组织,专业分工也就越细、越发达。分工有自然分工、社会分工和经济组织内部的分工。经济组织内部的分工是社会分工的基础,也是社会分工的细化与深化。相比较单干而言,经济组织能更好地实现专业化分工,因而能更有效地发挥各个成员的比较优势,提高整体的劳动生产率。斯密曾对扣针制造业作了生动的说明。他指出,如果没有分工,"如果他们各自独立工作,不专习一种特殊业务,那末,他们不论是谁,绝对不能一日制造二十枚针,说不定一天连一枚针也制造不出来"。但是,当实行了劳动分工以后,"这十个工人每日就可成针四万八千枚,即一人一日可成针四千八百枚"[②]。

专栏 2—3   分工的好处

专业化为什么能增加财富和生产力?古代哲学家和经济学家对此有大量的论述。柏拉图早在公元前 380 年就论述了专业化、分工对增进社会福利的意义,并认为市场和货币的基础是分工。法国大百科全书指出,分工可以节省自给自足时改换工作的费用,可以加速技能熟练过程(熟能生巧),并使新技术、新机器

---

① [英]斯密著,郭大力、王亚南译:《国民财富的性质和原因的研究》上卷,商务印书馆 1979 年版,第 5 页。

② 同上书,第 6 页。

得以发明。斯密进一步阐述了分工的这些好处。雷指出，分工可以节省原材料，增加工具的利用率。黑格尔和巴比奇指出，分工专业化使每个专业操作简化，因而机器得以应用和发明。巴比奇还指出分工专业化使得一些人在不分工时重复的学习费用得以节省。杨小凯和黄有光还阐明了分工专业化可以增加整个社会获得知识和积累知识的能力。

　　分工的好处不难从日常的直感中了解到。你可以想象，如果没有社会分工，你每天消费的各种食品、房屋、家具、汽车、火车都要你自给自足地生产，不但生产效率会低到原始社会的水平，而且很多产品（汽车、火车、飞机、轮船、电视）是不可能由一个人自给自足生产出来的。中国早就有千人糕的故事，讲的是像蛋糕这种最简单的商品在现代社会中都是上千人分工协作生产出来的。

　　摘自杨小凯：《经济学原理》，中国社会科学出版社 1998 年版，第 45—46 页。标题是笔者加的。

　　规模收益。个体劳动不能形成一定的经济规模，这是不言而喻的。因此，组织是获得规模收益的基本前提。阿弗雷德·马歇尔教授早就认识到了规模生产的效益，指出了生产规模与经济效益之间有紧密关联的函数关系，也就是伴随着生产与经营的扩大，将出现成本下降和收益递增。用标准的数学语言来表述就是，在一个正则拟凹的齐次生产函数中，如果各生产要素投入的产出弹性之和大于 1，那么，该生产函数具有规模收益递增之特性，即具有规模经济的潜能。规模经济首先来自于许多生产过程、生产设施以及固定资产投资的不可分性，达不到一定的经济规模，潜在的经济收益就不可能实现；规模收益还来自于经济规模扩大后的单位成本降低与劳动生产率的提高。钱德勒（Chandler，A. D.）在谈到大量生产兴起时认为，生产率的提高和单位成本的降低通常总是把它等同于规模经济。钱德勒还区分了组织收益中的规模收益与分工收益，他指出："这种经济性主要来自对工厂内材料流动的结合和协调的能力，而不是工厂内工作的更趋专业化和进一步分工。"①

抗风险或保险收益。单个个体势单力薄，抗御大自然的风险及其人类环境不确定性风险的能力极为有限，而经济组织能提供一种合作的集体力量，相比较个体而言，能更有效地分散风险，提高抗御风险的能力。温特哈尔德（Winterhalder，B.）教授曾经进行过猎人合作与单干的比较研究，他发现六个猎人合作实现利益风险共享比他们各自单干可将食物来源的风险降低 80%。这被称为"食物分享中的风险减少假设"。② 弗兰克·奈特（Frank Knight）教授在其经典论文《风险、不确定性和利润》中指出，组织形式的演进就是对风险的反应。在奈特看来，企业就是一种由企业家提供的规避风险和解决不确定性的组织机制。由于人们的风险偏好存在差异，导致了企业这种经济组织的出现，那些自信和敢于冒风险的人（企业家）通过保证给那些大多数不敢冒风险的人（劳动者）稳定的收入以换取对实际成果的占有而"承担风险"。这也就意味着大多数的组织成员获得了"保险收益"③。通过经济组织，使愿意承担风险的人承担风险，使不愿意承担风险的人得到安全（保险），这被看作是人力资源的最

---

① 钱德勒：《看得见的手——美国企业的管理革命》，商务印书馆 1987 年版，第 324—325 页。

② ［美］麦特·里德雷著，刘珩译：《美德的起源——人类本能与协作的进化》，中央编译出版社 2004 年版，第 104 页。

③ Knight, F. H., *Risk, Uncertainty, and Profit*, Hart Schaffner and Marx, 1921.

优配置，即"人尽其才"。

心理收益。相比较个体劳动的单干而言，经济组织的集体劳动还能产生出一种心理上的收益。马克思指出："在大多数生产劳动中，单是社会接触就会引起竞争心和特有的精力振奋，从而提高每个人的工作效率。"[①] 著名心理学家马斯洛的需要层次理论也认为，人的需要分为生理需要、安全需要、社交需要、尊重需要和自我实现需要五个层次，其中社交需要、尊重需要和自我实现需要被称为较高级的需要。实践证明，组织比个体更能满足人们较高层次的需要。在中国的农业合作化运动中，年青人之所以入社的热情更高，其中的一个重要原因就是合作社为年青人提供了更多的社会接触机会。

概括起来，"组织收益"是协作收益、分工收益、规模收益、抗风险或保险收益和心理收益之和。即

$$R_T = R_1 + R_2 + R_3 + R_4 + R_5$$

经济组织不仅会带来个体生产所不具有的组织收益，或者说合作剩余，同时也会产生个体生产所不具有的组织成本，或者说合作成本。需要指出的是，我这里定义的组织成本比许多学者所定义的组织成本要宽，这些学者（如诺思）定义的组织成本仅相当于我在下面将谈到的谈判与组建成本，我们可把它称之为狭义的组织成本。广义的组织成本则包括：

谈判与组建成本。经济组织是由多个个人共同组成的，每个个人都有自己独立的经济利益。要使这些个体自愿组成为一个团体共同生产（阿尔钦与德姆塞茨称为"队生产"），需要创建人，或者说组织者（"企业家"，他提供"组织"这一生产要素）付出时间、精力与每个成员谈判，以说服他们加入组织。因此，要在

---

① 《马克思恩格斯全集》第 23 卷，人民出版社 1972 年版，第 362—363 页。

组织成员完全自愿的基础上组建团队生产不是一件容易的事情。经济组织的成员越多，规模越大，内部结构越复杂，谈判与组建的成本就越高。戴维斯与诺思指出，在个人安排中，没有与之相联系的组织成本，"组织的总成本将随参加者的人数而增长"，"在自愿的安排下，要达成一致性可能会进一步增加组织的成本"[①]。我们后面的分析还会发现，不同的组织形式谈判与组建成本也不同。一般来说，合作社的谈判与组建成本要高于企业，因为企业借助劳动力市场可以大大节约"一对一"谈判的成本。这也是企业为什么比合作社更普遍的一个重要原因。此外，经济组织的形成需要有组建者，即企业家；而企业家则是一种十分稀缺的经济资源，发现或培养企业家也会进一步增加组建成本。

计量与核算成本。个体劳动不需要计量与核算；即使需要计量与核算，也与他的收入分配无关。这是因为他的劳动收益与他的劳动努力程度密切正相关，他自己监督自己，生产与分配浑然一体。团队生产则需要对每个成员实行劳动计量与核算，并据此实施收入分配。这一是因为团队成员的劳动并非同等同质，有复杂劳动与简单劳动之分，也有熟练劳动与非熟练劳动之分；即使是同等同质的劳动，也有劳动努力程度的区别，而团队的总体劳动收益又与每个个体的劳动努力程度分不开。阿尔钦和德姆塞茨指出："在经济组织问题上有两个至关重要的需求——计量投入的生产率以及对报酬的计量。""如果经济组织的计量能力很差，报酬与生产率之间只有松散的联系，生产率将较低，但如果经济组织的计量能力很强，生产率就较高。"[②] 若是团队生产的劳动

① 戴维斯、诺思：《制度变迁的理论：概念与原因》，《财产权利与制度变迁——产权学派与新制度学派译文集》，上海三联书店 1991 年版，第 276 页。

② 阿尔钦、德姆塞茨：《生产、信息费用与经济组织》，《财产权利与制度变迁——产权学派与新制度学派译文集》，上海三联书店 1991 年版，第 61—62 页。

计量比较容易，例如可以实行完全的计件工资，那么，劳动的计量与核算就不成其问题，甚至可以忽略不计。但是，大多数团队生产的劳动计量都非常困难与复杂，这是团队生产"搭便车"现象存在的前提。而要解决这一问题，就需要经济组织付出很大的计量与核算成本。

学习与适应成本。与个体生产相比，团队生产有规章与纪律的约束，生产讲求协作与分工，这使得新加入者有一个学习与适应的过程。越是专业化分工发达、技术标准严格、组织机构复杂的团队，新成员学习与适应的过程就越长，学习与适应的成本也就越大。而且，在这种学习与适应的过程中，新加入者的劳动效率可能还不如他单干时的劳动效率。

监督成本与管理成本。马克思说："凡是直接生产过程具有社会结合过程的形态，而不是表现为独立生产者的孤立劳动的地方，都必然会产生监督劳动和指挥劳动。"[1] 监督的必要性源于对团队成员劳动计量与核算困难所产生的"机会主义""搭便车"行为。要减少这些行为以保持团队生产的高效率，就需要必要的监督，包括建章立制、设立专职的监督机构与监督人员、明确奖励与惩罚机制，等等。很显然，监督成本的高低与计量核算的困难程度成正比。管理与监督虽然密不可分，但性质上仍有不同。管理即马克思所说的指挥劳动，是一个为了团队总体目标而实施的计划、协调团队生产的过程，例如，团队生产的总体规划与日常的生产经营决策等等。一些经济组织管理机构臃肿，决策效率低下，也就是管理成本过高。

意识形态灌输成本。要保持团队生产的高效率，防止和减少"机会主义""搭便车"行为，除了加强监督（外力强制）之外，

---

[1]　《马克思恩格斯全集》第 25 卷，人民出版社 1974 年版，第 431 页。

另一种措施就是意识形态的灌输（内在自觉），或者说团队文化的建设。诺思说："任何一个成功的意识形态必须克服搭便车问题，其基本目的在于促进一些群体不再按有关成本与收益的简单的、享乐主义的和个人的计算来行事。"[①] 阿尔钦与德姆塞茨也指出："如果在队的忠诚与精神的指引下能增进不偷懒的共同利益，那末队将更为有效。"[②] 在中国的农业合作化运动中，毛泽东也意识到了合作社带来的"搭便车"行为，他把它称之为"揩油"。毛泽东指出："'揩油'问题已经发生，应当教育农民不要'揩油'。"[③] 教育，就是意识形态的灌输。然而，意识形态的灌输也同样需要时间、精力，也需要投入必要的资源和资金。

专栏 2—4　　团队生产中的"搭便车"行为

"搭便车"（free rider）是指集体或公共行动中，作为团体中的个人即使没有支付任何成本，没有承担任何代价，他也可以自动地享受到集体行动所带来的组织收益，或集体所提供的服务。团队生产本质上就是一种集体行动，团队生产中的"搭便车"行为是导致计量与核算成本、监督与管理成本以及意识形态灌输成本高的重要原因。"搭便车"现象的产生是因为团队的集体劳动

---

① 《经济史中的结构与变迁》，上海三联书店、上海人民出版社 1994 年版，第59 页。

② 阿尔钦、德姆塞茨：《生产、信息费用与经济组织》，《财产权利与制度变迁——产权学派与新制度学派译文集》，上海三联书店 1991 年版，第 80 页。

③ 见薄一波：《若干重大决策与事件的回顾》（上），中共中央党校出版社 1991 年版，第 366 页。

成果对所有成员而言具有公共性，即所有成员可以共同分享，但单个成员对总的劳动成果的贡献度很难测定。因此，一些成员就具有不付出劳动努力而分享集体劳动收益的可能。

例如，在我国的"人民公社"体制时期，生产队的成员集中劳动，评工计分。由于个人每天的劳动努力程度很难计量与核算，每个社员的实际努力程度与每一工分值之间的关联度很小。因此，生产队的分配是"干多干少一个样、干好干坏一个样"，社员"出工不出力"、"磨洋工"的现象普遍存在。这导致了人民公社体制时期劳动生产率的普遍低下。

实践表明，如何克服团队生产中的"搭便车"行为，是经济组织能否保证高经济生产率的关键性环节。

心理摩擦成本。集体劳动固然可以引发竞争心与特有的精神振奋，但也有可能引发嫉妒心理和"挖墙脚"、"互相拆台"的行为。竞争心与嫉妒心是人们之间社会接触引发的两种反向心态，积极的一面是竞争心，消极的一面则是嫉妒心。嫉妒心付诸行动就会产生"挖墙脚"、"互相拆台"的行为，其结果是 $1+1<2$，即集体劳动的效率还不如单干。

产权与自由权丧失成本。从团队的角度看，组建成本与监督成本可能是最重要的组织成本，绝大多数的研究者也重点关注于这两项成本。但是，如果从组织成员的个体角度看，我认为他们最大和最重要的成本则是产权与自由权丧失的成本。个体加入组织，他必须服从组织的规则与纪律，约束自己的行为，这意味着他个人的自由受到了组织的限制。组织作为一个对资源实施控制的决策单位，也意味着个体的资源要被组织作为集体资源共同使用，个人原来独立的生产经营决策权要被组织集中的生产经营决策权所替代；或者说，"个体经济人"要成为"组织经济人"的一部分。总之，个体劳动的完全产权与自由权在加入经济组织后将会部分或全部丧失，丧失的程度则将依据不同类型的组织而有所不同。最为典型的是，个体劳动对自身劳动的自由支配权在团队生产中就必须由团队管理者统一支配。个人什么时候想上班就上班、什么时候想下班就下班的自由权必须统一于团队生产的共同作息时间。一般而言，个体的产权丧失成本是容易度量的。合伙企业中合伙人提供了多少资本，个体农民加入合作社带来了多少土地，应该是一目了然的。但是，个人自由权的丧失成本则很难度量，这在很大程度上取决于个人对自由权的偏好程度。如果个人对自由权的偏好程度很强，那么，即使加入组织的经济收益远高于单干的收益，他也可能会选择单干，而不愿受组织规章和纪律的约束。从另一个角度看，如果组织更有弹性，给成员更广泛的自由空间，也就是降低成员自由权丧失的成本，也有可能使组织的吸引力更强，并更能保持组织的可持续发展。

概括起来，组织成本也可看作是组建与谈判成本、计量与核算成本、学习与适应成本、监督与管理成本、意识形态灌输成本、心理摩擦成本、产权与自由权丧失成本之和。即

$$C = C_1 + C_2 + C_3 + C_4 + C_5 + C_6 + C_7$$

对前六项成本很多学者已经从不同的角度展开过论述，但产权与自由权丧失的成本，尤其是组织成员自由权丧失的成本则被普遍忽视。我认为，如果不考虑这一成本，我们将无法解释实际生活中的下列现象：当"个体经济人"加入组织后经济收益明显高于单干时，为什么一些"个体经济人"自愿加入，但另一些"个体经济人"却仍拒绝加入。这里最重要的原因之一就是他们

对自由权的主观偏好有差异，因而导致了自由权丧失成本的差异。例如，前几年，我国高校教师的工资待遇普遍低于大企业（银行、证券公司）和行政机关，但为什么仍有许多高校教师在可以选择的情况下宁愿在高校就业而不去大企业和行政机关，其中的一个重要考虑因素就是因为高校比大企业和行政机关更自由，个人拥有更大的自由权。很显然，如果我们考虑了个体自由权丧失的成本，对现实经济生活的解释力会明显增强。

组织成本虽然很大，但组织成员之所以最终会自愿选择加入组织，归根结底仍然是组织收益要高于组织成本。阿尔钦与德姆塞茨指出："如果通过队生产所获得的产出大于 Z 的分生产之和加上组织约束队生产成员的成本，就会使用队生产。"[①] 这可用公式表述如下：

$$R_Z > \{R_{Z1} + R_{Z2} + R_{Z3} + R_{Zn} + C_Z\}$$
$$R_Z - \{R_{Z1} + R_{Z2} + R_{Z3} + R_{Zn} + C_Z\} = R_T$$

上式中，R_Z 是团队生产获得的总收益，R_{Z1}，R_{Z2}，R_{Z3}，R_{Zn} 是团队成员单干生产时的各自分收益，C_Z 是组织成本；R_T 则是团队成员加入组织后所获得的组织净收益，它是团队总收益减去团队成员单干分生产收益之和以及组织成本后的余额。很显然，R_T 越大，团队生产，或者说加入经济组织的潜在收益就越可观，团队成员加入组织的动因就越强；反之则反是。

我们上面谈到的组织收益是以劳动分工带来效率增进为基础的，经济组织是劳动分工协作、实现规模效益的产物。但是，这

---

① 阿尔钦、德姆塞茨：《生产、信息费用与经济组织》，《财产权利与制度变迁——产权学派与新制度学派译文集》，上海三联书店 1991 年版，第 63 页。

一研究视角受到了科斯教授的质疑。他认为，企业（现代社会经济组织的主要形式）的存在不能用"斯密"式的劳动分工的用语来说明。在科斯看来，劳动分工所产生的对社会合作的需要，价格机制即市场也可以提供，那么，人们为什么不选择市场交易而要选择企业呢？科斯的回答是：价格机制、市场交易也有成本，即交易费用；企业的本质就是对价格机制的替代，企业的出现根源于企业的管理成本低于市场的交易费用。他说："建立一个企业是有利可图的主要原因似乎是，使用价格机制是有成本的。"[1]威廉姆森说得更为明确："经济组织有着节约交易费用的主要目的和效果。"[2] 显然科斯教授从交易费用的角度提供了解释企业和经济组织产生的新视野，并提出了企业和经济组织产生的一个重要条件：

企业管理成本＜市场交易成本

但是我们认为，以交易费用为基点来解释个体为什么要加入组织，为什么要形成团队生产与从劳动分工为基点的解释完全可以相互补充，并不是非此即彼的替代关系。一个是从生产组织的角度出发，另一个则是从市场交易的角度出发。从某种意义上说，组织收益与组织成本的收益成本分析框架比管理成本与交易成本的两种成本的比较分析框架对于解释各类经济组织的存在或许更有说服力。例如，经济组织的协作收益、抗风险或保险收益、心理收益用交易费用来解释未必能解释清楚；企业的生产、技术特征用交易费用理论或契约理论并不能予以满意的说明。阿尔钦和德姆塞茨也认为，科斯没有指出企业有什么突出的特征使

---

① Coase, R. H., 1937, "The Nature of the Firm," *Economica*, Ⅳ, p. 38.

② Williamson, O. E., 1993, "The Economic Analysis of Institutions and Organisations: in General and with Respect to Country Studies," *Economics Department Working Papers* 33, Paris: OECD, p. 17.

得它比市场更有效率；科斯未能详细说明"'管理'资源的成本相对于通过市场交易来配置资源的成本更低的条件"①。这是因为科斯交易费用理论的着重点是企业与市场的关系，而不是企业这个"黑匣子"本身。事实上，科斯本人也认识到了交易费用理论的局限性。他指出："尽管交易成本分析无疑解释了为什么会出现企业，但是，一旦大多数生产在企业内部运转起来，多数交易已成为企业之间的交易而不是要素之间的交易，那么，交易成本这一分析层面的有用性就要受到限制。一般而言，决定生产的制度结构的主导因素就不再是交易成本，而是不同企业在组织特定经济活动中的相对成本。"②

一般认为，"诱致性加入"或"自愿性加入"的关键性前提是组织成员的"自由进入"与"自由退出"。这意味着组织成员在加入经济组织、参与团队生产时虽然丧失了部分甚至是全部的生产经营自由权，但仍然保留了"自由进入权"与"自由退出权"。"自由进入"与"自由退出"对于保持一个经济组织的开放，促进各项经济资源与生产要素的流动，提高经济组织的劳动效率与管理效率，尤其是对团队生产管理者（企业家）施加必要的"用脚投票"的竞争压力，的确具有十分重要的作用。实践证明，一个既不能自由进入，又不能自由退出的封闭性经济组织，很容易形成管理僵化、制度僵化、管理层腐败的"一潭死水"局面，最终会导致经济组织成员的普遍"偷懒"、"揩油"、"搭便车"，劳动生产率急剧下降。一些学者，例如林毅夫，尤为重视团队生产组织的"自由退出权"，他认为中国人民公社体制失败

---

① Alchian, A. A. and Demsetz, H., 1972, "Production, Information Costs, and Economic Organization," *American Economic Review* 62：777—95, p. 784.

② Coase, R. H., 1990, "Accounting and the Theory of the Firm," *Journal of Accounting and Economics* 12, p. 11.

的最重要原因就是社员"自由退出权"的被剥夺。他写道:"在一个合作社里,社员如果拥有退社的自由,那么,这个合作社的性质是'重复博弈'的,如果退社自由被剥夺,其性质就变成'一次性博弈'。在1958年以前的合作化运动中,社员退社自由的权利还受到相当的尊重,但自1958年的公社化运动后,退社自由的权利就被剥夺了,因此,'自我实施'的协约无法维持,劳动的积极性下降,生产率大幅滑坡,由此造成了这场危机。"[①]

但是我们还必须看到,如果组织成员完全不加限制地"自由进入"与"自由退出",对于一个经济组织的稳定,同时对于该组织的绩效,乃至对于组织其他成员的利益也会带来严重的负面影响。这是因为:(1)如果组织成员,特别是关键性成员的频繁退出,会使得经济组织统一的生产计划无法按预定目标实现,团队生产的统一协调和管理也会受到极大的冲击,组织的协作收益、分工收益、规模收益等都将大打折扣。(2)经济组织,尤其是具有较大规模的经济组织,已经形成了一批不可分的物质资产,形成了特定的关系网络,形成了特殊的人力资本,如果完全拥有或部分拥有这些物质资产、关系网络、人力资本的关键性成员不加限制地自由退出,就有可能导致经济组织出现严重的生存危机乃至解体。(3)组织不同于单干,它是全体组织成员的利益结合,而且不是简单的利益相加,也就是说组织的总利益要大于各成员单干利益之和;反过来,单个成员,尤其是关键性成员的退出也不是组织总利益简单地减去退出成员的个体利益。换句话说,如果个体加入组织是利益递增,那么,个体退出组织则可能是利益递减。很明显,如果经济组织由于某些关键性成员的退出

---

① 林毅夫:《制度、技术与中国农业发展》,上海三联书店、上海人民出版社1994年版,第7页。

而出现生存危机乃至解体，那么，组织内部其他成员的利益也必将受到严重的损害。

基于以上的理由，在保持组织成员拥有基本的"自由进入"与"自由退出"权利的前提下，为保持组织的稳定与长远发展，为维护组织全体成员的共同利益，对单个成员，尤其是关键性成员的"进入"与"退出"作出一定程度的限制，也就是设立一定的"门槛"，应该说是十分必要的，而且在实际生活中也相当普遍。正如保罗·萨缪尔逊教授所说："私有财产从来不是完全私有的，自由企业从来不是完全自由的。"[1] 这里的所谓"关键性成员"是指物质资本的重要提供者（例如大股东），特殊人力资本的拥有者（例如专业技术负责人、高层管理人员），关系网络的拥有者（例如经销人员），等等。所谓"关键性成员"，说到底，就是对该经济组织的生存与发展起到关键性作用的成员。在实际的经济生活中我们看到，那些退出权自由度极高的经济组织往往是那些小的、临时性的组织（例如互助组），"合则在一起，不合则散伙"。而规模较大的、具有长期稳定性的经济组织对成员，尤其是关键性成员的自由退出权都有不同程度的限制，并非随时、无条件地可以退出。合伙制企业、完全自愿性质的合作社为什么不能成为当今社会主流的、普遍性的经济组织，而且很难发育成为大企业？[2] 其根本性原因之一就是成员退出权的自由度太高，不能形成一个内部长期稳定的发展环境。

在维护经济组织成员进入与退出自由选择权与保持经济组织稳定之间取得一个适度平衡，需要十分精巧的制度设计。实践证

---

[1] 〔美〕萨缪尔逊著，高鸿业译：《经济学》上册，商务印书馆 1979 年版，第 210 页。

[2] "巨型的合伙制企业在今天很少见到。"（同上书，第 148 页。）

明，剥夺组织成员进入与退出的自由选择权会导致经济组织封闭僵化、效率低下；而无限制地进入和退出则又不利于经济组织的稳定与长远发展，经济绩效也不好。因此，如何保持经济组织的开放性与稳定性的均衡至关重要。例如，股份公司规定股东不能退股，但股票可以自由转让就是保持公司开放性与稳定性均衡的一种制度安排，它既尊重了股东的自由选择权，包括自由退出权，同时又维护了股份公司这一经济组织的稳定性，实际上也是保护了其他股东的权益。又例如，相当一部分公司与企业对关键性成员的辞职、"跳槽"、"退出"都有一些限制性的规定。如骨干技术人员可以辞职，但不允许带走任何相关技术资料，包括辞职者本人开发的专利技术，这实际上也是在尊重个人自由选择权基础上为保护组织的整体利益对这些关键性成员"退出权"所作的必要限制。还有，大多数经济组织对新成员的"进入"也有一定的限制，并非完全自由。例如，有些组织规定新成员的加入需要老成员多数的同意，有的则还有资金方面的最低要求等等。

当然，对组织成员"自由进入"与"自由退出"权利的限制并不是对这一权利的完全剥夺。如果组织成员完全丧失了"自由进入"与"自由退出"的权利，就不是所谓的"诱致性加入"，而只能是"强制性加入"。"强制性加入"的最重要特征就是该组织成员无论他如何不愿意，他都必须加入该组织；加入后，无论他多么不满意，他都不可能自由退出。组织成员被封闭性地"锁定"在该组织之内。

"强制性加入"的收益成本函数关系与"自愿性加入"不同。加入与不加入的选择并不取决于单个组织成员的收益与成本比较，而是取决于组织者的收益与成本比较。很显然，组织者必须拥有垄断的优势和绝对的权威，以致所有的成员必须服从这种强制性的安排。诚然，在强制性的安排下，也不见得所有的成员都不自愿；只要有部分成员（甚至是少部分成员，极端而言，只要有一个人）不自愿而被强制性纳入，这就意味着它是"强制性"的，而非"诱致性"的。更明确地说，"少数服从多数"的胁迫式加入也是一种强制。更进一步讲，即使加入时是自愿的，如果加入后，不管多么不满意，他都无法退出，而是被"锁定"在这个组织之内，那么，这种组织形式显然也是强制性的，而非诱致性的。

在"强制性加入"的背景下，"组织者"无疑是最为关键性的资源和因素。由于组织者必须拥有足够的权威，拥有合法垄断暴力资源的政府[①]无疑是最为适宜的组织者，当然也不排斥还有其他具有一定权威的组织者，例如我国传统农业社会家族的族长等。从"经济人"理性行为的决策分析框架看，政府也有最大化自身利益的行为动机，政府之所以要强制性组织归根结底也是为了最大化政府的收益。不过，政府的收益函数与单个个人的收益函数不同，政府收益函数包括的范围与内容可能更广泛。例如，政府不仅要考虑经济收益，同时还要考虑政治收益；不仅要算"经济账"，同时还要算"政治账"，甚至要把政治收益、"政治账"置于首位。为什么一些低效率的经济组织能够长期维持，在很大程度上是由于政府基于某些非经济性目的给予了这些组织经济补贴；或者是政府利用行政强制力排除了市场竞争，使这些低效率经济组织处于一种垄断的地位。

政府的眼光是否比单个个体的眼光更远大，政府的利益是否就代表了社会整体的利益或整个社会更为长远的利益？这是一个颇有争议的问题。在"公共选择学派"看来，"国家是一种人类

---

① "按韦伯的定义，国家是一种在某个给定地区内对合法使用强制性手段具有垄断权的制度安排。"（林毅夫：《关于制度变迁的经济学理论：诱致性变迁与强制性变迁》，《财产权利与制度变迁——产权学派与新制度学派译文集》，上海三联书店1991年版，第394页。）

组织，在这里做出决定的人和其他人没有差别，既不更好，也不更坏，这些人一样会犯错误，国家的行动本身也要受到一些规则和结构的影响，这些规则和结构是人类'制造'的，它们不一定比其它任何社会组织的规则和结构更加正确无误。"① 但是，国家（政府）毕竟不能等同于一般的人类组织，无论是用契约论来解释国家，还是用暴力论来解释国家，国家无可置疑都是人类社会最有权威性的组织，它对社会经济的巨大影响则非一般社会组织可以比拟。诺思说："国家的存在是经济增长的关键，然而国家又是人为经济衰退的根源。"② 恩格斯也有类似的看法。他认为："国家权力对于经济发展的反作用可能有三种：它可以沿着同一方向起作用，在这种情况下就会发展得比较快；它可以沿着相反方向起作用，在这种情况下它现在在每个大民族中经过一定的时期就都要遭到崩溃；或者是它可以阻碍经济发展沿着某些方向走，而推动它沿着另一种方向走，这第三种情况归根到底还是归结为前两种情况中的一种。但是很明显，在第二和第三种情况下，政治权力能给经济发展造成巨大的损害，并能引起大量的人力和物力的浪费。"③ 政府主导的强制性组织变迁同样会出现恩格斯所说的以上三种情况。

由于政府的特殊地位与权威，强制性的组织可以节约大量的初始谈判成本与组建成本。特别是那些成员数量众多，并且覆盖面极为广泛的组织，如果完全基于成员的自觉自愿，可能根本就

---

① ［法］勒帕日著，李燕生译：《美国新自由主义经济学》，北京大学出版社1985年版，第122页。

② ［美］诺思著，陈郁、罗华平等译：《经济史中的结构与变迁》，上海三联书店、上海人民出版社1994年版，第20页。

③ 恩格斯：《致约·布洛赫》，《马克思恩格斯选集》第4卷，人民出版社1972年版，第479页。

无法建立起来。例如，我国人民公社化时期覆盖全国农村的人民公社组织体制，如果没有政府的强制性推动与组织是根本就无法建立的。戴维斯与诺思指出，"给定同样数量的参与者，在政府安排下的组织成本可能要低于自愿安排下的成本"，此外，"一个政府的强制性方案可能会产生极高的收益，因为政府可能利用其强制力，并强制实现一个由任何自愿的谈判都不可能实现的方案"①。如前所述，戴维斯与诺思在这里讲的组织成本是狭义的组织成本，即谈判与组建成本。另一方面，政府的强制性组织会加大组织的监督成本和意识形态灌输成本，这是因为这种强制性组织完全剥夺了组织成员进入与退出的自由选择权，使得组织内的消极退出（偷懒）现象、"搭便车"现象、"揩油"现象比自愿性加入的组织要严重得多和普遍得多。而要保持组织的运行效率，就必须加强监督的力度（强化管理），或者是加强意识形态的灌输力度（思想教育）。对于强制性组织来说，节约的谈判与组建成本能否补偿增大的监督与意识形态灌输成本，是决定组织效率与收益的重要因素。如果我们加进时间变量，一般的规律是：谈判与组建成本的节约虽然巨大，但往往是前期一次性的；而监督与意识形态灌输成本则会伴随组织始终，并随时间的延伸越来越大。因此，依据组织者的收益成本分析框架，那些政府主导的强制性组织在前期的效率与收益往往要高于诱致性的组织，这种判断也是促使政府将这种强制性组织在更大范围内推广的重要动因。我国的农村人民公社化运动就是一个很典型的案例。但是，政府主导的强制性组织所内在的成员"搭便车"、"揩油"及消极"退出"（偷懒）的现象会随着时间的推移越来越严重，最

---

① 戴维斯、诺思：《制度变迁的理论：概念与原因》，载《财产权利与制度变迁——产权学派与新制度学派译文集》，上海三联书店 1991 年版，第 276 页。

终不仅会耗尽前期所节约的谈判与组建成本，而且会导致强制性组织的总体成本远高于诱致性组织成本。这种状况的继续发展可能导致两种前景：一是组织的崩溃与解体；二是组织改革，引进诱致性的组织因素，争取广大组织成员的认同与支持，以节约监督与意识形态灌输的成本。

专栏 2—5 为什么试验的样板难以大面积推广
——政府主导的强制性制度或组织变迁的弊端

通过试验，取得经验，树立样板，然后大面积推广，这是我们过去通行的，并受到推崇的一种工作方法。但是，大量的实例表明，样板的经验往往缺乏大面积推广的价值，样板看来是有效率的方式方法在大面积推广时就变得低效。这究竟是什么原因？

一般而言，各级领导人要树立一个样板，会有很大的投入。这包括特殊的政策、优惠甚至无偿的资金、精明强干的干部队伍，再加之领导人的权威，因此，这种政府主导的强制性试验在试验期可以消化诸多内部的阻力与外部的矛盾，降低试验的摩擦成本，带来领导人所预期的试验效率。此外，在试验的收益成本框架里，一部分外来的投入成本实际上被忽略，这也夸大和高估了试验的实际收益。然而，当领导人把这种样板大面积推广，形成更大范围的政府强制性制度或组织变迁时，整个收益成本函数关系事实上已发生了极大的变化，成本增加而效率降低，大面积推广往往以失败而告终。

这种实例在农村微观经济组织的制度与组织变迁中我们见得很多。例如，有些领导扶植一两个乡镇企业成功以后，就在所辖地区强制性大面积推广，甚至层层下指标、定任务、限时间。其结果是这种行政强制性主导的乡镇企业往往"兴也勃、亡也勃"，最终留下大量的债务而不得不破产。

三　外部环境

在不同的国家、不同的地区，在同一国家、同一地区不同的历史时期，有着不同的微观经济组织形式。进一步讲，在同一国家、同一地区、同一历史时期，如果是诱致性的组织创新和组织变迁占主导，也会并存着多样化的微观经济组织形式。这种微观经济组织形式的差异性，从微观层面看，取决于"个体经济人"与"组织经济人"的互动博弈，取决于不同微观经济组织不同的收益成本函数关系；但从宏观层面看，这种差异性则取决于不同的微观经济组织所处的不同外部环境。

环境是一个内容十分广泛的概念。狭义的环境仅指自然环境，例如我国的《环境保护法》就把环境定义为"影响人类生存和发展的各种天然的和经过人工改造过的自然因素的总体"。但广义的环境就不仅指自然环境，也包括社会环境。例如，《辞海》对于环境的解释是："围绕着人类的外部世界，是人类赖以生存与发展的社会和物质条件的综合体。"① 由此可见，综合性是环境的重要特征。广义环境按要素属性分类，可分为自然环境、经济环境、社

---

① 《辞海》（缩印版），上海辞书出版社 1989 年版，第 1357 页。

会环境、人文环境等等。在这里，我们关注的重点是经济环境，尤其是经济制度环境，但又不局限于经济环境。这是因为，对于微观经济组织的存在、运行、变迁有着重大影响的并不限于经济环境。概括而言，微观经济组织所处的外部环境是一个总体环境，"物质环境只是总环境的一部分，总环境包括社会和经济因素，文化传统以及各社会及其所处环境间的交互影响"①。

国际环境教育界最近又提出了一个更新的环境定义："（1）人以外的一切就是环境；（2）每个人都是他人环境的组成部分。"这一定义不仅突出了环境的广泛性与总体性，而且特别强调了人们之间互为对方环境的互动关系，强调了人在环境中的主体地位。这一新的思路对于我们研究经济人、经济组织与外部环境的相互依存、相互适应以及相互影响、相互改造的互动博弈有着十分重要的启示性意义。

如前所述，微观经济组织是"经济人"（"个体经济人"、"组织经济人"）追逐自身利益最大化而形成的，这是微观经济组织形成、运行与变迁的内在原因。但是，"经济人"追逐自身利益最大化并不能随心所欲。外部环境就是一个给定的框架，用诺思教授的话说，就是一个给定的"选择集"。"经济人"只能在这个给定的框架内，给定的"选择集"内去选择。这也就是说，"经济人"只拥有"有限理性"，而不是"完全理性"。当然，"经济人"、经济组织与外部环境也不是一种消极、被动的适应关系，而是一种积极、互动的关系。"经济人"的经济活动也可以影响和改造外部环境，因而可以拓展"经济人"选择的外部空间，拓展他们的"选择集"。

---

① 《简明大不列颠百科全书》第 4 卷，中国大百科全书出版社 1985 年版，第48 页。

地理环境是影响经济发展乃至影响微观经济组织形式的重要因素。所谓地理环境，也就是人类社会所处的自然条件的总和，它包括地形、气候、土壤、河流、海洋、动植物分布以及自然资源等等。很显然，地理环境是人类进行生产和生活的最基本自然物质条件。虽然孟德斯鸠[①]等"地理环境决定"论者过分夸大了地理环境在人类经济与社会发展中的作用，但地理环境对人类经济与社会发展的重大影响也不可低估。例如，地理环境在很大程度上就制约着货物的运输成本，乃至直接或间接地制约着交易成本，这对于微观经济组织的规模与形式就有很大的影响。资本主义起源于海岛国家或沿海的国家与地区，而不是起源于那些封闭性的内陆山区国家和地区，也可表明地理环境对人类经济与社会发展的重要影响。从经济史来观察，越是经济不发达的时期，越是经济不发达的国家和地区，地理环境对经济发展的制约作用就越强，这表明地理环境对人类经济发展的制约作用有递减的趋势，现代社会人们利用先进的科学技术减弱了人类对地理环境的依赖程度。德姆塞茨（Demsetz, H.）指出："一旦经济开始发展并持续时，初始禀赋对经济持续发展的影响力就会减弱。这是因为两个互相联系的原因。首先，人类行为在经济发展过程中可以通过智慧传递、科学创造和物质投资来增加禀赋（并能通过教育和广告来改变原始需要），禀赋的增多和改变使持续的经济发展模式更少依赖初始禀赋和原始需要，从而提高了经济中内生因素增长的相对重要性。其次，经济发展的持续会减少将物质禀赋从产地搬运出来的真实成本，减弱禀赋的来源地对禀赋的使用地

---

① 孟德斯鸠（Montesguieu，1689—1755），18 世纪法国著名启蒙思想家。孟德斯鸠认为，地理环境对于一个民族的性格、风俗和道德面貌，以及法律性质、政治制度具有决定性的作用，因此，被公认为是"地理环境决定论"的典型代表人物。

区和使用者的控制。"[1] 虽然如此，地理环境对社会经济发展的制约作用，或者如德姆塞茨所说"初始禀赋的作用可能永不会完全消失"[2]。即便是当今最发达的美国，也难以避免"卡特里那"那样的飓风灾难。由于我国地域辽阔，不同地区的地理环境差异很大，因此，在一定程度上也决定了微观经济组织形式的差异性。那些地广人稀、交通信息不便的大山区，就不可能自发地产生出大规模的微观经济组织形式，它们与上海、北京等大城市郊区的微观经济组织形式显然不能强求一律。

历史文化传统也是影响社会经济发展，从而影响微观经济组织形式的重要因素。这一点得到了人们越来越广泛的认同。何谓文化？可以说是见仁见智，众说纷纭。美国著名文化学家克罗伯（A. L. Kroeber）和克拉克洪（C. Kluckhohn）在其所著的《文化：一个概念定义的考评》一书中，就收集了自 1871—1951 年有关文化的 162 种定义。其中，学术界公认的、被称为"人类学之父"的英国人类学家 E. B. 泰勒是第一个在文化定义上具有重大里程碑影响的人物。他对文化所下的经典定义是："文化或文明，就其广泛的民族学意义来讲，是一复合整体，包括知识、信仰、艺术、道德、法律、习俗以及作为一个社会成员的人所习得的其他一切能力和习惯。"[3] 同时，文化也是历史创造的，是人类代代相传所积累的传统的总和。它不仅是过去时，而且还是现在时，以各种各样的方式影响着当代甚至是未来的发展。正如马克思所说："人们自己创造自己的历史，但是他们并不是随心所欲地创造，并不是在他们自己选定的条件下创造，而是在直接

---

① 哈罗德·德姆塞茨：《经济发展中的主次因素》，载《制度、契约与组织——从新制度经济学角度的透视》，经济科学出版社 2003 年版，第 94—95 页。

② 同上书，第 95 页。

③ ［英］爱德华·泰勒：《原始文化》，上海文艺出版社 1992 年版，第 1 页。

碰到的、既定的、从过去承传下来的条件下创造。一切已死的先辈们的传统，像梦魇一样纠缠着活人的头脑。"[1] 许多研究表明，特定的区域文化对该区域的经济发展以及微观经济组织形式有极大的影响。马克斯·韦伯（Max Weber）从比较研究的角度，探讨了一个民族的社会经济发展与该民族的精神文化气质的内在联系，认为资本主义企业的建立、发展与新教伦理密不可分。[2] 在中国及受儒家文化覆盖的东亚地区，家庭企业与家族企业的普遍存在与儒家"家文化"的根深蒂固有很大的关联。在我国的广大农村，不仅大部分私营企业完全属于家庭、家族企业，就是很多外表上的"股份合作企业"、"合作制企业"、"股份制企业"，也依然保留着浓厚的家庭、家族的色彩。即使是海外的华人企业，这种"家文化"的影响痕迹依然十分明显。英国学者 S. B. 里丁在对海外华人企业的研究中指出："这种特殊的组织形式适用于他们的社会文化背景，不能照搬到社会文化背景不同的地方。这种组织形式很有效，是产生东亚奇迹的重要原因之一。"[3] 此外，很多研究者也曾指出，浙江"温州模式"的深层次文化观念可追溯到宋代以来所主张的"义利并立"（叶适）与"义利双行"（陈亮）的浙东事功学派。这种"瓯越文化"的传统与发展商品经济、市场经济的现代观念与精神相吻合，成为推动温州商品经济与市场经济蓬勃发展的精神文化动力。[4]

---

① 马克思：《路易·波拿巴的雾月十八日》，《马克思恩格斯选集》第 1 卷，人民出版社 1995 年版，第 584 页。

② 马克斯·韦伯著，于晓、陈维纲等译：《新教伦理与资本主义精神》，三联书店 1987 年版。

③ ［英］S. B. 里丁：《海外华人企业家的管理思想——文化背景与风格》，三联书店 1993 年版，第 5 页。

④ 史晋川等：《制度变迁与经济发展：温州模式研究》，浙江大学出版社 2004 年版，第 371—374 页。

专栏 2—6　　　　　关于文化的定义

　　文化的定义，一直是众说纷纭。美国著名文化学家克罗伯（A. L. Kroeber）和克拉克洪（C. Kluckhohn）在《文化：一个概念定义的考评》（*Culture, A Critical Review of Concepts and Definitions*）一书中，收集了 1871—1951 年 80 年间关于文化的定义 162 种，并分成了如下七组：（1）描述性定义：认为文化或文明是一个复杂的整体，包括知识、信仰、艺术、法律、道德、习俗以及作为社会成员的人通过学习而获得的任何其他能力和习惯；（2）历史性定义：认为一个群体的文化是指这一群体所生活的社会遗传结构的总和，而这些社会遗传结构又因这一群体人特定的历史生活和种族特点而获得其社会意义；（3）行为规范性定义：认为某个社会或部落所遵循的生活方式被称作文化，它包括所有标准的社会传统行为；（4）心理性定义：认为"文化"是指某一特定时期的人们为试图达到他们的目的而使用的技术、机械、智力和精神才能的总和，它包括人类为达到个人或社会目的所采用的方法手段；（5）结构性定义：认为文化是一个反映行为的相互关联和相互依赖的习惯模式系统；（6）遗传性定义：认为文化是指人类生产或创造的，而后传给其他人，特别是传给下一代人的每一件物品、习惯、观念、制度、思维模式和行为模式；（7）不完整性定义：认为文化可定义为是一个社会所做、所思的事情。

　　自 1951 年以来，文化的定义又有新的发展，例如，荷兰哲学家皮尔森教授提出："文化不是一个名词或意指一个某种实体，而是一个动词，意指一个过程。"这一观点引起了我国很多学者的共鸣和响应。有的学者认为，"文化，是人类在生物进化基础上的体外非生物进化"；有的认为，"文化是人类特有的、能动地适应环境的方式，其实质是人的非遗传信息，特别是其体外信息"。

对文化的种种不同定义，既反映了文化的复杂性，也表明人们可以从不同的角度解析文化，使人们对文化的认识更全面。

说明：此专栏主要参考《大地》2002 年第 6 期《国外学者关于文化的定义》，《恒道》第二辑《文化定义再探》，吉林文史出版社 2003 年版。

对于经济发展以及微观经济组织的形成、运行、发展与变迁来说，科学技术与生产力的发展水平是更重要的约束因素。按照马克思主义的基本观点，生产力，即"社会生产力"，也可称为"物质生产力"，是推动社会经济发展的终极因素与根本动力。科学技术是生产力中的重要因素，同时也是生产力发展水平的基本标志。科学技术水平、生产力发展水平对微观经济组织形成、运行、发展及变迁有着决定性的影响。马克思指出："社会关系和生产力密切相联。随着新生产力的获得，人们改变自己的生产方式，随着生产方式即保证自己生活的方式的改变，人们也就会改变自己的一切社会关系。手推磨产生的是封建主为首的社会，蒸汽磨产生的是工业资本家为首的社会。"[1] 在谈到机器大生产与资本主义工厂制度的关系时，马克思认为，"机器还从根本上使资本关系的形式上的表现，即工人和资本家之间的契约发生

---

[1] 马克思：《哲学的贫困》，《马克思恩格斯选集》第 1 卷，人民出版社 1972 年版，第 108 页。

了革命"①。从经济思想史的脉络观察，斯密最早强调了专业化知识和技术对经济增长的贡献，并从专业化分工的角度指出了农业与制造业生产组织的差异以及由此而产生的劳动生产率差异。斯密指出："农业由于它的性质，不能有象制造业那样细密的分工，各种工作，不能象制造业那样判然分立。"因此，"农业上劳动生产力，总跟不上制造业上劳动生产力的增进"②。熊彼特（Schumpeter，J. A.）的"创新"理论强调了技术创新的重要性，认为创新就是"建立一种新的生产函数"；他把组织创新纳入了创新体系，被看作是技术创新的必然结果。1928 年，阿林·扬（Young，A.）的《收益递增与经济进步》一文，把斯密专业化分工、技术进步与经济增长的思想向前推进了一大步。他把专业化分工、技术创新视为一个内生的自我演进过程，并论述了它如何带来了间接的和迂回的生产方法的增长；而间接和迂回的生产方法实质上也就是生产链条的延长，生产组织方式的变革。罗默（Romer，P.）与卢卡斯（Lucas，R.）在对新古典增长理论反思的基础上，将技术变化内生化，构筑了内生技术变化的增长模型，把技术变化置于经济增长的中心地位。从现实的经济运行看，技术的变革与创新、生产力的发展与进步，往往是微观经济组织兴起与变化的基本动力。例如，在我国，农业产业化进程与现代化生产技术、生产方式在农业中的推广应用密不可分，它推动了我国农业产业化龙头企业及各类专业性合作经济组织的兴起。

在微观经济组织所处的外部环境中，制度环境无疑是最为重

---

① 马克思：《资本论》第 1 卷，《马克思恩格斯全集》第 23 卷，人民出版社 1972 年版，第 434 页。

② ［英］斯密：《国民财富的性质和原因的研究》上卷，商务印书馆 1979 年版，第 7 页。

要的外部环境之一。制度，按照《辞海》的解释，它有两种基本的定义：(1)"要求成员共同遵守的、按一定程序办事的规程。"(2)"在一定的历史条件下形成的政治、经济、文化等各方面的体系。"① 这第二种定义的制度可看作是狭义的制度，或者说"大制度"，例如社会主义制度、资本主义制度。计划经济与市场经济作为经济体系也可归于这一类制度。它与英语单词 System 相对应。在《牛津高级英汉双解词典》里，System 侧重于体系、体制。第一种定义的"制度"则是一种更广泛意义的制度，与英语单词 Institution 相对应。在《牛津高级英汉双解词典》里，Institution 侧重于风俗、习惯形成的规则。大多数新制度学派的经济学家也是从这一层面来定义制度的。例如，拉坦教授说："制度通常被定义为一套行为规则，它们被用于支配特定的行为模式与相互关系。"② 诺思教授则指出："制度是一系列被制定出来的规则，守法程序和行为的道德伦理规范，它旨在约束追求主体福利或效用最大化利益的个人行为。"③ 当然，这两种不同定义的制度是无法截然分开的，不同的经济体制往往对应着不同的行为规则。而所谓"一套"或"一系列"行为规则本身就构成了一个系统或体系。

　　从经济组织的角度看，制度有两个层面。一是约束组织内部成员的规则、守法程序和行为的道德伦理规范，这可以看作是"经济组织内部的制度"，它与组织实际上浑然一体。规则、制度本身就是组织的一部分，组织则是一定规则、制度的集合。相同

---

　　① 《辞海》(缩印版)，上海辞书出版社 1989 年版，第 210 页。

　　② 拉坦：《诱致性制度变迁理论》，载《财产权利与制度变迁——产权学派与新制度学派译文集》，上海三联书店 1991 年版，第 329 页。

　　③ ［美］道格拉斯·C. 诺思著，陈郁、罗华平等译：《经济史中的结构与变迁》，上海三联书店、上海人民出版社 1994 年版，第 226 页。

的组织具有相同的规则、制度；不同的组织，规则、制度也不同。这正如西蒙所说："组织一词，指的是一个人类群体当中的信息沟通与相互关系的复杂模式。"① 这种"复杂模式"本质上就是组织内部的规则、制度。二是组织外部的制度，即组织形成、运行、发展和变迁的外部制度环境和外部制度安排。按照戴维斯与诺思的定义，制度环境"是一系列用来确立生产、交换与分配基础的基本的政治、社会与法律规则"②，而制度安排则"是经济单位之间的一种安排，它用于支配这些单位之间合作与竞争的方式"③。本书把这里的制度环境与制度安排统称为"制度环境"，用诺思教授更为概括的语言表述就是，这种"制度提供了人类相互影响的框架，它建立了构成一个社会，或更确切地说一种经济秩序的合作与竞争关系"④。拉坦教授认为，制度概念就包括了组织的含义。他指出："制度创新或制度发展一词将被用于指（1）一种特定组织的行为的变化；（2）这一组织与其环境之间的相互关系的变化；（3）在一种组织的环境中支配行为与相互关系的规则的变化。"⑤

　　任何微观经济组织都必须在一定的制度环境中生存与运行，因此，该社会"一系列用来确立生产、交换与分配基础的基本的

---

　　① ［美］西蒙：《现代决策理论的基石》，北京经济学院出版社 1989 年版，第 9 页。

　　② Davis, L. and North, D. C., 1979, "Institutional Change and American Economic Growth : A First Step toward a Theory of Institutional Innovation," *Journal of Economic History* 30: p. 6.

　　③ Ibid., p. 7.

　　④ ［美］道格拉斯·C. 诺思著，陈郁、罗华平等译：《经济史中的结构与变迁》，上海三联书店、上海人民出版社 1994 年版，第 225 页。

　　⑤ V. W. 拉坦：《诱致性制度变迁理论》，载《财产权利与制度变迁——产权学派与新制度学派译文集》，上海三联书店 1991 年版，第 329 页。

政治、社会与法律规则",即该社会的主流制度特征也在很大程度上决定了微观经济组织形式的生存、运行与发展。例如,在我国计划经济体制下,与商品、市场关系紧密相连的微观经济组织形式就很难生存。即便是商业企业、供销合作社这一类的商业性微观经济组织也被改造成了行政计划型的商业部门或商业机构,通行的是计划分配的原则,而不是市场交易的原则。在社会主义市场经济条件下,所有的微观经济组织形式也不可避免地要受到市场化的改造和影响。即便是河南临颍县南街村的"共产主义小社区",内部依然奉行人民公社的管理体制,但对外也要与市场经济接轨,遵循市场交易的基本原则。这也就是说,在一个国家一定的历史阶段,即使并存着多样化的微观经济组织形式,但这些微观经济组织形式之间依然有着某种共同的制度基础或制度特征,即由该社会主流制度形态所决定的基本规则。这正如马克思所说:"在一切社会形式中都有一种一定的生产支配着其他一切生产的地位和影响,因而它的关系也支配着其他一切关系的地位和影响。这是一种普照的光,一切其他色彩都淹没其中,它使它们的特点变了样。这是一种特殊的以太,它决定着它里面显露出来的一切存在的比重。"[1] 抓住一个社会的主流制度形态特征,对于观察该社会不同微观经济组织形式的共同点,尤其是对于把握不同微观经济组织形式的发展趋向有十分重要的意义。

对于当代中国而言,制度环境的特殊性还在于它正处在特殊的制度"转型期",即从计划经济向市场经济的转型。一方面,计划经济是它的历史遗产,计划经济的制度痕迹依然深层次地影响着现实运行中的制度环境;另一方面,市场经济已成为现实经

---

① 马克思:《〈政治经济学批判〉导言》,《马克思恩格斯选集》第2卷,人民出版社1972年版,第109页。

济运行中的主流制度形态，并代表着未来的发展方向。而且，计划经济与市场经济不可能像"井水不犯河水"似的并存，二者的矛盾、冲突、此消彼长的关系构成了当代中国制度变迁的主线。在这一转型期间，相当一批微观经济组织都不可避免地带有"计划痕迹"与"市场取向"的双重色彩，所谓"一手找市长，一手找市场"就是这种微观经济组织双重色彩的生动写照。因此，与整个社会的制度转型相适应，这些微观经济组织的内部也面临着转型。这也表明，宏观制度环境的变化总是制约着微观经济组织形式的变化。

人们为什么需要制度？为什么需要用制度来约束自己？关键在于人的"理性有限"，在于人们面对的自然环境、生产环境和社会环境的不确定性。因此，人们需要以合作来扩展个人理性。用规则、制度约束人们的行为，归根到底，是为了保证人类的有效合作，以应对人类合作过程中所面临的种种问题，所以，制度的基本功能就是为实现人类的合作创造条件，并保证合作的顺利进行，以减少不确定性。正是从这个意义上，德姆塞茨说"制度指的是人们为方便合作而做出的安排"①。制度，作为人类合作的安排，它为人类提供了合作的服务，减少了专业化和分工发展所带来的交易费用的增加，减少了不确定性，这可以看作是制度的收益。没有规则，没有制度，人类任何有效的合作都无法进行，人类就会处于原始的洪荒时代或陷入所谓的"霍布斯丛林"。从这个角度讲，"任何规则都好于无规则"。但是，谋求有效合作的制度性服务的获得也需要社会经济资源的投入，需要支付一定的费用，也就是说需要成本。"天下没有免费的午餐。"因此，制

---

① 哈罗德·德姆塞茨：《经济发展中的主次因素》，载《制度、契约与组织——从新制度经济学角度的透视》，经济科学出版社 2003 年版，第 83 页。

度的绩效就取决于制度收益和制度成本的比较；制度环境的好坏则取决于制度绩效。

　　由政府制定的正式规则，以及为执行这些规则而形成的政府机构及管理体系构成了所谓正式制度。正式制度具有强制性，它以国家权威为依托，在制度环境中起着核心的支配作用。对于微观经济组织而言，正式制度不仅限定了它们活动的边界，决定了它们能合法地做什么，不能做什么；而且还给定了它们与政府打交道的成本，这是制度成本中极为重要的甚至是最主要的一部分。一般而言，那些经济发达的国家和地区，规则、制度、程序都比较公开、透明，政府管理比较规范、廉洁，公务员办事效率也较高，因此，制度成本相应较低。"发达国家的发达首先是制度的发达"。与此相比较，许多发展中国家，规则、制度、程序都不公开、不透明，暗箱操作，官僚机构臃肿，腐败之风盛行，办事效率极低，因此，制度成本极其高昂。"落后国家的落后首先是制度的落后"。我们来看一个十分典型的案例。"1983 年，一个研究小组在秘鲁利马亲历了依法建立一个新的小型成衣工厂所需的官僚程序。他们试图在不行贿（仅有两次不得不行贿）或不利用政治关系的情况下进行所有的程序。""模拟结果显示，一个采用适度手段的人不得不花费 289 天才能完成依法建立这个工厂的程序。"与此相比较，在美国"佛罗里达州的坦帕重复这种模拟时，仅仅花了两个小时就获得开办一个小型企业的许可。因此在秘鲁的时间费用是佛罗里达州的 1000 多倍"①。很显然，在如此高昂的制度成本下，秘鲁利马的小型私营企业就很难创建，这一类微观经济组织就很难发展。鲍莫尔（Baumol，W.）教授

---

　　① 亚历山德拉·贝纳姆、李·贝拉姆：《交换成本的测量》，载《制度、契约与组织——从新制度经济学角度的透视》，经济科学出版社 2003 年版，第 432 页。

认为，一个社会如果能把企业家资源用于生产性用途，这个社会就会发展；而一个社会的经济发展状况，主要并不是取决于该社会企业家资源的多少，而取决于该社会的制度机制对企业家资源的引导与发挥。[①] 这也就是说，制度决定了企业家，而企业家则决定着企业。应该说，秘鲁利马的案例并不是偶然的、个别的特例。世界银行在《世界发展报告 2002》中指出："一个覆盖了 85 个国家的最新研究表明，在许多发展中国家，为注册一个企业所花费的成本占这些国家人均 GNP 的比率是相当高的，大大高于工业化国家的比率。"在我国，企业尤其是私营企业的发展与地方政府所创造的制度环境同样密不可分。《湖北日报》的一篇社论在比较湖北的经济发展为什么落后于江苏、浙江、广东时写下了如下一段话："思想观念的转变，我们往往比沿海'慢半拍'。人家已经做了的事情，我们还在争论不休；人家在千方百计培植企业的时候，我们一些人却在千方百计从企业'揩油'；人家一门心思谋发展的时候，我们一些干部却在没完没了地争部门利益；人家敞开胸怀招商引资的时候，我们却在'关门打狗'；人家在谋长远发展的时候，我们有些人却还在蝇头小利上锱铢必较。"[②]

除了正式规则与正式制度外，制度还包括一系列为社会所认可的非正式规则和非正式制度。相对于正式规则和正式制度而言，非正式规则与非正式制度是慢变量，它对经济发展和微观经济组织的影响是一个潜移默化的过程。非正式规则与非正式制度所包含的内容十分广泛，例如道德、信念、风俗、习惯等等，我

① Baumol, W., 1990, "Entrepreneurship: Productive, Unproductive, and Destructive," *Journal of Political Economy*, No. 5.

② 社论：《来一次思想大解放》，《湖北日报》2003 年 1 月 2 日。

们前面提到的历史文化传统也可包括在非正式制度之内。非正式
规则与非正式制度与一些学者提出的"社会资本"概念基本相
通。"社会资本",概而言之,就是基于道德与习俗之上的社会信
任系统。非正式规则与非正式制度具有经验性的特征,是日积月
累的历史沉淀,它本身就是"传统",要改变它并非易事。中国
有句古话:"江山易改,本性难移。"这里的"江山",就类似于
正式的规则和制度;"本性",则类似于非正式的规则和制度。如
果说正式规则和正式制度强调的是对"经济人"个体的"外在约
束"、"他律"的话,那么,非正式规则与非正式制度着重的则是
"经济人"个体的"内在约束"、"自我约束"、"自律"。例如,对
于不讲诚信的违约行为,正式制度强调的是外在的法律制裁,而
非正式制度则着重于内在的道德愧疚。当然,非正式制度也有强
制力,这就是社会舆论、社会交往,把违反社会公认道德准则的
"败德者"贬为社会的"边缘人"。

　　非正式规则、非正式制度对社会经济发展的重要性,对微观
经济组织的影响,越来越受到人们的高度重视。这是因为如果不
考虑非正式规则与非正式制度,许多个体与组织的经济行为,不
同地区经济发展的差异都无法得到全面、合理的解释。诺思指
出:"一个以诚实和正直等特征为支撑的社会将是低交易成本的
社会。相应地,在一个人们相互不信任或相互欺诈的社会,必然
耗费大量的资源用于界定和实施契约。"① 这也意味着判定非正
式制度绩效的基本标志就是看它是否节约交易成本。

　　总而言之,外部环境是一个集合了多种要素的综合体,是一
个复杂的大系统。对于微观经济组织的形成、运行、发展与变

---

① ［美］诺思:《经济学的一场革命》,载《制度、契约与组织——从新制度经
济学角度的透视》,经济科学出版社 2003 年版,第 52 页。

迁，对于社会经济的发展，虽然这些因素的重要性或许有主次之分，但都不可或缺。按照系统论的观点，外部环境作为一个由众多要素所构成的一个有机整体，要素之间相互关联、相互依赖、相互影响、相互补充。要素是这一整体之中的要素，如果从整体中分离，也就失去了要素的功能。亚里士多德的名言，即"整体大于部分之和"，是系统论强调整体观的理论源泉。

外部环境不仅具有整体性，而且还具有层次性。这也就是说，外部环境也是分层次的。例如，有全国性的大环境，也有区域性的小环境。对于特定的微观经济组织而言，区域性的小环境或许更为重要。区域性小环境当然不能脱离全国性的宏观大环境而孤立地存在，但不同的区域性小环境决不是全国性宏观大环境简单的拷贝，而是该区域内各种自然因素和社会因素的综合体。因为不同的区域自然、经济、文化、历史、社会等各类因素有差异，此一区域就不能完全等同于彼一区域。所以，在一定区域内有效率的经济组织在另一区域就不一定有效率。

在我国大陆地区，各个地方所面对的以宪法为基础、以基本的政治法律制度为主干的正式制度，或者说所面对的国家层次的大规则基本相同，因此，对不同区域内的微观经济组织而言，对区域经济发展差异性起重要作用的主要是区域性的制度环境，包括区域性的正式规则、正式制度以及非正式规则、非正式制度。在研究一个特定区域的经济发展时，可以将该区域不能控制的规则、制度以及其他自然、社会因素看作是外部环境，而将区域内的规则、制度以及其他自然、社会因素"内在化"。事实上，在一个特定的区域内，特定的微观经济组织实际上面对的也是这些区域性的内在化了的小环境。以正式规则为例，即使是中央政府的规则、政策，也需要地方政府具体贯彻与执行，而不同的地方政府在贯彻执行的过程中都不可避免地要与地方实际相结合，带有"地方特色"。这既可能是"创造性执行"，也有可能是"歪曲性执行"。从这个意义上看，"大规则"也"内在化"地融入了"小规则"。

从组织演化的理论看，不同的环境对微观经济组织形式有不同的要求。所谓适宜的组织形式就是能与外部环境相适应的组织形式。"适应性"，即组织适应环境是组织生存的第一位需要。对于任何组织而言，外部环境都是一个已给定的现实，是一个已确定了的"生存空间"，"适者生存"的原理不仅适用于自然界，适用于生物圈，也同样适用于社会。组织要适应环境，就必须采取各种方式，包括组织的名称、内部结构、运作方式等等，都要适合外部环境的特定要求。环境变了，组织也必须随之而发生相应的变化，组织的改革本质上就是对外部环境变化的适应。要适应环境，组织应是柔性的机制，要有动态反馈与动态平衡的基本功能，要善于学习和善于变化。那种僵化、缺乏弹性的组织很难在复杂多变的外部环境中生存。西方组织管理的"权变理论"就是在系统论的基础上来研究组织对环境的适应性的。"权变理论"认为，每个组织的内在要素与外在环境条件都各不相同，因而成功管理的关键在于对组织内外状况的充分了解和有效的应变策略。[①] 从实践中观察，有些微观经济组织兴起，有些微观经济组织衰亡，其中决定性的因素就是这些经济组织对外部环境变化的适应性不同。

当然，组织也不是只能被动地适应环境。资源依赖理论认为，组织作为一个开放的系统，有必要从外部环境中或其他组织中获取它所需要的资源，控制资源的一方（外部环境）能够使得需求资源的一方（组织）形成一种依赖。资源越重要、越稀缺、

---

　　① 见《中国大百科全书》"权变"词条。

越不可替代，组织对外部环境的依赖程度就越高。① 但是，组织并不仅仅是只能对环境作出被动适应性的反应，它也可以积极地构建和参与"制定"它们的环境。"制定"的过程就是一个"主体部分地与客体互动并构成客体"的过程。② 这也就是说，组织既是一定环境状态下的产物，反过来又可影响与改造环境。这种影响与改造，不仅仅是影响和改造该区域内的经济结构、经济法规和制度，而且还能影响和改造人们的思想观念、交往方式、习俗文化。例如，在英国最早出现的现代工厂这一微观经济组织形式，一方面是蒸汽机、纺纱机、织布机、殖民地贸易、海外市场拓展等一系列外部环境变化的产物；但另一方面，现代工厂制度的出现也带来了当时英国经济、社会、文化等一系列的变革，进一步推动了外部环境的变化。

组织与环境的互动是理解微观经济组织发展与变迁的关键。由于环境是历史的，即一定历史阶段的环境，而不是亘古不变的，因此，也不存在亘古不变的经济组织。即使外壳相同，内部的运行机理也会发生实质性的改变。例如，同是农业的家庭经营，市场化的农户与自给自足的农户就有本质性的区别。组织与环境的互动主要表现为组织与环境的互相适应以及相互推动的变革。当组织与环境互相适应时，组织处在一个相对稳定的状态；即使有变化，也是"量变"而非"质变"。一般而言，环境的变化要快于组织的变化。这是因为环境是一个综合体，包含的各种因素中总有一些快变量，因而会引发整体环境发生变化。环境改变后，原有的经济组织形式就不能适应新的环境，它必然也要随

① Pfeffer &. Salancik, 1978, *The External Control of Organizations*, New York：Harper &. Row Pub.

② Weick, K., 1979, *The Social Psychology of Organizing*, 2 ed, Reading, Mass：Addison-Wesley, p. 165.

之变化才能继续生存与发展。组织内部会出现制度变迁。这种制度变迁或者是抛弃旧的组织形式，采用新的组织形式；或者是组织外部形式不变，但内在性质与运行机理发生重大改变。无论是哪种变化，新组织与旧组织都有本质性的区别。新组织出现后，外部环境也会相应地作出一些新的调整，以推动新组织的发展。因而又进入到了一个组织与环境相对稳定的时期。我们用一个实际的案例来说明这种组织与环境的互动关系。在改革开放初期，苏南的乡镇企业之所以要采用社区型集体所有制形式，是因为它最适应当时的外部环境：人民公社体制遗留下来的社队企业；崇尚集体所有制，批判、限制个体私有经济的政策环境与意识形态氛围；地方政府对经济资源分配的控制力；全国普遍短缺的市场，致使乡镇企业有巨大的市场空间等等。而当时苏南的许多政策法规、政府控制的资源分配方式、主流的意识形态也极力促进社区型集体所有制形式的乡镇企业发展。组织与环境二者是相互适应的，因此造就了 20 世纪 80 年代"苏南模式"的辉煌。但是，随着市场经济的进一步深入，到了 20 世纪 90 年代中后期，苏南的外部环境发生了极大的变化：地方政府对经济资源的控制力下降，企业家对经济资源的控制力上升；"温州模式"的成功使人们对个体私营经济的观念产生了变化，浙江的制度示范形成了强烈的制度冲击与竞争；全国性市场开始从短缺走向平衡乃至过剩，市场竞争日渐激烈。实践表明，社区型集体所有制的乡镇企业不能适应这种变化了的环境，经济效益滑坡，以致出现了严峻的发展危机。环境的改变迫使苏南的乡镇企业为求生存而进行内部的制度变革，社区型的集体所有制企业被改制为股份制企业、股份合资制企业、私营企业。组织的变革也反过来推动了外部环境的进一步变化，一系列成文或不成文的限制个体私营经济发展，限制股份制经济发展的政策、规章被废除，取而代之的是鼓励的政策。新的组织适应了新的环境，新的环境反过来也要适应新的组织。诚然，苏南乡镇企业的改革还没有完结。组织与环境还在进一步的互动适应过程之中。

四　本章小结

从"经济人"假设出发，借助收益成本分析的基本理论框架，以微观经济组织为研究中心，探讨个体"经济人"形成微观经济组织的内在动因，以及外部环境对微观经济组织的制约和二者的互动是本章的主要内容，也是全书的理论分析框架。

其基本思路图示如下：

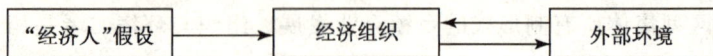

| "经济人"假设 | → | 经济组织 | ⇄ | 外部环境 |

"经济人"假设是经济学作为一门独立学科的基本理论假设，也是理解微观经济组织形式的基础与起点。虽然人们对"经济人"假设的争议极大，但迄今为止还没有比它更好的经济理论假设"替代物"[1]。按照斯密的本义，"经济人"追求自身利益不是要损人利己，而是要在互利互惠基础上自利。没有这种自利，交易既不可能持久，也不可能形成均衡价格，市场经济制度也就失去了根基。

马克思虽然提出过"社会人"的概念，但他并不完全否定

---

[1]　宾默尔带有调侃性地说，"经济人"假设"它唯一的优点就在于，所有的其他替代物都比它更差"。（转引自杨春学：《经济人的"再生"：对一种新综合的探讨与辩护》，载《经济研究》2005年第11期。）

"经济人"假设。按照马克思主义的基本观点，"经济人"假设是一定历史时期、一定制度环境中对具有独立经济利益的微观经济主体经济行为的一种科学抽象与概括。"经济人"假设既不是源于生物体的自私基因，也不是超历史的永恒规律。

"经济人"并不具备"完全理性"，而只具备"有限理性"。这一是因为人的认知能力及行为能力的有限性；二是因为外部环境的复杂性和不确定性。因此，"经济人"只能在一个"给定的条件"和"约束的限度"内选择，"经济人"决不是可以"随心所欲"、"天马行空"的人。

"经济人"追求自身利益的内在动机和"有限理性"是个体"经济人"需要合作，并形成经济组织的基本前提。经济组织的产生与发展就是为了拓展个人理性，使人们的合作行为和合作关系长期化、稳定化、制度化。

经济组织，或者说，"团队生产"会产生协作收益、分工收益、规模收益、抗风险或保险收益、心理收益，它们可统称为"组织收益"，或"合作剩余"；同时，经济组织，或者说，"团队生产"，也会带来谈判与组建成本、计量与核算成本、学习与适应成本、监督与管理成本、意识形态灌输成本、心理摩擦成本、产权与自由权丧失成本，它们可统称为"组织成本"。笔者特别强调了产权与自由权丧失成本的重要性。这是一项被人们普遍忽视但又十分重要的组织成本。当然，组织成员之所以最终会自愿选择加入组织，归根结底仍然是组织收益要高于组织成本。

"自由进入"与"自由退出"是"诱致性加入"组织的关键性前提。许多学者已经强调了它对于保持经济组织高效率的重要性。但是，笔者特别强调了被人们忽视了的另一面：如果组织成员，尤其是关键性成员完全不加限制地"自由进入"与"自由退出"，对于一个经济组织的稳定，同时对于该组织的绩效，乃至对于组织其他成员的利益也会带来严重的负面影响。因此,如何在维护经济组织成员进入与退出自由选择权与保持经济组织稳定之间取得一个适度平衡,需要十分精巧的制度设计。

与"诱致性加入"不同,"强制性加入"的最重要特征就是该组织成员无论他如何不愿意,他都必须加入该组织;加入后,无论他多么不满意,他都不可能自由退出。组织成员被封闭性地"锁定"在该组织之内。"强制性加入"的收益成本函数关系与"自愿性加入"不同。加入与不加入的选择并不取决于单个组织成员的收益与成本比较,而是取决于组织者的收益与成本比较。很显然,组织者必须拥有垄断的优势和绝对的权威,以使所有的成员必须服从这种强制性的安排。

在不同的国家、不同的地区,在同一国家、同一地区不同的历史时期,有着不同的微观经济组织形式。进一步讲,在同一国家、同一地区、同一历史时期,如果是诱致性的组织创新和组织变迁占主导,也会并存着多样化的微观经济组织形式。这种微观经济组织形式的差异性,从微观层面看,取决于"个体经济人"与"组织经济人"的互动博弈,取决于不同的微观经济组织不同的收益成本函数关系;但从宏观层面看,这种差异性则取决于不同的微观经济组织所处的不同外部环境。

外部环境包括地理环境、历史文化传统、科学技术与生产力发展水平、制度环境等多种因素。其中,制度的绩效就取决于制度收益和制度成本的比较;制度环境的好坏则取决于制度绩效。总体而言,外部环境是一个集合了多种要素的综合体,是一个复杂的大系统。对于微观经济组织的形成、运行、发展与变迁,虽然这些因素的重要性或许有主次之分,但都不可或缺。按照系统论的观点,外部环境作为一个由众多要素所构成的一个有机整体,要素之间相互关联、相互依赖、相互影响、相互补充。要素是这一整体之中的要素，如果从整体中分离，也就失去了要素的功能。

外部环境不仅具有整体性，而且还具有层次性。区域性小环境当然不能脱离全国性的宏观大环境而孤立地存在，但不同的区域性小环境决不是全国性宏观大环境简单的拷贝，而是该区域内各种自然因素和社会因素的综合体。所以，在一定区域内有效率的经济组织在另一区域就不一定有效率。

从组织演化的理论看，不同的环境对微观经济组织形式有不同的要求。所谓适宜的组织形式就是能与外部环境相适应的组织形式。从实践中观察，有些微观经济组织兴起，有些微观经济组织衰亡，其中决定性的因素就是这些经济组织对外部环境变化的适应性不同。当然，组织并不仅仅是只能对环境作出被动的适应性的反应，它也可以积极地构建和参与"制定"它们所处的环境。这也就是说，组织既是一定环境状态下的产物，但反过来又可影响与改造环境。这种影响与改造，不仅仅是影响和改造该区域内的经济结构、经济法规和制度，而且还能影响和改造人们的思想观念、交往方式、习俗文化。因此，组织与环境的互动是理解微观经济组织发展与变迁的关键。

第 三 章

农户：农村家庭经济组织

当代中国的农村微观经济组织呈现出"百花齐放"的多元化发展态势，但农户无可争辩地是当代中国农村微观经济组织的基础与主体形式。农户这种微观经济组织形式在我国有几千年的历史，解放后也曾有过一段坎坷的命运，但当代中国的农户经济并非传统中国社会农户经济的简单回归。当代中国的农户经济有当今时代的制度特征，准确地把握这些特征并分析我国农户经济的未来发展趋势是本章的主要目的。

一 家庭理论与农户理论评述

家庭是"由婚姻、血缘或收养而产生的亲属间的共同生活组织"[①]，是人类社会最早产生的一种社会经济组织形式。"根据唯物主义观点，历史中的决定性因素，归根结底是直接生活的生产和再生产。但是，生产本身又有两种。一方面是生活资料即食物、衣服、住房以及为此所必需的工具的生产；另一方面是人类

---

① 《辞海》（缩印本），上海辞书出版社 1989 年版，第 1152 页。

自身的生产,即种的蕃衍。一定历史时代和一定地区内的人们生活于其下的社会制度,受着两种生产的制约:一方面受劳动的发展阶段的制约,另一方面受家庭的发展阶段的制约。"①

　　家庭具有多方面的功能,例如生育子女、心理与人身的安全、性生活的满足等等。经济功能是家庭诸多功能中最为重要的功能之一,它主要包括生活消费决策与生产经营决策两个方面。除了某些特殊的时期与特殊的年代,家庭是私有制出现以后迄今为止人类社会最基本的生活消费决策单位。人类生活消费一般是以家庭为主要场所和基本载体而进行的。在人类社会相当长的一段时期里,家庭也一直是人们生产经营的最基本决策单位,是传统农业社会最基本的微观经济组织形式。贝克尔教授认为,在传统社会中,人们面对有限的信息和诸多的不确定性,在缺乏正规的安全保障制度下,家庭,或者说,"一个亲属集团",就成为一个很有效力的"保险公司","保护其成员抗御种种意想不到的灾难"②。

　　现代工业社会由于大工业、大企业和生产社会化的发展,也由于"传统社会家庭的许多功能为市场和现代社会中效率更高的其他组织所代替,例如:家庭保险、家庭供应和家庭训练证书,已远不如在现代社会的动态环境中的社会保险和市场训练效率更高"③,因此,家庭作为一个独立的生产经营基本单位的功能已大大弱化,使得没有独立生产经营职能的家庭成为城市社区一种较为普遍的现象。正如迈克尔·米特罗尔 (Michael Mitterauer)

---

　　① 恩格斯:《家庭、私有制和国家的起源》,《马克思恩格斯选集》第4卷,人民出版社1972年版,第2页。

　　② [美]加里·S.贝克尔著,彭松建译:《家庭经济分析》,华夏出版社1987年版,第277页。

　　③ 同上书,第285页。

和雷因哈德·西德尔（Reinhard Sieder）所说："工业化的发展削弱了家庭的生产职能，家庭企业日益让位于在工厂中组织劳动的大规模工业，它逐渐接管了以前由家庭所完成的任务。"① 但是，在农村，由于农业生产的特殊性，由于农村生产方式、生活方式与城市的差异，农户依然是世界范围内不可忽视的微观经济组织形式，是基本的生产经营决策单位，甚至是绝大多数国家农村中占主流地位的微观经济组织形式。即使是在现代城市，家庭企业虽然已不是现代微观经济组织的主流，但作为一种微观经济组织形式也依然广泛存在。例如，在美国，大约有 1000 万家小企业，其中的大多数是所谓"夫妻店"式的家庭企业。②

经济学最早就是研究家庭经济的。"经济"在古希腊的原意就是"家庭管理"。"他们的所谓经济，仅指管理家庭的实际智慧。"③ 古希腊思想家色诺芬的《经济论》是古希腊流传下来的第一部经济著作，它研究的就是当时的奴隶主家庭管理。当然，奴隶作为奴隶主的私人财产也包括在奴隶主的家庭之中。亚里士多德是古希腊最著名的哲学家、思想家之一，他认为国家由众多家庭组成，要研究国家，首先就要研究家庭。在他看来，经济也就是家庭管理。"经济"所要研究的主要内容就是家庭关系与致富之术。④

为了与这种家庭经济学相区分，现代经济学一开始是以政治经济学的面目出现的。政治经济学的研究对象与研究内容显然已

---

① ［德］迈克尔·米特罗尔、雷因哈德·西德尔著，赵世玲等译：《欧洲家庭史》，华夏出版社 1987 年版，第 71 页。

② 参见［美］保罗·萨缪尔逊、威廉·诺德豪斯：《经济学》（下），中国发展出版社 1992 年版，第 711 页。

③ ［美］约瑟夫·熊彼特著，朱泱等译：《经济分析史》第 1 卷，商务印书馆 1996 年版，第 87 页。

④ 许涤新主编：《政治经济学辞典》（中），人民出版社 1980 年版，第 405 页。

不是狭隘的家庭管理或家庭经济，这反映了整个社会经济环境的巨大变化："农业和工场手工业的原始的家庭纽带，也就是把二者的早期未发展的形式联结在一起的那种纽带，被资本主义生产方式撕断了。"① 从此，家庭经济的研究在现代经济学的研究中只处于一个从属的地位。

在古典与新古典经济学的理论框架内，家庭企业被看作是厂商理论中的一个特例；消费决策、生产决策，乃至劳动力供给决策，人们看到的也往往是个人、企业、市场的联系链条，家庭被置于可有可无的地位。个人被看作是最基本的消费者，把个人需求加总在一起便得到市场需求；劳动力的供给也被看作是个人行为，人们在工作与闲暇二者之间进行选择，市场劳动力供给也就是个人劳动力供给的加总。西方国家的报纸杂志甚至在讨论家庭单元的终结。② 但是，这种无视家庭存在的经济模型与现实生活并不吻合。在实际的经济运行中，有关消费与劳动力的供给决策，家庭的作用往往比个人更重要。例如，人们生活消费的基本决策单位更多的是家庭，而非个人。家庭成员的收入在大多数情况下是集中性共同使用、共同消费的，而不是各花各的钱。西方的 AA 制家庭并没有迹象表明就是未来的家庭发展趋势。在中国，子女教育是家庭消费结构中的重要部分，不从家庭角度就无法解释中国的父母为子女教育消费而竭尽全力的现实。又例如，劳动力供给决策的基本单位也并非个人，而是家庭。现代劳动经济学的重大进展之一就是确立了家庭是劳动力供给决策的最基本

---

① 马克思：《资本论》第 1 卷，《马克思恩格斯全集》第 23 卷，人民出版社 1972 年版，第 551—552 页。

② "在报纸和杂志上读到关于家庭单元终结的内容已经没有什么特别的了。"（［美］迈克尔·R. 所罗门著，张硕阳、尤丹蓉等译：《消费者行为》，经济科学出版社 2003 年版，第 364 页。）

单位，因此，·劳动者事实上是面对市场工作、家务劳动与闲暇的三重选择，而不是较为简单的市场劳动与闲暇的二重选择；家庭内部劳动力配置决策实际上是相互影响与相互制约的，它反映了家庭内部劳动分工的比较优势原则以及家庭成员的相互联系。总之，"象企业一样，家庭是人们做出一连串资源分配决定的场所，人们根据对相对价格、相对成本、相对收益、相对生产率等的比较做出这些决定。"① 在本章后面的分析中我们将看到，劳动力供给的农户家庭决策确实具有单个个人决策所不具有的很多本质性特征。

农户经济是家庭经济中的一种类型，而且是迄今为止家庭经济中最重要、最典型的一种类型。农户既可以看作是农业家庭，也可以看作是农村家庭。由于绝大多数农村家庭主要从事农业，因此，二者在大多数情况下是相通的。农户是传统农业社会最基本、最主要的微观经济组织形式，是传统农业社会的基础。因此，理解农户的经济行为，以及农户这一经济组织形式的发展与变迁就成为理解传统农业社会的关键。在当代中国，农户依然是农村社区最重要的微观经济组织形式之一，因此，理解当代中国农户经济的新特点，也是理解当代中国农村经济社会发展的关键。

从经济理论史观察，在马克思主义的经典文献中，农户曾被区分为"大农"与"小农"。所谓"大农"，就是具有资本主义性质的"大农业"、"大农场"，即资本主义的农业企业。它的本质特征之一就是雇佣农业工人，追求剩余价值，以资本主义的企业形式从事农业。如果撇开资本主义性质，"大农"也就是指农业

---

① ［法］亨利·勒帕日著，李燕生译：《美国新自由主义经济学》，北京大学出版社 1985 年版，第 244 页。

的组织形式与经营规模已超越了家庭的框架。法国重农学派所重之"农"就是资本主义的"大农"。正如马克思所指出的,重农学派是资本主义大农业的拥护者。[①]

所谓"小农",即"小农业"、"小农经济"。对于小农经济,有两种不同的定义与解释。第一种定义是指以小块土地个体所有制为基础的,以家庭为劳动组织形式,家庭成员共同劳动的自耕农。这一定义强调的是土地的农户所有,即"耕者有其田"。第二种定义则比第一种定义更宽泛,它主要的特征是指家庭的经营规模和家庭劳动,并不局限于土地是否家庭私人所有。在这个意义上,不仅租种地主土地的佃农是小农;在实行土地国有制的地方,在实现土地村社所有制的地方,那些分种或承包小块耕地的农户,也可以看作是"小农"。这一定义强调的则是农业的经营规模。很显然,我国当代农村的农户经济也正是在这后一种意义上才被称之为"小农经济"的。本书中论述的农户经济也就是这一层次所定义的"小农";至于"大农",则归于农村中的农业企业。

主要是依据英国农业资本主义化的经验,在斯密和马克思看来,随着商品经济与市场经济的发展,"小农经济"的"小生产"被"大农业"、"大生产"所取代是历史发展的一种必然趋势。马克思说:"大工业在农业领域内所起的最革命的作用,是消灭旧社会的堡垒——'农民',并代之以雇佣工人。"[②]恩格斯说得更明确:"正是以个人占有为条件的个体经济,使农民走向灭亡。如果他们要坚持自己的个体经济,那末他们就必然要丧失房屋和

---

①　马克思著,郭大力译:《剩余价值学说史》第 1 卷,人民出版社 1975 年版,第 36 页。

②　马克思:《资本论》第 1 卷,《马克思恩格斯全集》第 23 卷,第 551 页。

家园，大规模的资本主义经济将排挤掉他们陈旧的生产方式。"[1]华裔美国学者黄宗智指出："斯密和马克思的经典观点均设定小农家庭生产会随着商品化的蓬勃发展而衰落。"[2]

诚然，农业的资本主义化并非是单一的"英国式道路"，列宁指出还有"普鲁士式的道路和美国式的道路"[3]。"普鲁士式的道路"被看作是一条所谓缓慢而改良的农业资本主义化之路，"中世纪的土地占有关系不是一下子被消灭掉，而是慢慢地适应资本主义，因此资本主义长时期保存着半封建的特征"[4]。"美国式的道路"则被看作是一条所谓激进而革命的农业资本主义化之路。这条道路的特点是，"地主经济已不再存在，或者已被没收和粉碎封建领地的革命捣毁了。农民在这种情况下占着优势，成为农业中独一无二的代表，逐渐转化成资本主义的农场主"[5]。但是，不管是改良还是革命，是缓慢还是激进，马克思主义经典作家都确认"大农"最终必然要取代"小农"，农业最终必然会资本主义化，"普鲁士式的道路"只不过是比"美国式的道路"要花费更长的时间而已。

由于马克思和恩格斯所预见的社会主义建立在资本主义高度发达的社会生产力基础之上，建立在社会化大生产的基础之上，因此，在他们看来，"大农业"、"大生产"取代"小农业"、"小生产"也必然是社会主义农业发展的基本趋势。按照理论的逻辑来理解，资本主义的"大农业"已摧毁了"小农经济"的"小农

---

① 恩格斯：《法德农民问题》，《马克思恩格斯选集》第4卷，人民出版社1972年版，第311页。

② ［美］黄宗智：《长江三角洲小农家庭与乡村发展》，中华书局2000年版，第44页。

③ 《列宁全集》第13卷，第219页。

④ 《列宁全集》第15卷，第114页。

⑤ 《列宁全集》第13卷，第219页。

业",随之而后的社会主义只是需要把资本主义私有制的大农业、大农场转变成社会主义公有制的大农业、大农场而已。然而,现实中的社会主义并不是在发达的资本主义国家首先取得胜利,而是在过去比较落后的一些欠发达国家首先取得胜利的,因此,社会主义在农村面临的是"象汪洋大海一样的个体农民的所有制"①,而不是资本主义的"大农业"、"大农场"。即便如此,列宁、斯大林、毛泽东等实践中的社会主义领袖依然认定"大农业"是社会主义农业的唯一途径,而且在实践中把"大农业"主要理解为经营规模和生产组织形式之大。毛泽东推崇"一大二公"的人民公社,所谓"大",也就是经营规模和生产组织形式的大。理解这一意识形态的基本点,对于理解社会主义实践中的农业社会主义改造、农业集体化以及我国的人民公社化至为关键。同时,对于理解我国的农户经济在新中国的坎坷命运也至为关键。

在社会主义社会,如何实现"大农业"、"大生产"对"小农业"、"小生产"的取代。马克思主义经典作家认为,根本的问题在于如何改造小农。恩格斯在《法德农民问题》一文中提出了农业的合作化道路。他指出:"我们对于小农的任务,首先是把他们的私人生产和私人占有变为合作社的生产和占有"②。列宁坚持了马克思和恩格斯的农业合作化思想,同时,他还认为:"小生产是经常地、每日每时地、自发地和大批地产生着资本主义和资产阶级的。"③ 因此,消灭小农经济与铲除资本主义土壤紧密

---

① 毛泽东:《关于农业合作化问题》,《毛泽东选集》第 5 卷,人民出版社 1977 年版,第 187 页。

② 恩格斯:《法德农民问题》,《马克思恩格斯选集》第 5 卷,第 310 页。

③ 列宁:《共产主义运动中的"左派"幼稚病》,《列宁选集》第 4 卷,人民出版社 1972 年版,第 181 页。

联系在一起。毛泽东继承了列宁的这一思想，他认为土改以后，在小农经济的基础上我国农村中的资本主义自发倾向十分严重："农村中的资本主义自发势力一天一天地在发展，新富农已经到处出现，许多富裕中农力求把自己变成新富农。"① 这里的"新富农"就是资本主义性质的"大农"。因此，"我们对农业实行社会主义改造的目的，是要在农村这个最广阔的土地上根绝资本主义的来源"②。按照列宁与毛泽东的逻辑思路，改造小农，消灭小农经济，不仅是经济发展的趋势（资本主义"大农"消灭自然经济"小农"在马克思主义理论逻辑中也符合经济发展趋势），而且是政治的需要。在一定的历史时期，政治的考量甚至要高于经济的考量。列宁与毛泽东的这一观点与马克思、恩格斯的观点是否一致是一个饶有兴味的问题。马克思与恩格斯认为资本主义每日每时在消灭小生产，列宁与毛泽东则认为小生产每日每时在产生资本主义。当然，在小农经济中分化和产生出来的资本主义反过来消灭小农经济，这也符合历史的辩证法进程。

进一步的问题、更为关键性的问题还在于：家庭经营的农业是否就必定是与自然经济相联系的"小生产"？家庭经营这一农业生产组织形式，或者说农户经济，是否就与商品经济、市场经济绝对的不相容，是否就与社会主义绝对的不相容？

对于第一个问题的回答，传统的思维与传统的观念是极其肯定的：家庭经营农业＝小农经济＝自然经济。这种认识的绝对化与僵化使人们在相当长的一段时期不敢想象还有与社会化大生产相联系的，与商品经济、市场经济相联系的农户经济。事实上，

---

① 毛泽东：《关于农业合作化问题》，《毛泽东选集》第 5 卷，人民出版社 1977 年版，第 187 页。

② 毛泽东：《农业合作化的一场辩论和当前的阶级斗争》，《毛泽东选集》第 5 卷，第 196 页。

"美国式的道路"已经显示出没有雇工的家庭经营的小农场完全有可能成为专业化的、与市场紧密相连的微观经济组织。在当今的美国,家庭农场专业化生产的农产品主要是作为商品供给市场,家庭农场所需要的各种消费品(包括农产品)则主要依赖市场提供,农业的产前(例如种子)、产后(例如运输),甚至产中(例如施肥)都高度依赖社会化服务。由此可见,家庭的小规模经营并不一定就是自给自足的自然经济,它完全有可能成为社会化大生产中的一个有机链条与环节。反过来,那种集中生产、统一经营的大规模农业组织也有可能形成"大而全"的自给自足的自然经济。例如,我国"一大二公"的人民公社实际上也就是一种较大规模的、自给自足的自然经济组织形式,它排斥商品与货币关系,与马克思所说的社会化大生产相去甚远。因此,生产经营组织规模的大小并不是判定社会化大生产还是自然经济小生产的依据。特别是伴随着当代科学技术,尤其是信息网络技术的迅猛发展,小规模的生产经营组织形式完全可以被融入社会化大生产的网络之中,成为社会化整体经济中的一个有机结点。不仅农业如此,工业、第三产业也如此。著名的未来学家阿尔温·托夫勒(Alvin Teffler)指出:"我们开始认识到,不管是大的,还是小的,都不能说就是漂亮的,只有规模适当,大小有机地配合,才能说是最漂亮的。"这也就是说"大中有小才美"①。事实上,马克思认为"大农"必定要取代"小农",其理论精髓是社会化的大生产必定要取代自然经济的小生产,至于农业组织经营规模的大小并不是这一理论的精髓与实质所在。遗憾的是,在相当长的一段时期,我们把非本质的外在形式当作了内在的本质,

---

① [美]阿尔温·托夫勒著,朱志焱等译:《第三次浪潮》,三联书店1984年版,第355页。

因而片面地理解了马克思。

对于第二个问题的回答显然与第一个问题密切相关，因为商品经济、市场经济就是社会化大生产的一种经济形式。当然，按照马克思主义的逻辑，二者不能画等号。因此，对第二个问题的回答还要分为三个不同的层面。

首先，如果小规模的家庭经营的农业组织本身就是美国式的专业化农业生产组织，那么，二者的相容是无可置疑的，这种农业家庭本身就是市场经济中的微观组织细胞。

第二个层面是，如果小规模的家庭经营的农业组织还保留着浓厚的自然经济性质，它是否能与市场经济相容？这是一个十分复杂的问题。在最终的意义上，马克思与恩格斯认为资本主义的市场经济必然要消灭自然经济性质的小农经济。正如恩格斯所说："我们预见到小农经济必然灭亡。"① 但是，马克思与恩格斯并不否定在一定的时期这种自然经济性质的小农经济也可以与资本主义的市场经济并存。马克思指出："小农经济和独立的手工业生产，一部分构成封建生产方式的基础，一部分在封建生产方式瓦解以后又和资本主义生产并存。"② 很显然，认为小农经济与市场经济绝对不相容的观点并不是马克思的观点。我们需要着重指出的是，在市场经济占主导的社会中，小农经济与市场经济生产方式的并存决不是所谓"井水不犯河水"式的并存。市场经济必然要侵蚀到小农经济的内部，并按照自己的方式逐步把自然经济的家庭农业改造成为市场经济的家庭农业。因此，市场经济占主导地位的小农经济与自然经济占主导地位的

---

① 恩格斯：《法德农民问题》，《马克思恩格斯选集》第 4 卷，人民出版社 1972 年版，第 309 页。

② 马克思：《资本论》第 1 卷，《马克思恩格斯全集》第 23 卷，人民出版社 1972 年版，第 371 页。

小农经济不能简单地等同,它的内部运行机理和外部运行环境都会发生极大的甚至是本质性的变化。这正如马克思所说:"在一切社会形式中都有一种一定的生产支配着其他一切生产的地位和影响,因而它的关系也支配着其他一切关系的地位和影响。这是一种普照的光,一切其他色彩都淹没其中,它使它们的特点变了样。这是一种特殊的以太,它决定着它里面显露出来的一切存在的比重。"①

第三个层面的问题是社会主义与小农经济是否能相容。按照传统的马克思主义理论,社会主义是没有商品、货币,因而也不存在市场经济的社会经济形态;同时,社会主义又是建立在资本主义高度发达基础上的更高的社会经济形态,因此,这种理想形态的社会主义与小农经济是不能相容的。但是,现实中的社会主义生产力发展水平并不高于发达的资本主义,并且还落后于发达的资本主义。就生产力这一层面看,既然发达的资本主义在相当长的一段时期都可以与小农经济并存,现实中生产力更落后的社会主义在相当长的一段时期允许小农经济的存在显然并不违反马克思主义生产关系适应生产力发展的基本规律。但是,实践中社会主义的领袖人物列宁、斯大林、毛泽东等认定小农经济会每日每时地产生资本主义,因此,在政治这一层面,他们认为小农经济与社会主义是不能并存的。同时,传统的社会主义排斥市场经济,实行计划经济体制,并在此基础上推行重工业优先发展的国家工业化发展战略,而小农经济被认为是与社会主义工业化、与社会主义计划经济不相适应的。斯大林说,小农经济与社会主义大工业是不能并存的,"出路何在呢?出路就在于使农业成为大

① 马克思:《〈政治经济学批判〉导言》,《马克思恩格斯选集》第2卷,人民出版社1972年版,第109页。

农业"①。毛泽东说得更明确:"社会主义工业化是不能离开农业合作化而孤立地去进行的。"② 所以,在传统的以计划经济为主导的社会主义时期,无论是在苏联,还是在中国,小农经济(或者说以家庭为经营主体的农业)普遍被改造,在一定的时期退出了社会经济舞台。但是,需要指出的是,小农经济的消失并非生产力发展的必然,而是政府主导的强制性制度变迁的结果,其政治收益的考量要大于经济收益的考量。

伴随着社会主义从计划经济向市场经济的转轨,家庭作为农业经营的微观经济主体的地位又重新恢复,农户经济显示出一股顽强的生命力。虽然社会主义计划经济与小农经济确实难以相容,但小农经济与社会主义市场经济却有相容的现实基础。这也就是说,小农经济不仅可存在于资本主义的市场经济中,也同样可存在于社会主义的市场经济中。改革开放以后农户已成为我国广大农村最基本的微观经济组织形式是不可争辩的事实,它有力地证明了社会主义市场经济与小农经济的可兼容性。不过,我认为有如下两点需要特别强调,因为在这些方面存在认识的误区:(1)马克思预见的社会化大生产必定会取代自然经济小生产的观点并没有错,虽然这可能是一个漫长的过程,因此,不能以马克思预言中的某些论断与现实不符而轻易地否定马克思预见的理论精髓。(2)我们这里界定的小农经济是指以农户为生产经营的基本决策单位,它可以区分为传统的自然经济的小农经济和现代的市场经济的小农经济这两种基本类型,当然也有介于二者之间的从前者向后者过渡的类型。因此,不能一谈到小农经济,就把它

---

① 斯大林:《论苏联土地政策的几个问题》,《列宁主义问题》,人民出版社1964年版,第342页。

② 毛泽东:《关于农业合作化问题》,《毛泽东选集》第5卷,人民出版社1977年版,第181页。

简单地归结为传统的自然经济的小农经济。事实上,只有后一种类型的小农经济才能与市场经济(不管是资本主义市场经济还是社会主义市场经济)长期兼容,而传统的自然经济的小农经济在本质上与市场经济是不能长期兼容的(但这不排除短期兼容的可能性)。传统马克思理论的失误就在于把小农经济(农户经济)简单地等同于自然经济的小生产,而没有预见到小农经济(农户经济)也可以改造成为与社会化大生产、与市场经济兼容的微观经济组织形式。

在非马克思主义阵营,农户经济行为的研究主要有两大流派。

一是以舒尔茨教授为代表的"理性小农学派"。这一学派坚持西方主流经济学"经济人"理性行为决策的基本分析框架,认为农户也是追求利润(收益)最大化的理性"经济人",用波普金的话说,他们是在权衡了长期与短期利益以及风险因素之后,为追求最大生产利益而能作出合理选择的"理性的小农"。

在舒尔茨教授看来,"小农"与资本主义企业家(包括资本主义农业企业家,即"大农")具有相同的"理性",他们同样会根据市场的刺激和机会来有效利用各项可支配的资源,以追求最大化利润。那么,为什么传统农业会长期处于停滞不前的状态?这是因为传统农业的投资边际收入递减,而不是因为"小农"缺乏追求利润最大化的经济"理性"。舒尔茨教授的"改造传统农业",不是要改造"小农"的理性,而是要从外部输入现代的生产要素,包括现代技术的供给、以经济刺激为基础的市场方式、人力资本的投资,其目的是为经济增长提供新的源泉。

沿着这一逻辑思路,舒尔茨认为,"小农场或大农场并不是基本特征","在改造传统农业中至关重要的投资类型并不取决于大农场的建立","规模的变化并不是这种现代化过程中产生的经济增长的源泉"①。根据这一理念,舒尔茨对社会主义国家的农业改造提出了激烈的批评。他说:"在许多国家里把传统农业改造成高生产率部门的公共计划之所以遭到失败就是由于决定建立大规模农业经营单位的政策。这些决策的背景是政治目的,这种目的得到'规模收益'这个特殊信念的支持,而这种信念长期以来一直是马克思思想的一个组成部分。马克思所提出的农业生产概念特别偏重于支持大农场。"② 很显然,"理性小农学派"的观点认为"小农经济"与现代化市场经济是完全可以兼容的。

二是以苏联经济学家恰亚诺夫教授为代表的"自给小农学派"。他们认为小农是一个以满足自家消费为目的的血缘统一体,农户的经济活动主要是为了家计生存,不存在追求利润最大化的动机。③

恰亚诺夫认为,"小农经济"形成了一个自身独立的体系,遵循着自身的逻辑和原则,而不是资本主义市场经济的逻辑和原则。这是因为小农依靠自身劳动力生产,而不雇佣劳动力,所以无法核算工资和收益;小农的产品主要满足自己家庭的消费,而不是在市场上销售,所以并不追求最大化的利润;小农的投入(家庭全年的劳动力和资金投入)和产出(全年总收获)是不可分割的整体,所以无法衡量它的单位生产成本与单位生产收益。小农对最优化的追求是在满足家庭需要和劳动辛苦程度之间的平衡,而不是利润和成本之间的平衡,因此,只要家庭消费的需要

---

① [美]西奥多·W.舒尔茨著,梁小民译:《改造传统农业》,商务印书馆1999年版,第84页。

② 同上书,第86页。

③ A.恰亚诺夫:《农民经济组织》,中央编译出版社1996年版。

尚未得到满足，小农仍然会继续投入劳动力，而不管新投入的劳动边际报酬是否已低于市场工资。"自给小农学派"的理论渊源事实上可追溯到曾被斯大林严厉批判过的"小农经济稳固论"。其主要代表人物有德国的爱德华·大卫（其主要著作是《社会主义和农业》），奥地利的弗雷德里希·奥托·海尔茨（其主要著作是《社会主义制度下的土地问题》）。[①] 他们认为，小农经济在与资本主义大农业的竞争中具有种种优越性，具有顽强的生命力。因此，小农经济可以与资本主义大农业（"大农"）共存。

　　总体来看，"理性小农"突出的是"小农"与现代市场经济之间的联系，所谓"理性小农"，可以把他们解读为"市场化小农"，或"正在市场化小农"；"自给小农"突出的则是"小农"与传统自然经济的联系，所谓"自给小农"，则可以把他们解读为"传统自然经济小农"。正如黄宗智先生所说："舒尔茨和蔡雅诺夫两人均与一般理论家一样，把部分因素孤立化和简单化，以突出其间的逻辑联系。"[②] 这也就是说，他们各自抓住了小农在两种不同社会经济环境中的两种不同的基本特征。应该说，这两类小农既有共同点，也有不同点。其共同点是它们都以家庭作为生产经营的最基本决策单位，因此都属于所谓的"农户经济"；其不同点则在于二者与市场经济的关系存在重大的差异，或者说，他们所处的外部社会经济环境存在重大的差异。

　　在我国的民主革命时期，农民问题具有特殊的极端重要性。毛泽东说："中国有百分之八十的人口是农民，这是小学生的常

---

　　① 　许涤新主编：《政治经济学辞典》（中），人民出版社 1980 年版，第 648 页。

　　② 　[美] 黄宗智：《长江三角洲小农家庭与乡村发展》，中华书局 2000 年版，第 8 页。黄先生在这里把恰亚诺夫译为"蔡雅诺夫"。

识。因此农民问题，就成了中国革命的基本问题，农民的力量，是中国革命的主要力量。""中国的革命实质上是农民革命。"① 因此，对农村经济、农户经济的研究是当时的热点话题。以毛泽东为代表的中国共产党人主要是从阶级与阶级斗争的角度研究农村经济和农户经济的。毛泽东把农户分为地主、富农、中农、贫农四大阶级，他把富农、中农、贫农通称为农民阶级，认为"封建社会的主要矛盾，是农民阶级与地主阶级的矛盾"②。富农，被认为是"农村的资产阶级"③；中农，即"自耕农"，被看作是农村的"小资产阶级"④；贫农，则被看作是农村的"半无产阶级"。整体上，毛泽东认为农民是自给性的个体劳动者，"农民不但生产自己需要的农产品，而且生产自己需要的大部分手工艺品"⑤。虽然内部商品经济的发展与外部资本主义的入侵也给中国的自然经济带来了极大的冲击，但是，农村自然经济的基础没有发生根本的改变。依据毛泽东的判断，"中国还有大约百分之九十左右的分散的个体的农业经济和手工业经济，这是落后的，这是和古代没有多大区别的"⑥。应该说，毛泽东的论断绝非想当然，事实上毛泽东十分重视农村调查，而且身体力行。我们现在看到的毛泽东当年的农村调查就有《湖南农民运动考察报告》

---

① 毛泽东：《新民主主义论》，《毛泽东选集》第 2 卷，人民出版社 1991 年版，第 692 页。

② 毛泽东：《中国革命和中国共产党》，《毛泽东选集》第 2 卷，第 25 页。

③ 同上书，第 643 页。

④ 参见毛泽东：《中国社会各阶级的分析》，《毛泽东选集》第 1 卷，人民出版社 1991 年版，第 5 页。该文的注⑦指自耕农即中农。但毛泽东有时也把富农看作是自耕农。例如，他在《井冈山的斗争》一文中，就有"自耕农中之富农"的提法（见《毛泽东选集》第 1 卷，第 71 页）。

⑤ 毛泽东：《中国革命和中国共产党》，《毛泽东选集》第 2 卷，第 623 页。

⑥ 毛泽东：《在中国共产党第七届中央委员会第二次全体会议上的报告》，《毛泽东选集》第 4 卷，人民出版社 1991 年版，第 1430 页。

（1927 年）、《寻邬调查》（1930 年）、《兴国调查》（1930 年）、《长冈乡调查》（1933 年）、《才溪乡调查》（1933 年），等等。当然，毛泽东当年所活动的主要区域，无论是南方的湖南、江西，还是北方的陕西、河北，农村的商品经济都不十分活跃。如果考虑到长江三角洲地区等商品经济较为活跃的农村地区，那么，农户经济与古代还是有了一些重大的改变的。

　　另一方面，由于中国农民问题的特殊性，农户经济以及中国的乡村社会在当时也引起了国内外许多具有不同政治倾向的学者的高度关注，成为学术界争论的焦点话题。在西方学者中，较早研究中国乡村生活的有美国公理会传教士阿瑟·史密斯（中文名为明恩溥），他 1899 年出版了《中国乡村社会》一书。1920—1925 年南京金陵大学的美国学者卜凯组织了对中国七省 17 县的农村土地调查，1937 年出版了《中国土地的利用》和《中国土地的利用：统计篇》。日本设在我国大连的"南满洲铁道株式会社"出于侵略的需要，也展开了大规模的乡村调查，至今仍留存了一万多种调查报告与研究文章。虽然其主观用心邪恶，但客观上为我们了解中国当时的小农经济与小农社会留下了一批宝贵的历史资料。正如黄宗智先生所说："满铁资料不失为用现代经济人类学方法来研究中国农村的一组数量最大而内容又极为丰富的资料。它们的质量甚至可能高于本世纪前半期世界任何其他小农社会的有关资料。"[1]

　　在中国的学者之中，由李景汉先生主持的河北定县调查是我国学者主持的第一次以县域为单位所进行的全面系统的农村调查。这次调查最引人注目的是训练农户记账，以调查农户岁入与岁出情况，对了解当时农户经济的实际运行状况具有特别

---

[1]　黄宗智:《华北的小农经济与社会变迁》，中华书局 2000 年版，第 1 页。

重要的意义。著名学者陶孟和先生任所长的前中央研究院社会科学研究所，也组织了一批学者开展了许多实地的农户经济调查，写出了一批在当时很有分量的农户经济与农村经济研究的论著、论文，例如发展经济学的开创者之一、我国著名经济学家张培刚教授就是在这次调研的基础上写出了他的早期著作——《清苑的农家经济》。从上面的论述中可以看出，注重农户与乡村的实际调查是这一时期农户经济与农村经济研究的一大特色。张培刚教授指出："研究农家经济贵在调查方法之精密，因为应用精密的调查方法，始能获得确实的材料。于是分析并推论出来的结果亦因有比较的真凭实据而较为可靠。"[①]除经济学家以外，社会学家、人类学家等在这一时期也进行了许多乡村实地考察，著名的有燕京大学社会学系的《清河镇社会调查》，费孝通先生的博士学位论文——《开弦弓：一个中国农村中的农民生活》。还需提到的是，以梁漱溟、晏阳初为代表的乡村建设运动则直接致力于乡村的改良、改造，在一些乡村建立了自己的实验基地，期望走出一条既不同于国民党政府的"乡村复兴运动"，又不同于共产党领导的"乡村革命运动"的中国乡村改造的"第三条道路"。

新中国成立以后，伴随着农村的合作化与人民公社化，农户作为农村生产经营决策最基本主体的地位消失。除了少量自留地外，农户不再拥有独立的土地使用权与经营权，也不拥有对自己劳动的自由支配权。在这样一个宏观制度背景下，对农村、农民的研究自然不会去关注已基本不复存在的农户经济；[②] 再加之缺

---

① 张培刚：《论农家记账调查法》，原载天津《益世报·农村周刊》1937 年 6 月 23 日。见《张培刚选集》，山西经济出版社 1997 年版，第 352 页。

② 我之所以使用"基本"作为附加词，是因为当时还存在着自留地经济，它可以看作是残留的农户经济。

乏一个科学研究的外部环境,农户经济的研究事实上长期处于一种空白状态。在当时,主流意识形态关注的重点是如何教育农民,以防止他们根深蒂固的资本主义自发倾向。毛泽东说得很明确:"政治工作的基本任务是向农民群众不断地灌输社会主义思想,批评资本主义倾向。"这是因为"只要我们在合作化运动中,乃至以后一个很长的时期内,稍微放松了对于农民的政治工作,资本主义倾向就会泛滥起来"①。基于这一基本的理念,对中国传统小农经济的批判并不是批判它的封闭落后的自给自足的自然经济属性,而是批判它"每日每时产生资本主义",批判它与资本主义所谓千丝万缕的联系。在当时最高决策人毛泽东主席的心目中,保留少量自留地已是向农户资本主义自发倾向不得已而作出的"妥协"和"退让",基本农田不能由农户家庭经营、不能恢复小农经济(农户经济)则是一条不可逾越的"底线"。刘少奇、邓小平、邓子恢等党内其他领导人希望逾越这条"底线",就必然会被毛泽东判定为"走资本主义道路"。小农经济与资本主义经济被画上了等号。即便是当时一些研究人民公社内部经营管理的论著、论文,"政治挂帅"也是不可动摇的原则,农户经济在人民公社体制中完全没有地位。客观而言,人民公社体制要在体制不变的前提下维持一定的劳动生产效率,凝聚广大社员的人心,意识形态的灌输也是不得不支付的成本。

农村经济体制改革以后,随着人民公社体制的崩溃,在我国大多数农村地区,农户取代生产队重新成为了农村生产经营决策的最基本主体,农户经济的研究重新活跃起来。

---

① 毛泽东:《〈中国农村的社会主义高潮〉的按语》,《毛泽东选集》第 5 卷,人民出版社 1977 年版,第 244—245 页。

在改革的初期，理论研究的重点是要论证农村家庭承包责任制的必要性与可行性，关键是要论证这种萌芽状态的农户经济与社会主义的可兼容性，农户承包并没有改变农村社会主义集体所有制的性质。严格说来，这一时期的研究仍然是"政治挂帅"，政治性明显地高于学术性。但在当时的经济与政治环境中，这种理论宣传的"拨乱反正"，甚至"矫枉过正"无疑十分必要。不过，伴随着中国经济改革的逐步推进，社会主义市场经济体制的逐步确立，学术研究的外部环境逐步宽松，我国农户经济的研究、农村经济的研究也在不断深化，并大大地拓展了其研究空间。首先，新时代农户经济与农村经济的研究继承了民主革命时期中国共产党人和其他学者重农户调查、重乡村调查及重视乡村改革实验的传统。在国家层面，成立了一支覆盖全国农村、专业化的农村调查队伍——农调队，并且有选择地设立了若干个农村改革试验区，为农户经济与乡村经济的研究，尤其是为中央政府的农村发展决策提供了较为丰富而且较为可靠的第一手资料。除此之外，相当一批高校与科研机构的学者也走出了"象牙塔"，以不同形式深入到农户与乡村，写出了一批以实际调查为依托的研究论著与论文。其次，很多学者，尤其是那些海外归来的中青年学者，还广泛运用了现代经济学的前沿理论和先进的分析方法，在投资、消费、储蓄、就业选择等诸多领域，构造了一些极有价值的农户决策模型，使我国的农户研究、农村研究成为与国际学术界对话、沟通较为成功的领域之一。现在的缺陷是，"本土派"的学者与"海归派"的学者还缺乏必要的沟通和融合。前者有较为丰富的实证资料，但缺乏宏观理论的构架，研究方法也略显单调；后者则偏于理论模型（尤其是数量模型）的构建，但与中国的现实有一定的距离，显得"水土不服"。

虽然农户经济的研究空前活跃，但人们对农户经济的未来命运仍持有极不相同的看法。概而言之,有如下四种基本观点:一是农户经济长存论;二是小农将被农业企业("大农")兼并论;三是"再组织"、"再集体化"论;四是多种形式并存论。

二　传统中国的"家文化"与中国农户经济的历史命运

中国农户经济的顽强生命力与中国传统的"家文化"有极为密切的联系。中国传统文化的主流无疑是儒家文化。儒家以家庭为本位的治国理念,使得社会制度主要依赖伦理道德维系,而伦理道德的核心又是基于血缘家庭—家族关系的一系列不成文规则,或者说一系列由传统和习俗构成的非正式制度安排。所谓"以孝治天下","百善孝为先","不孝有三,无后为大",乃至"长幼尊卑","三从四德","三纲五常",说到底,都是为了保持男性家长的绝对权威,维持家庭这一社会基本经济单元和社会单元的稳定。因此,我们可以说,家庭制度,乃至家族制度,是维系传统中国几千年社会运行的最基本的社会制度。

在汉语中,"国家"一词本身就有视国为家的含义,国是家的扩展与放大。传统的君臣关系、君民关系,在一定的意义上,都是家庭长幼尊卑关系的进一步延伸。国家关系中的君权相对应于家庭关系中的父权,皇帝被视为普天下的家长,国家就是家长制的国家。因此,国内外众多学者认为传统中国社会经济结构的基本特征就是"家国一体",或者说"家国同构"。著名的中国问题研究专家、美国哈佛大学的费正清教授认为,中国的社会单元是家庭,而不是个人;家庭是自成一体的基本组织单位;每个农户既是最基本的经济单位，也是最基本的社会单位。① 马克斯·韦伯则把中国形容为"家族结构式的国家"②。家庭、家族、国家具有同构性。整个中国乡村，乃至中国社会都是基于家庭与家族的网络组织而形成。我国著名实业家、教育活动家，同时也是著名的乡村建设理论家与实践者的卢作孚先生对我国的家庭在社会经济生活中的作用曾有过一段十分精辟的论述。他说，在我国传统社会，"就农业言，一个农业经营是一个家庭。就商业言，外面是商店，里面就是家庭。就工业言，一个家庭里安了几部纺织机，便是工厂。就教育言，旧时教散馆是在自己家庭，教专馆是在人家家庭里。就政治而言，一个衙门往往就是一个家庭，一个官吏来了，就是一个家庭来了"③。

以家庭为社会生产最基本的经济单位与农业在整个社会经济中占主导地位是分不开的。农业与工业、服务业不同，它是有生命的物质生产和再生产，土地是最基本的生产资料，劳动对象是有生命的有机体，生产周期较长，受自然因素的制约与影响很大，经济收益主要是体现在最终产品的收获上，生产过程的每一个环节虽然互相依存与互相影响，但很难独立地计量与考核，因此，农业的产业特性具有适合家庭分散经营的特点。另一方面，农业是提供粮食等人们最基本生活资料的产业，它可以在第二、第三产业没有产生之前独立存在，而第二、第三产业却不能脱离农业这个第一产业而独立存在。因此，只有在以农业为主体的经

---

① ［美］费正清著，张理京译：《美国与中国》，世界知识出版社 1999 年版，第22—28 页。

② 转引自［美］费正清著，张理京译：《美国与中国》，世界知识出版社 1999年版，第 24 页。

③ 转引自史晋川等著《制度变迁与经济发展：温州模式研究》，浙江大学出版社 2004 年版，第 392 页。

济社会中，这个社会的最基本经济单位才具有自我封闭的可能；而一家一户的个体农户是构成这种经济封闭体最适宜的微观经济组织形式。当然，农业社会也存在社会分工，但作为经济细胞的农户本质上是自给自足的，是封闭的。马克思曾经指出："每个农户几乎都是自给自足的，他们直接生产自己所需要的大部分产品，因而他们的生活资料得自同自然交换的多于得自同社会交换的。这里是一小块土地，一个农民和一个家庭，旁边又是另一小块土地、另一个农民和另一个家庭。几十个这样的单位组成一个村庄，而几十个这样的村庄组成一个行政区。……正象一袋马铃薯由一个个马铃薯所组成的一样。"①

这种以自给自足的封闭体家庭为最基本经济单位的社会经济结构，必然会产生与之相适应的意识形态。中国自秦以来的"农本"思想与"重农抑商"政策虽然不是儒家，而是法家的思想家首先提倡的，但它很快就被融入了以儒家为主导的传统中国主流意识形态，并被奉为历朝历代封建统治者立国治国的基本政策。"以农为本"实质上也就是"以家（农户）为本"，二者是一个问题的两个方面。所谓"重农"，有两个层面。一个层面是把农业作为人类生存的基础，既然"民以食为天"，食又来自于农，因此，重农是必然的，也是合理的。但是，这一层面的"重农"不是中国历代重农抑商者"重农"的核心所在。第二个层面的"重农"是把"农"作为封建统治的经济根基，"农"关系到国家之"本"，关系到江山社稷。这里的"农"不是一般意义上的农业，而是封闭型的自给自足的以小农为基础的传统农业经济。这才是传统中国历代统治者"重农"的核心所在。诚然，传统中国也存在工业（主要是手工业）与商业，但手工业作为农业的附属与补

---

① 转引自《列宁全集》第 3 卷，第 278—279 页。

充，主要是自给性的生产，并统一在农户经济之中。"农民不但生产自己需要的农产品，而且生产自己需要的大部分手工业品。"① 农业和家庭手工业在农户经济内部的结合，所谓"男耕女织"，"以织助耕"，是传统中国自然经济主导的基础。"抑商"并不是"灭商"，商业也被容许在一定限度内生存与发展，这个限度就是"商不通无用之物，工不作无用之器"②。而"有用"、"无用"的标准就是看它是否能维护小农经济的稳定。正如谢天佑先生所说："自然经济论者的抑商的含意是，绝对防范农业经济商品化，作为农业经济补充的商品也限制在足以维持农民的生存和小农经济的再生产的限度内。"③

如果没有外力的强烈冲击，这种以农业与家庭手工业相结合的农户经济确实具有超强的自我调节机制和抗干扰功能，具有超强的内在稳定性。这是因为小农具有相对稳定的财产权（即便是租佃土地，田面权也是相对稳定的）与较为自由的劳动支配权，既可以有效地分配季节性的劳动时间，也可以在家庭内部实现较为合理的劳动分工，所以，对内有较高的生产主动性与积极性，对外界环境则有较高的应变能力。1852年广州的一位英国官员曾这样描述过当时中国福建的农户经济：

福建的农民不单单是一个农民，他是庄稼汉又兼工业生产者。他生产这样的布匹，除原料的成本外，简直不费分文。如前所说，他是在自己的家里经自己的妻女和佣工的手而生产这种布匹的；既不要额外的劳力，又不费特别的时

① 毛泽东：《中国革命和中国共产党》，《毛泽东选集》第2卷，第623页。
② 《盐铁论》（本议）。
③ 谢天佑：《秦汉经济政策与经济思想史稿》，华东师范大学出版社1989年版，第340页。

间。在他的庄稼正在生长时,在收获完毕以后,以及在无法进行户外劳动的雨天,他就使他手下的人们纺纱织布。总之,一年到头一有可利用的空余时间,这个勤于家庭劳动的人就去从事他的副业,生产一些有用的东西。①

这种农业与家庭手工业相结合的农户经济在一个相当长的历史时期确实具有较高的劳动效率,与自然经济为主导时期的社会生产力相适应。② 因此,虽然传统中国的历史历经灾荒、战乱、不断的改朝换代,人口运动趋势表现为和平时期的人口急剧增长与战争、饥荒等引发人口急剧下跌交替运行的强烈波动的人口运动循环,但从整体上看,农户依然像细胞分裂一样不断地再生产和复制着自己,在中国形成了小农经济的汪洋大海。传统中国的皇帝换了一个又一个,虽然"一朝皇帝一朝臣",上层斗争残酷惨烈,但农户经济这一微观经济细胞并没有随着频繁的改朝换代而有本质性的触动。

对传统中国农户经济最强烈的冲击主要是来自于工业革命后西方列强的商业与商品的入侵。马克思指出:"商业对各种已有的、以不同形式主要生产使用价值的生产组织,都或多或少地起着解体的作用。但是它对旧生产方式究竟在多大程度上起着解体作用,这首先取决于这些生产方式的坚固性和内部结构。"③ 同时,它也取决于商业与商品的冲击力。如前所述,以农业与家庭

① 转引自马克思:《对华贸易》,《马克思恩格斯选集》第2卷,人民出版社1972年版,第60页。

② "从长时期的观点来看小农经济下的效率最高、单产最多、技术吸收也最快。与欧洲相比,直到明清为止,中国的农业生产是最先进的,产量遥遥领先欧洲。"(赵冈:《重新评价中国历史上的小农经济》,《中国经济史研究》1994年第1期。)

③ 马克思:《资本论》第3卷,《马克思恩格斯全集》第25卷,人民出版社1972年版,第371页。

手工业相结合的传统中国小农经济有着超强的内部稳定性，这一
社会机体内部的商品、货币发展曾经被"重农抑商"政策限制在
不破坏小农经济稳定的范围之内。虽然毛泽东主席和许多学者认
为传统中国内部商品经济的缓慢发展最终也会导致资本主义的出
现，自然经济的解体①；即便如此，但这毕竟是一个十分漫长的
进程，也并未得到历史的实证。真实历史给我们展现的是，伴随
着洋枪洋炮进入中国的"洋布"、"洋纱"等"洋货"，逐步打垮
了传统中国的家庭手工业，因此破坏了农户经济农业与家庭手工
业相结合这一基础。我们知道，传统中国农户经济农业与家庭手
工业结合的特点是"耕"与"织"的结合，是"食"与"衣"的
自给自足。西方工业化生产的廉价商品进入中国最终使得农户
"耕"与"织"分离，自给自足的自然经济逐步解体。这一解体
的过程可分为几个层次。最早是来自"洋纱"的冲击。1868 年
中国的进口洋纱仅为 5.4 万担，1894 年就猛增到了 116.2 万担，
增加了 20 倍；1913 年进口洋纱则达到了 268.5 万担，再加上外
资与华商纱厂生产的机纱约 168 万担，共占了全国用纱量的
72%。这意味着农户家庭手纺业基本瓦解。"洋布"和国内"机
布"代替"土布"的过程虽然相对缓慢，但据估计，在 1913 年，
"土布"的三分之一也已被"洋布"和国内"机布"所取代。②
如果说，西方列强的"洋枪"、"洋炮"带给中国的外侮还只是触
及了这一古老帝国的表层，那么，"洋货"的冲击则改变着这一
社会机体的深层结构。然而，在这一方面，中国与印度有着十分
相同的境遇。帝国主义的入侵破坏了一个旧世界，但没有带来一

---

① "中国封建社会内的商品经济的发展，已经孕育着资本主义的萌芽，如果没
有外国资本主义的影响，中国也将缓慢地发展到资本主义社会。"（毛泽东：《中国革
命和中国共产党》，《毛泽东选集》第 2 卷，人民出版社 1991 年版，第 626 页。）

② 参见吴承明主编：《中国资本主义发展史》第 2 卷，人民出版社 1990 年版。

个新世界。[①]

不过，对于农户经济而言，最为本质的还是小规模的农业经营，而不是家庭手工业。在中国，西方列强所带来的商品化发展使自给自足型农户经济开始向半自给自足型农户经济或商品化农户经济转化，但对于小规模的农业家庭经营则触动不大。虽然商品化农业，尤其是植棉业、桑蚕业在东南沿海地区有了较大发展，但英国式的资本主义大农场极为罕见，农户依然是农村社会最基本的经济单位。黄宗智先生在谈到农村商品经济较为发达的长江三角洲的情景时说:"商品化带来的并不是小农家庭生产单位的削弱，而是它的更充分的完善和强化。"这是因为，"新的棉花经济和扩展着的桑蚕经济所要求的附加劳动力首先来自农户的辅助劳动力。在这个过程中，妇女和儿童越来越多地分担了农户的生产活动，从而导致了我所称之的农村生产的家庭化。商品化非但没有削弱小农家庭生产存在的基础，反而刺激了这一生产，并使之成为支持商品经济的基地。"[②] 从全国范围看，自给自足型或基本自给自足型的农户仍然占有很大比重，商品化农户的比重并不大。被看作是农村资产阶级的富农，虽然雇有少量长工或短工，但总体经营规模也不大。据全国土地改革前各阶级占有耕地的情况看，富农有 325 万户，占农村户数的 3.08%；占有耕地 20566 万亩，占农村总耕地的 13.66%；户均占有耕地 63.24 亩，人均占有耕地 9.59 亩。虽然地主户均占有耕地达到 144.1

---

① "内战、外侮、政变、被征服、闹饥荒——所有这一切接连不断的灾难，不管它们对印度斯坦的影响显得多么复杂、猛烈和带有毁灭性，只不过触动它的表面，而英国则破坏了印度社会的整个结构，而且至今还没有任何重新改建印度社会的意思。印度失掉了他的旧世界而没有获得一个新世界。"（马克思：《不列颠在印度的统治》，《马克思恩格斯选集》第 2 卷，人民出版社 1972 年版，第 64 页。）

② ［美］黄宗智：《长江三角洲小农家庭与乡村发展》，中华书局 2000 年版，第44 页。

亩，人均占用耕地达到 26.32 亩，但地主的土地绝大部分是租佃给农民耕作，其实际的经营规模还小于富农。[①] 因此，直到 1949 年中华人民共和国成立，我们所看到的中国农村，依然是小农经济的"汪洋大海"。

土地改革实施"耕者有其田"的政策，造就了一个更为庞大的自耕农阶层，也使中国的小农经济进一步强化。通过土改，不仅具有封建剥削性质的地主阶级被消灭，而且农村中的资产阶级（"大农"即富农）也被消灭。富农的人均耕地面积从土改前的 9.59 亩下降到了 3.8 亩，与中农的人均耕地面积 3.67 亩相差不大；地主的人均耕地面积从 26.32 亩下降到了 2.52 亩；贫雇农的人均耕地面积则从 0.89 亩上升到了 2.93 亩。[②] 事实上，贫雇农获得的土地很大一部分过去也是他们在耕种，土地改革使他们从过去的土地租佃者转变成了土地的所有者。从某种意义上说，土地改革后的中国农村，是一个"中农化"即"小农化"的中国农村，是中国小农经济的"黄金时期"。

小农经济遭到毁灭性冲击的是土地改革后不久的农业合作化运动和随后的人民公社化运动。"小农经济"的"黄金时期"不过 3—5 年。在互助组阶段，农户还是最基本的土地所有者和最基本的生产经营单位，只不过在劳动过程中产生了"插犋换工"（以人工换畜力）、"变工"等传统的互助合作形式。到了初级社，土地虽然原则上还归农户所有，但除了少量自留地外，其他土地都要折股入社，实行统一经营，农户已开始丧失了生产经营最基本决策单位的地位。高级社则完全取消了农户对土地、耕畜、大

---

① 见《建国以来农业合作化史料汇编》，第 1353 页。
② 薄一波：《关于若干重大决策和历史事件的回顾》下卷，中央党校出版社 1993 年版，第 1031 页。

型农机具的私有产权，农户作为农村生产经营最基本决策单位的地位也完全丧失。"农户经济"，作为一种经济形态与农村微观经济组织形式也基本上被消灭。人民公社则是在更大的范围内实行政治上或者说生产关系上的"大跃进"。在其最初兴起的极端时期，普遍兴办公共食堂，"吃饭不要钱"，实行消费大包干①，试图把千百年来农民一家一户的生活方式改为大集体的生活方式，农户作为农村最基本消费单位的地位也一度被动摇。"共产风"带来的惨痛结局使人民公社不得不退到"队为基础、三级所有"的格局，但农村生产经营的最基本决策单位是生产队，而不是农户。

不过，除了"共产风"的极端年份外，农户经济在人民公社时期也还残留了一个"尾巴"，这就是自留地经济。对于自留地，农户虽然没有法律上的所有权，但有较为完整的土地使用权与收益权。劳动贡献与劳动所得直接挂钩，简单明了，谁也无法"搭便车"，无法揩别人的油。农民把集体劳动时间以外的空闲大都用于自留地劳动，以便补充短缺的食物，改善家庭的生活，也有部分自留地产品用于市场出售以换得日常所需要的工业品。很多社员"出集体工懒洋洋，在自留地生龙活虎"，自留地的劳动效率远远高于集体工的劳动效率，自留地的产出也远远高于集体土地的产出。事实上，这种现象也并非中国独有。在苏联 20 世纪 30 年代，许多集体农庄中的自留地经济也一度超过了集体经济，自留地的面积也在逐步扩大，并超过了集体经营土地，有的集体农庄庄员根本就不参加集体劳动。为了使集体农庄不致在自留地

①　例如，当时的河北省徐水县对全县人员实行"十五包"，即包吃饭、穿衣、住房、鞋、袜、毛巾、肥皂、灯油、火柴、烤火费、洗澡、理发、看电影、医疗、丧葬。

经济的冲击下解体，苏联政府 1939 年发布了一个"关于防止侵占集体农庄公有土地的措施的决议"。规定：（1）凡是侵占公有土地以扩大宅旁园地行为的，一律按犯罪论处；（2）丈量所有农户的宅旁园地，查出多余的土地归还集体农庄；（3）凡有劳动能力的社员每年必须在公有经济中完成 60—100 个劳动日，没有正当理由而未完成者，将被开除并收回自留地。此外，还对社员家庭副业实行高税收、高征购。① 其结果，虽然抑制了自留地经济的发展，但对集体生产并没有起到多少促进作用。我国人民公社时期，对社员的自留地经济也采取了一系列抑制性的措施，自留地被限制在一个很有限的数量内，那些自留地收益高的农民往往被当作"走资本主义道路的典型"加以批判。在"文化大革命"期间，一些地方所谓"割资本主义的尾巴"，其中的一项重要内容就是收回自留地。

在人民公社体制食物普遍短缺的情况下，自留地对于保证广大农村居民的基本生存权有着不可磨灭的历史贡献。如果没有自留地，农民的生活将会更加贫苦，营养也将更加不足。广大的农民以及相当一批基层干部，乃至中央的部分高级干部正是从自留地与集体经营土地的效率对比中悟出了农户经营比集体经营更优越的道理。例如，长期从事农村领导工作的杜润生写道："在那一时期，给我印象最深刻的是自留地政策的增产效应。农民对自留地和集体经营的土地，所持态度不同，经济效益则大不一样。2 分自留地等于 1 亩集体地的收入，种粮食产量起码要高出 1 倍，甚至更多。我山西老家不少地方自留地能达到亩产 1000 斤。当地农民告诉我：用自留地的办法，保管不愁粮食吃。我经常想，自留地的这种公有私营机制，如能推广，或许能使农村经济

---

① 见金挥、陆南泉主编：《战后苏联经济》，时事出版社 1985 年版。

走出困境?"① 显而易见，自留地是后来农村经济改革、重新恢复农户经济的重要历史资源。从一定的意义上说，土地的家庭承包也可以看作是自留地的扩大化与普遍化，二者之间有着内在的逻辑联系。

专栏 3—1　　人民公社时期的"自留地"与集体耕种土地的效益比较

"自留地"，是人民公社时期所有权依然归集体，但使用权与收益权归农户的土地。它一般只占到生产队总耕地面积的 5％—10％；但其产出产量、经济收益远高于同等面积的集体经营土地。

据黄晓京等人对河北省定县佛店村的调查，人民公社时期，该村农民参与集体劳动时间多达全年总劳动时间的 81％，而从中所得收入仅占全年收入的 39.46％；投入自留地的劳动时间仅为 11.38％，而从中所得收入高达 45.66％。每个劳动力平均占有集体耕地 6.01 亩，而占有的自留地仅 0.42 亩。集体耕地的劳动生产率每工 0.47 元，而自留地的劳动生产率每工 3.5 元，是集体工的 7.9 倍。

再据温铁军对贵州省湄潭县的访问调查：前任县委书记郭文渊说，当时自留地面积大约占总耕地面积的 7％左右，而产出却占总产出的 25％，单产比集体耕作的土地单产高 30％—50％；

---

① 杜润生:《杜润生自述：中国农村体制变革重大决策纪实》，人民出版社 2005 年版，第 112 页。

该县湄江镇高山行政村霄基湾村民组的甘加应说，当时自留地人均 1.8 分，我家共有一亩半，自留地的收入占全家收入的 40%左右，因为自留地种得比较仔细，下的工夫多，所以产量比集体的高一倍。

笔者 1972—1975 年曾作为"知青"下放到当时的湖北省通城县城关公社蔬菜二大队四生产队当农民，目睹了众多公社社员"自留地生龙活虎，集体工懒洋洋"的现象。自留地比集体耕种土地的蔬菜产出至少要高两倍。以致有时为了应付上级的检查和外来的参观，往往把自留地当做集体耕作的土地来掩人耳目。

参考资料：中国农村发展研究组编：《农村、经济、社会》第 3 卷，知识出版社 1985 年版，第 229 页；温铁军：《中国农村基本经济制度研究》，中国经济出版社 2000 年版，第 218—219 页。

三　当代中国农户经济的特征

农村人民公社体制的崩溃，农户取代生产队重新成为中国农村最基本的微观经济组织，农户经济在全国范围内再生。但是，当代中国的农户经济决不是传统农户经济的简单复归，它与土改时期的农户经济也不能画等号，新时期的农户经济有其鲜明的时代特征。

首先，当代中国的农户经济是建立在土地社区集体所有制基础之上的，农户只有土地的使用权，而没有所有权。从土地产权的角度看，当代中国的农户是一种特殊制度安排下的租佃（承包）农户；从农户与社区的关系看，它比中外历史上实行土地村社所有制的农户与村社的关系更为松散，因此，有更为广阔的制度创新空间。

《中华人民共和国宪法》第十条规定:"农村和城市郊区的土地,除由法律规定属于国家所有的以外,属于集体所有;宅基地和自留地、自留山,也属于集体所有。"这里的集体,与经典意义上的"劳动者自愿联合的经济组织"有所不同,它实际上是一个社区全体成员的天然集合,无所谓自愿与不自愿。因此,从严格的意义上讲,我国现行的农村土地所有制是一种社区所有制,或者说,是由社区这一特定空间区域框定的集体所有制。至于作为所有者的社区的外延界定,或者说这个集体的边界范围,并无全国法定的统一标准。有的地方以行政村(相当于人民公社时期的生产大队)为社区所有者的边界,也有的地方则以村民小组(相当于人民公社时期的生产队)为社区所有者的边界。《中华人民共和国农村土地承包法》规定,"由使用该土地的农村集体经济组织、村民委员会或者村民小组发包",这里的发包主体有三个。根据农业部固定观察点办公室 1997 年对 317 个村的调查,土地所有权属于村民小组的为 44.9%,属于行政村的为 39.6%,属于村民小组与行政村共有的为 14.7%[1]。据相关资料的历史比较分析,作为土地所有者的社区(集体)有较为明显的权限上移趋势[2]。即村民小组作为土地所有者主体的比重在下降,而行政村作为土地所有者主体的比重在上升。

农村土地社区所有的制度安排,仍然是行政区划与经济组织的重合,从一定的意义上说,仍然是人民公社"政社合一"传统

---

① 农村固定观察点办公室:《当前农村土地承包经营管理的现状及问题》,《中国农村观察》1998 年第 5 期。

② 1987 年,农业部对全国 1200 个村的调查显示,土地所有权属于村民小组的为 65%,属行政村的为 34%,属其他层次的为 1%。(张琦:《论中国土地管理体制改革》,《经济工作者学习资料》1994 年第 35 期。)

在新时期的延续，这是制度变迁"路径依赖"的又一例证。同时，土地社区所有明确了社区内全体成员平等占有土地（以农户家庭为单位、人人有份）的权利，然而，这种权利本质上是基于以户口为标志尺度的"成员权"。"户口"这一外在的形式标志实际上要高于"实际居住"这一实体性内容。这意味着，只要是户口在这一社区的成员，即使他一年中的大部分时间都不在本社区就业与居住，原则上仍然拥有所有者的资格，可以与其他成员一样获得平等的土地承包权；相反，如果户口不在这一社区，即使你工作与生活在这一社区，也仍然只是"外来人"，并非所有者，不能与该社区正式成员一样获得平等的土地承包权。此外，该社区的成员一旦户口迁出了该社区，一般而言，就会自动地、无补偿地丧失所有者资格。例如，许多在广东农村乡镇企业打工的内地民工，虽然一年中的绝大多数时间都工作与生活在广东，但仍然是老家的社区土地所有者，拥有老家的社区土地承包权；而在广东则依然是外来人，并非社区土地的所有者，不能享受本地人所拥有的社区收益。因此，在我国农村地区的现行制度安排下，"成员权"实际上就是"户口权"。很显然，这种制度安排与经典的集体所有制并不完全吻合，例如其成员不能自由地"进入"和"退出"该"集体"。这是一种"制度锁定"。

土地社区集体所有制这种制度框架内的农户与我国历史上的农户在土地产权方面有明显的差异。我国历史上的农户主要有两大类：一类是土地归自己所有的自耕农；另一类是租佃农户。按照列宁的说法，这两类农户，无论是根据所有权，还是根据租佃权拥有小块土地都是"小农"。[①] 我国历史上的租佃农户主要是

---

① "小农，他们根据所有权或租佃权拥有小块土地。"（列宁：《土地问题提纲初稿》，《列宁选集》第4卷，人民出版社1972年版，第279页。）

租佃地主的土地，但也有实行土地村社所有，农户租种村社土地的实例。在俄罗斯、印度以及德国等国家，土地实行村社所有曾经是占主导地位的土地所有制形式。我国目前的土地社区所有与中外历史上的土地村社所有确有许多相似之处，尤其是在土地所有权与经营权的分离方面："村社的生产资料所有制具有二重性。一方面，它仍保留了土地公有制，耕地由村社掌握，分配给各个家庭使用，并视人口变动和生产状况定期重新分配；牧场、森林、水源、荒地等由村社成员公有。另一方面，房屋、宅旁园地、农具、耕畜等属个体家庭私有。这种经济上的二重性是村社的主要特征。"[①] 与此相比较，我国当代的农村土地（包括宅旁园地）也是社区成员公有并平均地分配给各个家庭使用，房屋、农具、耕畜则归个体家庭私有。

但是，我国当前的农村土地社区所有与中外历史上的土地村社所有在制度的形成路径、内部的运行机理，以及社区（村社）与农户的关系、社区（村社）与国家的关系等诸多方面还是有着本质性的不同的。

从制度的形成路径看，我国解放后经历了土地均分的农户私有化、土地集中"归大堆"的公有化、土地所有权依然公有但经营权农户均分私有这么几个大的阶段。这虽然是一个农户经济否定之否定的过程，但决不是简单的重复与回归。例如，农村实行土地的家庭承包制后，农户并没有按照土地改革时的土地拥有状况重新要回自家的土地，或重新耕种自家的土地[②]；而是按照新的社区人口，不分阶级、不分阶层重新均分土地的经营权。因

---

① 许涤新主编:《政治经济学辞典》（上），人民出版社 1980 年版，第 171—172 页。

② 在农村改革的初期，也有土地分配重新回到土改时，甚至回到土改前的主张，但这种意见既没有得到政府的支持，也没有得到广大农户的支持。

此，那种"一夜退到土改时"的说法是不符合历史真实的。事实上，我国当代的农户是拥有不完全土地产权的一种特殊形态的租佃农户；而土改时期的农户则是拥有完全土地产权的自耕农。同时，我国农村制度变迁的每一个阶段与上一个阶段都有着某种历史的继承性，并不是"彻底的决裂"。我国目前的土地社区集体所有就是继承的人民公社历史遗产；即使是农业合作化与人民公社化，它也是在土地改革的基础上推进的。而且，无论是土地改革，还是土地的集体化，以及土地的均分承包，都贯穿了中国历史上一种根深蒂固的"均贫富"诉求。从社区共有土地财产的分配看，目前的土地均分承包比土改时的土地重新分配更为平均化。

从农户与社区（村社）的关系看，当代中国土地社区集体所有制框架内的农户比中外历史上村社所有制框架内的农户自由度更大，生产经营的自主权也更强。这首先表现在当代中国的农户在法律地位上是一律平等的，而中外历史上的众多村社所有制内部关系等级森严。例如，印度的村社所有与种姓制度就紧密结合在一起。此外，我国当代的农户拥有极大的劳动支配权，可以自由地支配家庭劳动力，可以自由地出外打工以获得非农收入；而中外历史上众多实行土地村社所有制的村社对其成员的外出务工限制甚多，甚至是根本禁止的。中外历史上这类土地村社所有的农村公社一个显著的特点就是村社成员对村社共同体的高度依附性，"这取决于亚细亚形式的前提：局部个人对公社来说不是独立的"①。总体来看，我国当代农户与社区的关系比中外历史上实行土地村社所有制的农户与村社的关系更为松散，因此，其内部运行的机理更加灵活，制度的发展空间也更为广阔。在我国当

---

① 《马克思恩格斯全集》第46卷上，人民出版社1972年版，第472页。

代农村,之所以会出现多种微观经济组织形式的并存与共同发展,在很大程度上要得益于农户与社区关系的松散所带来的农户较强的独立性与生产经营自主权,得益于有一个比较广阔的制度创新环境与空间。

从村社与国家的关系看,我国当代农村的土地社区所有本身就是国家意志的体现,是国家的一项正式制度安排;而中外历史上的土地村社所有则是经济自然演进、自我生成的结果,并非国家法律的强制,村社与国家的关系并非十分紧密。因此,国家政权的更替不能改变土地的村社所有。马克思在《资本论》中曾引用了如下一段话来说明这种村社与国家的关系:"各个村庄的边界很少变动;虽然村庄有时由于战争、饥荒和瘟疫而受到侵害,甚至被弄得荒无人烟,但是同一名称,同一边界,同一利益,甚至同一家族,会维持几百年之久。居民对王国的崩溃或分裂毫不在意;只要村庄保持完整,他们就不问村庄隶属于什么权力,或受哪一个君主统治。村庄内部经济保持不变。"[①] 土地村社所有制的最终崩溃取决于公社内部私有制的发展与商品市场关系的发展。

专栏 3—2　中外历史上的土地村社所有制

　　村社,又称"农村公社"、"土地公社"、"乡社"。土地的村社所有制是指土地归村社成员共同所有,农户向村社租赁土地耕种的一种经济形式。

---

① 马克思:《资本论》第 1 卷,《马克思恩格斯全集》第 23 卷,人民出版社 1972 年版,第 397 页注 [61]。

土地村社所有制是从原始社会后期父权制家庭公社发展起来的，但它已突破了氏族血缘关系的纽带，是一种按地域关系结合起来的、由从事农业生产的个体家庭所组成的生产组织方式。在我国历史上，除部分少数民族地区外，土地村社所有制没有成为汉族地区主流的、普遍的经济形态，虽然也有个别时期、部分地区曾经出现过土地的村社所有。一般认为，德国的"马尔克"、俄罗斯的"农村公社"、印度的"村社"，是土地村社所有制的典型。

村社所有制在经济上具有二重性。一方面，耕地、牧场、森林、水源、荒地等由村社成员公有，耕地分配给各个家庭耕种，并视人口变动和生产状况定期重新分配。另一方面，房屋、宅旁园地、农具、耕畜等属个体家庭私有。

德国的"马尔克"（Mark）是欧洲或西方土地村社所有制的典型。直至8世纪初，它在德国的农村地区仍然是主流的经济形式，在日耳曼人的社会中存在了1500年之久。每个马尔克由若干大小不等的村落组成，土地公有私用，不过，在其后期，耕地和部分草地已由原来的一年或隔数年的重新分配改成了成员的世袭使用，但不得买卖转让。而且，在收割以后，还必须撤除围界，改为公共牧场，休耕地也是如此。马尔克成员经常在露天集会，讨论和决定共同事务，并推选管理共同事务的人员。

印度的村社则被看作是东方社会土地村社所有制的典型。这种村社称为"农业哥罗摩"，按公社形式组成，亦称"农村公社"。据印度《摩奴法典》卷八的描述，在公社居住地的周围有广阔的田地，并围以栅栏，以防兽畜侵害。田亩地段之外是牧场，归村人共同使用。牧场之外一般是森林地带。村社保有一些公共设施，如灌溉设施（水渠、堰堤、储水池、水井等)、脱谷场、神庙、祠堂、公园以及墓地等。印度的村社除了农民以外,还有工匠、管水员、"首领"等,形成一个自给自足的小天地。

其次,我国当代的农户经济是在我国全面转向市场经济体制这一宏观大背景下的农户经济,它保留了传统小农经济小规模家庭生产经营的组织形式,但逐步改变了传统小农经济自给自足的自然经济属性。市场化程度是我国当代农户经济区别于传统农户经济的主要标志。

传统小农经济与自给自足的自然经济是紧密地联系在一起的。小规模的家庭生产是传统小农经济的外在生产组织形式,而自给自足的封闭性则是传统小农经济更为本质的内在经济特征。我国的农业合作化运动乃至随后的人民公社化运动,用"归大堆"的强制性方式把千百年来建立在私有制基础上的分散小农虽然"组织"了起来,但对自给自足的自然经济不仅没有从根本上触动,反而从很多方面进一步强化了农村的自然经济。传统的个体农户是一种"小而全"的自给半自给经济,而"一大二公"的社队依然是一种"大而全"的自给半自给经济。整个农村经济虽然把基本的微观经济组织搞得又大又公,但依然处在一种封闭性和半封闭性的自然经济状态。而且,与合作化以前相比,农村生产的商品化、市场化与社会化不仅没有发展,反而出现了严重的倒退。例如,过去长江三角洲、珠江三角洲地区已较为发达的农村商品经济受到了毁灭性的打击,许多过去以繁华的农村集市为依托的小城镇失去了往日的辉煌,以至于萧条、萎缩。在人民公社时期,发展商品经济成了发展资本主义的同义语。所谓"堵住资本主义的路",实质上也就是堵住商品生产的路。这种视商品、市场如洪水猛兽的理论与实践，阻碍和延缓了我国农村经济从自然经济形态向社会化市场经济形态转化的历史进程，使我国农村经济长时期停滞不前。

农村经济改革，农户经济再生，单一垂直集中型的集中生产组织形式被分散型的家庭生产组织形式所取代。但是，分散型的家庭经营不是要把社队经济那种"大而全"的自给性封闭经济体系分散为农户"小而全"的自给性封闭经济体系。与传统的小农经济相比，我国当代的农户经济继承了小规模家庭生产的外在经济组织形式，但在逐步改变与抛弃那种封闭性自然经济的内在属性。

这是由于外在宏观经济环境的改变，组织必须适应环境。我国已确立了建设社会主义市场经济体制这一改革的终极目标，改革的"市场导向"必定会带来经济生活方方面面的市场化，农村也不例外。诚然，在家庭承包责任制推行之初，分散的家庭经营大都带有"小而全"的特点，与传统小农经济似乎区别不大。但是，这种"小而全"的家庭经营只不过是一次大的历史性变革中的一种短暂的过渡性经济形态，它不代表当代中国农户经济的本质特征，更不能代表当代中国农户经济未来的发展趋势。

当代中国农户经济的分散与传统小农经济的分散有着本质性的差异。传统小农经济的分散是"一盘散沙"的分散：每个分散的农户都是一个个封闭型的孤零零的点，它们之间缺乏一个内在的经济联系纽带，没有一股凝聚力在经济上把它们凝聚或联结在一起，以致可以"鸡犬之声相闻，老死不相往来"，就像马克思形象地比喻的，是"一个个马铃薯"。而当代中国农户经济的分散，从发展趋势看，则是一种"网状型"的分散：分散的农户通过市场这一纽带被联系在一个整体的市场经济网络之中。分散的农户既是相对独立的经济主体，又是不能完全独立的，它不能完全独立于市场经济体系之外。

首先，就农业生产过程看，选种、育秧、耕田（地）、插秧（播种）、施肥、管理、收割，在传统的小农经济时期，每一个生产环节基本上都是由家庭劳动力自己完成的，分工也只是家庭内部性别、年龄的自然分工；种子、肥料也来自家庭，由此形成一个封闭性的内部循环系统。即使是农户之间的合作互助，也大都是劳动的互换，即"换工"、"变工"。而在当代中国，如上的相当一部分生产环节，例如选种、耕田（地）、收割，相当一部分（而且是越来越多的一部分）农户是依赖于市场，依赖于社会化服务；种子、肥料、农药也大都来自市场购买，农户与外部的市场联系越来越广泛，并逐步形成了一个开放性的市场交换系统。这意味着不依赖市场与社会化服务这一网络，当代中国的农户即使是从事农业生产都困难重重。

其次，与传统的小农经济不同，当代中国农户的收入来源日趋多样化，来自非农业收入所占的比重越来越大。例如，2004年，全国农户人均纯收入中来自工资性的收入为 998.46 元，占当年农户人均纯收入 2936.40 元的 34%；与此相比较，1990 年，农户人均纯收入中来自工资性的收入仅为 138.80 元，占当年农户人均纯收入 686.31 元的 20.2%。在家庭经营纯收入中，来自第二、第三产业的收入比重也大幅提高。2004 年，农户家庭经营人均纯收入中，来自工业、建筑业、交通运输邮电业、批发零售餐饮业、社会服务业和文教卫生业的收入为 314.79 元，占当年农户家庭经营人均纯收入的 18%；与之相比较，1990 年农户家庭经营人均纯收入中，来自工业、建筑业、交通运输邮电业、批发零售餐饮业、社会服务业和文教卫生业的收入仅为 54.02

元，占当年农户家庭经营人均纯收入的10%。[①] 这意味着当代中国的农户把越来越多的家庭劳动力转向了第二、第三产业，劳动配置也越来越市场化。

表 3—1　　　当代中国农户人均纯收入的来源构成　　　单位：元

项　　目	1990	2000	2004
纯收入	686.31	2253.42	2936.40
其中：工资性收入	138.80	702.30	998.46
家庭经营纯收入	518.55	1427.27	1745.79
农业收入	344.59	833.93	1056.50
林业收入	7.53	22.44	34.13
牧业收入	96.81	207.35	271.08
渔业收入	7.11	26.95	36.34
工业收入	9.15	52.67	58.65
建筑业收入	12.18	46.73	49.56
交通、运输、邮电业收入	13.45	63.63	72.90
批发、零售贸易及餐饮业收入	12.69	78.54	94.07
社会服务业收入	6.55	28.09	31.26
文教卫生业收入		6.86	8.35
其他收入	8.49	60.08	32.94
转移性和财产性收入	28.96	123.85	192.15

资料来源：《中国统计年鉴 2005》，中国统计出版社 2005 年版，第 359 页。

---

① 国家统计局编：《中国统计年鉴 2005》，中国统计出版社 2005 年版，第 359 页。

第三，与传统的小农经济不同，当代中国农户生产的产品自食自用的比重越来越低，出售给市场的比例越来越大，自给自足的封闭性格局已基本被打破。就以农户自给自足率最高的粮食来看，2002 年，农户人均出售粮食 281.15 公斤，占当年农户人均生产粮食 584.17 公斤的 48.12%；相比较，1985 年，农户人均出售粮食 123.49 公斤，仅占当年农户人均生产粮食 469.44 公斤的 26.3%。[①] 从 1985 年到 2002 年，农户人均生产粮食的商品率提高了将近 22 个百分点，而且粮食商品率的比重还在继续提高。其余的农产品，例如棉花、油料、烟叶、水果、肉类、家禽、水产品，商品率无疑更高。因此，当代中国的农户从总体上看已经不是那种自己生产、自己消费的自给自足型农户。

第四，与传统的小农经济不同，当代中国农户的消费方式也越来越市场化、社会化。生产与消费是相辅相成的，生产的封闭性决定了消费的封闭性，生产的开放性也必然决定消费的开放性。传统小农经济的基本特征之一就是消费的封闭性，即自给性消费在消费构成中占有绝对的比重。C. M. 奇拉波指出："在全部需要物品中只有很小一部分农民才求之于市场，这是中世纪经济的一个重要特色。凡没有经历现代经济增长的地方都有此种特色。"[②] 但是，当代中国农户的消费品结构中，已经有越来越多的部分要求之于市场，这也是当代中国农户经济区别于传统小农经济的一个重要特色。这突出地表现在当代中国农户商品性、货币性消费比重已经大大超过了实物性、自给性消费的比重。2004年，中国农户人均生活消费支出为 2184.65 元，其中现金支出（即货币性消费）为 1754.46 元，占生活消费支出的 80.3%；而

---

① 根据《中国统计年鉴 2005》提供的数据计算而成。
② C. M. 奇拉波主编：《欧洲经济史》，商务印书馆 1988 年版。

1978 年我国农户货币性消费还仅占当年农户生活消费支出的 41%。即使是就农户消费自给率较高的食品来看，2004 年全国平均的农户食品货币性消费也占到了 61.04%，在上海，这一比例则高达 86.47%。这意味着上海农户的食品也主要是依赖市场购买，而不是自产自给。表 3—2 是 2004 年我国农户人均生活消费支出的分类构成表。

表 3—2　　中国农户人均生活消费支出构成（2004 年）

生活消费支出合计（元）	食品	衣着	居住	家庭设备及服务	医疗保健	交通通信	文教、娱乐用品及服务	其他商品及服务
2184.65	1031.91	120.16	324.25	89.23	130.56	192.63	247.63	48.27
现金支出（元）								
1754.46	629.88	119.55	297.16	88.98	130.56	192.63	247.63	48.07
货币性消费比重（%）								
80.30	61.04	99.49	91.65	99.72	100	100	100	100

资料来源：根据《中国统计年鉴 2005》第 364、365 页所提供的数据整理。

诚然，由于中国国土辽阔，社会经济发展的不平衡，在一些边远落后地区，农户经济还有着浓厚的传统型的自给自足的封闭因素；但是，总体来看，尤其是从发展的眼光看，当代中国的农户经济与传统的自然经济性质的小农经济确实有着本质性区别。如果仅就生产的微观组织形式看，它依然保留了小规模家庭经营的特点，从这个意义上说，也只是从这个意义上说，它可称之为"小农经济"；但是，这已不是传统的自给自足的小农经济，而是现代的与市场经济紧密联系的小农经济，或者，更确切地说，是向现代小农经济转化过程中的过渡形态小农经济。从现代科技的发展趋势看,未来农业现代化的一个引人注目的方向是生物农业和信息农业,农业机械的小型化、通用化、自动化。这种现代农业的科技发展使得农户经济有更大的可能融入农业现代化之中。农户可以利用先进的信息网络、发达的市场网络、广泛的社会化服务网络,成为整个现代化市场经济体系中的一个有机结点,而不是像传统小农经济一样成为一个个封闭性的、孤零零的点。

表3—3　当代中国农户经济与传统中国农户经济的比较

	传统中国农户经济	当代中国农户经济
土地占有方式	完全的私有产权	社区公有产权与私有产权的混合
生产方式	封闭型内循环系统	开放型外循环系统
收入来源构成	农业单一化程度高	多元化
劳动配置方式	家庭内部自然分工	市场化导向的比较优势原则
生产产品自给程度	高	越来越低
消费结构	单一化	多样化
消费依赖市场程度	低	越来越高

四　当代中国农户经济土地占有制度的
内在逻辑矛盾与发展走向[*]

农村土地制度无疑是农村最基本的经济制度,也是农户经济赖以生存的基础。完整的农村土地制度不仅包括现行的土地占有

---

[*] 本节的基本内容已作为专稿发表于《理论月刊》2005 年第 9 期。发表的标题是《农村土地继承制度与农村土地社区所有制:矛盾冲突及发展走向》。

制度，即现行的土地产权安排，而且也应包括土地占有的继承制度，即未来的土地产权安排。继承权，从本质意义上说，是现行产权安排的动态化，它决定了现行产权安排的未来走向。因此，全面地、前瞻性地研究一种产权的制度安排和制度演变，就不仅要着眼于它现行的静态配置格局，而且更应把握它未来的动态发展走向。这里事实上有两种可能性：一是继承权的安排与现行的产权制度安排内在逻辑一致，它将保证现行的产权制度安排长期化，即长期保持稳定不变；二是继承权的安排与现行的产权制度安排内在逻辑相悖，即二者内在矛盾冲突，它将导致现行的产权制度安排在未来发生变异。

我国农村现行的土地占有制度，即现行的土地产权安排，从全国的普遍状态看，是由社区（集体）拥有所有权，家庭拥有经营（承包）权的"两权分离"制度构成，也就是农村土地社区（集体）所有制与家庭承包制的组合。如前所述，在这种制度安排下，当代中国的农户经济是一种特殊形态的租佃（承包）经济。

农村土地的社区所有，必然会导致土地经营权，或者说土地使用权的平均分享，即农村土地的均分承包。这首先是因为在大多数农村地区，土地是最主要的（有些地方甚至是唯一的）社区财产。社区成员对社区财产的平等所有权就必然体现为对社区土地的平等使用权。经营权的形式，归根到底，要取决于所有权的形式。其次，农村土地在现阶段对广大农村居民有着不可替代的就业保险与最低生活保障功能，是农村社会稳定的最后一道防线。由于我国农村人多地少的严峻现实的约束，在国家不能提供城乡一体化的社会保障的前提下，农村土地的社会保障功能就越来越重要、越来越突出，由此，土地均分承包的格局就越是难以从根本上加以改变。当然，如果政府与社区有其他方面的补偿，也可以"赎买"社区成员对土地的平均"承包权",事实表明大多数农村居民并没有所谓根深蒂固的"恋土情结"。例如,一些经济发达的农村社区,由于可提供较为稳定的非农就业机会,并且其收益要高于均分土地承包权所带来的收益,土地就有可能由社区集中经营,而被剥夺了土地承包权的农户则在其他方面得到了等价甚至是超额的补偿。又例如,如果城市政府能对进城农民工提供与城市居民同等待遇的社会保障,绝大多数进城农民工也会自愿退出土地承包权。但是,如果不能提供与土地承包权等价的补偿,那么,任何形式、任何借口的无偿剥夺,都将会引起农民公开或隐蔽的反抗,以致引发农村社会的急剧动荡。

农村土地的继承权制度也应该包括土地所有权的继承权和土地经营权的继承权。二者虽然相互制约,并有相对的独立性,但从根本上说,还是土地所有权的继承制度决定着土地经营权的继承制度。

就土地所有权的层面看,社区成员平等所有的制度安排从法理上排斥了"子袭父权"的家族式继承,这一点与中国传统的小农经济尤其是自耕农经济迥然不同。成为社区土地所有者的资格,最根本的标志是该社区的"户口",而不是血缘。当然,血缘在一定意义上也是重要的,它是你成为该社区成员的一个重要因素,但决不是唯一的因素,也不是决定性因素。你的户口一旦迁出了该社区,即使你祖祖辈辈都生活在该社区,你也得不到任何所有者继承人补偿(相比较,你依然可以拥有你父辈家庭财产的平等继承权);相反,你与该社区任何人无任何血缘关系,但只要你的户口迁进了该社区,你就是当然的所有者。社区,重视的是地缘,而不是血缘。诚然,如果你父母生活在该社区,你也继续生活在该社区(即使你进城打工,但户口仍在该社区),你天然地就会拥有该社区土地所有者的资格,但是,请注意,这并不是继承你父母的资格。即使是从社区整体的代际继承角度看，社区的后一代也是整体继承他们的前一代，而不是个体的继承。这是因为，社区财产、社区土地，整体上外延清楚，边界分明，或者说，产权清晰；但就社区内的个体而言，并没有特定的社区财产、特定的物与其所有者身份相对应。即使是你正在承包经营的土地，也非你个人及你家庭所有。你只有该土地一定时期的使用权，而无所有权。这也就是说，现行的社区土地所有制内在逻辑上排斥了私有制性质或准私有制性质的家庭继承制。

再就土地经营权，或者说土地承包权的层面看，土地社区所有的制度安排从内在逻辑角度也应排斥经营权的"子袭父权"继承。虽然有学者一直呼吁完整的土地承包权应包括使用权、转让权、继承权与抵押权，但《中华人民共和国农村土地承包法》事实上把土地承包的继承权排除在土地承包权之外。该法唯一涉及土地承包权继承的是第五十条。它规定："土地承包经营权通过招标、拍卖、公开协商等方式取得的，该承包人死亡，其应得的承包收益，依照继承法的规定继承；在承包期内，其继承人可以继续承包。"可见，这里的继承有极为严格的限定，不是实质意义的土地承包权的继承。这是因为，社区土地总体上是有限的，是一个常量，而各个家庭的人口则处于变动之中，有的家庭人口增加，有的家庭人口减少。这种土地有限性与家庭人口的变动性使得"子袭父权"的土地承包权继承有可能导致一段时期后承包土地的多寡不一，这与土地收益社区全体成员平等占有与享用的社区所有制内在逻辑相悖。因此，土地社区所有制的内在法则必然要求社区按变动的人口不断地调整与重新分配承包土地。这也是我国大多数农村地区过去土地承包"三年一小调、五年一大调"的根本原因。从历史经验来看，实行土地村社所有制的德国"马尔克"之所以能维持1500年之久，一个重要的原因就是依据家庭人口变动定期进行土地分配的调整。它后期改为土地租赁权的"世袭制",实际上就注定了它最终必然要解体的结局。

但是,不可否认,这种土地承包权的频繁调整固然考虑了社区所有成员平等享有土地收益的"公平"准则,但也严重地损害了"效率",并带来了一系列尖锐的矛盾与问题:

第一,这种制度安排有一种内在的刺激人口增长机制,不利于农村的人口控制。这是因为土地均分承包的权利是与人口(尤其是男丁)密切相关的,人口越多,相应地获得的权利也越多。多生有一种利益的诱因。诚然,许多地方对多生有一定的惩罚(例如罚款,甚至一段时期不分承包地);《社会抚养费征收管理办法》则对违背计划生育规定的多生子女要征收社会抚养费。尽管如此,政府与社会不可能惩罚多生子女一辈子。作为农村社区的天然成员,违背计划生育规定的多生子女最终仍会获得与其他社区成员平等的权利。在我国大多数农村地区,最重要的权利也就是土地的平均承包权。从这个角度看,以土地社区所有为基础的土地均分承包制度似乎也不公平,因为多生家庭的增量权益(承包土地的增加)实质上是对少生家庭权益(承包土地的减少)的一种变相剥夺。

第二,由于耕地的难以增加(实际上在不断减少)与人口的继续增长,土地的均分承包必然导致耕地越分越细,土地经营越来越不具有规模效益,纯农业的劳动生产率越来越低,农村人口压迫土地的现象亦越来越严重。

第三,由于土地承包权的不稳定,承包人缺乏对土地长期投资的积极性,短期行为的掠夺式经营难以避免,由此损害了土地肥力,不利于土地的可持续利用。

第四,承包土地的频繁调整,耗时耗力耗资,增加了社区的组织成本与土地调整成本,因而也增加了社区全体成员的经济负担。

正是由于以上种种弊端，各地在实践中也探索了种种解决问题的途径与方法。这些途径与方法大致可分为两大类。一大类是在坚持土地社区所有、承包权均分的基本前提下相对稳定农户的承包地，并减少土地调整的成本。例如，一些地方预先保留机动地以解决增加人口的承包地；一些地方采取"动账不动地"，或"动账少动地"的办法使农户承包的土地基本稳定。这一类办法，可看作是土地承包权调整的技术性途径。它固然对解决上述第三、第四点弊端有一定的效用，但对解决第一、第二点弊端则基本上不起作用。而第一、第二点弊端，对农村经济的发展而言，是更为严重的问题。另一大类途径与方法实际上动摇了土地社区所有、均分承包的根基，它背离了土地社区所有制的内在逻辑。

贵州湄潭自 1987 年开始，实施以"明确土地集体所有权主体，完善农户使用权，新增人口不再分地，稳定农户投资预期"的土地制度改革试验方案，被人们简单地概括为"增人不增地，减人不减地"。在当时承包地全国普遍实行"三年一小调，五年一大调"的背景下，湄潭的改革明确了"土地使用权20 年不变，承包期内不因人口增减而调整承包地"的方针。至于 20 年以后是否随人口增减而调整承包地，当时的改革方案没有回答。

湄潭试验最明显的政策效应是稳定了农民的土地预期，促使农民增加了对土地的投入，防止了土地越分越细的细碎化，并消除了农村社区频繁调整承包地的成本；对于促使农民生育观的转变虽然政策效应不是十分明显，但也有一定程度的影响[1]。湄潭

---

[1] 温铁军：《中国农村基本经济制度研究》，中国经济出版社 2000 年版，第298—301 页。

的试验无疑引起了中央决策层的高度重视与关注，1997 年"土地承包期三十年不变"的政策出台，既是对湄潭试验的充分肯定，更重要的是，它在全国范围内，在较长一段时期里，以中央文件的权威，稳定了农户土地的承包权，稳定了农民的土地预期。2002 年 8 月 29 日九届人大常委会第 29 次会议通过的《中华人民共和国农村土地承包法》以法律的权威进一步明确了："耕地的承包期为三十年。草地的承包期为三十年至五十年。林地的承包期为三十年至七十年；特殊林木的林地承包期，经国务院林业行政主管部门批准可以延长。"

　　然而，《中华人民共和国农村土地承包法》事实上也还有一些不明确的地方，例如，"国家依法保护农村土地承包关系的长期稳定"，"长期"是否就意味着"三十年"（就耕地而言），三十年以后还变不变？这里最为要害的问题是土地承包权的继承权如何明确界定，如果不明确，将会导致"三十年不变"必然会出现异变。例如，农民 A 三十年内有两个儿子成人立业并分了家，农民 A 有没有权力把自己承包的土地一分为二，让两个儿子分别继承？如果能，土地越分越细的细碎化现象并不能解决，土地承包重新分配的权力不过是从社区转向了家庭；如果不能，是否意味着长子（或一子）继承权。同时，如果另一个儿子仍生活在该社区，他将怎么办？进一步，如果允许农民 A 将自己现有的承包土地分给两个儿子继承承包，而农民 B 只有一个儿子，那将意味着农民 B 儿子的承包地是农民 A 儿子承包地的两倍。如果真是如此，这种社区成员之间土地承包如此悬殊（实质上是社区成员权益的悬殊）的格局还能称之为土地的社区成员平等所有，或集体所有吗？

　　很显然，我们遇到了一个无法调和的矛盾。这也是现行《中华人民共和国农村土地承包法》所确立的两大基本原则内在逻辑相悖而又无法解决的矛盾。一方面，我们要维持土地的社区所有制，其核心内容就是社区成员"人人有份"的平等承包权，它必然要求土地承包权随社区成员的变动而变动；另一方面，我们又要维持土地承包关系的长期稳定不变，其核心内容就是土地承包一次性界定后将与人口变动分离。很显然，现行土地承包期"三十年不变"的制度安排与现行土地社区所有制的制度安排虽然在初始的静态配置中有可能相容，但由于内在逻辑的冲突根本无法在动态发展中相容（除非所有农户的家庭成员同步变动）。如果要长期维持农村土地的社区所有，即社区全体成员对土地"人人有份"的平等占有，那么，土地承包权就必须依据人口的变动而调整，不可能保持几十年长期不变，因为人口不可能几十年长期不变。如果要稳定农户的土地承包权，保持土地承包期的长期不变，并从根本上克服土地均分承包的种种弊端，其发展趋向就是逐步走向土地承包的长子（或一子）继承权或永佃制，这将最终导致土地社区所有制的解体或变异，成为事实上的土地完全私有制（土地可以自由买卖），或被限制的土地私有制（土地不能自由买卖）。

要真正保持土地承包权三十年不变，而且是更长时期的不变，就有必要认真研究一下土地承包长子（或一子）继承权的可行性。

从历史的角度考察，农村土地实行长子继承权不乏先例。例如日本明治维新以后，《明治民法》规定的家产继承制度，就是长子继承制。历史证明，这种制度不仅避免了农村土地无限细分的弊端，而且也有利于资本主义工商业的发展。这是因为推行长子继承权，制度内生有一种农业劳动力转移的推力。由于土地只能由长子一人继承，其他子女就被迫在农业以外寻找出路，而自然地成为当时资本主义工商业发展的重要人力资源。万峰先生曾写道:"由于实行长子继承制,不继承家产的人可以在外面通过受较高的教育而'爬上去',改善其社会地位。这种'流动性'和不继承家产的人从农村向城市流动相比,可以说是第二种流动性。第一种流动性是劳动力的流动,第二种流动性则是社会阶层、人才的流动。这两种流动性结合在一起,成了促进明治维新后日本资本主义化的重要因素之一。"①

不可否认,中华民族的历史传统是土地的男丁均分继承制,而非长子(一子)继承制。这种制度再加之封建社会人口的内在高增长趋势,带来的结果是土地越分越细,人口压迫土地的现象越来越严重,整个社会陷入了"马尔萨斯陷阱",最终只能由战争、动乱、饥荒等导致人口锐减的所谓"积极抑制"手段来谋求人口与土地的相对平衡。历史的比较分析表明,土地的长子继承制相比多子均分制事实上更有利于社会经济的发展。

就我国的目前情况看,自 20 世纪 70 年代以来,农村的计划生育政策已较为成功地遏制了农村人口多生的势头,传统的大家庭正逐步走向小家庭。据国家统计局的资料,我国整体的家庭人口规模已从 1953 年第一次全国人口普查的 4.33 人下降到了 2000 年第五次全国人口普查的 3.44 人,并且有进一步下降的趋势。即使在农村,家庭子女超过三个的比率也在逐渐减少。这是推行土地承包一子(包括一女)继承权的有利条件。同时,子女平等继承权的立法与观念也逐步影响着农民的生育决策,《中华人民共和国农村土地承包法》规定:"农村土地承包,妇女与男子享有平等的权利。"这对于推行土地承包一子(包括一女)继

①　万峰:《日本资本主义史研究》,湖南人民出版社 1984 年版。

承权有极大的好处，而且也符合现代社会的人权观与发展潮流。此外，农业以外的就业门路现在比以往任何时候都要广泛得多，这对于其他无土地承包继承权的子女寻求谋生之路开辟了较为广阔的空间。所有这一切，意味着在我国农村实行土地承包的一子（包括一女）继承权并非如想象得那么困难。事实上，实行土地承包的一子继承权，不过是把"增人不增地、减人不减地"的政策进一步延伸与制度化，是"土地承包期三十年不变"政策的自然延伸与自然发展。如果土地承包在 30 年内没有伴随家庭人口变化而变化，30 年后还有什么变化的必要和变化的理由？从政策的关联性看，土地承包明确一子继承权对于我国农村的人口控制、农业的规模经营、农村劳动力的转移及整个农村的经济与社会发展，都有显而易见的正面效应。

土地承包的一子继承权从法律上排除了农村社区内部及农民家庭内部的土地经营权细碎化，从制度上排除了土地经营规模越来越小的可能。如果容许这种继承权的有偿转让或买卖，其发展趋势是土地经营规模的逐渐增大，并内生出减少农民的推力。解决中国"三农"问题的根本出路在于减少农民。只有减少农民，才能富裕农民、繁荣农村。

农民能否接受土地承包的一子继承权或永佃制？不可能有简单的肯定和否定。事实上，不同的农民基于自身不同的人口状况和不同的利益，会有不同的选择和答复。笔者 2001 年春节期间组织华中师范大学经济学院 100 多名本科生开展了一次覆盖全国 20 个省、市、自治区的农村千户调查，在回答土地承包期限意愿时，选择"30 年以上"和"永佃制"的占 43%，选择"10 年以下"的占 34.5%，选择"10—30 年"的占 22.5%（见表 3—4）。由于这次调查没有通过官方的行政渠道，调查的结论应该说基本可信。

表 3—4　　　　　　　土地承包期限意愿调查

年限	5 年以下	5—10 年	10—20 年	20—30 年	30 年以上	永佃制	合计
户数（户）	112	224	102	118	206	214	976
占比（户）	11.5	23.0	10.4	12.1	21.1	21.9	100

从表 3—4 可以看出，如果完全以农民的意愿为决策依据，那么，在土地承包期限方面我们似乎是无所适从。而且，这里不存在"井水不犯河水"的各行其道的解决方案。这也就是说，不可能一部分农民承包耕地 30 年以上，另一部分农民则只承包 5—10 年。不过，我们还须看到，赞成土地承包期长期不变的农户，其比例呈稳步上升的趋势。这可以部分反映农村土地制度未来发展的走向。如果说"三年一小调、五年一大调"的确反映了改革初期农民的普遍意愿，那么，今天农民的普遍意愿则是在朝着"永佃制"方向变化，虽然不能说"永佃制"已成为目前广大农户的选择。

五　当代中国农户经济的劳动配置决策[*]

分析农村劳动力的劳动配置决策，首先要区分农户所处的宏观经济社会环境。宏观经济社会环境不同，农户为适应不同环境而作出的劳动配置决策也自然不同。

---

[*] 这一节的基本内容已发表于《华中师范大学学报》2005 年第 1 期（曹阳、李庆华：《我国农户劳动力配置决策模型及其应用》）。在计量模型方面，李庆华博士作出了主要的贡献。

在一个自然经济主导的经济社会环境中，农户就是恰亚诺夫称谓的"自给小农"。由于他们的生产目的是家庭消费而不是市场利润，所以，家庭劳动投入量的均衡点是"劳动辛苦程度"等于"新增产品的消费满足"。用恰亚诺夫的话说就是"全年的劳作乃是在整个家庭为满足其全体家计平衡的需要的驱使下进行的"[①]。家庭结构就决定了农户经济规模的大小，"其上限由家庭劳动力的最大可利用数量决定，下限则由维持家庭生存的最低物质水准决定"[②]。由此可见，在这种自给性小农经济中，劳动的配置决策就以家庭劳动的供给量和家庭消费的满足程度为决定性因素。

然而，在一个市场化的环境中，农户就如同舒尔茨和波普金称谓的"理性小农"。由于"理性小农"也是追求市场利润最大化的"经济人"，因此，他们的劳动配置决策与其他"经济人"的劳动配置决策并无本质性的差异。正是基于这一理论基点，舒尔茨严厉批评了农业劳动边际生产率为零的理论，[③] 因为这一理论与理性"经济人"劳动配置决策理论内在相悖。

恰亚诺夫与舒尔茨在讨论农户劳动配置决策时都没有考虑农业劳动力转移与流动的因素，而农业劳动力的转移和流动是各国现代化进程中一个十分重要的因素，用库兹涅茨教授的话说，"是现代经济增长所特有的和决定性的特征"[④]。如果考虑农业劳动力的转移和流动，农户的劳动配置决策无疑会出现一些新的特征。在这方面，1979 年度诺贝尔经济学奖获得者威廉·A. 刘易

---

① ［俄］恰亚诺夫：《农民经济组织》，中央编译出版社 1996 年版，第 29 页。

② 同上书，第 39 页。

③ "贫穷社会中部分农业劳动力的边际生产率为零的学说是一种错误的学说。"（［美］舒尔茨：《改造传统农业》，商务印书馆 1999 年版，第 54 页。）

④ ［美］西蒙·库兹涅茨：《各国的经济增长总产值和生产结构》，商务印书馆 1985 年版，第 333 页。

斯教授的《劳动无限供给条件下的经济发展》是一篇十分重要的文献。文中将一国经济分为传统部门（农业）与现代部门（工业），认为其不同的劳动边际收益率导致农村劳动力从农村农业部门向城市工业部门流动；而城市工业部门由于技术进步和较高劳动生产率所获得的巨额利润使工业部门不断扩大；扩大的工业部门不断地吸收农业剩余劳动力直到两部门的劳动边际收益率相等，工业化过程即告完成。这就是著名的刘易斯二元结构理论。在这一基本理论的框架内，费景汉、拉尼斯、乔根森、钱纳里等人曾作出了这样或那样的修正与发展，但都坚持了工资（收入）差异是农业劳动力流动、农户劳动配置决策的基本动因这一刘易斯模型的核心观点。美国经济学家迈克尔·托达罗教授进一步引入了"预期"的因素，提出了城乡劳动力迁移的行为模式，并将之与城市劳动力市场结构和机制分析模式结合起来形成了托达罗模型。但无论是刘易斯模型，还是托达罗模型，都把劳动配置决策看作是纯粹的个人决策行为，这与现实并不相符。此外，可能是由于分析工具的原因，上述模型虽然也有一定的微观基础，但总的来看，其分析方法仍然是宏观导向的。

　　1993 年度诺贝尔经济学奖获得者，芝加哥大学的加里·贝克尔教授以个人的理性行为、市场均衡和偏好稳定的综合假定为基础对人类行为进行了经济的和社会的广泛分析，尤其是"在家庭范畴全面应用了传统上只用于研究企业及消费者的分析框架"[1]。贝克尔明确认识到家庭才是劳动力供给行为决策的基本单位，并把生产、消费与劳动力供给决策统一到家庭模式之中。"象企业一样，家庭是人们做出一连串资源分配决定的场所，人们根据对相

---

① 转引自［法］亨利·勒帕日著，李燕生译：《美国新自由主义经济学》，北京大学出版社 1985 年版，第 253 页。

对价格、相对成本、相对收益、相对生产率等的比较做出这些决定"[①]。很显然，家庭劳动供给决策在诸多方面不同于单纯的个人劳动供给决策。例如，加入家庭因素后，人们的劳动供给将面临有酬劳动、家务劳动、闲暇的三重选择，而不是个人劳动供给决策的有酬劳动和闲暇的二重选择；家庭内部存在着基于比较优势的劳动分工，以及家庭成员之间劳动配置决策的相互依存与相互影响。因此，家庭劳动力的供给决策是联合决策，而不是分散决策；是追求家庭整体收益的最大化，而不是单个个人收益的最大化。农户作为一个既是生活消费最基本单位，又是生产经营最基本单位的典型家庭，无疑更适用贝克尔教授的家庭劳动力供给决策理论，而不是传统经济学的个人劳动力供给决策理论。但是，由于贝克尔所采用的分析方法是边际分析法，而边际分析是以产品的无限细分，选择集的连续性和最优解的内点性为必要条件的，这一分析方法对于家庭劳动配置决策的分析尚有一定的局限性。[②]

随着微观计量经济学的飞速发展，离散选择模型（discrete choice models）在经济分析中得到了广泛的应用。在家庭劳动配置决策的分析方面，离散选择模型要明显地优越于边际分析方法。因此，我们将运用离散选择模型来研究我国当代农村的家庭

[①] 转引自［法］亨利·勒帕日著，李燕生译：《美国新自由主义经济学》，北京大学出版社1985年版，第244页。

[②] 以杨小凯为代表的超边际分析的兴起在一定程度上填补了边际分析在角点解方面和劳动分工网络方面的缺陷。但是，第一，超边际分析本身的分析框架过于宽大。第二，超边际分析在劳动分工网络方面的论述明显具有不完备性，例如，随着分工的不断细化，网络的可靠性会下降的结论就有一定的片面性。事实上产业链条的串联确实会使其可靠性下降，但随着标准化生产的不断发展，许多不同产业会并联起来而形成并联网络，从而增强整个网络体系的可靠性。第三，微观计量经济学的飞速发展，特别是其在离散选择模型方面的发展，降低了经济分析中对超边际分析的方法论需要。根据华中科技大学林少宫教授（2003）的观点，超边际分析的前途在于其分析框架的简化以及它与微观计量经济学的结合。

劳动力配置决策。

我们的基本思路是:第一,从贝克尔教授的个人理性行为、市场均衡和偏好稳定的综合假定之下引导出离散选择模型。第二,从实际调查中取得相关数据。我们于 2001 年寒假期间组织了华中师范大学经济学院的 100 多名本科生,在全国 20 个省、市、自治区的 87 个县开展了农村千户调查（实际调查户数为 1011 户）。相关数据基本上来自于这次调查。第三,利用数据和微观计量经济学方法对从第一步得出的模型进行参数估计和假设检验,如果所得到的结果能够通过假设检验,那么,我们就认为理性假设与离散选择模型都不能被拒绝。

(一) 基本模型

离散选择模型描述了决策者在有限可数个选择中进行抉择的行为。在离散选择模型中,可供决策主体选择的有限可数个选择所构成的集合叫选择集 (the choice set),如果它满足完备性和排他性。所谓完备性是指决策者所有可能的选择都包括在选择集中;排他性则是指决策者不能同时有两种或两种以上的选择。只要选择集是有限的,研究者可通过适当的技术设计使完备性和排他性均得到满足。

在本研究中,以农户家庭作为决策主体,其在安排劳动力的产业配置时的选择集为〔仅从事农业劳动,既从事农业劳动又从事非农业劳动,仅从事非农业劳动〕。这个选择集显然满足了离散选择集的两个要求。

当选择集中所含选择的个数大于 2 时,离散选择模型为多重离散选择模型。多重离散选择模型可在新古典的框架内激发,即根据效用最大化行为来产生。对于面临 J 种选择的第 i 个家庭,假设选择 j 的效用是 U_{ij},这个效用对于第 i 个家庭来说是已知的（第 i 个家庭并不知道其效用的具体形式，但在他们心中确实存在一个效用），而研究者并不知道。因为家庭是理性的，所以家庭会选择其选择集中效用最大，即劳动配置决策最优的一个方案。家庭选择 j 当且仅当 $U_{ij} > U_{ik}$　$\forall k \neq i, k \in J$。研究者观察不到决策者的效用，但可以观察到第 j 种选择的一些性质（用 x_{ij} 表示）和第 i 个家庭的一些个人特性（用 s_i 表示），根据这些特性，研究者可定义代表性效用函数 $V_{ij} = V (x_{ij}, s_i)$，在 V_{ij} 的表述中有一些需要估计的参数。但是由于 U_{ij} 是不可观察的，所以一般来说 $V_{ij} \neq U_{ij}$。可把 U_{ij} 分解为 $U_{ij} = V_{ij} + \varepsilon_{ij}$，$\varepsilon_{ij}$ 包括了包括在 U_{ij} 中但不包括在 V_{ij} 中的因素，所以 ε_{ij} 也是不可观测的。把 ε_{ij} 作为随机变量处理。于是第 i 个家庭选择第 j 种方案的概率为：

$$
\begin{aligned}
P_{ij} &= \Pr \ (U_{ij} > U_{ik} \quad \forall k \neq j) \\
&= \Pr \ (V_{ij} + \varepsilon_{ij} > V_{ik} + \varepsilon_{ik} \quad \forall k \neq j) \\
&= \Pr \ (\varepsilon_{ik} - \varepsilon_{ij} < V_{ij} - V_{ik} \quad \forall k \neq j) \quad (1)
\end{aligned}
$$

设随机向量 $\varepsilon_i = (\varepsilon_{i1}, \varepsilon_{i2}, \Lambda, \varepsilon_{iJ})$ 的联合密度函数为 $f(\varepsilon_i)$，定义特征函数：

$$
I \ (\varepsilon_{ik} - \varepsilon_{ij} < V_{ij} - V_{ik} \quad \forall k \neq j) = \begin{cases} l, \ \varepsilon_{ik} - \varepsilon_{ij} < V_{ij} - V_{ik} \quad \forall k \neq j \\ 0, \ 否则 \end{cases} \quad (2)
$$

于是第 i 个家庭选择 j 的概率可表示为特征函数的数学期望 $E(I)$ 即

$$
P_{ij} = E(I) = \int_\varepsilon I(\varepsilon_{ik} - \varepsilon_{ij} < V_{ij} - V_{ik} \quad \forall k \neq j) f(\varepsilon_i) d\varepsilon_i \quad (3)
$$

式子（3）是关于效用函数中不可观测部分的联合密度函数 $f(\varepsilon_i)$ 的多维积分。依据 ε_i 的分布状况的不同设定，就产生了不同的离散选择模型。

若假定 ε_{ij} 对所有的 j 是独立同分布的极值分布（iid extreme value for all j），则由式（3）就可产生应用广泛的 Logit 模型（Logit model）；若假定随机向量 ε_i 服从多维联合正态分布，则可产生概率模型（Probits model）。

（二）影响农村家庭劳动力配置的原因分析

为了恰当地给出代表性效用函数 $V_{ij}=V(x_{ij}, s_i)$，需要分析影响我国农村家庭劳动力配置决策的各项重要因素。

1. 家庭劳动力资源状况

随着我国农村的社会变迁，那种传统的"三代同堂"、"四代同堂"式的"大家庭"已极为罕见，成婚就分家是当前大多数农村地区的基本习俗，因此，以夫妻为核心加上未成婚子女的"小家庭"是目前农村地区的基本家庭模式。由于农村家庭的子女生育数普遍高于城市，因此，农村家庭的人口规模也要高于全国 3.44（人/户）的平均水平。表 3—5 显示了我们所调查的农村家庭户人口规模状况。达到和超过 4 人的家庭占 79%。很显然，一家有 2—3 个子女是最为普遍的现象。

表 3—5　　　　　　　　农户家庭人口规模状况

	3 人以下	3 人	4—5 人	5 人以上	合计
户数	51	163	609	189	1012
占比（%）	5	16	60	19	100

这种小家庭格局决定了大多数农户最主要的劳动力是夫妻二

人。我们调查的 1011 户，有劳动力 2402 人，户均劳力 2.4 人。这意味着除了夫妻以外，已成年但尚未成婚的子女也是家庭劳力的重要来源。

2. 受教育程度

全国第五次人口普查的资料显示我国居民的受教育程度以小学与初中为主，本次调查的数据也证实了这一点。在受调查的 2402 名劳力中，有初中文化程度的占 44%，是最大的群体；其次为小学文化程度的，占了 33%。[①] 但文盲率也高达 8%，高中及高中以上文化程度的只占到 3%。这表明我国农村劳动力的整体文化素质仍然偏低。表 3—6 显示了本次调查中劳动力受教育程度的分布。

表 3—6　　　　　　　　劳动力受教育程度分布

文化程度	文盲	小学	初中	高中	高中以上
人数	186	796	1051	308	61
占比（%）	8	33	44	13	3

3. 主要劳动力的年龄特征

在决定家庭成员的劳动配置时，年龄是极为重要的因素。劳动力是否会出外打工，从农村转移到城镇，取决于家庭以效用衡量的收益与成本的对比选择，其中很重要的一项成本就是迁移成本，而迁移成本相当大的一部分是心理上的，其中主要包括离开朋友、失去社区联系以及丢掉熟悉周围环境而享受的收益所造成的心理损失。一般而言，年龄越大，迁移成本也越大。根据我们

---

① 初中文化程度的农村劳力数高于小学文化程度的农村劳力数，这与全国第五次人口普查显示的数据不一致。

的调查，外出打工的劳动力人数相对于劳动力年龄的频率分布近似于正态分布，显示在 16—35 岁之间的外出打工劳动力占外出打工劳动力总数的 80%。如图 3—1 所示。

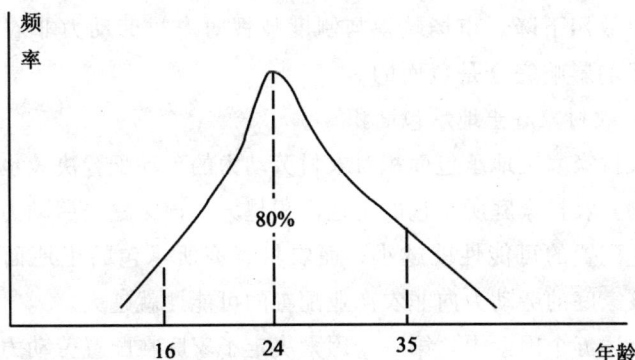

图 3—1　外出打工的劳动力人数相对于年龄的频率分布图

从调查中看，上述分布状况与性别没有实质性关系，只是对女性来说，外出打工的年龄大约集中在 19—24 岁之间，而男性中外出打工年龄大约集中在 22—30 岁之间，而且外出打工劳动力中男性年龄与女性年龄之间存在着严重的线性相关关系。这意味着，进入代表性效用函数 $V_{ij} = V(x_{ij}, s_i)$ 中的年龄变量只能是男性年龄和女性年龄变量中的一个。

4. 市场歧视和制度歧视

经济学通常假定存在三种可能的劳动力市场歧视来源。第一种是个人偏见，这种情况主要是由于雇主、作为同事的雇员以及顾客不喜欢与某些属于特定种族或性别的雇员打交道而造成的；第二种是先入为主的统计性偏见，这种情况主要是由于雇主将某种先入为主的群体特征强加给个人而引起的；第三种是非竞争性的劳动市场力量。制度歧视则是指由于制度原因所造成的某一群体相对于另一群体在政治经济上的优越性。对我国农村劳动力而言，上述几种歧视都存在，根据贝克尔的理论，这些歧视影响了一个群体的劳动向另一个群体的转移，从而使总效用下降。市场歧视与制度歧视对农村劳动力非农业劳动配置的影响完全是负面的。

5. 农村家庭土地承包面积

农村家庭土地承包面积对农村劳动力的劳动配置决策也有重要影响。农村家庭所承包的土地面积越大，该家庭的劳动力向非农产业配置的可能性就越小；而农村家庭所承包的土地面积越少，该家庭的劳动力向非农产业配置的可能性就越大。

上述五个因素中，第一个因素决定了家庭在配置劳动力时的选择集 S_c，如果一个家庭只有一个劳动力，那么，在同一时间只能有一种选择；当一个家庭的劳动力超过一个时，如前所述，家庭在同一时间就可能有三种选择：仅从事农业劳动（用 L0 表示）、既从事农业劳动又从事非农业劳动（用 L1 表示）、仅从事非农业劳动（用 L2 表示）。第四个因素是农村家庭劳动力配置的既定框架，单个家庭是无能为力的，所以当我们利用同期数进行分析时，其影响归入到常数项中。如果要将其影响从常数项中分离出来，需要利用综列数据（Panel data）。所以进入模型中的因素主要有：第一，家庭劳动力中最高受教育程度（用 ED 表示）[1]；第二，男性劳动力或女性劳动力（二者只居其一）年龄（用 MY 或 FY 表示）；第三，家庭所承包的土地面积（用 TS 表

---

[1] 由于知识具有较强的溢出效应，所以一个家庭的人力资本不是等于家庭中所有个别人力资本的总和，而是大于个别人力资本的总和（邹至庄，2002）。因此影响家庭劳动力配置决策的受教育程度应该是家庭劳动力中最高的受教育程度。

示）。此外影响家庭劳动力配置决策的还有对城乡劳动收入差别的预期，但这个重要因素并没有进入我们的模型。这是因为：第一，预期是不可观测的；第二，这个预期与进入到模型中的其他因素有较为密切的相关关系。

（三）农村劳动力配置的家庭选择模型

根据前面的分析可设：

$$V_{ij} + \beta_{1j} + \beta_{2j}(MY_i - 27.3) + \beta_{3j}ED_i + \beta_4 jTS_i$$
$$j = L0,\ L1,\ L2 \tag{4}$$

式（4）中，数字 27.3 是根据我们的调查资料按加权平均法所计算出的外出打工的男性劳动力的平均年龄，男性劳动力的年龄减去 27.3 作为影响因素更为合理，因为离 27.3 越近，打工的概率就越大，反之则越小。

由式（4）得：

$$U_{ij} = \beta_{1j} + \beta_{2j}(MY_i - 27.3) + \beta_{3j}ED_i + \beta_{4j}TS_i + \varepsilon_{ij}$$
$$j = L0,\ L1,\ L2 \tag{5}$$

将式（4）代入（3），并根据麦克法登（Mcfaden，1973）的证明，在假定 ε_{ij} 对所有的 j 是独立同分布的极值分布（iid extreme value for all j）[①] 的条件下，第 i 个家庭选择第 j 种行动的概率为：

---

① 很多计量经济学家称之为"威布尔分布"。

$$P_{ij} = \frac{\exp(V_{ij})}{\sum\limits_{k=1}^{J} \exp(V_{ik})}$$

$$= \frac{\exp(\beta_{1j} + \beta_{2j}(MY_i - 27.3) + \beta_{3j}ED_i + \beta_{4j}TS_i)}{\sum\limits_{k=L0}^{L2} \exp(\beta_{1k} + \beta_{2k}(MY_i - 27.3) + \beta_{3k}ED_i + \beta_{4k}TS_i)} \tag{6}$$

由于选择集 S_c 中所包含的元素个数为 3，所以式子（6）所表示的模型是一个二元态 Logit 模型。为了估计（6）中的参数，我们必须消除模型中的不确定性，以 $j=L0$ 为比较基础。即令 $\beta_{ij}^* = \beta_{ij} - \beta_{iL0}$，$j = L1, L2$。则式子（6）变为：

$$P_{ij} = \frac{\exp(V_{ij})}{\sum\limits_{k=1}^{J} \exp(V_{ik})}$$

$$= \frac{\exp(\beta_{1j}^* + \beta_{2j}^*(MY_i - 27.3) + \beta_{3j}^*ED_i + \beta_{4j}^*TS_i)}{1 + \sum\limits_{k=L1}^{L2} \exp(\beta_{1k}^* + \beta_{2k}^*(MY_i - 27.3) + \beta_{3k}^*ED_i + \beta_{4k}^*TS_i)}$$

$$j = L1, L2 \tag{7}$$

根据我们的调查资料，用牛顿法可得出参数的估计，如表 3—7 所示。

表 3—7 我国农村家庭离散选择模型（2002 年）的参数估计

		$\hat{\beta}_{1j}^*$	$\hat{\beta}_{2j}^*$	$\hat{\beta}_{3j}^*$	$\hat{\beta}_{4j}^*$
选择 L1	系数	0.634548	0.058769	-0.440638	0.085594
	t 值	2.054476	4.436369	-4.512777	6.859913
选择 L2	系数	-2.401249	-0.118369	1.280178	-0.105936
	t 值	-5.704721	-5.543279	8.532534	-8.153930

从表 3—7 中，可得出如下结论：

第一，由 $\hat{\beta}^*_{1L1}=0.634548$ 和其 t 值＝2.054476 得出：现有的市场化进展与基本制度框架有利于农户作出既从事农业劳动又从事非农业劳动的兼业化选择。这表明我国的市场化进程已有很大的发展，但发展还不够充分，因此，专业化农户还没有成为普遍的组织形式。

第二，由 $\hat{\beta}^*_{2L1}=0.058769$，及 t 值＝4.436369 知，参数 β^*_{2L1} 是显著的，从而家庭中主要男劳动力年龄与 27 岁相距越远，越有利于家庭选择既从事农业劳动又从事非农业劳动的兼业化。

第三，由 $\hat{\beta}^*_{3L1}=-0.440638$，及 t 值＝-4.512777 知，参数 β^*_{3L1} 是显著的，又由于其估计值为负数，所以家庭受教育程度越高，越不利于家庭作出既从事农业劳动又从事非农业劳动的决策。

第四，由 $\hat{\beta}^*_{4L1}=0.085594$，及 t 值＝6.859913 知，参数 β^*_{4L1} 是显著的，由于其估计值为正，所以家庭所承包的土地面积越大，其作出既从事农业劳动又从事非农业劳动的决策的可能性会增大。

第五，由 $\hat{\beta}^*_{1L2}=-2.401249$ 和其 t 值＝-5.704721 知，参数 β^*_{1L2} 是显著的，由于其估计值为绝对值较大的负数，所以现有市场与制度框架不利于农村家庭作出纯从事非农业劳动的选择，或者说现有市场化与制度框架阻碍了农村劳动力的全家庭式转移。

第六，由 $\hat{\beta}^*_{2L2}=-0.118369$，及 t 值＝-5.543279 知，参数 β^*_{2L2} 是显著的，由于估计值为负，所以家庭中主要男劳动力年龄与 27 岁相距越远，越不利于家庭选择纯从事非农业劳动。

第七，由 $\hat{\beta}^*_{3L2}=1.280178$，及 t 值＝8.532534 知，参数 β^*_{3L2} 是显著的，又由于其估计值为正数，所以家庭最高受教育程度越高，越有利于家庭作出纯从事非农业劳动的决策。

第八，由 $\hat{\beta}^*_{4L2}=-0.105936$，及 t 值＝-8.153930 知，参数 β^*_{4L2} 是显著的，由于其估计值为负，所以家庭所承包的土地面积

越大，其作出纯从事非农业劳动的决策的可能性会下降。

农村劳动力配置的家庭选择模型表明：农户的劳力配置决策充分体现了农户的"经济人"理性。在现有的制度框架内，在各类生产要素的占有方面，农户对自己的劳动力这一生产要素的占有，相对而言（例如相对土地）最完全和最充分。这表现在他们能自由、自主地支配自己的劳动行为，并作出有利于家庭收益最大化的劳动配置决策。因此，农户对自己劳动力资源利用的程度，包括就业的时间和单位时间内的就业效率（每小时工资收入），在很大程度上就决定了农户的收入水平。这意味着，在其他生产要素的占有相对固定的前提下，劳动力的利用程度是决定农户收入水平最为重要的变量。

对于大多数农村劳动力，尤其是对于那些年长的农村劳力而言，从事农业应该说更具有比较优势。这是因为他们来自于农业的经验、知识、信息最充分，非农业的第二和第三产业对他们则是较为陌生的领域，他们要付出更多的学习成本和适应成本。问题在于，农业资源的有限性，尤其是土地资源的有限性，承载不了如此众多的农业劳动力；再加之"恩格尔定理"所揭示的农产品需求的收入弹性伴随着人们收入水平提高而逐步下降的规律，也决定了农业劳动力的社会需求量必然伴随着社会经济的发展而下降。因此，农村劳动力在农业领域具有的比较知识优势不能充分地利用和发挥。如果他们都局限于农业就必然是就业的严重不足，大多数人都处于隐蔽性失业的状态，那么解决这一问题最理想、最有效率的模式是让他们中间更具有农业比较知识优势的劳动力专事农业，以充分发挥他们的知识优势，其他的劳动力则转向更为广阔的非农业。但是，在我国目前的制度环境和经济发展水平的制约下，这是不现实和不可行的。因此，普遍的兼业化和家庭内部基于比较优势原则的分工就是农户最为理性的劳动力配置选择。农业,尤其是粮食种植业,具有明显的季节性特征。除了种和收外,平常的田间管理劳动强度并不大。农忙务农,农闲打工是适应农业季节性特点对劳动力的一种有效配置。大多数兼业者,不论是以农为主的兼业,还是以非农为主的兼业,都是对农业季节性特点的有效利用。但是,这种兼业型的劳动配置也有缺陷,这就是农闲找到非农工作并非易事,特别是跨省、跨县的外出打工,雇佣企业无所谓农忙、农闲。相比而言,家庭内部的分工或许是劳力配置更为合理的选择。农户家庭内部分工遵循的同样是比较优势的原则。年长者与年轻者相比,年长者务农更具比较优势,这是由于他们更有从事农业生产的专长和经验;而年轻者外出打工的比较优势明显,这是因为他们文化程度更高、学习与适应能力更强。对于那些年轻夫妻,既有男打工、女守家的;也有女打工、男守家的;还有夫妻双双外出打工,家里承包土地由已分家的父母代管的。这后一种情况表明,我国的农村地区虽然几代同堂的大家庭已较为罕见,但已婚子女与父母的联系依然较密切,这也可以看作是家庭内部分工的一种扩展。

专栏 3—3　　　当代中国农户经济的兼业化倾向

如果把当代中国的农户分为纯农业户、兼业户(含以农业为主的兼业户和以非农业为主的兼业户)、非农业户三大类,兼业户所占比重最大,是当代中国最普遍的农户形态。按国家统计局的农户抽样调查,2000 年,纯农业户占农户总数的 19.2%,农业为主的兼业户占 48.1%,非农业为主的兼业户占 29.4%,非农业户占 3.3％。另据广东省农调队对全省 2560 家农户的抽样调查，2004 年，纯农业户占 10.9％；农业为主的兼业户占 27％；非农业为主的兼业户占 48.2％；非农业户占 13.9％。

从世界范围看，农户兼业经营几乎是在所有国家都不同程度地存在的一种普遍现象，但人多地少、土地经营规模较小的国家这一现象则更为典型和普遍。这是因为有限的土地经营规模难以使农户达到充分就业，闲置的劳动力只能通过兼业的形式在非农以外实现自己的劳动力价值。调查统计显示，农户的土地经营面积与农户从事非农业劳动的时间（兼业）密切负相关：农户耕种的土地面积越大，纯农业户的比重越高；兼业户尤其是以非农业为主的兼业户比重就越低。

在我国，农村人多地少，再加之实行土地社区集体所有制之下的农户土地均分承包，农户土地经营规模偏小是一个十分普遍的现象。据《中国第一次农业普查资料综合提要》，全国 19309 万农户中，耕地经营面积在 3 亩以下的占 30.3％；3—9 亩的占 53.1％；9—15 亩的占 9.8％；15—30 亩的占 4.9％。在我国目前的生产技术水平条件下，农户劳动力要想得到较为充分的合理利用，并以农业经营作为维持家庭生活的最低下限，一般而言，农户的耕地面积不能低于 10 亩；而我国绝大多数的农户显然达不到这一标准。因此，农户兼业化是在既定的外部环境条件下充分合理地配置劳动资源的必然选择。农户的"兼业化"与土地经营的"小规模"是相辅相成的。

从长远的发展趋势看，兼业化要逐步过渡到专业化，专业化经营农户（包括专业化经营农业的农户和专业化经营非农业的农户）要逐步替代兼业化经营农户，但这需要两个基本前提：一是要通过各种途径（例如土地股份制、土地承包权转让市场、土地租赁）实行土地的规模经营；二是非农产业要高度发达，能充分吸纳从耕地转移出来的农业劳动力。在我国,这一过程将是相当漫长的,因此,农户经济的兼业化倾向也是一个相当长时期的现象。

　　附:划分纯农业户、兼业户、非农业户有按劳动时间分布和按收入来源分布这两种标准。由于按收入来源分布比按劳动时间分布更好把握,更易统计,因此,一般是按收入来源来分类:农业总收入占家庭生产性总收入95％以上的为纯农业户,50％—95％的为以农业为主的兼业户,5％—50％的为以非农业为主的兼业户,5％以下的为非农业户。

专栏3—4　　　　当代中国农户经济中的"打工经济"

　　"打工经济"是当代中国农户经济的特色之一。所谓"打工经济",是指农民跨地区流动提供劳务获取报酬的一项经济活动。目前,全国外出打工的农民工估计已达到1.3亿人。在中西部的一些地区,出外打工人数已占农村劳力总数的一半以上。例如,河南固始县,全县156万人口,出外打工人数有40万人左右。打工收入是农民收入中越来越重要的一部分,例如,贵州省2003年农民工总数为436万,外出务工农民一年打工总收入高达144亿元。

　　农民外出打工,首先是由于劳多地少,有限的土地经营规模无法保证农户劳动力的充分有效利用,再加之当地缺乏非农就业机会,只有跨地区进入城市或沿海发达地区寻找工作机会。但是,农民外出打工最根本的原因还不是土地经营规模的有限性。在一些土地资源丰富的地区也有外出打工者;在一些劳多地少的地区，虽然土地资源稀缺，但还有抛荒而外出打工的现象。因此，农民外出打工更重要的原因是外出打工的比较利益高于务农收益。在中西部的一些地区，2002 年一个农民种一亩地的年收入仅相当于一个建筑工地小工近一个月的劳动所得，这是诱使大批农民外出打工的基本动因。

农民外出打工拓宽了农户的劳动资源配置方式，使农村家庭劳动力可以在一个更为广阔的空间依据比较优势的原理分工、组合。有的农户是年轻人打工，年长者务农；有的是男的打工，女的务农；或者，女的打工，男的务农；还有的是全家外出打工，家里的承包地或由已分家的父母代管，或转让给他人代耕，或者抛荒。各种不同类型的组合方式都是基于家庭收益的最大化。

案例 3—1　农民陈金富一家 2001 年的劳动配置与收入构成

湖北省 T 县 D 乡潭头村三组农民陈金富，2001 年 43 岁，初中文化程度，一家四口人，妻子 41 岁，儿子 19 岁，女儿 17 岁，家庭劳动资源丰富。

陈金富在村里承包了 6 亩水田，全部种水稻，一年两季（早稻、晚稻），另有 1 亩自留地种菜。农田和菜地的活，除农忙时需要妻子帮帮手外，陈金富一人打理绰绰有余，平时他还在村里及附近几个村做点小生意，用他自己的话说"赚点油盐钱"。妻子包揽了几乎全部的家务事，还养了三头猪和十几只鸡。儿子和女儿在广东打工。儿子在深圳一家宾馆做保安，包吃包住外，每月工资 500 元。女儿在东莞的一家电子厂当工人，月工资 1000

元左右,除掉吃住外,可剩下 500 元左右,与儿子的收入差不多。这个村里 16—26 岁的年轻人除少数几个外来的媳妇外,都在广东打工。陈金富说:"年青人不出去打工,会被村里人瞧不起,认为没出息。"

2001 年,陈金富的 6 亩水田年产稻谷 6300 斤,自家留用 1500 斤,其余的卖给粮站,得现金 1020 元,交"五提三统"以及平常的一些摊派 620 元,剩下不到 400 元。菜地的菜全部自食,卖了两头猪,收入了 600 多元。平常做小买卖,一个月纯收入 100 多元,一年下来有 1300 多元的进项。儿子、女儿虽然每月有 500 元左右的纯收入,但年轻人也要用钱,一年下来儿子和女儿寄回来和年底带回来的钱是 7000 多元,其中儿子 3000 元,女儿 4000 多元。陈金富说他的儿女在外面还不是蛮大手大脚,特别是女儿蛮节省。

2001 年是陈金富家收入最好的一年,在村里也属于富裕户。陈金富说,我也只能好个三五年。前几年,儿女读书,只能勉强维持生活;再过几年,儿子娶媳妇分家,女儿出嫁,也就没人赚钱了。这几年赚的钱,要为儿子盖房,也要为女儿准备点嫁妆,事实上也没有多少余钱。

相对于农业就业,非农就业尤其是外出打工的工作流动性,或者说就业的不稳定性显然更强,有段时间社会舆论甚至把外出打工者视为"盲流"。但总体而言,非农就业者事实上也偏好工作的稳定,一年内未转换职业和未转换工作地点的仍然占多数。一般而言,那些"离土不离乡",在本村或本地从事非农业的,往往有一技之长,例如木匠、医生等,他们的职业和活动范围都比较固定;在外打工的,往往也是依靠亲戚、朋友、老乡的人情

网络和信息渠道，大多数人也有比较稳定的职业。因此，所谓的
"盲流"只占外出打工者的很小比率。事实上，职业越稳定、就
业地点越稳定，非农劳动力也就越能积累经验、人缘和地缘，这
无疑会减少非农就业的风险；反过来，经验优势、人缘优势和地
缘优势又会加强就业的稳定。转换工作，尤其是转换工作地点，
往往是不得已而为之，例如企业破产，或者被裁员解雇。那种为
追求更高收入、更大利益而主动跳槽、自愿再流动的现象在农村
劳动力中并不普遍。表3—8显示了我们调查的888位非农劳动
力2001年度工作转换和工作地点转换的状况。

表3—8　　　非农劳动力工作转换及工作地点转换状况

		0 次	1 次	2 次	3 次及以上	合计
工作转换	人数	652	83	93	60	888
	占比（%）	73	9	11	7	100
工作地点转换	人数	694	71	76	47	888
	占比（%）	78	8	9	5	100

　　综上所述，农户对于支配权最为自由、最为完整和最为充分
的劳动力资源，配置决策十分务实和理性。在他们的知识结构与
可获得信息的框架内，面对外部的制度安排与经济环境，依据自
身的比较优势，实现了家庭内部的最佳劳动分工。

六　当代中国农户经济的
投资取向与融资环境

　　投资，是指"企业或个人以获得未来收益为目的，投放一定

量的货币或实物,以经营某项事业的行为"①。一般而言,投资包括实物投资、金融投资和人力资本投资三个方面。马克思认为,投资是扩大再生产的重要推动力;而扩大再生产,不仅是物质资料的扩大再生产,同时也是生产关系的扩大再生产。至于人力资本的投资,则是最近几十年来现代经济学理论才予以高度重视的,它对投资者的未来收益有重要的甚至是决定性的作用。作为"经济人"的农户,本能地明白"谁投资,谁所有"的投资法则,本能地知道投资与产权的关系,因此,农户的投资取向是产权明晰、产权保护确定的领域。

住房是农村私有产权最为明确的领域之一。即使是在人民公社"共产风"最猛烈的时期,住房在大部分农村地区作为消费品也未列入归公的范畴。因此,住房在相当长的时期都是农户投资的首选之一。我们 2001 年的农村千户调查表明,70％的农户住房 100 平方米以上,其中住房在 200 平方米以上的农户也占到了 17％。而住房在 100 平方米以下的农户,他们一旦有钱,首要的投资目标也是盖房。即使是全家都进城打工的农户,他们中的绝大多数在农村也有住房。笔者曾经指出,农村劳动力向城市的流动,造成了城市住宅需求的增长,但并未带来农村住宅需求相应地减少。因此,一方面是城市住宅的短缺,另一方面则是农村一些住宅长年的闲置。"从宏观层面看,这种住房闲置与住房拥挤并存的现象决非住宅资源的合理配置。"② 但是,从农户的微观角度看,由于完全离开乡村进入城市还有不少难以逾越的体制性障碍,在家乡建房,建大房、建好房,作为一种长期性的投

---

① 《辞海》(缩印本),上海辞书出版社 1989 年版,第 762 页。

② 曹阳:《中国农业劳动力转移:宏观经济结构变动》,湖北人民出版社 1999 年版,第 90 页。

资就是一种合理的选择。

表 3—9　　　　　　　　农户住宅面积的调查

	100M² 以下	100—200M²	200M² 以上	合计
户数	304	536	171	1011
占比（%）	30	53	17	100

　　农业投资、土地投资不足，尤其是农田水利基本建设的投资在相当一部分农村地区处于停滞状态，是农村土地实行家庭承包制后人们对农户投资行为的主要批评。但是，这种批评并不能证明农户投资决策的非理性。反过来，这恰恰是农户在现有的制度安排与财产格局下的必然反应，因而是合乎"经济人"理性的投资决策。农户对承包土地的投资不足是否与承包期长短有关系，有多强的关系固然还有争论①，但是，企望农民对投资收益是否归自己的土地进行长期性投资显然是不现实的。如果承包期只有3—5 年，那么，农户对土地的投资必然是 3—5 年内可见效益，不仅能收回投资成本而且还有赚头的短期投资。种田施化肥而不施农家肥，关键还是在于改良土壤的长期投资收益究竟归谁所有。至于农田水利基本建设的投资缺失，不仅仅是单个农户力不能及，更重要的原因恐怕还是产权安排的问题。就农村来看，农田水利基本建设具有公共产品特征，有很强的外部性。农户私人投资，不能阻止他人的"搭便车"行为，不能排他性、垄断性地享受投资收益，因此，从"经济人"的角度看，私人向公共产品

---

　　① 例如，熊景明先生就认为："农民不愿投资，是因为承包期不够长只是先验性的判断。"（见《中国农村研究》（2001 年），中国社会科学出版社 2002 年版，第173 页。）

投资的决策就是非理性的。很显然,公共产品的投资理应由公共机构(社区或集体组织)或公共协商来解决。正确的途径是要寻求在新形势下的农户共同利益整合机制,而不应企盼农户去做他们不可能做的事情。

　　农户虽然对承包土地的投资不足,对农田水利基本建设投资极少问津,但不等于他们就完全没有生产投资的积极性。我们对农户生产性固定资产拥有情况的调查表明,有 44% 的农户拥有耕牛,有 17% 的农户拥有农用动力机械,有 8% 的农户拥有工业动力机械,还有 11% 的农户有拖拉机,2% 的农户有汽车。这表明在产权明晰并有确实保护的领域,农户还是有投资的积极性的。

表 3—10　　　　　农户生产性固定资产拥有情况调查

	耕牛	农用动力机械	工业动力机械	汽车	拖拉机
户数	448	171	85	23	109
占比(%)	44	17	8	2	11

　　说明:这里的占比是指占调查总户数(1011 户)的比重。

　　农户的投资决策与他们所处的外部金融环境也有十分密切的联系。我国大多数农村地区金融压抑、资本市场不发达与不完善,使得农户的融资渠道十分狭窄,外源融资相当困难,而且融资成本很高。我国的四大国有银行,包括农业银行,由于体制、经营、历史包袱等多种原因,在农村从事贷款业务无利可图,甚至亏本,因此,纷纷从农村退出,甚至在一些贫困的县城都无分支机构。农村信用合作社,在大多数农村地区,根本就没有"信用合作"的功能。至于农村合作基金会,只在少数农村地区还存在着。农户要在银行与信用社贷款需要特殊的人缘关系或抵押，用农民的话说，只有门路大的干部与能人才能贷到款。在这种状况下，农户融资的主要渠道就只能是私人借贷，而私人借贷的利息往往很高，具有高利贷性质。据笔者在湖北洪湖的调查，私人放款的月利为 15‰，比信用社放款的月利高 4.02 个千分点。应该说，洪湖的这一私人放款月利还只是私人放款利息的中等水平。我们调查的 1011 户农户中，有借款行为的 653 户，占调查户的 64.5%。其中，在银行与信用社贷款的有 188 户，占调查户的 18.6%，占借款户的 28.8%；在合作基金贷款的有 96 户，占调查户的 9.5%；占借款户的 14.7%；向私人借贷的为 369 户，占调查户的 36.5%，占借款户的 56.5%。调查中我们还发现，银行与信用社的贷款额确实要高于合作基金会和私人借款，有 3 户的贷款高达 2 万元以上，有 19 户的贷款在 1 万至 2 万元之间，这表明了银行与信用社贷款的"大户偏好"，分散的小额贷款银行与信用社一般不屑为之。合作基金会的贷款则集中在江西、湖南等若干个县，地域比较集中。私人借款分布面极广，它主要满足农户分散、小额的贷款需求。

表 3—11　　　　　　　　农户借款渠道分布调查

银行与信用社 （户数）	1000 元以下 91	1000—10000 元 75	10000—20000 元 19	20000 元以上 3
合作基金会 （户数）	500 元以下 90	500—2000 元 2	2000—3000 元 2	3000 元以上 2
私人 （户数）	300 元以下 94	300—500 元 35	500—1000 元 13	1000 元以上 227

农户融资的困难，也派生出了一些独特的融资方式。"请客"

在许多农村地区就成了一种特殊的集资手段。笔者在湖北洪湖 H 村调查时,村干部告诉我,当一些农户急需现金时,往往巧立名目"请客"。当地的习俗是一般人送礼不少于 100 元,一桌十人可收礼金 1000 元,扣除餐费 200—300 元,一桌客可得现金 700—800 元,十桌客则可得 7000—8000 元。虽然农民也明白"这种人情往来是今天赚、明天赔(你得送别人的礼),总体上可能不赔也不赚,只是自己掏钱凑在一起多吃几餐饭",但是,它对于解决农户急需的现金流通依然不失为一种理性的选择。这种方式决不是湖北省的特殊现象,吴毅对四川省达州市通川区磐石乡双河口村的调查亦指出,"人情开支就犹如一笔村落性的公开流通资金","人情费的往来就相当于一种民间自愿性的融资行为"。该村一位刘姓村民说得很明白:"一家有事,等于全村人帮他筹措了一笔应急的资金。"[①]

七　本章小结

农户是当代中国农村最基本和占主流的微观经济组织形式。

从经济理论史的角度观察,经济学最早就是研究家庭经济的,这反映了家庭是传统社会最基本经济单位的现实。但是,从资本主义生产方式催生出来的现代经济学,为了与传统的家庭经济学相区分,一开始就是以政治经济学的面目出现的。家庭经济的研究在现代经济学中只处于一个从属的地位。不过,现代经济学在当代的新发展使人们对家庭经济有了一些新认识,尤其是在

---

① 吴毅:《村治变迁中的权威与秩序——20 世纪川东双村的表达》,中国社会科学出版社 2002 年版,第 195—196 页。

劳动力供给决策领域。

在马克思主义经典文献中，农户被区分为"大农"与"小农"，"大农"取代"小农"被看作是历史发展的必然趋势。但是，对马克思主义教条式的理解导致这一认识：家庭经营农业＝小农经济＝自然经济。这种认识的绝对化与僵化使人们在相当长的一段时期不敢想象还有与社会化大生产相联系的，与商品经济、市场经济相联系的农户经济。事实上，马克思认为"大农"必定要取代"小农"，其理论精髓是社会化的大生产必定要取代自然经济的小生产，至于农业组织经营规模的大小并不是这一理论的精髓与实质所在。

在我国，农户经济的顽强生命力与中国传统的"家文化"有极为密切的联系。虽然传统中国在历史上历经灾荒、战乱、不断的改朝换代，人口运动趋势表现为和平时期的人口急剧增长与战争、饥荒等引发人口急剧下跌交替运行的强烈波动的人口运动循环，但从整体看，农户依然像细胞分裂一样不断地再生产和复制着自己，在中国形成了小农经济的汪洋大海。

土地改革实施"耕者有其田"的政策，造就了一个庞大的自耕农阶层，也使中国的小农经济进一步强化。土地改革后的中国农村，是一个"中农化"即"小农化"的中国农村，是中国小农经济的"黄金时期"。

小农经济遭到毁灭性冲击的是土地改革后不久的农业合作化运动和随后的人民公社化运动。农户作为农村生产经营最基本决策单位的地位完全丧失，"农户经济"，作为农村微观经济组织的一种形式不复存在。不过，除了"共产风"的极端年份外，农户经济在人民公社时期也还残留了一个"尾巴"，这就是自留地经济。在人民公社体制食物普遍短缺的情况下，自留地对于保证广大农村居民的基本生存权有着不可磨灭的历史贡献。广大的农民以及相当一批基层干部,乃至中央的部分高级干部正是从自留地与集体经营土地的效率对比中悟出了农户经营比集体经营更优越的道理,这是后来农村经济改革、重新恢复农户经济的重要历史资源。从一定的意义上说,土地的家庭承包也可以看作是自留地的扩大化与普遍化,二者之间有着内在的逻辑联系。

农村人民公社体制的崩溃,农户取代生产队重新成为中国农村最基本的微观经济组织,农户经济在全国范围内再生。但是,当代中国的农户经济决不是传统农户经济的简单复归。新时期的农户经济有其鲜明的时代特征:

首先,当代中国的农户经济是建立在土地社区集体所有制基础之上的农户只有土地的使用权,而没有所有权。从土地产权的角度看,当代中国的农户是一种特殊制度安排下的租佃(承包)农户;从农户与社区的关系看,它比中外历史上实行土地村社所有制的农户与村社的关系更为松散,因此,有更为广阔的制度创新空间。

其次,我国当代的农户经济是在我国全面转向市场经济体制这一宏观大背景下的农户经济,它保留了传统小农经济小规模家庭生产经营的组织形式,但逐步改变了传统小农经济自给自足的自然经济属性。市场化程度是我国当代农户经济区别于传统农户经济的主要标志。

农村土地制度无疑是农村最基本的经济制度,也是农户经济赖以生存的基础。完整的农村土地制度不仅包括现行的土地占有制度,即现行的土地产权安排,而且也应包括土地占有的继承制度,即未来的土地产权安排。继承权,从本质意义上说,是现行产权安排的动态化,它决定了现行产权安排的未来走向。在我国,现行的农村土地制度遇到了一个无法调和的矛盾:维持农村土地的社区所有制与维持土地承包关系的长期稳定不变这两大基本原则内在逻辑相悖。如果要稳定农户的土地承包权，保持土地承包期的长期不变，并从根本上克服土地均分承包的种种弊端，其发展趋向就是逐步走向土地承包的长子（或一子）继承权或永佃制。

农户的劳力配置决策充分体现了农户的"经济人"理性。在我国目前的制度环境和经济发展水平的制约下，在农户的知识结构与可获得信息的框架内，普遍的兼业化和家庭内部基于比较优势原则的分工就是农户最为理性的劳动力配置选择。

作为"经济人"的农户，也本能地明白"谁投资，谁所有"的投资法则，本能地知道投资与产权的关系，因此，农户的投资取向是产权明晰、产权保护确定的领域。

第 四 章

农村社区经济组织

人民公社体制解体以后，我国农村的基本经济制度被概括为"统分结合"的双层经营体制。在全国绝大多数地区，农户是农村最基本的微观经济组织形式，但农户只有农村土地的承包权（经营权）而没有所有权。农村土地归村（或村民小组）集体所有，其实质依然是从人民公社体制继承下来的一种土地社区集体所有制，这构成了当代中国农村社区经济组织的基础。事实上，农村社区经济组织在全国也呈现出许多不同的形态：既有仍坚持"劳动公社"或"劳动组合"式的村一级社区集体经济组织，也有更富兼容性的集体控股、个人参股的社区型合作经济新实践，还有村一级社区股份制合作经济组织的新形式。它们的发展走向对于中国农村未来的制度变迁关系重大。同时，农村社区的经济功能已经发生、正在发生或未来可能发生哪些变化，都是本章需要关注的问题。

一 "村"在中国历史上的功能与地位

"村"，自古以来就是中国农村社区的基本单元。按照费孝通先生的定义，"村庄是一个社区，其特征是，农户聚在一个紧凑的居住区内，与其他相似的单位隔开相当一段距离（在中国有些地区，农户散居，情况并非如此），它是由各种形式的社会活动组成的群体，具有其特定的名称，而且是一个为人们所公认的事实上的社会单位。"① 简而言之，"村"是由定居在一定地域内的一群有较密切社会联系的农户所组成的一个农村社区，它可看作是一群农户在一定空间地域的集合。

"村"虽然是一个空间地域概念，但在中国历史上，尤其是在早期，它与家族的"血缘"关系是紧密联系在一起的。很多村庄是"聚族而居"，一个"自然村"实际上就是一个"同族集团"，"族长"即"村长"。20 世纪 30 年代毛泽东在湘南农村调查时就发现，"无论哪一个县，封建的家族组织十分普遍，多是一姓一个村子，或一个姓几个村子"②。这里的"一个姓几个村子"，往往也是同一祖先，只不过由于后来家族繁衍而自我裂变，才分村而居。但也有不少的村，尤其是北方的许多村，经过历史的不断演化，已是"杂族而居"，村民之间的联系更多的是"地缘"关系而非"血缘"关系。所谓"远亲不如近邻"。当然，这类村或许也有几个"大姓"，构成了村庄里的强势家族集团。这意味着传统中国有两类乡村：一类是所谓"宗族化乡村"，地缘源于血缘，村民有一共同的祖宗，一个村就是一个"同族集团"；另一类是所谓"非宗族化乡村"，秦晖先生称之为"编户齐民的

---

① 费孝通著，戴可景译：《江村经济：中国农民的生活》，江苏人民出版社 1986 年版，第 5 页。

② 毛泽东：《井冈山的斗争》，《毛泽东选集》第 1 卷，人民出版社 1972 年版，第 69 页。

乡村"①。在这后一类村，"这样的姓氏杂居状况是十分惊人的。我们知道民国年间与一姓聚居或大姓居优的聚落模式较为盛行的东南沿海相比，华北、关中许多地方是以多姓杂居、宗族不兴为特色的"②。应该说，随着社会的演变与发展，尤其是伴随着人口的流动，后一类村在中国社会所占的比重是越来越大的。

"村"，在传统中国农业社会的地位与作用是一个颇有争议的问题，大致有如下几种主要的观点。

第一种观点是西方学者中的主流观点，对中国学者也有很大的影响。他们强调家庭、家族在传统中国农业社会中的特殊作用，认为中国的乡村乃至整个社会都是基于家庭和家族的网络形成，因此，作为社区单位和地缘关系的"村"被置于无足轻重的地位。G. 罗兹曼说，在传统中国，"在光谱的一端是血亲基础关系，另一端是中央政府，在这二者之间我们看不到有什么中介组织具有重要的政治输入功能"③。这一观点用于验证"宗族化乡村"有一定的道理，但它显然忽视了在传统中国也还存在着一个相当大比例的"非宗族化乡村"，即"编户齐民乡村"这一事实。

第二种观点以美国经济人类学家施坚雅为代表，强调中国乡村的基本单元是所谓的"基层市场共同体"，"村"也被置于一个无足轻重的地位，只不过是"没有设立市场的定居点"。施坚雅认为："人类学者在中国社会作实地调查时，把注意力几乎全集中在村庄上，大多歪曲了农村社会结构的实况。要是说中国的小农生活在一个自给自足的世界中，那个世界不是村庄，而是基层市场共同体。我要指出的是：小农的实际活动范围，并不是一个

① 秦晖：《传统中华帝国的乡村基层控制：汉唐间的乡村组织》，载黄宗智主编：《中国乡村研究》第 1 辑，商务印书馆 2003 年版，第 21 页。
② 同上书，第 15 页。
③ G. 罗兹曼：《中国的现代化》，江苏人民出版社 1995 年版，第 63 页。

狭隘的村落，而是一个基层集市所及的整个地区。"① 在笔者看来，这一观点夸大了市场在传统中国农业社会中的作用。以上两种观点有一共同的特点，就是观察与关注的主要地域是中国的东南沿海地区，而这一地区不仅家族组织比较发达，而且商品经济也相对较发达。

第三种观点则把"村"看作是一个上接国家政权，下联家庭、家族，具有相对独立地位的中介社会单位。大多数中国学者持有或倾向于这一观点，也有相当一批国外学者支持这种观点。不过，"村"这一社会单位在传统中国的历史上究竟起何作用，更明确地说，"村"是否是一个自治的社区，学者之间依然有着明显的分歧。一些学者认为，中国传统的农业社会"君权不下县"，皇权政治"在人民实际生活上看，是松弛和微弱的，是挂名的，是无为的"②。"村"则起到了把家庭、家族在一个地域连接在一起的作用，形成一个天然的"自治体"，因此，在他们看来，乡村自治在中国有着悠久的历史和深厚的传统。例如，史密斯把中国的村看成"自治的小型社区"，因为"村庄的治理掌握在乡民手中"③。葛斯特甚至认为中国乡村的"地方自治程度举世无双"，因为"地方事务概交村庄首领办理，而这些首领是由全村人选举的最有资格的人来担任"④。这无疑是一幅理想主义和浪漫主义的乡村民主图景，这里的乡村治理十分类似于历史上

---

① 转引自黄宗智：《华北的小农经济与社会变迁》，中华书局 2000 年版，第 20 页。

② 费孝通：《乡土中国、生育制度》，北京大学出版社 1998 年版，第 63 页。

③ Smith, Arther H., 1899, *Village Life in China: a Study in Sociology*, New York: Fleming H. Revell Co., p. 226.

④ Gorst, Harold E., 1899, *China*, New York: Princeton University Press, pp. 82-85.

实行村社土地所有制的日耳曼社会的"马尔克"①；但遗憾的是，这只是一幅十分虚幻的图景，因此，这些观点主要出自于那些走马观花的国外学者。强调乡村自治的中国学者大多数认识到乡村自治并不等于乡民自治。他们有的强调宗族的凝聚力，有的则强调乡绅的特殊地位和特殊作用，还有的则认为乡村自治实际上是乡村的"精英治理"或"能人治理"。但这些学者有一点基本共识，即他们都认为传统中国的乡村是一个相对独立的社区自治单位。另一方面，有一批学者则从根本上否认传统中国村庄的自治性。钱端升先生认为："如果说真正的地方自治体乃享有不受中央政府机关干预的权力的话，可以说昔日的中国并不存在地方自治。"② 在他们看来，"村民也许会参加一些有限的有组织活动，亦只是偶然为之，且范围有限，不足以构成任何真正意义上的'自治'"③乡绅则被看作是官府在乡村的代理人，而且，"作为一个特权集团，绅士的利益往往与普通村民相冲突。这一事实同样跟自治不相容，因为后者所代表的是整个村社的利益"④。

应该指出，作为农户自然聚集的"村落"和作为一种"组织"、一种"社会单元"的"村社"是有着本质性区别的。前者基本上不涉及社区的公共权（权力）利（利益），只是一种单纯

---

①　在日耳曼人中间存在了 1500 年之久的"马尔克"，在管理上有如下特点：公社成员经常在露天集会，讨论和决定共同事务；公社大会推出管理共同事务的人员，处理争讼等。（见许涤新主编：《政治经济学辞典》（上），人民出版社 1980 年版，第 172—173 页。）

②　Ch'ien, Tuan-sheng（钱端升），1960, *Government and Politics of China*, Cambridge, Mass.：Harvard University Press, p. 45.

③　Hsiao Kung-chuan（萧公权），1960, *Rural China：Imperial Control in the Nineteenth Century*, Seattle：University of Washington Press, p. 264.

④　Ch'ü t'ung-tsu（瞿同祖），1962, *Local Government in China Under the Ch'ing*, Cambridge, Mass.：Harvard University Press, p. 198.

的空间地理概念；而后者则或多或少地与社区的公共权利密切相关，说到底，它是一种区域性的社会关系。因而，社区公共权利的强弱、多寡，社区资源由谁支配、如何支配则是判别"村"这一社区功能与地位的最为主要的标尺。

"村"有哪些公共事务，或者说"村"，作为一种社区组织，一个社会单元，向村民应提供或可提供哪些公共物品？

依据公共经济学理论，所谓公共物品，是与私人物品相对应的概念，它是指那种向全体社会成员共同提供的而且在消费上不具有竞争性、受益上不具有排他性的物品。一般而言，公共物品具有如下三种性质：一是效用的不可分割性，即效用为全体成员所共享，具有共同受益或联合消费的特点；二是消费的非竞争性，即一个人享用不排斥其他人也可同时享用，增加一个消费者，其边际成本等于零；三是受益的非排他性，即在技术上没有办法将他人排除在公共物品的受益者范围之外，或者作这种排除成本特高。完全符合这些标准的纯公共物品为数较少，就"村"这一传统的农村社区而言，所谓公共物品绝大多数是介于纯公共物品与私人物品之间的混合公共物品或准公共物品，并具有很强的地域性特征。

修路搭桥是所有文献都会提到的"村"这一社区的公共事务，是"村"应该提供的公共物品。这是因为"路"和"桥"具有明显的公益性特征：对内，它方便了全体村民，而不是某一个村民"行"的需求；对外，它沟通了全体村民，而不是某一个村民与外界的联系。在传统农业社会，由于产权界定和计量的困难，也由于传统意识形态和文化观念，如果个人修路搭桥，他所付出的资本和劳动很难通过收费得到合理补偿，也很难阻止他人消费与使用。因此，修路搭桥除非是个人为了积德行善、无偿贡献之外，它必然是村庄的集体行为，全村人出钱出力，全村人共同受益。

疏通水道，筑堤防洪，修建塘堰，引水抗旱，在传统的农业社会对村民们的生产与生活至关重要，但单个村民凭一家之力很难完成。因为水源是公共的，这些水利工程大多数也都具有典型的公共物品性质，而不是私人物品。"水利是农业的命脉"，它对中国传统社会乃至东方社会的重要性很多学者都有过十分精辟的论述。在他们看来，治水的需要是形成东方式国家大一统体制的重要原因。例如，马克思认为，水利工程是东方农业的基础，但修建水利工程，"在东方，由于文明程度太低，幅员太大，不能产生自愿的联合，所以就迫切需要中央集权的政府来干预。因此亚洲的一切政府都不能不执行一种经济职能，即举办公共工程的职能"[①]。水利工程有大也有小，大的工程"村"也力不从心，必然是由更高一个层次的政府承办与管理；或由若干个有共同利益关系的村通过协商来共同举办与管理。前者如四川的都江堰，就是当时的蜀守李冰以政府的权威兴建的大型水利工程。后者如山西某些灌区出现过的"渠甲制"："渠甲制就是灌区村庄以上层次的合作机制，渠甲机构负责灌区的灌溉安排，既有详细的灌溉规则，又有特殊的灌溉仪式，渠甲体制，通过每年的开闸仪式强化合作意识，通过规则协调灌区的行动，常设的渠甲机构经常调解各村庄的灌溉纠纷。有关的地方志告诉我们，渠甲的建立是各村的乡绅出面合作的结果，先有乡绅之间的协调联合，而后有各村村民之间的合作。"[②] 但一些小的水利工程，例如，修建塘堰、疏通水道，仅关系到一个村的利益，就成为了村的公共事务，是

---

①　马克思：《不列颠在印度的统治》，《马克思恩格斯选集》第 2 卷，人民出版社 1972 年版，第 64 页。

②　张鸣：《漫谈乡间合作发生的文化条件》，载《三农中国》第 4 辑，湖北人民出版社 2004 年版，第 102 页。

村一级要举办或管理的公共工程。

安全是全体村民的共同需求，因此，治安也是乡村的重要公共事务。传统乡村社会的治安包括两个方面：对外，要抵御土匪、强盗，在一些宗族械斗频繁的地区，还要防止敌对方的攻击，即"保境"的功能；对内，则要惩治偷盗，维持秩序，调解邻里纠纷，即"安民"的功能。在传统中国，尤其是在兵荒马乱的年代，许多村都有自己的武装（民团），或者是村民们平时为民，战时为兵。虽然这些武装有很多都沦为了村中豪强欺侮穷苦村民的工具，但其曾有过的"保境安民"的作用也不能完全抹杀。从某种意义上说，有秩序总是好于完全没秩序。

教育、医疗，虽然不是严格意义上的纯公共物品，但由于有很强的正外部效应，因此，可看作是"准公共产品"。有些村，特别是那些"宗族化村"，由村提供教育（私塾往往就办在宗族祠堂）和基本医疗的也较为普遍。以教育而言，"学而优则仕"，一个村出了个官员，对村民们（尤其是那些"宗族化乡村"，村民也都是亲戚）也会带来或多或少的好处，所谓"一人得道，鸡犬升天"。从医疗来看，那些传染性疾病，不仅危害病者个人及其家庭，也危害到所有村民乡亲，因此，从全村的整体利益出发，传统中国的乡村也有某种程度的公共卫生机制。除此之外，村往往还要组织祭祀等一些公共活动，组织春节期间舞龙、舞狮，端午节赛龙舟等一些公益性的文体活动。

不管君权是否下县进村，国家机器的运转必须有一定的物质与金钱支撑，因此，"完粮纳税"是传统农业社会国家权威的具体体现，是农业社会主要的国家财源。如果官府与每家每户直接发生关系，管理成本极其高昂，因此，村一级就需要有官府的代理人，行使村民与官府沟通的功能。李怀印先生的研究表明：

"在田赋征收的几乎所有重要环节，从税款征收、契税稽查，到粮银推收和黑地清查，清代及民国早期的国家政权，皆委之于非正式的基层职能人员，而不是由衙门官员直接控制。"[①] 这些非正式的基层职能人员就是官府在村一级的代理人。这些代理人，不管是叫村长、里长，或保长、甲长，由于他们本身就是村民，因此，他们比衙门里的官吏更熟悉乡村社会，可大大节约官府与村民打交道的交易成本；另一方面，这也使得村这一级的社区组织不可避免地带有国家政权的色彩，使村这一级社区组织成为一级"准政府"。

村这一级社区有没有保障全体村民最低生存权的功能是一个争议颇大的问题。詹姆士·斯科特在谈到东南亚农村村社经济时提出村社的基本功能之一就是要保护弱小农户的生存权，即村的"生存保障伦理"。他认为："只要在村民掌控的资源许可的范围内，所有村民都有权确保最低的生存条件。这种伦理的社会力量及其对穷人的保护力，各地各村有差异。总体来看，传统组织越发达的村庄，这种保护力越强大。"[②] 很多学者认为传统中国的乡村也具有这种斯科特所说的"体现了村民互助的最低道德要求"的"生存保障伦理"。例如，李怀印在谈到河北省获鹿县的村规时指出："获鹿村规所体现的生存伦理，到兵荒马乱的 20 年代，在各种摊派激增、乡地负担空前加重的情况下，更加突显出来。当地村社为了确保普通农户的生存，甚至调整旧有的村规，使富户承担更多的义务。""我们所看到的，是在生存伦理压力下，富户与普通乡民互作一定退让，共度时艰，维持村社共同体

① 李怀印：《中国乡村治理之传统形式：河北获鹿县之实例》，载《中国乡村研究》第 1 辑，商务印书馆 2003 年版，第 97 页。

② Scott, James C., 1976, *The Moral Economy of the Peasant: Rebellion and Subsistence in Southeast Asia*, New Heaven: Yale University Press, p. 40.

于不坠的画面。"① 当然，也有学者否认传统中国乡村有这种保护弱者的"生存保障伦理"，我们也看到许多文献和文学作品有对传统中国"朱门酒肉臭、路有冻死骨"的描写。因此，把传统中国的乡村看作是一片阶级和谐的乐土可能是以偏概全。但是，传统中国确实不乏以乡村集体的互助合作来维持全体村民基本生存的思想，也有类似的实践，这也是不争的事实。例如，宋朝大儒朱熹不仅倡导"公私一体"的统治理念，认为最佳的村社治理方式是村民的自我管理、互助合作，并在自愿基础上共同兴办公益事业；而且身体力行，创设了民间自愿集资、共同管理的"朱子社仓"，还大力推行"乡约"之制，使村民的互助合作与伦理教化走上制度化轨道。② 这种带有扶贫济危、共同保障色彩的理想不仅对我国解放后的农业合作化及人民公社化有很大的影响，而且对我国当前农村社区组织的重构也有值得借鉴之处。

综上所述，村这一级具有地域性特征的公共产品或"准公共产品"大致有三大类。第一大类是经济事业型的公共产品，即各种公共工程；第二大类是社会事业型的公共产品，即各种公共事务；第三大类则是公共保障。图示如下：

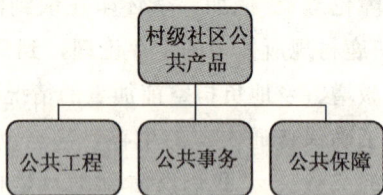

图 4—1　乡村一级社区公共产品构成

---

① 李怀印：《中国乡村治理之传统形式：河北获鹿县之实例》，载《中国乡村研究》第 1 辑，商务印书馆 2003 年版，第 83—84 页。

② 同上书，第 79 页。

接下来的问题是：村这一级的公共产品由谁生产？由谁提供？如何生产？如何提供？

由某个村民私人来生产或提供公共产品，只在如下两种情况下具有可能性：一是整个村子就是他个人的私产，村民在人身上都依附于他，奴隶主的庄园可属于此类情况；二是该村民十分富裕，而且有强烈的公益事业心或希望积德行善。显而易见，在脱离了奴隶社会之后的传统中国乡村，这两类情况都极为罕见。

由村民通过自愿捐献与成本分担来提供公共产品的所谓"林达尔均衡"①虽然是一种理想的模式，但不是现实的模式。这是因为"林达尔均衡"有两个严格的前提条件：一是所有村民都具有高尚的道德，愿意准确披露自己从公共产品的消费中所获得的边际收益，并且愿意分担自己所应支付的费用；二是每一个村民都准确、全面地知道其他村民的信息，即信息高度公开、透明，任何人都不存在"搭便车"的机会。这在一个人数很少，村民们有高度认同感与道德观的情况下或许有可能实现；但在大多数情况下，这两个前提条件是难以达到的。社区成员越多，人们"搭便车"的欲望就越强烈，"林达尔均衡"就越不可能实现。

村这一级公共产品的生产与提供，在大多数情况下都必须依赖村一级的社区组织、依赖某种程度的权威来实现。因此，村一级社区组织的公信力与组织力就决定了村一级公共产品的生产能力。村所承担的各类公益事业，或者说，村所提供的各类公共产品，可以看作是村这一级社区组织的公共支出。与此相适应，村

---

① 瑞典经济学家林达尔（Erik Lindahl）认为，如果每一个社会成员都按照其所获得的公共产品的边际效益的大小来捐献自己应分担的公共产品费用，则公共产品的供给量可以达到具有高效率的最佳水平，这也被称之为"林达尔均衡"。

这一级社区组织也必然要有一定的公共收入，或者说，村需要掌握一定的经济资源，否则无法举办任何公益事业，提供任何公共产品。在这里，村一级的公共支出受到村一级公共收入的硬性约束，而不是软约束。"有多少钱，才能办多少事。"

一般而言，在传统中国，村这一级社区的公共收入主要有两个渠道：一是村民的分摊；二是公产收入。在传统乡村，公产主要是公田，即全村村民公有的土地。在"宗族化乡村"，村社的"公田"与宗族的"族田"基本上是重合的，村民往往把它称为"太公田"、"祖宗田"。在传统中国乡村，宗族组织比较发达的地区，公田所占的比重也较大。毛泽东在 20 世纪 30 年代的《寻邬调查》一文中，对当时江西寻邬县公田的分布作了一个大致的分类：宗族方面（即"祭田"、"祀田"）占 60％；神道方面（即"庙田"、"寺田"）占 20％；考棚、孔庙、学租等方面（即"学田"）占 10％；桥会、路会之类（即"社田"）占 10％。[①] 就全国范围看，公田所占的比例究竟有多大，不同的年代显然不同；即使是同一年代，不同的统计数据差异也很大。例如，费正清等在《剑桥中华民国史》一书中，根据美国学者卜凯的估计，认为 20 世纪初全国范围内公田占总农田数的 6.7％；[②] 但当时的国民党政府内政部 1932 年根据全国 863 个县及云南 6 个设治局的陈报，得出公田仅占总农田数的 1.99％[③]。公田在各地区的分布也极度不均。由于南方乡村的宗族组织比北方乡村更发达，因此，南方乡村公田的比重明显高于北方。温铁军等调查的广东南海里

---

① 毛泽东：《寻邬调查》，《毛泽东农村调查文集》，人民出版社 1982 年版。

② 费正清主编：《剑桥中华民国史》第 1 部，上海人民出版社 1991 年版，第 88 页。

③ 转引自温铁军：《中国农村基本经济制度研究》，中国经济出版社 2000 年版，第 86—87 页。

水镇沙涌村，解放前公田所占比重高达87％，[①] 几乎所有的田都是公田；毛泽东20世纪30年代调查的江西寻邬，公田也占到了40％；但北方的很多地区，公田所占的比重极小。例如，据解放前国民党政府内政部提供的数据，河北省乡村的公田仅为0.34％，这与黄宗智先生在《华北的小农经济与社会变迁》一书中的观察相吻合："冀—鲁西北的宗族组织是比较不发达的。宗族唯一共有财产是几亩坟地。"[②]

公田的耕作无非是两种方式。一是村民共同耕作，所得收益归村社共同拥有；二是出租给村民耕作，所得租金归村社共同拥有。这后一种方式是更为普遍的情况，它不仅生产更有效率，而且能解决一些无地或少地村民的生计，体现了村一级社区公共保障的功能。一般而言，村的公田越多，村这一级社区组织依赖公产的公共收入就越多，村提供的公共产品，举办的公益事业自然也越多。当然，我们也不否认有村社头面人物倚仗权势假公济私、侵吞公产的现象。在公田较少的村，村一级社区组织依赖公产获得的公共收入也较少，因此，村里提供的公共产品，举办的公益事业也相对较少。

除了公产收入以外，村一级社区组织获得公共收入的另一主要渠道就是村民的费用分摊。与前所述，村民自愿捐献与成本分担的"林达尔均衡"难以实现，因此，只有依赖强制性的融资方式来筹集公共资金，即村一级社区组织以"准政府"的权威来分摊费用以取得提供公共产品的资金。这种分摊类似于村一级的税收，或者说，村一级的规费。实践证明，这种方式比依赖公产收

① 温铁军：《中国农村基本经济制度研究》，中国经济出版社2000年版，第87页。

② 黄宗智：《华北的小农经济与社会变迁》，中华书局2000年版，第245页。

入获得公共资金要困难得多。这是因为到各家各户去收取分摊的
费用不是十分容易，花费的成本也太高。富户不愿意承担义务，
穷户又无力承担。如果没有一定的强制和约束，村一级社区要在
村民一致同意的基础上举办公益事业确实是困难重重，甚至是完
全不可能的。请看毛泽东在《湖南农民运动考察报告》中的如下
一段描述：

> 没有农会以前，乡村的道路非常之坏。无钱不能修路，
> 有钱的人不肯拿出来，只好让它坏。略有修理，也当作慈善
> 事业，从那些"肯积阴功"的人家化募几个，修出些又狭又
> 薄的路。农会起来了，把命令发出去，三尺、五尺、七尺、
> 一丈，按照路径所宜，分等定出宽狭，勒令沿路地主，各修
> 一段。号令一出，谁敢不依？不久时间，许多好走的路都出
> 来了。这却并非慈善事业，乃是出于强迫，但是这一点子强
> 迫实在强迫得还可以。塘坝也是一样。无情的地主总是要从
> 佃农身上取得东西，却不肯花几个大钱修理塘坝，让塘干
> 旱，饿死佃农，他们却只知收租。有了农会，可以不客气地
> 发命令强迫地主修塘坝了。地主不修时，农会却很和气地对
> 地主说道："好！你们不修，你们出谷吧，斗谷一工！"地主
> 为斗谷一工划不来，赶快自己修。因此，许多不好的塘坝变
> 成了好塘坝。①

由此可知，在传统中国乡村，那种基于一致同意基础上的村
民在村一级公共事务上的合作是极为少见的，"林达尔均衡"的

---

① 毛泽东：《湖南农民运动考察报告》，《毛泽东选集》第 1 卷，人民出版社
1991 年版，第 41 页。

前提条件几乎不存在，那种现代民主意义的村民自治在传统乡村中国并无深厚的历史传统。村一级的村民合作，村一级公共工程和公益事业的兴办，绝大多数都需要借助一定的权威，或是权威的个人（"精英人物"），或是权威的组织。前者如乡绅，长老；后者如家族，如农会。当然，权威组织事实上也会产生出权威的个人，"一把手说了算"在中国才真正有悠久的历史传统，因此，精英，尤其是"一把手"的个人品质对一个村的公益事业，对村民的福祉至关重要。一般来说，乡村精英或因为辈分高，或因为文化程度高，或因为财力雄厚，或因为办事公道，在普通村民中具有说一不二的权威。由他们出头兴办公共事务，可以顺应村民的心理，用村民熟悉的话语说服他们，使得群起响应；即使是那些本心并不愿意的村民，慑于权威，迫于群体的压力，也不得不从。在这里，说服与强迫是兼而有之。

当然，村社要举办公益事业，除了分摊费用之外，也可以分摊劳务，或者用费用抵劳务，或反过来，用劳务抵费用。特别是修路、挖渠等村一级的劳动密集型的基础设施建设，更需要劳动的投入。因此，"有钱出钱，有力出力"也是传统中国乡村举办公益事业的惯常做法。这实质上是在"村"这一社区内对生产要素的一种合理配置。用现代经济学的语言解释：有钱的，钱的边际效用较低，而力的边际效用较高，因此，用钱替代力；无钱的，钱的边际效用较高，力的边际效用较低，则以力来替代钱。由于传统中国的乡村劳力相对丰富，资本则相对稀缺，因此，出钱的富户在乡村举办公益事业中占有更大的资源控制权与话语支配权。

综上所述，我们可以得出如下两点结论：

1. 在传统中国，那些"宗族化乡村"，由于村（宗族）掌控了一定比例的土地资源（"公田"），村的公共权利较大；而那些

"非宗族化乡村"，由于村很少公产，村的公共事务费用主要依赖村民分摊，村的公共权利也较小。这意味着村的公共权利大小、村能提供的公共产品的多寡与村所掌控的社区经济资源密切正相关。

2. 在传统中国乡村，村的公共权利与公共事务，与村的精英人物，尤其是"一把手"也密切相关。一般而言，如果村的精英人物，尤其是"一把手"具有足够的权威和公信力，并热心村一级的公共事务，且办事公道，村的公益事业也比较发达；反之则反是。在这里，村一级的社区组织具有"准政府"的性质。

总体而言，"村"在传统中国的经济功能还是极为有限的。这主要是因为传统社会的经济基础是汪洋大海般的自给自足的小农经济。自给自足的小农经济本质上是分散的、封闭的，缺乏强烈的内在的组织动力和外在的组织需求。在这种宏观的制度环境中，农户的"一盘散沙"（应该从相对的，而不是绝对的意义上去理解）是必然的结果。如果强制性地把农户组织起来，不仅组织成本甚高，经济效益低下，而且会带来社会动荡，组织也难以持续。但是，我们也必须认识到，人毕竟是社会动物，人本质上有合作和社会交往的意愿与需求，传统中国的农民也不例外。"村"作为农户社会交往和社会联系的基本社区单元，它也不可避免地具有或多或少的组织功能。至于"村"的组织功能的强弱，则取决于一系列的内部和外部因素。

二 政社合一的人民公社："大一统"的 社区型集体经济组织

人民公社，自 1958 年兴起，1984 年全面解体，虽然只有二十多年的历史，但对我国农村经济现实与未来的影响却十分深远。人民公社"一大二公"、"政社合一"，是我国历史上前所未有的"大一统"的社区型集体经济组织：覆盖了所有的农村地区，囊括了所有的农村居民。在这二十多年间，它是我国农村社区唯一主导性的、垄断性的微观经济组织形式。

人民公社的产生绝非空穴来风，也不是毛泽东主席一个人的意志体现，它有中外两个方面的思想源泉。

从国外的思想源泉看，人民公社的理想与实践可以追溯到由英国伟大的空想社会主义者罗伯特·欧文（Robert Owen）所开创的社区性集体经济模式，或者说"劳动公社模式"。

欧文 1771 年出生于英国威尔士中部的一个小镇——新城（New Town），20 岁开始经营企业，1798 年前后成为拥有 2000 名工人的新拉纳克经纱公司合伙人兼经理。在欧文经营企业期间，亲眼目睹了工人的种种苦难，因此，从人道主义的立场出发，先后采取了一系列的措施，例如限制童工和缩短劳动时间，建立工人的福利保健制度，建立学校和实行普遍教育以提高工人及其子女的文化素质等，来改变工厂的管理方法和改善工人的生活处境。在此基础上，1819 年，欧文发表了著名的"致拉纳克郡的报告"，进一步具体化了他早先提出过的建立"合作新村"的设想。欧文在该报告中设想的"合作新村"，是一个社区型的劳动合作组织，即"劳动公社"。该社区人口为 1200—2000 人，面积为 600—1800 英亩，呈正方形或平行四边形：一面是教堂、学校、食堂等公共建筑，其他三面是公寓，中间则是空地。社区土地及基本的生产资料由社区公有，所有有劳动能力的社区居民共同劳动，人人平等。社区内部设立工厂和农场，按计划组织生产，消费品按人配给，自给自足，取消货币与商品交换，代之以记账或用劳动券进行内部物品交换。在"合作新村"中，社区居民不受职业分工的束缚，全面发展，既务工，又务农；既劳动，又学习，还要参加军事训练。在欧文看来，未来的理想社会就是由许多这样的社区联合而成。1825 年，欧文在美国印第安纳州建立了世界上第一个社区型集体劳动组合——"新和谐公社"（New Harmony），把他的"合作新村"理念付诸实践。[①] 虽然欧文的"新和谐公社"由于制度本身先天性的缺陷仅仅坚持了三年，最终不得不以解体而告终，但欧文的理念与实践对后人，尤其是对后来的社会主义农村经济组织实践依然产生了十分巨大和深远的影响。

案例 4—1　欧文"新和谐公社"的伟大试验

罗伯特·欧文是一个伟大的空想社会主义实践者。1825 年，他在美国印第安纳州以 135000 美元的价格从德国人拉普手中买下了一个名为"和谐村"的公社。这个公社原属于拉普所领导的一个德国农民宗教团体，拥有 2 万英亩肥沃土地，180 栋砖木结构的房屋，其中包括教堂、办公用房、棉纺厂、毛纺厂、木材厂、砖瓦厂、酒厂、油坊、磨坊、商店等。欧文当时支付了95000 美元，另外 4 万美元以欠债形式预定在 1827 年和 1828 年分两次付清。与此同时，欧文在美国各地进行了宣传演说，很快就有 800—900 人来到公社，成为最早的公社社员。

该年 4 月欧文为新和谐公社拟订了一个章程，宣布公社在第一年由欧文自己管理，建立一个初级协会，保留某种程度的分配

---

① 参见［英］玛格丽特·柯尔：《欧文传》，商务印书馆1995 年版。

不平等；第二年允许公社成员分享控制权；第三年则完成向平等公社的转变。但是，这种公社体制在第一年就遇到了困难，头九个月就亏损了三万美元，不得不由欧文填补。

1826 年 1 月，随着一批对公社理想抱有极大热情的知识分子，尤其是费城科学院创办人麦克卢尔的加入，欧文开始了公社的第一次改组，开始组建平等公社。公社决定立即取消分配上的不平等，由管理人员为每个社员分派任务并对其付出的劳动进行评价。不过，两周之后，人们认为新的体制难以正常运行，于是决定从当年 3 月 4 日到 1827 年 1 月 1 日将公社完全交给欧文一人管理，并由他负担所有亏损。

该年 2 月，一批与欧文持不同宗教观点的人要求建立一个独立的公社，欧文拨给了他们 1200—1300 英亩未开发土地，成立了麦克卢尔公社；3 月又有一批英格兰农民要求建立独立公社，欧文拨给了他们 1400 英亩最好的土地，成立了维特威尔公社。面对上述局面，欧文从 3 月开始了第二次改组。试图让各公社独立承担财务责任。欧文让公社委员会对各下属公社所占用的土地进行评估，并以转让的方式要求各公社在 12 年内偿付，利率为 5％，不得将土地用于共产主义试验以外的目的。这一方案被新公社接受，但遭到了母体公社——新和谐公社的反对。欧文决定重组新和谐公社，并指定了 24 人的核心小组，实行强制性的法定劳动制度。这一体制在运行中又暴露出了新的矛盾。核心小组保存的社员劳动记录，只反映劳动时间，不能反映劳动质量。因此，尽管技术人员为公社创造了更多财富，但没有得到应有的劳动评价。这一体制对那些技术人才缺乏吸引力。针对这一弊端，麦克卢尔建议将公社按职业划分为不同社区，每个社区保持较小规模和职业的一致性。社区内实行集体生产，社区间开展产品自由交换，并分别负责偿付各自实际占用的财产。欧文支持这一建议，因而开始了公社的第三次改革与重组。

从 1826 年 5 月底开始，新和谐公社分成了三个独立协会：农业和牧业协会；修理和加工协会；学校和教育协会。协会之间使用劳动券进行交易。然而，这次改革又激发了公社内部的矛盾。各协会之间为了自身利益使得他们之间的联系彻底破裂。不得已，欧文又进行了第四次重组，解散了所有的协会，成立了一个新的委员会，试图恢复权力的集中控制。

1827 年初，欧文为了应对公社巨额的亏损，决定再次改革。公社社员重新按职业划分，那些在镇里找不到适当工作的人，鼓励他们在公社安排的周边土地按各自爱好去建立独立社区，从而形成中心镇和周边社区的格局。新体制要求各独立社区自力更生，相互交换产品，并向公社交纳一定比例产品以应付公共开支。

该年 5 月，拉普的儿子催收欠款，欧文资金不够，麦克卢尔代为支付，成为欧文的债权人。

在这为期近三年的共产主义劳动公社的试验中，欧文几乎耗尽了毕生的积蓄，麦克卢尔也前后付出了八万美元。1827 年 6 月，欧文把其余的财产留给了儿子，离开了新和谐公社。

欧文离开后，麦克卢尔还维持了一段时间。公社社员一部分陆续离去；一部分从欧文的儿子那里租赁土地，各自建立若干独立的小社区，后来又陆续瓦解为个体经营农场。

资料来源：[英] 玛格丽特·柯尔：《欧文传》，商务印书馆 1995 年版；杜吟棠主编：《合作社：农业中的现代企业制度》，江西人民出版社 2002 年版。

马克思、恩格斯批评了欧文以及圣西门、傅立叶等人社会主义的"空想"成分，但肯定了他们理念中的许多具体设想，即

"它们关于未来社会的积极的主张",或者说"它们所提出的实际措施"①。马克思指出:"在英国,合作制的种子是由罗伯特·欧文播下的","对这些伟大的社会试验的意义不论给予多么高的估价都是不算过分的"②。我们不难发现,马克思、恩格斯肯定得最多的就是欧文等人对未来社会的设想,批评则主要集中于欧文等人为达到这些目标所采取的措施和手段。"他们拒绝一切政治行动,特别是一切革命行动;他们想通过和平的途径达到自己的目的,并且企图通过一些小型的、当然不会成功的试验,通过示范的力量来为新的社会福音开辟道路。"③ 列宁说得更明确:"为什么说自罗伯特·欧文以来所有的旧日合作社提倡者的计划都是幻想呢?就是因为他们没有估计到阶级斗争、工人阶级夺取政权、推翻剥削者的阶级统治这样的根本问题,而幻想用社会主义来和平改造现代社会。"④ 另一方面,在马克思、恩格斯所预见的未来社会主义模式中,就有许多欧文"合作新村"理想的印记,例如,生产资料公有,按计划组织生产,取消货币与商品交换,实行劳动券,消除旧式劳动分工,等等。从一定的意义上说,马克思、恩格斯所设想的未来社会主义模式在很大程度上就是把欧文的"合作新村"与"劳动公社"理念扩展到了全社会。马克思说:"如果合作制生产不是作为一句空话或一种骗局,如果它要排除资本主义制度,如果联合起来的合作社按照总的计划

---

① 马克思、恩格斯:《共产党宣言》,《马克思恩格斯选集》第 1 卷,人民出版社 1972 年版,第 283 页。

② 马克思:《国际工人协会成立宣言》,《马克思恩格斯选集》第 2 卷,人民出版社 1972 年版,第 132—133 页。

③ 马克思、恩格斯:《共产党宣言》,《马克思恩格斯选集》第 1 卷,人民出版社 1972 年版,第 282 页。

④ 列宁:《论合作制》,《列宁选集》第 4 卷,人民出版社 1972 年版,第 112 页。

组织全国生产，从而控制全国生产，制止资本主义不可避免的经常的无政府主义状态和周期的痉挛现象，那么，请问诸位先生，这不就是共产主义，'可能的'共产主义吗?"[1] 恩格斯则认为："欧文提出了通过共产主义移民区消除爱尔兰贫困的办法，并附上了关于筹建费用、每年开支和预计收入的详细计算。而在他的关于未来的最终计划中，他从技术上规定了各种细节，附上了平面图，正面图和鸟瞰图，而这一切都做得非常内行，以致他的改造社会的方法一旦被采纳，则各种细节的安排甚至从专家的眼光看来也很少有什么可以反对的。"[2]

在苏联，十月革命胜利后的 1919 年 2 月 10 日颁发了《关于社会主义土地规划和过渡到社会主义农业的措施的条例》，把农业集体经济形式分为三种类型：(1) 农业公社；(2) 共耕社 (部分的耕作合作社)；(3) 农业劳动组合 (全面的耕作合作社)。所谓"农业公社"，即"根据共产主义原则进行生产和分配的共耕制农业"，它不允许私人经济成分的存在，不允许社员有自留地、自留畜和从事家庭副业，"不仅把生产资料公有化，而且把每个社员的生活也公有化了"。所谓"共耕社"，则是生产互助性质的劳动组织，仍然保留生产资料的私有制，只是"在耕种土地和收获庄稼的时候，共同出劳动力，共同使用生产资料和工具"。所谓"农业劳动组合"，也就是集体农庄。斯大林说："现在应当抓住的集体农庄运动的主要形式，就是农业劳动组合。""在农业劳动组合中实现公有化的基本生产资料：劳动、土地使用、机器和其他农具、耕畜以及经营用的建筑物。在农业劳动组合中不实行

---

① 马克思：《法兰西内战》，《马克思恩格斯选集》第 2 卷，人民出版社 1972 年版，第 379 页。

② 恩格斯：《反杜林论》，《马克思恩格斯选集》第 3 卷，人民出版社 1972 年版，第 303 页。

公有化的是：宅旁园地（小菜园、小果园）、住宅、一部分产乳牲畜、小牲畜、家禽等等。"① 一方面，从苏联的农业合作化集体化的过程看，列宁和斯大林最初设想的理想模式是农业公社，而不是集体农庄。因为与欧文的"合作新村"设想以及"农业公社"相比，集体农庄在公有化程度上有所降低，它保留了部分自留地和自留畜，② 也容许家庭副业的存在。但是，面对强制性农业集体化运动以及农业公社推行所带来的严峻后果，1935 年斯大林不得不作出让步，从农业公社后退到农业劳动组合。虽然如此，斯大林仍然认为公社是集体农庄运动的高级形式，"将来的公社是从发达的富裕的劳动组合中成长起来的"③。另一方面，苏联的农业合作化集体化运动抛弃了欧文自愿、自由合作的思想，用强制性的行政手段把所有的农民无一例外地纳入集体农庄。集体农庄的社员既没有自愿进入的自由，更没有自愿退出的自由。

从更广的眼光来看，这种劳动公社或劳动组合的社区型合作经济模式并非只出现在实行计划经济的社会主义国家。以色列的基布兹（Kibbute）就属于这种合作经济类型，被称为以色列的"集体农庄"。基布兹是"集体定居点"的希伯莱文名字，它创建于 1909 年。据 20 世纪 90 年代初的数据，以色列共有约 270 个基布兹，成员为 126000 人，大约占以色列总人口的 3%。基布

---

① 斯大林：《胜利冲昏头脑》，《斯大林选集》下卷，人民出版社 1979 年版，第 241—242 页。

② 1935 年 2 月苏联通过的新的《农业劳动组合示范章程》规定：除了宅基地外，每个农庄社员可保留 0.25—0.5 公顷宅旁园地，有些地方可达 1 公顷；农区每个农户可保留奶牛 1 头、牛犊 2 头、母猪 1 头（带仔猪）、绵羊和山羊 10 只、蜜蜂不超过 20 箱；牧区每个农户可保留奶牛 8—10 头（牛犊不算）、羊 100—150 只、骆驼 5—8 匹，马不超过 10 匹。

③ 斯大林：《列宁主义问题》，人民出版社 1964 年版，第 557 页。

兹坚持如下一些基本原则：（1）土地国有。基布兹向国家租用土地，租期 49 年，期满后续租 49 年。（2）生产资料公有。（3）生产、分配、社会服务等活动都由集体负责组织。（4）通过社员大会自由选举决定是否接纳新社员，社员可自由退社。（5）民主管理，社内各种事务由社员投票决定，少数服从多数。（6）各尽所能，各取所需。[1] 与苏联的集体农庄和中国的人民公社相比，基布兹的公有化程度更高，平均主义与理想主义的色彩更浓。"在基布兹内部只有分工不同，没有贵贱之分，所有成员都享有平等待遇，所有财产和生产资料属公有，基布兹内有公共食堂，吃饭不要钱；有洗衣房、医疗所与其他一些服务设施；子女不与父母同住，过集体生活，从小学到大学，乃至读硕士、博士，所有的学杂费由基布兹承担，外出可事先登记要车，按公里数支付象征性的费用。他们过着'共同劳动、共同占有'的集体生活。基布兹实行'各尽所能，按需分配'，其成员没有工薪，在基布兹外工作的成员必须将全部所得如数交公。从基布兹委员会的主席到普通成员每月领取相同数额的津贴。总之，基布兹内人人平等，和睦民主，可算得上是平均主义的'雏形'。"[2] 基布兹是一个特殊民族（犹太人）在一个特殊时期（犹太复国）奉行社会主义原则所建立的特殊公社，随着时代的发展，其理想与现实也产生了激烈的冲撞。现在有 65% 以上的基布兹处于经济危机，濒临破产的状态，很多基布兹也正在酝酿改革，"过去那种追求平等和公正的基布兹运动将逐渐走向消亡"[3]。

---

[1] 见杜吟棠主编：《合作社：农业中的现代企业制度》，江西人民出版社 2002 年版，第 109 页。

[2] 徐启生：《以色列"集体农庄"基布兹：在理想与现实中冲撞》，《光明日报》2004 年 8 月 27 日。

[3] 同上。

我国的人民公社与苏联的农业公社和集体农庄在本质上是一脉相承的。毛泽东说："苏联终于用很大的努力胜利地完成了整个农业的社会主义改造，并且在农业方面完成了强大的技术改造。苏联所走过的这一条道路，正是我们的榜样。"① 1958 年，在北戴河召开的中共中央政治局扩大会议上，毛泽东提出了他对于人民公社的设想："把规模较小的农业生产合作社合并和改变为规模较大的、工农商学兵合一的、乡社合一的、集体化程度更高的人民公社，是目前农村生产飞跃发展、农民觉悟迅速提高的必然趋势。人民公社是加速社会主义建设和过渡到共产主义的一种最好组织形式，并将发展成为未来的共产主义社会的基层单位。"②

中国的人民公社在经历了 1958 年"共产风"的极端形式（实际上是人民公社的经典模式，即"农业公社"模式）以后，在"队为基础、三级所有"的框架内（即"农业劳动组合"模式）稳定了下来。这十分类似于苏联从农业公社向农业劳动组合的后退。但在毛泽东主席的内心深处，始终憧憬着类似欧文"合作新村"的劳动公社模式。事实上，早在 1919 年春，年青的毛泽东就拟订过一份十分详尽的"新村计划书"："此新村以新家庭新学校及旁的新社会连成一块为根本理想"。"合若干之新家庭，即可创造一种新社会。""新社会之种类不可尽举，举其著者：公共育儿院，公共养老院，公共学校，公共图书馆，公共银行，公共农村，公共工作厂，公共消费社，公共剧院，公共病院，公园，博物馆，自治会。""合此等之新学校、新社会而为一'新

---

① 毛泽东：《关于农业合作化问题》，《毛泽东选集》第 5 卷，人民出版社 1977 年版，第 184 页。

② 转引自《中国合作经济发展史》，当代中国出版社 1998 年版，第 26 页。

村'。"① 毛泽东在拟订这份"新村计划书"时是否知道欧文的"合作新村"和"新和谐公社",我们不得而知;但当时欧洲的各种社会主义思潮已极大地影响了中国的学术界与一代年青的学人,则是不争的事实。从一定的意义上说,1958年的人民公社是这种"新村"计划的一次重大实践,虽然实践并不成功,但后退到"队为基础、三级所有",保留自留地、自留畜,容许家庭副业,并非毛泽东推动"人民公社化"运动的本愿。1966年,毛泽东写下了著名的"五七指示",以人民解放军为例,再一次勾画了他心中的公社蓝图(即"五七公社模式"):"人民解放军应该是一个大学校。""这个大学校,要学政治,学军事,学文化,又能从事农副业生产,又能办一些中小工厂,生产自己需要的若干产品和与国家等价交换的产品。"

我国人民公社化运动除了主流意识形态的推动之外,它的另一思想来源则是传统中国历史悠久的"天下为公"的"大同"理想和与此紧密相连的来自乡村社会内部的"均贫富"的平均主义理念。

何谓"大同"?儒家经典《礼记·礼运》解释为:"大道之行也,天下为公。选贤与能,讲信修睦。故人不独亲其亲,不独子其子;使老有所终,壮有所用,幼有所长,矜寡孤独废疾者皆有所养。男有分,女有归。货,恶其弃于地也,不必藏于己;力,恶其不出于身也,不必为己。是故谋闭而不兴,盗窃乱贼而不作,外户而不闭。是谓'大同'。"这种"大同"理想所包含的财产公有、均贫富、保护弱者的思想对我国的传统文化与意识形态观念有十分重要的影响,对历代许多思想家与社会改革者也有十分重要的影响。

---

① 毛泽东:《学生之工作》,《湖南教育月刊》第1卷第2号,1919年。

汉代张鲁，191 年在汉中建立政教合一的政权，并在管区内设"义舍"、"义米"、"义肉"，过路者可量腹取食。毛泽东对此就十分赞赏。在中共中央八届八中全会上，毛泽东亲自为《三国志·张鲁传》作注，发给与会者。毛泽东认为张鲁的"五斗米教"所实行的"道路上饭铺里吃饭不要钱，最有意思，开了我们人民公社食堂的先河"；"义舍"，是"大路上的公共宿舍"；"不置长吏，皆以祭酒为治"，"近乎政社合一，劳武结合，但以小农经济为基础"；"群众性医疗运动，有点像我们人民公社免费医疗的味道"。① 他认为既然古代尚且能做到吃饭不要钱，使人人免受饥寒，今天自不待言。

太平天国所颁布的《天朝田亩制度》，是传统中国农业社会"大同"理想与平均主义观念集大成的经典制度文献。其基本指导思想是"人人不受私，物物归上主"，以实现"有田同耕，有饭同食，有衣同穿，有钱同使，无处不均匀，无人不饱暖"的地上天国政治理念，即"大同"理念。为此，《天朝田亩制度》规定把全国土地收归国有，然后平均分配：田分九等，"凡分田照人口，不论男妇，算其家口多寡，人多则多分，人寡则寡分。"同时，更为值得注意的是，《天朝田亩制度》还提出了农村基层组织的构想，即以 25 家为一"两"作为农村社会组织的基本单位，并设"两司马"为负责人。其基本职责是："凡当收成时，两司马督伍长，除足其 25 家每人所食可接新谷外，余则归国库。凡麦、豆、苎麻、布帛、鸡犬各物及银钱亦然。"这意味着农民能维持基本生存，但不容许有多余的私产，所有的剩余产品都要收归国有，然后共同分配、平均使用。这些平均主义的乌托邦构

---

① 转引自薄一波：《若干重大决策与事件的回顾》（修订本下卷），人民出版社1997 年版，第 802 页。

想虽然无法真正实施，但对后来的许多社会改革者却有着深刻的影响。毛泽东主席也曾指出："现在的人民公社运动，是有我国的历史来源的。"①

人民公社运动的直接渊源是前期的农业合作化运动。事实上，毛泽东早在指导农业合作化运动时就产生了小社并大社，建立公社的思想。在1955年为《大社的优越性》一文所写的按语中，毛泽东指出："这种小社仍然束缚生产力的发展，不能停留太久，应当逐步合并。有些地方可以一乡为一个社，少数地方可以几乡为一个社，当然会有很多地方一乡有几个社的。不但平原地区可以办大社，山区也可以办大社。"② 1958年3月，成都会议通过了《中共中央关于把小型的农业合作社适当地合并为大社的意见》，全国掀起了并社，办公社的热潮。该年9月北戴河会议作出了《中共中央关于在农村建立人民公社问题的决议》，人民公社化很快席卷全国，成为了我国农村唯一的、垄断性的、政社合一的社区型组织形式。

农业合作化和人民公社化运动虽然在中国农村土地上有一定的思想基础与生长的土壤，但完全依赖农民的自觉自愿，要想覆盖所有的农村地区，囊括所有的农村居民是根本办不到的。

在农业合作化时期，毛泽东虽然有时也强调要坚持自愿、互利原则，对不愿入社的农民"要有一段向他们进行教育的时间，要耐心地等待他们的觉悟，不要违反自愿原则，勉强地把他们拉

---

① 转引自薄一波：《若干重大决策与事件的回顾》（修订本下卷），人民出版社1997年版，第802页。

② 毛泽东：《〈中国农村的社会主义高潮〉的按语》，《毛泽东选集》第5卷，人民出版社1977年版，第257—258页。

进来"①。但在实际的运动进程中，他把农业合作化与阶级斗争联系在一起，批判"小脚女人"，批判"循常规走路"，批判"右倾机会主义"，并把对待合作社的态度，看作是"社会上各种人物的嘴脸，被区别得清清楚楚"②。在如此一种政治氛围中，"顺之者昌，逆之者亡"，农民慑于权威和群体行为的压力，不自愿也不得不自愿。用薄一波的话说，"社会主义空气逼人"③。除了这种高压的政治气氛和政治手段外，逼迫农民，尤其是逼迫富裕农民入社还有其他的一些手段。例如，在浙江，"有的办社干部公开宣布：入了社可以少派粮食征购任务，不入社就要多派。许多地区为了办社，要求土地连片，对不入社的农户强制调换土地。有些干部甚至对不入社的农民进行恐吓，致使不少农民是抱着惴惴不安的心情入社的。"④ 又例如，在广东陈村，"富户本来不想参加，受到孤立之后，只好被迫加入。比如在灌溉的问题上，合作社就整他们，让他们接不上水，以此逼他们入社"⑤。还有，没有参加合作社的青年就不能参加村里组织的各种社交活动和文体活动，这使得有强烈社交需求的青年与家里的顽固老子作斗争，逼迫他们入社。很显然，如果没有这种种的强制性手段，要想在如此短的时间内把千百年来分散的小农都统统组织进

---

① 毛泽东：《关于农业合作化问题》，《毛泽东选集》第 5 卷，人民出版社 1977 年版，第 178 页。

② 毛泽东：《〈中国农村的社会主义高潮〉的按语》，《毛泽东选集》第 5 卷，人民出版社 1977 年版，第 233 页。

③ 薄一波：《若干重大决策与事件的回顾》（上），人民出版社 1991 年版，第 142 页。

④ 同上书，第 342 页。

⑤ Chan，Anita，Richard Madsen，Jonathan Unger，*Chen Village：The Recent History of a Peasant Community in Mao's China*，Berkeley，CA：University of California Press，1984，p. 21.

合作社，实现全国农村的合作化是完全不可能的。按照新制度经济学制度变迁的理论框架分析，如果设定了全国农村合作化这一既定目标，强制性制度变迁的组织成本会大大低于通过谈判以达到自愿联合的组织成本。

由于合作化运动已经通过自愿和强制，或半自愿半强制的手段把所有的农民都组织加入了社，人民公社化只不过是小社并大社，提高公有化程度，其组建成本实际上比合作化要低。因此，人民公社化仅仅用了不到一年的时间，比农业合作化运动的时间要短得多。毛泽东主席在 1958 年 8 月的北戴河政治局扩大会议上指出："搞公社这个东西，没有初级社那样多的危险。关键是初级社，由私有变公有。在合作社基础上搞公社没有那么多困难。"① 9 月 10 日，《中共中央关于在农村建立人民公社问题的决议》公开发表，到 10 月底，全国建立的公社就达到了 26567 个，参加的农户占农户总数的 99.1%。②

人民公社可以分为它的典型模式和后退后的改良模式两大类。如前所述，典型模式更符合毛泽东所构想的理想社会。其基本特征是：

第一，"一大二公"。所谓"大"，是指它的组织规模大。当时，全国 2 万户以上的特大公社就有 51 个，有的地方甚至一县一社。毛泽东主席概括了"大"的一些好处："大，人多（几千户，一万户，几万户），地多，综合经营，工农商学兵，农林牧副渔；大，人多势众，办不到的事情就可以办到；大，好管，好纳入计划。"③ 所谓"公"，是指它的公有化程度高，这是比

---

① 转引自薄一波：《若干重大决策与事件的回顾》（修订本下卷），人民出版社1997 年版，第 770 页。

② 同上书，第 774 页。

③ 同上书，第 767 页。

"大"更为本质的特征。公有化程度高，一是公有的层次高，公社是一级所有者。而且，正如毛泽东主席所说："人民公社的集体所有制中，就已经包含有若干全民所有制的成份了。这种全民所有制，将在不断发展中继续增长，逐步地代理集体所有制。"[1]从集体所有制过渡到全民所有制是人民公社初始的既定目标。二是公有的范围广。它不仅表现为基本生产资料的全部公有，社员完全没有自留地、自留畜，不能搞家庭副业。而且还表现为生活资料的大部分公有：公共食堂，"吃饭不要钱"；衣食住行、生老病死、婚丧嫁娶、教育医疗等实行供给制的"大包干"。

第二，"政社合一"。人民公社实行的是工、农、商、学、兵相结合的制度，政权组织（政）与经济组织（社）合为一体。人民公社既是一级政权机构，又是一个经济组织，而且，"政"大于"社"。正如当时一些学者所说："政社合一了，人民公社既是基层经济组织，又是基层政权组织。政权是全民的代表，而不是某个集体的代表。因此，公社生产资料的实际支配权就不仅是属于公社这个集体，并有代表全民的政权参与其事。""国家能够直接参与公社物质生产的组织和收入的分配，这样就使公社具有了全民所有制的因素，加强了国家对公社的领导。"[2] 由此可见，"政社合一"进一步提升了人民公社的公有化程度，是人民公社集体所有制经济中内含着全民所有制性质的必然结果。

第三，自给自足，自成体系。按照毛泽东的设想，公社不仅有农，而且也还要有工，有商，有学，有军，要普遍兴办公共食堂、幼儿园、学校、医院，总之，公社是一个独立的、"大而全"

---

① 转引自薄一波：《若干重大决策与事件的回顾》（修订本下卷），人民出版社1997年版，第771页。

② 转引自董辅礽：《关于我国社会主义所有制形式问题》，《经济研究》1979年第1期。

的、封闭型的社区经济体系。在这个体系中，商品交换被限制在最小的范围，市场被取消，公社经济实质上是一种规模放大了的自给自足的自然经济。[①]

第四，平均主义的分配制度。合作化与人民公社化运动的兴起，在很大程度上是要防止土地改革后出现的新的两极分化[②]。"大体平均、略有差别"是毛泽东在收入分配问题上的基本主导思想。[③] 人民公社的分配制度沿着这一思路，是典型的"平等优先"取向。[④] 大多数生活资料的分配是"按人头"的供给制分配。"大锅饭"是人民公社收入分配制度的特色，事实上也是公社收入分配的基本原则。

第五，无所不包的社区保障。与平均主义的分配制度相联系，公社也力图建立一个覆盖所有社员的、从生到死、无所不包的社区性公共保障体系。曾作为人民公社典型的河北徐水县，就实行了所谓的"十五包"，即包吃饭、穿衣、住房、鞋、袜、毛巾、肥皂、灯油、火柴、烤火费、洗澡、理发、看电影、医疗、丧葬。

---

① 当时的国务院副总理、财政部长李先念在一份《人民公社所见》的调查报告中有如下的描述：过去在手工业和农业社之间，农业社和农业社之间，农民和农民之间，许多通过商品流通的产品，现在变为自产自用，在社内直接分配。过去为卖而生产的东西，现在变成为自己需要而生产；过去需从市场上购买的东西，现在也能生产自给。

② 对土地改革后我国农村两极分化的严重程度理论界目前有不同的看法，一些学者认为当时的高层决策者可能过高地估计了农村两极分化的程度。

③ 毛泽东在谈到干部评级时说过，"什么干部评级，根本不评了，工资大体平均、略有差别就是了。"（《在省市自治区党委书记会议上的讲话》，《毛泽东选集》第5卷，人民出版社1977年版，第330页。）笔者认为，"大体平均、略有差别"是毛泽东在整个分配制度方面的主导思想。

④ 我在这里使用的是"平等优先"，而不是很多文献使用的"公平优先"。平等与公平不能等同。平均主义并非是公平的。

第六，社会生活的高度组织化。传统小农经济的一个重要特征是"一盘散沙"，是马克思所说的"马铃薯经济"；人民公社矫枉过正，在把农民"组织起来"的同时，实行"组织军事化、行动战斗化、生活集体化"。公社的劳动力按军事编制组织，由公社和国家统一调配，过去一家一户的分散式生活方式则改为集中性的集体生活方式。公共食堂就是这种集中性的集体生活方式的必然产物。

这种典型的人民公社模式没有持续多久，就由于对社会生产力的巨大破坏，连续三年的大饥荒而不得不"调整"，实际上是后退；最后在所谓"队为基础、三级所有"的制度框架内基本稳定了下来。与典型的人民公社模式相比较，改良后的人民公社模式保留了典型人民公社模式中"政社合一"、"自然经济"等基本和本质的特征，但在"一大二公"方面向后作了较大（但不是本质性）的改变。

首先，改良后的人民公社缩小了规模。一县一社、几乡一社的现象消失，基本上是一乡一社。据中央农村工作部 1961年 9 月 6 日的报告，调整后的人民公社总数为 55682 个，比调整前增加了 30478 个，[①]公社的规模大大缩小。同时，更为重要的是，过去公社是唯一的一级所有者的格局转变成了公社、生产大队、生产队的三级所有，并以生产队作为最基本的经济核算单位。

其次，公有化的程度大大降低，在一定程度上承认了农户部分的私有经济地位。这包括恢复了自留地，容许农户饲养一定数量的家畜、家禽，解散了公共食堂，小型农具私有，住房私有，

---

① 转引自薄一波：《若干重大决策与事件的回顾》（修订本下卷），人民出版社 1997 年版，第 952 页。

实行按劳计酬的工分制等等。

再次，公社社员的社会保障从"无所不包"后退到了"有选择性保障"；从公社的"统包"后退到了以生产队为主体，"社队保障"与"家庭保障"相结合。除了对无依无靠的鳏寡孤独者依然由社队实行"保吃、保穿、保烧、保教、保葬"的"五保"之外，其他社员的社会保障，社队与家庭都需要承担一定的义务和责任。例如，除了"五保户"之外的大多数农村老人养老仍以家庭保障为主，这沿袭了传统小农经济"养儿防老"的传统；但社队依然承担了很大的责任：要为老人发放基本的"口粮"，为老人分配自留地，等等。

最后，公社社员社会生活的组织化程度也有相应的降低，家庭在社会生活中的地位与作用在一定程度、一定范围内有所恢复。这表现在生活的集体化重新被家庭化所取代，家庭重新成为农村生活消费的最基本单位；劳动力的组织虽然在一些大型的农田水利基本建设时期依然按军事化组织，但在日常生产中已不再以连、排之类的军事编制出现。

人民公社体制虽然有所改良，但其内在的制度缺陷最终仍然导致了它的全面解体。人民公社为什么会失败，人们从不同的角度给出了多种解释。

1. 生产关系超前。这是主流意识形态对人民公社失败原因分析的主要观点。所谓生产关系超前，就是指生产关系超越了生产力的发展水平，这意味着人民公社体制是不符合当时农村生产力发展水平的体制，它超越了农村生产力的发展水平。不过，这一解释依然留下了一个问题没有回答：人民公社只是办早了，超前了，还是从根本上就错误，只是一种乌托邦的空想？换句话说，如果以后农村生产力发展了，是不是还要办人民公社？农村的生产资料所有制关系是不是还要升级？

专栏 4—1　　　生产力发展，所有制升级

　　"公有制为主体、多种所有制经济共同发展"是我国的一项基本经济制度。然而，为什么要实行"多种所有制经济共同发展"？权威性的理论解释是由于生产力的多层次性，更具体地说，是由于我国还处于社会主义初级阶段，生产力不发达，所以需要多种所有制形式与之相适应。这一理论解释似乎已成定论，但它是否符合马克思所说的"理论彻底性"，笔者有些疑问，特陈述如下：

　　如果用生产力多层次性来对应多种所有制经济，其逻辑推论十分清楚，即较高层次的生产力适应公有制经济；较低层次的生产力则适应私有制经济。由于我国还处于社会主义初级阶段，生产力水平总体上较低，并且自动化、半自动化、机械化、半机械化、手工劳动并存，因此，与其相适应，必然是多种所有制形式的并存。

　　这一解释表面上看似乎顺理成章，但仔细推敲，有两个问题：

　　第一，这种生产力层次的机械对应论与现实的经济生活并不相符。即使撇开发达的资本主义国家不论，单就我国的目前状况而言，相当一部分具有高科技含量、有现代化管理的企业并非是全民所有制企业，甚至也不是公有制企业，而是私有制企业，或者是以私有制为主体的混合所有制企业；与此相反，也不是所有的公有制企业生产力层次都高。例如，相当一部分乡办、村办企业，一些小型的合作制企业，生产力层次就非常低。

　　第二，更大的问题是，这种与生产力层次相对应的观点自然

会引申出"所有制优劣论"和"所有制升级论"。这种逻辑必然会得出如下结论:既然低层次生产力对应非公有制经济,高层次生产力对应公有制经济,那么,随着生产力的发展,所有制升级是必然的趋势。

的确,我们曾花了很大气力批判"所有制升级论",但批判的前提是"不顾生产力发展",言外之意,如果生产力发展了,生产力层次提高了,"所有制升级"仍是必然的。由此可见,用生产力多层次性来解释"多种所有制经济共同发展"仍然为"所有制优劣论"、"所有制升级论"留下了理论回旋空间。这是理论不彻底的表现。

---

* 拙作原载于《长江日报》1998 年 4 月 13 日《求知》版,本专栏有删节。

2. 政社不分。这是改革早期对人民公社失败原因的一种分析。1978 年,董辅礽教授对人民公社的政社不分提出了尖锐的批评,指出它"带来了一系列的问题",并呼吁"应该使农村的基层政权组织同人民公社集体所有制经济组织分开,重新建立乡镇政权"①。第五届全国人民代表大会第五次会议对宪法进行了修改,乡镇政权的重新建立从法理上宣告了"政社合一"的人民公社体制的终结。但是,现在看来,即使政社严格分离,人民公社作为一种单纯的经济组织形式也不会有长久的生命力。

3. 退出权的丧失。林毅夫教授认为,人民公社失败的原因主要在于社员退社自由的权利被剥夺。林毅夫用博弈论来解释公

---

① 董辅礽 1978 年 9 月在哲学社会科学规划会上的发言,后发表于《经济研究》1979 年第 1 期。

社效率的下降："由于农业生产上的监督极为困难，一个农业合作社或集体农场的成功，只能依靠社员间达成一种'自我实施'的协议。""这种自我实施的合约只有在重复博弈的情形下才能维持。在一个合作社里，社员如果拥有退社的自由，那么，这个合作社的性质是'重复博弈'的，如果退社自由被剥夺，其性质就变成'一次性博弈'。"① 如此一来，"自我实施"的协议就无法维持，社员的劳动积极性就会下降，劳动生产率就会大幅滑坡。事实上，如果没有外在的强制力，社员可以自由加入和自由退出，也就不会有覆盖中国广大农村的人民公社化运动。因此，农民自由选择权的剥夺本身就是人民公社化的前提。从另一个角度看，一个可持续的、有效率的经济组织也必须对成员的"退出权"有所限制，也就是成员的"退出权"有所丧失，这也是"组织"可持续和有效率的一个重要前提。笔者认为，完全自由的退出权与完全不自由的退出权对"组织"的生存与发展都是有害的。其详细的论述可见本书的第二章第二节。

4. 监督成本高昂。这一观点与"退出权丧失"的观点有相通之处。"退出权"说到底就是通过"重复性博弈"来解决有效监督的问题。如果组织成员这种主动、外显的"退出权"被完全剥夺，他们就有可能转化为日常劳动投入中的"偷懒"这种消极怠工的"退出"。因此，如何通过有效的监督来维持组织成员的劳动效率就是维持组织效率的关键性环节。应该说，任何团队生产都存在着监督成本的问题。人民公社则由于其内在的制度化特征，再加之农业生产的特殊性，使得这种监督成本更加高昂。因此，在公社体制中，"搭便车"无法防止，"偷懒"是一种普遍化

---

① 林毅夫：《制度、技术与中国农业发展》，上海三联书店、上海人民出版社1994年版，第7页。

现象，原来设想的可极大地调动劳动者生产积极性的公社事实上成为了一个效率低下的经济组织。

5. 管理者激励不足。与劳动者（社员）的普遍偷懒相对应，管理者（干部）则存在激励的不足。一些研究者认为，有效监督需要激励管理者，使他们具有监督的内在动力；而管理者的监督动力又来自于他们对经济剩余的索取权。因为公社体制内在地排斥了管理者对经济剩余权的索取，管理者的激励必然无效。例如，周其仁认为，人民公社在制度安排上取消了管理者对经济剩余权的索取，但并不能取消管理者经济激励的需要。"对他们的激励无效，导致集体化规模经济效果根本无从实现。"[①]

6. 产权主体缺失。一些学者进一步指出，劳动者偷懒，管理者激励不足，背后的原因都是产权主体的缺失。人民公社体制，名义上一切产权归集体所有，农民是集体经济的主人，但这只是一种虚幻的法权关系，在实际的经济运行过程中，农民与集体经济处于对立的两极，无法使农民建立起对集体经济的基本信任。因而，农民参加集体劳动缺乏内在积极性，一有机会就会参与对集体财物的侵占和蚕食，集体经济陷入困境。[②]

以上六种对于人民公社体制失败原因的解释，可以看作是我国经济学界的主流观点。这六种解释并非相互排斥，事实上可以相互补充。当然，除了这六种解释外，也还有一些非主流的观

---

① 周其仁：《中国农村改革：国家与土地所有权关系的变化——一个经济制度变迁史的回顾》，《中国社会科学季刊》（香港）1995 年第 6 期。

② 参见发展研究所综合课题组：《改革面临制度创新》，上海三联书店 1988 年版；陈剑波：《人民公社的产权制度——对排他性受到严格限制的产权体系进行的制度分析》，《经济研究》1994 年第 7 期。

点。例如，美国学者施坚雅坚持他的"市场结构"理论，认定人民公社的失败是因为规模过大，超出了所谓"基层市场共同体"的范围。① 黄宗智先生则坚持他的"过密化（内卷化）"理论，认为人民公社的失败关键在于"集体生产制度不仅没有消除过密化的倾向，反而进一步加强了这一倾向"②。武汉大学的王冰教授则认为主流派观点大大低估了人民公社实际创造的效益，人民公社的实际收益通过工农业产品价格剪刀差绝大部分外溢。因此，人民公社的失败主要应归咎于政府"以农补工"的发展战略与相配套的一系列政策。③

三　变中有不变：新形势下"村"的经营性功能与服务性功能

人民公社体制的解体，实际上是一个渐进的过程：从生产责任制，到家庭承包制（"大包干"），再到《宪法》明确废除人民公社体制，经过了 5—6 年的时间。人民公社体制的解体，也没有像一些人所说的那样，"一夜回到解放前"，或"一夜回到合作化前"。农户虽然已成为最基本的微观经济组织，但农户没有土地所有权，而只有土地的承包权（使用权，或称经营权）；土地这一农业生产最基本的生产资料依然是社区的集体

---

① ［美］施坚雅：《中国农村的市场和社会结构》，中国社会科学出版社 1998 年版。

② ［美］黄宗智：《长江三角洲小农家庭与乡村发展》，中华书局 2000 年版，第 317 页。

③ 王冰：《中国农业生产组织政策绩效分析与评价》，《经济评论》2004 年第 4 期。

所有，只不过社区的范围有了调整：过去的公社，即现在的乡（镇），已基本上退出了社区土地所有者行列，它们没有被列入农村土地的发包方[①]；过去的大队，即现在的村，则成为社区集体土地的主要所有者（在有些地方，特别是地广人稀的地区，过去的生产队，即现在的村民小组，是社区集体土地的所有者），它们是农村土地最主要的发包方。虽然作为所有者的社区层次发生了变化，"三级所有"的模糊产权也变成了产权较明晰的"一级所有"；但是，土地归社区居民集体所有这一本质没有变，即"变中有不变"。这也意味着农村合作化运动与人民公社化运动的一项主要成果——农村土地的社区集体所有制在后人民公社时期依然被保留，并且依然是当代中国农村的一项基本经济制度。在这一前提下，社区性集体经济与农户经济的结合被概括为"以家庭承包经营为基础、统分结合的双层经营体制"。

何谓双层经营体制？

按照中央文件的权威性解释，双层经营体制就是家庭承包经营与集体统一经营相结合的一种制度。其中，作为"分"的一层，家庭承包经营是双层经营体制的基础，它主要体现为：社区集体所有的土地由该社区所有农户均分承包使用；生产经营与劳力配置由农户自主决策；生产资金由农户自主投放；劳动成果在"交够国家的、留足集体的"之后，剩下的全归农户所得。由此可见，在这种新的体制框架内，农户是一个十分实在的微观经济

---

① 《中华人民共和国农村土地承包法》规定的发包主体是："农民集体所有的土地依法属于村农民集体所有的，由村集体经济组织或者村民委员会发包；已经分别属于村内两个以上农村集体经济组织的农民集体所有的，由村内各该农村集体经济组织或者村民小组发包。""国家所有依法由农民集体使用的农村土地，由使用该土地的农村集体经济组织、村民委员会或者村民小组发包。"

主体：自主决策、自主经营、独立核算、自负盈亏。另一方面，作为"统"这一层次的所谓集体统一经营，则被概括为如下主要职能：管理和发包集体土地；管理集体所有的农业设施和其他公共财产；确定公共提留的数量、比例与使用方向；组织农民从事公共工程建设；为农户提供社会服务。

在当代中国，农村社区主要以"村"为基本社会单元，政府也在大力推行以"村"为实体的村民自治，因此，集体经济的"统"也主要体现在"村"这一级区域内。

"村"作为一级社区实体，它对于社区内经济"统"的功能，主要包括两大部分：一是经营性功能；二是服务性功能或管理性功能。

经营性功能主要来自于人民公社体制遗留下来的制度遗产。人民公社作为"大一统"的社区性集体经济组织，集中生产、集中经营是其内在的特征。人民公社体制解体以后，农户经济兴起，农户成为最基本的经营主体，村作为一级社区组织的生产经营职能大大弱化，但并未完全丧失。最为典型的就是社区土地的发包、监督与管理权，也包括其他社区公共资源与公共财产（如村所有的企业、公共设施）的管理与剩余索取权。经营性功能最本质的特征就是它给村这一级社区组织带来的收入就是公产的收入，包括公产直接经营所获得的利润以及公产出租所得到的租金。因此，虽然人们对社区土地的发包、监督与管理权是否属于严格意义上的经营权还有争论，但从社区土地属于公产，社区可从中获取一定的公产收入这一基点出发，我们仍然把它看作是当代中国农村大多数村一级社区最为重要的经营性功能。

服务性功能或管理性功能与经营性功能不同，它不是基于村这一级社区所拥有的公产之上，而是源于村这一级社区的行政管理权。因此，服务性功能或管理性功能给村这一级社区带来的收入就不是公产经营的收入，而是服务性或管理性的收费。正如本章第一节所述，"村"的公共行政事务自古就有，它不构成"村"作为一级社区型经济组织，作为一个微观经营层次的必要条件。这也就是说，"村"自古以来就具有或强或弱的公共行政管理性功能，生产和提供或多或少的公共物品和公共服务，但不等于"村"就是一级社区性的经济组织，就是一级实体性的微观经营层次。使我国当代的"村"构成为一级社区性经济组织、一级经营层次的关键依然是它的经营性功能。

就经营性功能与服务性功能或管理性功能的关系而言，村这一级社区组织如果没有公产，也就无所谓经营性功能；但它必定要有服务性或管理性功能，虽然这种功能或强或弱。在我国历史上，在相当长的一段时期里，许多村这一级社区就根本不存在公产，也就自然谈不上经营性功能。然而，在人民公社体制时期，由于社区的基本生产资料皆为公产（集体财产），因此，经营性功能是人民公社最为主要的功能，社区集体收入也主要是公产收入。

有些学者认为，古今中外的土地村社所有制，村社事实上也都有土地发包、监督与管理的权利，村社内部事实上也有两个经营层次，即村社一个层次，农户一个层次。因此，他们把我国当代农村的基本经济制度也称之为"小农村社经济"。例如，温铁军教授认为："'小农村社经济'，无论从现实出发还是从法律角度，都是我国农村社会经济的基本类型，也是经济学理论研究在农村立论的微观基础。这个概念与近代日本、韩国、台湾等其他东亚国家和地区的农村基层经济主体不同，他们只有完全私有化的'小农经济'，并无村社内部共有制经济。"①

无论是把它称为"双层经营体制",还是把它称为"小农村社经济",我们必须清醒地看到,当代中国"村"这一农村社区实体所内含的经济职能不仅与传统中国农业社会"村"的经济职能有一些根本性的区别,而且与古今中外实行土地村社所有制的"小农村社经济"也有一些根本性的区别。因此,不能把我国当代的农村基本经济制度等同于传统的"小农村社经济"。这主要是因为当代中国农村整个宏观经济的外部环境已经发生、而且还正在发生两大根本性的变化。

第一个根本性的变化是:当代中国的农户经济以及村社经济面对的是一个越来越市场化的宏观经济环境,它使得农户经济与村社经济也越来越市场化,并逐步成为市场经济的微观经济主体,而不是自然经济的微观经济主体。这与传统的"小农村社经济"有着根本性的区别。

传统的"小农村社经济"是建立在自然经济的土壤之上的,它面对的外部环境是自给自足封闭型的自然经济,其内在性质也是自给自足封闭型的。无论是德国的"马尔克",俄国的农村公社,还是生命力极其顽强的印度农村公社,其本质都是自给自足的自然经济体。马克思在谈到"建立在土地公有、农业和手工业直接结合以及固定分工之上的"印度公社时指出:"这种公社都是一个自给自足的生产整体","产品的主要部分是为了满足公社本身的直接需要,而不是当作商品来生产的,因此,生产本身与整个印度社会以商品交换为媒介的分工

---

① 温铁军:《中国农村基本经济制度研究》,中国经济出版社 2000 年版,第 21 页。

毫无关系"①。在这种"小农村社经济"内部，无论是小农这一层次，还是村社共有制经济这一层次，本质上都是为了强化村社这一自给自足的自然体。

然而，当代中国的农户经济和村社经济，无论是其内在性质，还是所处的外部环境，都正在逐步市场化，也就是说，市场经济作为"一种普照的光"，"一种特殊的以太"，② 改造了农户经济与村社经济。在这种宏观制度背景下，即便是整个村依然坚持劳动公社或劳动组合的集体所有而排斥农户所有，例如河南临颖南街村的"共产主义小社区"，内部可以实行科层式管理、实行计划经济管理而排斥农户经营、市场交易，但外部也必须与市场经济接轨，实行所谓"内方外圆"的管理方式。至于绝大多数的农村社区，村一级不可能再形成一个与世隔绝的自然经济体。即便是那些交通闭塞的山区，随着劳动力的流动，商品的流动，也逐步在融入整个市场经济体系之中。尤其是中国加入 WTO 以后，经济全球化的进程加速了中国经济的市场化，如何在农户经济的基础上适应市场经济的发展，解决好农户"小规模商品生产"与国内、国外"大市场"的矛盾，是当代村社经济（而不是传统村社经济）所面临的难题。

从发展的趋势看，市场化还会加速当代小农村社经济的蜕变。这种蜕变不仅包括农户从自给性小农向市场化小农的转

---

① 马克思：《资本论》第 1 卷，《马克思恩格斯全集》第 23 卷，人民出版社1972 年版，第 395 页。

② "在一切社会形式中都有一种一定的生产支配着其他一切生产的地位和影响，因而它的关系也支配着其他一切关系的地位和影响。这是一种普照的光，一切其他色彩都隐没其中，它使它们的特点变了样。这是一种特殊的以太，它决定着它里面显露出来的一切存在的比重。"（马克思：《〈政治经济学批判〉导言》，《马克思恩格斯选集》第 2 卷，人民出版社 1972 年版，第 109 页。）

化，而且还包括村社内部共有制经济的实质性变化。例如，如果村这一级社区的土地占有制度为适应市场经济的发展而实行土地股份制，那么，所谓的小农村社经济就有可能转变为现代的股份制经济。再例如，如果进一步把土地产权一次性界定给农户，村社共有制经济的基础就会消失，也就无所谓带有经营性功能的村社经济。

第二个根本性的变化是：当代中国的农户经济与村社经济面对着工业化、城市化的强烈冲击，使得村社与村社人口处于一种开放性、不稳定的运动状态，这与传统村社及村社人口的非流动性和凝固性也有重大的区别；而且，从发展趋势看，当代中国的农村村社在逐步缩小，而不是发展壮大。

传统的小农村社是一个个封闭型的自然体，人口的变动主要是机械式的自然繁殖、自然死亡和自然性增长。除非是天灾人祸和战乱，人们才离乡背井，外出逃荒和避难，在一般情况下，村社劳动力和村社人口很少离开故土，流动率极低。这主要是因为整个社会的工商业不发达，城市经济也不发达，不能为村社劳动力提供农业以外的新的就业门路。从总体上看，在传统农业社会里，在和平时期，村民与村社是处于自我繁衍的数量扩张势态。这表现为乡村人口呈几何级数的增长，而伴随着人口的增长，分家分业，或开拓荒地，在新的地方按旧乡村的模式又复制出新的乡村。

然而，当代中国正处于工业化、城市化以及市场化的急剧转变时期，工业化、城市化、市场化带来了农业劳动力大规模的转移，乡村人口向城市大规模的流动，这使得村社的劳动力，乃至村社人口也处于不断的变化与流动之中。从宏观层面看，全国的乡村人口自 1995 年以来不仅是相对比重逐年下降，而且绝对数量也在逐年减少。1995 年是我国乡村人口的最高峰——85947 万，2004 年底已经下降到了 75705 万；乡村人口占全社会人口的比重也从 1995 年的 70.96％下降到了 2004 年的 58.24％。如果再考虑人口自然增长率的因素，而且乡村人口的自然增长率远高于城市，这就意味着每年有 1000 万左右的乡村人口已转为城镇人口。与此相类似，乡村的数量也在减少。据国家统计局提供的数据，1999 年全国有村民委员会737429 个，2004 年已下降到了 652718 个，5 年间减少了84711 个。这表明当代中国的乡村在萎缩，有相当一批村庄已经消逝，有更大的一批村庄则在未来要消逝，这种趋势与传统的小农村社自我复制、自我分裂、自我扩张，以致乡村人口和乡村数量不断增加的趋势恰恰相反。究其原因是：（1）一批过去的城市郊区乡村伴随城市化的进展成为了"城中村"，这些"城中村"的村民委员会逐渐转变成了城市街道委员会，乡村消逝，村民变成了市民；（2）一批经济发达的乡村在小城镇的建设中逐步转变成了城镇，乡村消逝，村民也变成了市民；（3）大型工程建设，例如三峡水库的建设，形成了大批移民外迁，许多乡村消逝；（4）贫困地区一些居住环境与生存环境恶劣的乡村，例如甘肃定西地区，为了彻底摆脱贫困，整体搬迁到条件较好的乡村，也减少了乡村的数量；（5）一些地方为了推进城镇化，也为了节约乡村的管理成本，实行小村并大村，也减少了乡村数量。实际上，乡村人口的减少还要快于乡村数量的减少，尤其是乡村就业人口的减少要远远大于户籍统计意义上的乡村人口的减少。这是因为我国目前有一亿左右的乡村劳力事实上在城市就业，但在人口统计上依然把他们当作乡村人口而不是城市人口。如果我国加快户籍制度及相配套的社会保障制度的改革，加快进城"农民工"市民化的步伐，那么，乡村人口的减少乃至乡村的消逝将会更加明显。

表 4—1　　当代中国乡村人口数量的绝对变化与相对变化

年　　份	1978	1980	1990	2000	2004
乡村总人口（万人）	79014	79565	84138	80837	75705
比重（%）	82.08	80.61	73.59	63.78	58.24

资料来源：《中国统计年鉴 2005》，中国统计出版社 2005 年版，第 93 页。

表 4—2　　　　　　　当代中国村民委员会数量变化

年份	1985	1990	1995	2000	2002	2004
数量	940617	743278	740150	734715	694515	652718

资料来源：《中国统计年鉴 2005》，中国统计出版社 2005 年版，第 445 页。

　　乡村人口的流动性使得当代中国乡村内部的劳动力流动也远远大于传统中国的乡村。这也就是说，除了乡村劳力向城镇流动以外，乡村之间的劳力也处于流动之中，而不是传统乡村的"鸡犬之声相闻，老死不相往来"。在一些经济发达，尤其是乡村企业发达的村，外来务工者已超过本村的务工者。中西部的一些乡村，青壮年大量的外出打工，家里的农活则要雇用其他村的劳动力，因此，农忙期间也形成了一个颇具规模的农业劳力市场。

　　经济的市场化，经营主体的农户化，劳动力的大规模流动，乡村数量的减少，使得当代中国"村"这一级的经济功能，主要是对公产的经营性功能，相比人民公社体制时期，已无可置疑地大大弱化。但是，在市场经济的大环境中，农户对村这一级组织提供公共产品的需求不仅没有弱化，而且比人民公社时期更强烈。这是因为分散经营的农户面对竞争激烈的大市场，必须依赖完善的社会化服务网络，而公共产品明显的正外部效应构成了社会化服务网络中极为重要的一部分。

村一级社区组织如何提供公共产品？如前所述，这需要村一级有相应的公共收入；而这种收入的来源主要有公产收入、村民缴费以及上级政府财政转移支付这三条主要渠道。相比传统中国"村"一级的财政收入源泉，来自上级政府的财政转移支付是当代中国乡村一条新的而且是极其重要的财政收入源泉。

从历史的经验看，就村公共收入的筹集而言，依赖公产收入确实比依赖村民交费成本要低，而且收入更有保证，因此，公产收入较多的村，公共产品的提供也相应较多。问题是，资源作为公产经营就必然排斥私人经营，而公产经营的效率往往要低于私人经营。

由村作为一级主体来发展乡镇企业以壮大社区集体经济的实力，是农村经济改革以后人们对农村经济发展寄予的厚望。它的逻辑思路依然是通过村级集体经济组织直接控制资源，形成经营性公产收入，以确保公共产品的生产与供给。在实际生活中，也确有一些村，例如江苏江阴华西村，通过村办集体企业，使村级集体经济实力大大增强，由此加大了公共产品与公共服务的投入，实现了村民的共同富裕。但是，就全国大多数乡村而言，行政推动和行政主导下的村办集体企业经济效益普遍不佳，大量亏损以致不得不关门倒闭。目前许多地区遗留下来的大量乡村债务，有相当一部分就是当年在行政主导下的"大办乡镇企业"热潮中，由乡村集体举债办企业，而企业后来亏损严重、资不抵债带来的。据福建省的一项调查，1999 年全省乡村两级组织因直接兴办企业及为企业担保贷款形成的债务，平均每乡为 148 万元，每村为 6.1 万元。[①] 另据湖北省的一项调查，襄樊市襄城区

---

① 姜安荣：《福建省乡村债务分析与对策措施》，《农村合作经济经营管理》2001 年第 2 期。

截止到 2002 年，因办企业而形成的债务为 23388.05 万元，占全区净债务的近 30%。[1] 即使是作为乡镇集体企业典型代表的"苏南模式"，在经历了一个较为辉煌的发展时期后，内在的制度缺陷导致进一步发展乏力而不得不改革，以实现"第二次创业"。这次改革的一项关键性内容就是乡与村这一类社区性的行政组织退出直接经营企业的行列，社区性的集体所有制企业改制成为股份制企业、股份合作制企业，或私人企业。这表明，村作为一级社区组织，作为一级"准政府"，直接经营企业，获得经营性公产收入，虽然在某个特定时期可能效率较高，但这种效率很难长久，不具有可持续性。

专栏 4—2　　村一级社区组织的沉重包袱
——乡村债务

乡村债务在我国相当大的一部分农村地区普遍存在，已成为乡村干部及村民的沉重包袱，严重影响了村民委员会以及乡政府的正常运转，对乡村和谐社会的建设提出了严峻的挑战。

就湖北省的情况看，几乎每个县都存在乡村债务问题。据中南财经政法大学的一项调查，村级负债最重的襄樊市襄城区，447 个村平均负债达 188.55 万元；其他的，老河口市，230 个村平均负债 72.27 万元；谷城县，269 个村平均负债 91.48 万元；江陵县，205 个村平均负债 66 万元；监利县，772 个村平均负债

---

[1]　陈池波、胡振虎：《治理乡村债务迫在眉睫——湖北乡村债务问题调查报告》，载 WTO 与湖北发展研究中心主办《省情调查与分析》2005 年第 13 期。

47.8 万元；潜江市，336 个村平均负债 87.87 万元；仙桃市，669 个村平均负债 59.38 万元。

据农业部农村合作经营管理站王润雷的划分，全国村级债务的形成可分三个阶段。第一个阶段为 1990—1993 年，形成村级债务的主要原因是在大办乡镇企业，消灭"空壳村"的热潮中，各级地方政府把兴办集体企业的指标分解到村，导致村级组织纷纷向银行贷款来举办集体企业。村级债务从 1990 年的 402.5 亿元增至 1993 年的 1021.3 亿元，年均增长 206.27 亿元，平均增长率为 36.39％。第二阶段为 1994—1997 年，形成村级债务的主要原因是教育"普九"达标。1997 年村级债务达 1978.6 亿元。第三阶段为 1998—2001 年，形成村级债务的主要原因是借款完成税费上缴任务。2001 年村级债务上升到 2796.9 亿元。

巨额的乡村债务使得许多村的村民委员会无法正常运转，入不敷出导致村一级组织陷入瘫痪或半瘫痪状态，不仅无法组织水利工程、道路桥梁等公共工程建设，而且一般性的公共事务也无力运转。巨额乡村债务已严重影响了乡村的经济与社会稳定。

资料来源：陈池波、胡振虎：《治理乡村债务迫在眉睫——湖北乡村债务问题调查报告》，载 WTO 与湖北发展研究中心主办《省情调查与分析》2005 年第 13 期；王润雷：《全国村级债务形成的几个阶段及成因》，《中国农业会计》2004 年第 4 期。

在这里，需要摈弃一种传统观念，即把社区的经济实力等同于社区性集体经济组织的实力。浙江等地的实践表明，私人企业、民营企业的发展也同样可以壮大社区的经济实力，"小河有水大河满"。浙江之所以能在全国率先实行最低生活保障的城乡一体的全面覆盖，一个极为重要的原因就是民营企业的迅猛发展为地方财政提供了充足的财源。这也意味着村这一级社区"所

用"的资源不一定非得社区"所有",更不一定非得社区自己
"经营"。就全国大多数乡村而言,与其花大精力去创办或经营社
区集体所有的企业,与私人争夺有限的经济资源,不如花大精力
去治理社区的投资环境,在市场推动下吸引民间自主创办企业和
自主经营企业。当然,村一级社区有必要探索一种新的机制,使
民营企业创造的部分财富转移用于社区的公益事业,保证社区公
共产品生产与供给所必要的财源。

　　当然,提供必要的社区公共产品,举办社区必要的公益事业
是村作为一级社区组织应该而且必须承担的重要责任与义务。
"公共产品的生产需要满足两个基本条件:一是反映全体社会成
员共同需要的产品,这需要通过将全体成员所占有的用来生产私
人产品资源中的一部分资源,转变为公共资源来实现;二是必须
要有一个能够代表全体社会成员利益的权力单位来组织和实施公
共产品的生产,来纠正市场失灵现象。这个权力单位就是政
府。"① 从法理而言,村民委员会不是一级政府,"村民委员会是
村民自我管理、自我教育、自我服务的基层群众性自治组织"②,
但是,正如本书一再强调的,自古至今,"村"这一级社区组织
都有政府化的倾向,可以看作是一级"准政府"。这一是因为在
村这一级社区,它实际上履行了政府的部分职能;二是村这一级
政治,实际上也是县乡政治的进一步延伸,村一级社区组织往往
担负着与县乡政府相对应的政府职能,而不仅仅是乡民自治的职
能。

　　人民公社体制解体以后,我国乡村公共产品的供给遇到了

---

① 《农村地区公共产品筹资方式研究》课题组:《农村地区公共产品筹资:制度
转型与政策建议》,《中国农村观察》2005 年第 3 期。

② 《中华人民共和国村民委员会组织法》。

极为严峻的挑战。一些学者认为，家庭承包制内在地缺乏对公共产品投资的激励，在劳动密集型公共项目的建设中，政府与村集体的动员力远不如改革以前，农村公共产品生产成本增加，从而造成了农村公共产品的供给严重不足。[①] 与人民公社"政社合一"的体制相比较，农村的农田水利基本建设、对"五保户"、"贫困户"等弱势群体的救助与社会保障、农村的合作医疗体系等公共产品的生产与供给，在新的以农户经济为基础的体制框架内确实有了不同程度的弱化。其中的一个重要原因是在相当长一段时期里，大多数村这一级社区组织没有伴随制度的变化而适时调整自己的职能，依然把直接支配和使用社区经济资源，创办和经营村级所有的企业作为主要职责，而没有找到如何在市场经济和农户经济的基础上保障乡村公共产品的生产与供给的有效途径。

人民公社体制，从整体上看，无疑是一个失败的体制，是一个低效率的微观经济组织形式。但是，人民公社体制的理论与实践中依然包含着一些有价值的理念，这也不能完全抛弃。例如，利用社区居民集体的有组织的力量，实施对社区全体居民，尤其是弱势群体基本的生存保障，包括最低的生活保障（"五保户"制度），基本的医疗保障（"合作医疗"制度），基本的教育保障（"义务教育"制度），在今天乃至未来，仍然有着重大的意义。问题在于，人民公社用来获取公共收入的途径效率低下，在经济上不具有可持续性。在如何保证乡村公共产品有效供给的问题上，不仅要考虑到"公平"，同时也必须有

---

① 郭熙保：《农业发展论》，武汉大学出版社 1995 年版；Nee Victor & Frank W. Young, "Peasant Entrepreneurs in China's Second Economy: An Institutional Analysis", *Economic Development and Cultural Change*, 39: 293—310, 1990.

"效率"的考量。

在人民公社体制时期，作为社区集体经济组织的公社以及大队、小队，直接支配和使用绝大多数的社区经济资源，但这些资源的利用率很低，因而实现的是一种建立在低效率基础上的收入相对平均，建立在普遍贫穷基础上的共同生存保障。由于经济资源利用的低效率，社区从直接经营公产中所获得的收入从总量上看也不多；但是，从社区掌控的公产收入占社区居民总收入的比重看，则相当高，这形成了公社时期农村公共产品供给的物质基础。公社体制解体以后，就全国大多数农村地区而言，作为农村一级社区组织的村民委员会以及村民小组，虽然还拥有土地的所有权，可以发包、监督与管理社区集体土地，但实际的土地使用权和主要的收益权都给了农户。同时，伴随着大多数村一级社区集体所有的企业或改制，或破产，村这一级社区直接掌控的经济资源、直接拥有的公产收入已大幅度降低。因此，村这一级社区组织从经营性功能中获得的经济收入大幅度减少，其占社区总收入的比重则下降得更为明显。在这种事态下，村这一级社区的公共产品供给就处于一种"两难"的局面。要么，就是大幅度减少公共产品的供给，这就出现了人们批评的水利失修、道路失修、学校危房、治安状况不好、五保户无人照顾、合作医疗崩溃等等乡村公共产品供给缺位的现象；要么，就是向村民集资、摊派，这又加重了村民的负担，引起了村民的不满。如何摆脱这种"两难"的困境，涉及新形势下农村公共产品供给制度的改革以及相应的村这一级社区职能的调整。

农村社区公共产品供给制度改革的核心与难点无疑是公共资金的筹集。"有多少钱才能做多少事"。虽然在特定的时期，村一级社区组织也可以通过举债来做事，但债务毕竟要偿还。乡村一级社区组织搞"赤字财政"，形成乡村债务，实践已证明弊多利少。社区直接经营公产，依赖公产收入来保证公共产品的供给，前有人民公社的教训；改革开放以后，许多乡村兴办社区集体所有制企业而留下巨额债务证明在我国大多数乡村此路也不通。依赖村民收费固然可以筹集到部分公共资金，但在村民普遍不富裕的情况下，村民交费的数量也很难满足公共资金的需求。因此，村一级公共资金的筹集如果局限于村一级，则出路渺茫。

跳出"村"的框框，乡村公共资金的筹集还有一条越来越重要的渠道，就是上级政府的财政转移支付。如果认为村民自治就意味着农村公共产品的供给就应完全由村民自己负担，那就会导致跛足的农村公共产品的建设。应该看到，我们的政府，尤其是县级以上的政府，不单纯是城市的政府，政府的职责也不单纯是要保证城市的公共产品建设。从统筹城乡发展的角度，各级政府理应把农村社区的公共产品建设也纳入到全社会整体的公共产品建设之中。此外，更为重要的是，我国的经济格局和财政收支的格局已发生了历史性的根本转变。那种依赖农村积累来推进城市工业化的时代已经结束；城市已成为国家的主要财源。因此，现在应该逐渐转向城市支援农村，城市反哺农村。这就意味着政府财政对农村社区的转移性支付应成为农村社区公共产品供给的一个重要源泉。例如，农村的九年制义务教育就理应由政府买单，"农村教育农民办"，实际上是把政府应该承担的义务和责任分摊给了农民，这并不符合全民义务教育普遍受惠的基本精神。因此，农村为普及九年制义务教育（"普九"）所欠下的债务应该由政府负责偿还，而不应该由村民委员会承担（实际上是由村民承担）。此外，农村社区的水利建设、交通建设、社会治安、五保户供养、合作医疗制度，各级政府都应视不同的情况承担或多或少的义务与责任，都有必要承担一定的资金投入。从发展的趋势看，伴随着我国的工业化、城市化进程，我国经济格局、财政收支格局的进一步变化，各级政府对农村社区公共产品建设的力度会逐渐加重，以致最终将成为农村社区公共产品供给的主体。

强调各级政府在农村社区公共产品建设中的地位与作用并不意味着村这一级社区组织就可以无所作为。即使是各级政府投入资金，也需要村这一级社区组织具体实施，何况政府不可能把农村社区的公共产品供给的资金全部包下。村这一级社区组织作为"准政府"，需要转变职能，从过去的经营性实体逐步转变为公共服务性实体。

作为公共服务性实体，村这一级社区组织也需要有一定的并且是固定性的财源。向村民以及在村级社区创办的企业征收一定的费用，虽然也曾有过乱集资、乱摊派、乱收费的"三乱"现象，但本质上是合理的。村民、在村级社区创办的企业有责任、有义务承担一定比例的公共资金，因为他们享受到了村级公共产品的收益。问题是这种收费要规范、要适度。那种每进行一次重大公共产品投资都要通过村民大会"一事一议"，然后再集资的办法虽然民主，但成本高、效率低，不适宜作为长期的制度性安排。很显然，村一级如果有了较为稳定的财源，才有可能作出村一级社区公共产品建设的长远规划，而不是临时抱佛脚的"一事一议"。而村一级较为稳定的财源，主要应来自于上级政府的转移性支付和本村村民及企业按章缴纳的费用。

综上所述，就全国大部分农村地区而言，建立在市场经济与农户经济基础上的村这一级社区组织，其作为一级经营层次的功能在逐渐减弱，而作为"准政府"的社区公共服务功能则在逐渐加强。

四 不变中有变:市场经济环境中村一级 社区型"劳动公社"式集体经济组织

与人民公社时期微观经济组织的"清一色"、"大一统"不同,当代中国农村的微观经济组织形式呈现出多样化的特征。人民公社体制解体以后,虽然大多数的乡村都实行了土地的家庭承包,但仍然有部分村继续保留了人民公社体制遗存下来的集体经济组织形式:土地没有实行家庭承包,集体财产也没有均分给个体家庭;有些村公有化的程度与人民公社时期相比不仅没有降低,反而还有较大的提高;农户没有成为自主经营、自负盈亏、独立核算的微观经济组织,也就是说农户经济没有产生;村替代了生产大队,并成为实行统一经营、统一核算的最基本的微观经济组织。总之,这些村依然保留了人民公社集体经济组织的基本内核:土地及基本生产资料公有,集体化生产与集体化经营,统一核算、按劳分配。因此,这些村依然可归于"劳动组合"或"劳动公社"这一社区性集体经济组织类型。

虽然这些村依然坚持了劳动组合或劳动公社的集体经济模式,但它们生存的外部经济环境毕竟已发生了深刻的变化。这就是整个国家进入到了市场经济的轨道,农户经济已成为绝大多数农村地区最基本的微观经济组织形式,而且农村经济整体而言也正在市场化的进程之中。因此,这些仍然坚持劳动组合或劳动公社社区型集体经济组织形式的村在一些基本内核不变的前提下,在另外的很多方面也必须变通,以适应新的变化了的环境。

河南省临颖县南街村是这一类微观经济组织形式的典型。我们也以此作为主要案例来说明:即使是这一类微观经济组织,在不变中仍然有变。

南街村地处豫中平原，临颍县城南隅，有回、汉两个民族。该村总面积 1.78 平方公里，有 2006 亩耕地，2004 年有正式村民 3000 多人。与江苏江阴县华西村、河南新乡刘庄村等人民公社体制时期的老"红旗单位"不同，南街村在人民公社体制时期并不是一个集体经济实力雄厚和富裕的大队。"党的十一届三中全会以前，南街人均年收入仅 70 多元，每人每年分得的小麦也大都在 150 斤左右，遇上天灾人祸，很多人是卖了小麦换红薯干、粗粮吃，70％以上的农民住的是破砖房，村里 30 多岁的光棍汉比比皆是。"[①] 20 世纪 80 年代初期，南街村也实行了土地的家庭承包和仅有的两个村办企业的个人承包。但是，当这种承包出现了村民弃农经商、土地撂荒、粮食产量下降、企业承包者个人发财等一系列问题以后，南街村党支部书记王洪彬及党支部决定收回承包权，"第二次集体化"。他们从本村的实际出发，扬长避短，因地制宜，依托村所有的集体企业——砖厂、面粉厂起家，滚动式发展，较快地实现了产业结构与经济结构的转换：全村的主要收入来源从农业转向了工业。1978 年，南街村的农业总产值占全村总产值的 90％以上，1988 年这一比重下降到了13％；1994 年则不到 1％。截止到 2004 年年底，全村有 26 个企业和一个南街村农场，其中还有四个中外合资企业。外来民工一万多人，远远超过村民的人数。由于南街的村办企业依托本地资源，面向外部市场，再加之内部科层式的严格管理，从 20 世纪80 年代中期到 90 年代中后期发展十分迅速，也创造了可观的经济收益，成为河南省第一个"亿元村"，并曾名列全国"乡镇企

---

① 高哲、高松、冯银增、冯石岗主编：《南街之路——社会主义的实践与探索》，中共中央党校出版社 1998 年版，第 93 页。

业百强"的第 27 位。1996 年全村工业总产值达到了 15.1 亿元，比 1984 年增长了 2150 多倍①，为南街村建立"共产主义小社区"奠定了物质基础。

南街村闻名于世的并非它的经济收入，全国村一级收入（无论是总收入，还是人均收入）高过南街村的还有不少。它之所以引人注目是因为它的一套独特管理体制，用他们自己的话说就是"外圆内方"：对外，与市场经济接轨；内部，则是建设"共产主义小社区"。

所谓"共产主义小社区"，就是最大限度的公有化，也就是中外历史上的"劳动公社"。南街村所有的基本生产资料，"大到土地厂房、设备，小到一把钳子、一根铁丝、一颗螺丝钉，都是集体财产，属集体所有"②。与全国绝大多数的乡村不同，南街村的村民，没有自留地，没有自留畜，也不容许家庭副业。在南街村，无论是工业生产，还是农业生产，以及商业、服务业，都不实行个人或家庭承包，而是村集体所有，村集体经营，并实行政企合一的经营管理体制。与此同时，南街村的绝大部分生活资料也实现了公有，形成了一个从生到死，从住房及房间家具设施到油、盐、酱、醋、葱、姜、蒜，范围十分广泛的公共供给与公共保障体系（其供给制的涵盖范围已远远超过人民公社化时期河北徐水县的"十五包"）。村党委书记王洪彬表示："咱们总的指导思想就是：把南街人的生产资料、生活资料全部实行公有制，不存在私有的问题。""目前的生活资料还有部分是私有制。""小件东西像被子、衣服、鞋子、袜子等还姓私。这些要随着南街集

---

① 高哲、高松、冯银增、冯石岗主编：《南街之路——社会主义的实践与探索》，中共中央党校出版社 1998 年版，第 12 页。

② 同上书，第 27 页。

体经济的发展，逐步把现在群众姓私的东西都变为姓公。"①

与高度的公有化相适应，南街村实行以供给制为主体、以工资制为补充的个人收入分配体制。按南街村自己的说法，"今后的南街，工资的成分会越来越小，供给的成分会越来越大，供给的档次会越来越高，最终让每个南街人富得个人没有一分钱的存款。"② 在 20 世纪 90 年代中期，也是南街村经济发展的鼎盛时期，职工人均月工资仅为 180 元左右，没有任何奖金和加班费，但是，各种供给制的福利收入大大超过了工资收入，仅村供给的一套住房就相当于八万元人民币，是职工三十多年的工资总和。外来民工虽然以工资为主体，但集体福利所占的比重也很大，月工资也不过是 200—300 元。

案例 4—2　　南街村的供给制与公共福利

南街村的供给制始于 1986 年。从 1986—1994 年，由最初的水、电免费发展到了 14 项公共福利，集体对村民实行了免费供给水、电、煤、气、食用油、面粉、节假日改善生活食品；儿童入托、学生上学直至大学毕业，一切费用均由集体负担；文化娱乐、人身保险、防疫、医疗费、计划生育、农业税、农村各项提留也由村里承担。1995 年春节，村民每人供给十斤猪肉（十斤牛肉）、五斤鱼、二斤白条鸡、二斤鸡蛋、十斤大米、五斤苹果、

---

① 南街村编写组：《理想之光——南街人谈共产主义小社区建设》（内部资料），1995 年，第 164 页。

② 南街村编写组：《理想之光——南街人谈共产主义小社区建设》，第 11 页。

一斤糖块、一斤瓜子、二斤大枣、十斤豆腐、一斤小磨油、五斤粉条、一瓶酒、一条香烟、五斤核桃、三斤柿饼、五斤葱，还有五香粉、酱油、醋、八角、茴香、生姜、味精等 29 种节日食品。村民们一分钱不用花，村里把节日食品全部安排齐了。

从 1993 年起，村开始建高标准的住宅楼，大套三室一厅，92 平方米，小套 74 平方米，二室一厅，村里统一配备了中央空调，54 厘米平面直角"长虹牌"、"北京牌"彩色电视机，高档家具齐全，卧室摆好了席梦思床、高低柜、床头柜，炊具也是统一配置，太阳牌双芯液化气灶、万宝牌抽油烟机，连液化气罐都是名牌产品。卫生间设施齐全，每周供两次热水，让村民洗澡。一套住宅配套下来近八万元人民币。

到南街工作的外籍职工，也逐步扩大了供给的成分。职工们在食堂就餐一律实行了主食免费；职工公寓宽敞明亮，八个人一个房间，人均使用面积 3.5 平方米，房间都配有中央空调，集中供暖、冷气。村里统一配备了床、被、脸盆、水瓶、茶杯、小柜。到南街上班，只要带着换洗衣服就可以了。逢年过节，都要发给节日食品，让职工们回家与亲人团聚。1995 年春节，每人就供应了十斤大米，十斤苹果，一箱方便面，一箱锅巴，两箱果茶，一箱啤酒等将近 130 元的食品。平时，职工们洗澡、理发全部免费。

资料来源：临颍县南街村编写组编：《理想之光——南街人谈共产主义小社区建设》，1995 年，第 11—13 页。略有删节。

在高度公有化和广泛实行供给制，保证村民广泛福利的基础上，南街村对所有的村民，包括村干部也实行了极为严格的控制与管理。在意识形态领域，南街村几乎每年都要进行一次大规模的政治活动，并经常性地开展群众性的思想大讨论，批判干部和村民中的私有观念，"狠斗私字一闪念"。用他们自己的话说，"南街人天天都在'斗'"，"社会上谈'斗'色变，南街人却以'斗'为乐"①。同时，南街村严格防止外来多元文化的冲击，电影、文艺演出、电视频道、报纸杂志以及中小学课堂都实行极为严格的管理，凡是与"共产主义小社区"主流意识形态不相符合的东西都被拒之门外。更为重要的是，南街村有一整套以"破私立公"为核心内容的规章制度，从各方面规范干部和村民的行为。对于那些违反了这些规则的所谓"犯错误人员"，实行重处严惩，以保证"共产主义小社区"的"纯洁性"。例如，在南街村有一项"十星文明户"②的评比活动，每颗星代表一项特定的内容，某项内容达不到要求就扣掉一颗星，并相应地取消一项免费供应的福利，包括停电、停煤、停面等。错误严重的，则有可能被取消村民的资格，并殃及全家，即全家都被"开除村籍"，"搬出村民楼"，在村殡仪馆所在地人均分配三分地谋生，既失去了工作，也失去了村里所有的公共福利与公共保障。

案例4—3 南街村对村民的严格管理

南街村在高度公有化和给村民提供全面的福利保障待遇的同时，制定了一系列严格的规章制度，"破私立公"。对于违反了这

---

① 南街村编写组：《理想之光——南街人谈共产主义小社区建设》，第38—39页。

② 1996年，这"十星"是：共产星、责任星、吃亏星、文化星、遵纪星、新风星、技术星、勤俭星、慈孝星、卫生星。

些规章制度的村民"重处严惩",以确保"共产主义小社区"的纯洁。

这种严格管理的办法之一是"大民主的群众监督"。南街村每半年或一年进行一次揭(揭发坏人坏事)、批(批判错误思想)、查(查挖消极因素、查挖各种隐患、查挖各种破坏行为)和"五反"(反官僚主义、反弄虚作假、反以权谋私、反无所作为、反浪费);每半年或一年搞一次群众性的党员、干部评议,通过这些大民主方式,实行群众监督。

严格管理的办法之二是"办学习班"。1990年7月,村里就开始办"双文明学习班",将那些"不好好工作的职工、不守法纪、打架闹事、'喝闲酒'的村民、小错不断的青年"等等全部送进学习班。学习班成员集体吃住,白天劳动,晚上接受思想教育,一月一期,变好了就"毕业",否则继续学习。在后来的学习班中,还停止了学习班成员的工资和一切福利。

办法之三是"穿黄褂、扫大街、拉人力车"。这种方式不仅是对犯错误人员的一种体罚,更重要的还在于让他"丢脸",使之在乡亲面前"抬不起头","无地自容"。

办法之四是"评最差"与"剁尾巴"。公司每月要推举一个"最差车间",各厂队要评出"最差职工"。被评上者,要扣发工资、停止福利。多次被评为最差职工者则送进学习班。而且,在评最差当中定出了10:1的死指标。

办法之五是"十星级文明户"评定。对达不到一定标准的村民扣除相应的福利。

"开除村籍"是最严厉的惩处。1996年3月,一位于姓和一位张姓的村民就受到"开除全家村籍,搬出村民楼"的处罚。被开除者被发配到离村较远的村殡仪馆所在地"七里桥"居住,生活靠村里分给的人均三分地,集体福利一项都不能享受。

以上的惩处措施有如下几个鲜明特点：（1）直接与扣除或取消村提供的福利待遇挂钩。（2）不少惩罚实行连带责任，一人受罚，全家受罚，甚至影响亲友及邻居。例如，开除村籍是全家开除，不分老幼；对计划生育超生户的处罚还涉及左邻右舍，"因为他们作为邻居监督不力，没有及时反映情况"。（3）利用公众舆论给犯错误的人员以心理压力，使之"丢人现眼"。例如要求犯错误人员穿黄褂扫大街，要求犯错误人员自费演电影，"在演电影之前，犯错误的人必须站在台前说明原因，做出检查。这种形式对人的压力很大，既损财，又丢人，连自己的小孩也会因此而几天不理你"。

资料来源：项继权：《集体经济背景下的乡村治理——南街、向高和方家泉村村治实证研究》，华中师范大学出版社 2002 年版，第 288—291 页；临颍县南街村编写组编：《理想之光——南街人谈共产主义小社区建设》，1995 年。

在坚持"内方"的同时，南街村对外则适应市场经济大环境，采取了一系列与内部管理主流意识形态并不吻合的措施与方法，即"外圆"。用南街村自己的话说，"所谓外圆，就是根据市场竞争法则和国际通行惯例，在不违背大的原则和不丧失国格、人格的前提下，所采取的灵活措施"[①]。例如，在对外的商业交往中，需请客就请客，需送礼就送礼，该收礼也收礼，该得回扣也得回扣。不过，收的礼金和得的回扣要交公。又例如，为了与日本内田贸易株式会社合资办厂，不惜重金为日本客商建造了内设小舞厅、卡拉 OK 厅、健身房、酒吧间的豪华别墅，并有电脑控制的高级麻将桌。在日本客商人手不够时，村里三大班子的领

---

①　临颍县南街村编写组：《理想之光——南街人谈共产主义小社区建设》，1995 年，第 124 页。

导还轮流陪他们打麻将。而这些按"共产主义小社区"的主流意识形态，是典型的不正之风和资产阶级生活方式。

如果说"内方"体现的是这一类微观经济组织在坚持社区型劳动公社集体经济模式的"不变"的话；"外圆"体现的则是面对市场经济大环境的"变"。应该说，对于这一类微观经济组织，"外圆"的"变"是方法，"内方"的"不变"才是本质与核心理念。"变"是为了"不变"。

虽然许多推崇者把南街村一段时期的跨越式发展归因于劳动公社或劳动组合的集体经济模式，归因于精神的力量；但事实上南街村在人民公社体制时期并没有发展和富裕起来。南街村的发展得益于村办企业，得益于决策者在起步阶段因地制宜地调整产业结构的科学决策，也得益于改革开放和社会主义市场经济的大环境。当然，这并不否认南街村独特的管理体制在这段跨越式发展时期也起到了十分重要的作用：（1）南街村的全面集体化使得村一级社区组织能最大限度地利用社区有限的经济与社会资源，以获得规模经济收益，并降低企业的创办成本；同时，全面的集体化保证了社区资金的高积累率，为企业"滚雪球"的发展提供了必要的资金保障。（2）南街村严格的类似于军事化的科层式管理降低了企业的管理成本，并以严格的管理保证了产品的质量，因而赢得了市场。（3）南街村低工资、高福利的分配制度既降低了企业的劳动用工成本，又保证了职工队伍的相对稳定。一般而言，工资是即时的成本支出，具有刚性；而福利则取决于利润的多寡，富有弹性。低工资、高福利的分配制度在劳动力流动率低的前提下可激发劳动者对企业及村这一级社区长远发展的关心。（4）南街村企业的快速发展还吸引了一万多廉价的外来劳动力，外来工是本村职工的近五倍。这些外来劳动力绝大多数属于基层第一线工人，他们创造的"剩余价值"是南街村企业利润的重要来源。（5）南街村注重意识形态的灌输和经常性的思想政治教育，可形成一种自愿和高压相结合的集体经济文化氛围，并节约企业的监督成本，在一定时期也能较为有效地遏制团队生产中劳动者的"搭便车"行为与管理者假公济私的腐败。（6）南街村以王洪彬个人为核心的高度集中的决策机构以及政企合一的管理体制避免了决策程序的繁琐和冗长，保证了面向市场竞争的决策高效，因而降低了行政管理成本。（7）南街村独特的管理体制吸引了世人的眼球（"注意力经济"），既起到了广告宣传，为企业产品拓展市场的功效，又激发了旅游业的兴起。更重要的是，它引起了各级政府部门和社会舆论的高度关注①，既降低了与相关政府部门打交道的成本，又获得了贷款倾斜、政策倾斜等多方面的优惠。此外，南街村还广泛地利用了各种社会资源，例如把一大批离退休领导干部聘为"荣誉村民"，为南街村的发展起到了良好的公关作用。

南街村这种独特性质的"共产主义小社区"是否具有可持续性是一个争议激烈的问题。从现有的材料看，南街村的可持续发展在 20 世纪末 21 世纪初已经遇到了一系列极为严峻的挑战。

首先，内部开始了分裂。一些村民由于种种原因脱离了村集体，自己办起了调料厂、纸加工厂等个体企业；一些具有经营才能的中层管理者也由于种种原因离开了村集体而自谋出路。过去，即便是那些受到"开除村籍"处分的所谓"犯错误人员"都不敢反抗村集体，而现在有一批人已公开挑战这些"重处严惩"的管理规则。

其次，经济效益下滑。1997 年是南街村经济效益最好的一年，工业总产值达到了 17 亿元，但从那以后，企业经济效益开

---

① 例如，南街村党委书记王洪彬就兼任了临颍县委副书记。

始下降，2002 年工业总产值已降到了 12 亿元，企业利润的下降幅度更大。这既有决策者，尤其是"一把手"王洪彬盲目投资决策的严重失误（例如 1999 年下半年开始投巨资 2000 万元搞伪科学的永动机试验以及后来的用黄土造纸的试验），也有"大锅饭"体制必然要带来的日益蔓延的劳动者"偷懒"、"搭便车"及"揩公家油"的行为。无可置疑，南街村"共产主义小社区"之所以能得到大多数村民的认同与支持，是因为它的高福利公共保障给村民带来了实惠；而高福利公共保障又必须以企业利润为支撑。如果村集体收入不足以支撑这种高福利的公共保障，"共产主义小社区"的公众认可度与支持力就会从根本上被动摇。

第三，年轻一代的思想开始变化。与经历过贫穷和温饱问题的前辈相比，南街村的年轻一代对那种束缚个性、整齐划一的供给制与思想文化的严格控制日益抵触。由于现代社会已是一个多元化的社会，不可能把年轻人完全封闭起来，因此，外来思想、外来文化的冲击使得南街村年轻一代对"共产主义小社区"的认同感降低。例如，年轻人到村外文化消费的现象已十分普遍，村集体对此也无能为力。

从制度变迁与制度绩效的角度看，南街村实行"第二次集体化"和开始建设"共产主义小社区"的时期，制度收益明显高于制度成本。这是因为在人们处于普遍贫穷、温饱都难以满足的阶段，绝大多数村民对生存权、"奔小康"的偏好要高于自由选择权。同时，在人民公社集体经济生活了多年、中原文化中较为浓厚的"均贫富"传统，使得广大村民不支持个人承包个人发财，而高度认同集体经营和共同致富。再加之当时的个体经营尚未形成气候，个人的资产都不多，家庭承包没有形成较大的沉淀成本。因此，以村党支部名义进行的"第二次集体化"并没有遇到强烈的抵抗，转制成本很低。从一定的意义上说，村党支部书记、"一把手"王洪彬是一个有理想、有抱负，而且也有能力的制度创新者和制度供给者，他抓住了农村工业化的有利机遇，并敏锐地利用了从计划经济向市场经济转轨的巨大市场空间，以合法的身份取得了对村这一级社区经济与社会资源全面、有效的控制，在高积累、高投入的企业"滚雪球"发展中带领村民艰苦奋斗、迅速致富。迅速致富后，为了实现自己的制度构想，并获取绝大多数村民的支持和认同，王洪彬及其以他为核心的村决策层成功地利用了经济与文化两种手段，进一步巩固和拓展了"共产主义小社区"的制度空间。从经济层面看，有了经济实力的社区型集体经济组织为了保证制度的顺利运作，实施了以"供给制为主、工资制为辅"，"低工资、高福利"的收入分配机制。这一方面提高了村一级集体经济的公有化程度，使村集体掌控的经济资源更加集中，并从分配机制这一渠道堵塞了私有经济发展之路。王洪彬很明白："要想解决生活资料公有制，必须通过分配这个渠道去解决。"[1]"低工资、高福利"，使南街村村民"富得个人一分钱的存款都没有"，资金、财富高度集中于村集体，个人则没有任何资金、资源可用于个体经营。另一方面，这种收入分配机制从物质利益上进一步"吸引"和"锁定"了村民。所谓"吸引"，是因为高福利给村民带来了看得见、摸得着的实惠，而不是空洞无物的理论说教；所谓"锁定"，是因为如果村民离开了集体，就失去了高福利型的公共保障，没有积蓄（"一分钱的存款都没有"），一无所有，"退出成本"极其高昂。因此，村民纵有不满意，也不敢轻易"退出"。从文化层面看，南街村把自己认同的共产主义主流意识形态、传统中原文化中的"均贫富"观

---

[1] 临颍县南街村编写组：《理想之光——南街人谈共产主义小社区建设》，1995年，第164页。

念以及各种乡村习俗，甚至还包括市场经济中的某些意识巧妙地组合在一起，形成了独特的"南街村文化"。这种独特的"南街村文化"，对内整合和统一了村民的思想；对外则带来了宣传上的"轰动效应"，吸引了世人的"眼球"和"注意力"。事实表明，对"南街村现象"、"南街村文化"的争论不仅没有伤害南街村的发展，反而给南街村的发展提供了多种机遇。

对于南街村的村民来说，这种制度最大的收益是高福利型的就业保障和生活保障，最大的成本则是个人自由选择权的丧失。我在本书的第二章已经指出，组织就是"经济人"以一定的自由权的丧失来换取集体保障的安全。用弗兰克·奈特的语言来说，工人甘愿放弃自己的自由，接受企业家的权威是以企业家对工人提供安全保障为补偿的。组织的边界，或者说，制度均衡则是组织成员得到集体保障安全的边际收益与他们自由选择权丧失的边际成本之间的均衡点，即制度均衡＝边际收益/边际成本＝1。

就南街村这一案例而言，在"共产主义小社区"建设的初期，由于村民的温饱问题尚未解决，生存权是第一位的，就业保障和生活保障的边际收益远高于自由选择权丧失的边际成本。事实上，在人民公社体制时期，在物质匮乏的年代，村民的自由选择权本来就极为有限。当村集体经济以村办企业的利润为依托给村民提供了高福利型的公共保障时，绝大多数村民的"所得"大大高于他们的"所失"，因此，对这种新制度是欢迎的。1996年，当笔者访问南街村时，虽然我个人不能认同这种扼杀个性的体制，但我从所接触到的南街村村民的眼神中以及与他们的交谈中，认定绝大多数村民是从内心深处认同和支持这种"共产主义小社区"的。但是，当经济发展到了一定的阶段，当人们的温饱问题已经解决并追求更高的生活质量时，个人自由选择权的边际收益逐步提高，村民们的收益成本曲线也必然会发生变化。依然用供给制（计划分配）来取代货币交换（市场自由选择），用单一化取代多元化，限制个人的自由选择与自由发展就必然会遇到人们越来越强烈的抵制，这种制度的公众认同感和公众的支持力度也会随之而降低。例如，在物质匮乏的时期，供给制能保证物质的供应，人们对用货币自由选择物质的欲望还不强烈；但当物质逐步丰富以后，人们就会越来越希望依据自己的偏好来自由选择物质，而不希望那种无视个人偏好的、整齐划一的物质供给制。无论是依据恩格斯的人类需要的"三层次论"①，还是依据马斯洛的人类需要的"五层次说"②，在生存需要得到满足以后，人们的多样化发展、自我实现的需要都必然要求自由的多样化选择，工资制（以货币为媒介的市场自由选择）在这一层次明显要优越于供给制。如果微观经济组织不能顺应这种新的变化了的潮流，不能实行更灵活、更包容的制度创新与组织创新，它就必然会僵化而逐步走向衰亡。这意味着所追求的那种"纯而又纯"的"劳动公社"微观经济组织模式不具有发展的可持续性。

此外，对于南街村这一类劳动公社式的社区型集体经济模式的微观经济组织而言，"一把手"起着举足轻重甚至是决定性的作用。"一把手"不仅要有思想、胆魄，还必须廉洁、自律，只有这样才能建立起必要的权威，约束领导班子中的其他成员，同时也约束全体村民，并带领全体村民走集体化道路。我国目前类似于南街村的村集体经济组织，大多数都有一个类似于王洪彬的"一把手"。他们由于早期发展的正确决策使村集体经济壮大、村民富裕而赢得了权威，并获得了村民及村一级领导层的信服；同

---

① 恩格斯把人类需要分为三个层次，即生存的需要；享受的需要；发展的需要。

② 美国著名心理学家马斯洛把人的需要分为五个层次：生理需要；安全需要；社交需要；尊重需要；自我实现需要。

时他们还必须用自己的廉洁自律来赢得村民的进一步支持。对于这一类微观经济组织，"一把手"仅有才能是不够的，从某种意义上说，廉洁自律或许更为重要。然而，这类组织的"一把手"作用也不可避免地会带来这类组织生存、发展的脆弱性，其命运在很大程度上要取决于"一把手"的个人素质和"一把手"之后继承人的素质。在南街村，王洪彬既有早期发展科学决策之大功，也有后来不谨慎搞"永动机"、"黄土造纸"等伪科学投资决策之大过。如果这些错误决策耗尽了前期创造的财富，南街村的"共产主义小社区"建设就会由于财源的枯竭而难以持续。天津大邱庄的禹作敏或许是一个更为突出的反面典型，他的个人素质和腐败导致了一个比南街村还要富裕得多的村一级社区型集体经济组织的解体。此外，"一把手"的生命周期毕竟是有限的，对于这一类经济组织，"人亡政息"的现象十分普遍。

案例 4—4　　　　　天津大邱庄的兴衰

天津市静海县大邱庄地处"团泊洼"，历史上是一个十分贫困的地方。当地有句民谣："宁吃三年糠，有女不嫁大邱庄。"

禹作敏是大邱庄的"能人"，人民公社时期曾当过会计、生产队长、大队长、党支部书记。"文化大革命"期间，禹作敏也曾带领大邱庄大队奋力"学大寨"，修台田，但依然摆脱不了贫苦。当时全大队 400 多亩土地，年收入不过 20 万元，除去各项开支，所剩不到五六万元，年年都有超支户、欠款户。最穷的生产队一个劳动日分红只有两角钱。20 世纪 70 年代末，禹作敏大胆起用从天津轧钢厂下放回来的能人刘万明，办了一个小钢铁厂，当年就赚了 27 万元。由于当时还处在计划经济年代，钢材是炙手可热的短缺物质，国营钢铁企业受国家指令性计划控制，产品绝大部分被平价调拨；作为集体企业的大邱庄钢厂却完全按市场价格销售，获取了巨额利润。大邱庄在全国村一级领先一步，很快就完成了资本的原始积累。有了资本，大邱庄的钢铁企业"滚雪球"般地发展。到 80 年代中期，已形成轧钢、带钢、线材、管材的钢铁生产线，并相继形成了支撑大邱庄集体经济的四大企业集团：津美、万全、津海、尧舜。从 1987 年开始，大邱庄的产值、税金、人均收入等多项指标在全国村一级单位名列榜首，并连续保持了五年，号称"中国第一村"。1991 年，大邱庄实现产值 18 亿元，公共积累达到 4.8 亿元，村民享受水电气免费、住房免费、通信交通免费、小孩上学免费等 15 项供给制的高福利。

作为当时大邱庄"一把手"的禹作敏，在带领大邱庄跨越式发展的过程中功不可没；但是，随着各种荣誉的增长，再加之权力的没有监督导致了他"家长作风"的急剧膨胀，独断专行、目无法纪，甚至草菅人命，最终走向了犯罪。1993 年，禹作敏因窝藏罪、妨害公务罪、行贿罪、非法拘禁罪、非法管制罪被判处有期徒刑 20 年。几年后，在监狱服毒自尽。

禹作敏被判刑后，当地政府花费了大量心血保持大邱庄的稳定，也维持了几年的发展，但已失去了昔日的辉煌。尤其是1997 年亚洲金融危机爆发后，国内外市场形势剧变，大邱庄的企业 1/3 破产，1/3 勉强维持，1/3 尚能正常运行。企业的不景气，经济效益的急剧下降，昔日供给制的高福利成为了企业发展的沉重负担，企业难以为继。

1995 年开始，大邱庄进行了一系列改革。首先取消了住房的供给制，随后又相继完成了医疗、物业管理、交通通信等 14

项福利的改革，为企业发展卸下了包袱。在此基础上，大邱庄对村集体所有制企业进行了改制。改制后，大邱庄的经济成分80％为民营，20％为外资和集体参股。

五 灵活变通:更富兼容性的社区型合作经济组织

在市场经济的大环境中，以强制性的方式排斥私营经济，排斥农户经营，实行生产资料与生活资料的高度公有化，实行排斥货币交换的供给制，例如上节所讲的"南街村模式"，事实上是很难持续的。在这种背景下，有一些依然以集体经营、集体经济为主干的村也采用了许多灵活变通的措施，实行了组织内部的若干制度创新与管理创新，逐步发展成为了一种更富兼容性的社区型合作经济组织模式，也可以称之为"改良型的社区合作经济模式"。

所谓"更富兼容性"，最主要的是它能兼容一定范围、一定程度的私有经济，兼容一定范围、一定程度的个人自由选择权，承认私人财产权，而不是像南街村所追求的，"逐步把现在群众姓私的东西都变为姓公"，"把生产资料、生活资料全部实行公有制，不存在私有的问题"①。这种公私兼容的社区型合作经济模式顺应了市场经济的发展潮流，拓展了经济组织对外部环境的适应性，也拓展了经济组织发展的空间，因此也更富有生命

---

① 临颍县南街村编写组:《理想之光——南街人谈共产主义小社区建设》，1995年，第164页。

力，更具有发展的可持续性。当然，这种公私兼容的社区型合作经济组织也会面临"公"、"私"之间不可避免的矛盾和冲突，如何保持集体经济的主导地位是这一类经济组织必须面对的难题。

江苏省江阴县华西村在人民公社时期就是老"红旗单位"。从 20 世纪 70 年代开始，在党支部书记吴仁宝的带领下，顶住当时的政治压力，兴办村级所有（当时是大队所有）的工业企业，掘得"第一桶金"。改革开放以后，华西村加快了工业化的发展步伐，迅速致富。1980 年，华西村成为全国首批"亿元村"。1994 年组建华西集团公司，下辖村办企业 58 家，企业职工两万多人。1999 年华西村股份有限公司的股票在深圳股票交易所挂牌上市，成为全国第一家以村命名的上市公司。自 2001 年以来，华西村先后四次通过"一分五统"（即村企分开、统一经济管理、干部统一使用、劳动力在同等条件下统一安排、福利统一发放、村建统一规划）的方式，把周边的 16 个村并入"大华西"，使土地面积从"小华西"的 0.96 平方公里扩展到了 30 平方公里，人口也从 1500 多人扩展到了近三万人。2004 年，华西村的销售收入超过 260.3 亿元，利税超过十亿元，人均收入超过 8000 美元，家家住别墅，户户有轿车，被誉为"中国第一村"。

与南街村相比，华西村无疑更加富裕，集体经济的实力也更强。在某些方面，华西村与南街村确有相似之处。例如，在企业的发展当中，二者都高度集中村级所有的资金和资源；这两个村都有一个具有高度权威，对村级重大事务具有最终决定权的"一把手"。但是，在更多的方面，二者存在着一些明显的甚至是本质性的差异。

首先，吴仁宝和王洪彬所追求的"理想模式"并不相同。王洪彬追求公有化纯而又纯的"共产主义小社区"；吴仁宝则希望进行"集体控股、个人参股的合作经济新实践"。吴仁宝认为："总结华西几十年来的成功经验，最重要的一点，就是始终保持以集体经济为主，发展混合型、多元化的经济体制。"[①] 在这种理念的指导下，华西村在一定范围、一定程度上对私有经济实行了兼容和共存。例如，华西集团的股份，虽然 90％是集体资产，但也有 10％是村民的个人股金。据华西村的相关资料显示，2002 年底，华西村的村民个人资本累计已达到 3.04 亿元。同时，华西村在整体坚持集体经济的前提下，也允许村民搞个体经营，但不允许"一家两制、一人两制"，即一家人要么全都参加集体经济，要么全都参加个体经营。其本意是防止"一家两制、一人两制"带来的集体资产流失。这种限制应该说是合理的。

在苏南乡镇企业大规模的"改制"过程中，华西村的主体企业虽然依然坚持了集体所有、集体经营，但也实行了区别对待。那些经济效益较差的小企业就转给了个人经营，并没有死守集体所有、集体经营的框框不放。村集体原来准备投资 10 亿元的造纸厂与炼钢厂，也把大头股份让给了外来客商，村里只以土地和配套的水、电折价入股，没有搞所有制形式的"一刀切"。这种区别对待、灵活变通的方式使得华西村的所有企业，无论是集体企业，私营企业，还是合资股份企业无一亏损，保持了年年赢利的好势头。直至 2005 年，"华西五十多家企业提供了两万多个就业岗位，还扶持发展了 206 家个体私营企业，村民都成了'上班族'"[②]。

与南街村的"供给制为主、工资制为辅"的个人收入分配机

---

① 见王云帆、罗小军：《华西村：天下第一村路在何方》，《21 世纪报道》2003 年 7 月 17 日。

② 《华西：共同富裕协调发展》，《光明日报》2005 年 10 月 10 日。

制不同，华西村更重视个人的激励机制，更重视管理者、技术人员、职工从个人利益出发来关心企业和村集体的发展。对于参加集体经济的村民，华西村实行所谓的"合理分成"，具体做法是"二八开、一三三三制"。"二八开"即企业的超额利润20％上缴总公司，80％则留给本企业。"一三三三制"则是把留给本企业的80％超额利润分为四部分：10％奖给承包者（厂长或经理），30％奖给其他管理者和技术人员，30％奖给职工，还有30％留给本企业作为公共积累。很显然，华西村把奖金看作是一个十分重要的激励手段，并承认管理者、技术人员和职工之间的分配差异，经济运行中实行了有一定限制的厂长、经理个人承包责任制。与此相比较，华西村的这些做法在南街村看来是产生"私有制"、产生"私心"的温床。王洪彬说，"咱们南街为什么不搞个人承包，不发加班费，不发奖金呢？"这是因为"奖金越发，人的私心越大；奖金越发，人的觉悟越低"。个人承包是"群众受了骗，个人落了钱，党组织落了赖"[1]。虽然华西村的当家人吴仁宝一直未拿过他应得的奖金，而是把高达上千万元的奖金留给了村集体作为发展的资金，但其他人员毕竟有合法获得奖金的权利。这也表明了华西村的制度更具兼容性。

　　诚然，华西村对村民和职工也有一套较严格的约束与管理，但它更着重的是经济约束与管理，较少使用南街村的那些"超经济手段"。华西村多年来奉行"多积累，少分配；多记账入股，少分现金"的"两多两少"的个人收入分配法则，一是为了高度集中村一级集体经济可用的资金资源；二是为了从经济上约束村民与职工。所谓"多积累，少分配；多记账入股，少发现金"的

　　① 临颍县南街村编写组：《理想之光——南街人谈共产主义小社区建设》，1995年，第165—166页。

"两多两少"是指，村集体经济的员工，平时的工资只实发50％，其余部分到年终才一次性补齐，这使得村集体在平常时期有更多的可控制现金流量；员工的奖金通常是工资的三倍，但奖金中的80％必须作为资本参股，厂在股金在，人在股金在。同时，企业承包者所获得的奖金也必须以入股的形式留在企业，并作为承包者的风险抵押金。如果企业承包者和企业员工违反了党纪国法、厂纪厂规或村规民约，那就会取消股金；如果离开了华西村，股金同样会被取消。这种以股金作为分配的主要形式，对所有的企业承包者及企业员工形成了一种超强的经济约束，把他们"锁定"和"套牢"。这里的股金是一种带有期权性质的未来收益，而不是具有现实购买力的"现金流"，因此，华西村集体经济中的职工实际"可用资金"并不多，大量的现金（"实际可用资金"）是由村集体控制的。这使得华西村的经济多年来都以20％左右的速度递增，但资产负债率却一直可以维持在20％左右。对于华西村集体经济中的职工，他们的收益主要体现在股金及供给制的高福利方面；而股金和供给制的高福利又是以村民和村集体经济成员的资格为基本前提的。失去了这种资格就失去了一切；而为了保住资格，村民与职工就必须绝对地服从村集体的权威。由此可见，华西村"记账入股"的股金与一般意义上的股金也不相同，它不能自由转让，也不能自由流动，虽然名义上它是私人的财产，但这种私人财产是受到"公权利"（村集体权利）严格限制的。这保证了华西村的"私有成分"被严格地控制在一定的范围、一定的程度，因而也使得华西村这种兼容"私有成分"的社区型合作经济能确保集体经济的主导地位。

对于公私兼容型的社区型合作经济组织，如何确保集体经济的主导地位是一个难题，而集体经济的主导地位最终要依赖它的"效率"，因此，如何保证集体经济的"效率"又是解决集体经济主导地位的前提。华西村由于各方面的原因，保证了集体经济在工业企业方面获得了较高的效率，在此基础上可容忍私营企业和私有经济的存在和竞争。就目前的发展事态来看，集体经济外部的私营企业和私有成分还没有对集体经济构成严重的挑战；但是，集体经济内部的私有成分或许是更为根本性的颠覆因子。

为了更全面地观察这一类社区型合作经济组织的发展趋势，我们再来看一个实际案例。

广东省中山市崖口村濒临珠江口伶仃洋，同香港、澳门隔海相望。该村有土地面积 36 平方公里，有广阔的沿海滩涂，自然资源十分丰富。人民公社时期，崖口是南蓢公社下属的一个生产大队。公社体制解体以后，在周边村普遍实行了以农户经营为主体的新经济体制的宏观背景下，崖口村仍然坚持公社体制时期的生产大队集体经营、统一核算、集体收入按劳分配的体制。与南街村、华西村不同，崖口村的集体经济不是以村级工业企业为依托，以村级企业集团为集体经济的主要组织形式，而是在传统的农业（种植业）领域依然保持生产大队这一集体经济组织形式。崖口生产大队现有 13 个生产队，耕种 3000 多亩稻田；还有一个直属大队的农机站，负责全大队的机耕、机割。崖口村集体也曾创办和经营过工业企业，但由于集体经营效益不好，最终要么关闭、要么转给私人出租经营，村集体只按月收取固定租金。此外，崖口村也有外商独资企业，村集体只收取地租。总之，崖口村的工业企业都不是村集体直接经营，村集体只凭借土地、厂房及部分设备的所有权获得租金。在这种公私兼容的社区，劳动力有在集体经济和非集体经济之间自由择业的自由。"1999 年底崖口村留在大队集体（包括大队干部和工作人员、生产队社员、农机员等）的劳动力约 550 人，在大队集体之外就业的劳动力约

1000 人。"① 很显然，崖口村的非集体经济组织成员事实上已超过了集体经济组织成员。

虽然崖口村的集体经济组织成员在村民中并不占多数，但由于村集体经济组织（生产大队）与村权力机构的高度重合，村党支部和村民委员会都设在大队以内，大队干部就是村干部，因此，生产大队实际上控制了村级所有的集体资产与自然资源；而正是崖口村丰富的自然资源提供了村集体经济的主要收入来源，使得村集体能在比较效益低的种植业领域继续维持统一经营的生产方式。

崖口村的自然资源主要有三类：沙与白泥；广阔的土地；沿海滩涂。在 20 世纪 80 年代和 90 年代初，出售沙与白泥是崖口村集体的主要收入来源，最高峰的 1988 年，出售沙与白泥的纯收入近 90 万元，占当年大队可供分配收入的 45.2%。崖口的土地资源开发包括将荒地转为工业用地，把荒地和低产田改为鱼塘和养殖场，将滩涂围垦成养虾场。村集体并不直接经营这些鱼塘、养殖场、养虾场，而是出租给私人和外商经营，村集体收取土地资源的租金。自 1994 年以来，崖口的土地资源出租收入每年都超过 200 万元，占每年大队可供分配资金总额的 40% 左右。

以村级所有的自然资源收入来维持村集体经济的运转受到了来自集体经济组织以外的村民们越来越强烈的质疑。在他们看来，村级所有的自然资源理应由全体村民共同所有，共同获益，而不能由集体经济组织成员独占。应该说，这种质疑是有道理的。但是，如果村集体经济组织（生产大队）失去了这笔独占的丰厚的收入，仅依托种植业低下的劳动生产率和极其微薄的收

---

① 曹正汉：《信念、效率与制度变迁——广东省中山市崖口村公社制度研究 (1980—1999)》，中国经济出版社 2002 年版，第 33 页。

入，它要生存下去是十分困难的，甚至可以说是完全不可能的。因此，对村级所有的自然资源控制权就成了崖口集体经济组织（"生产大队"）的生命线。好在崖口的集体经济组织比较开放，村民可以自由地进入和退出"生产大队"，即每年年初在大队以外就业的村民可要求重新回生产队，而已在生产队就业的村民也可随时离开生产队。这种自由选择就从很大程度上缓和了集体经济组织以外村民对集体经济组织控制村级所有自然资源收入的不满。再加上非集体经济组织成员的村民也可享受到大队提供的某些福利，例如所有的老人和小孩都可领取大队按低价分配的口粮；大队承担了所有村民的公粮税金与行政摊派费用；所有村民也不需要上缴村级集体提留。因此，在 2001 年由南蒗镇组织的一次民意调查中，走访的 752 户（占全村总户数的 87%）中，"绝大多数村民赞同继续实行现行制度"[①]。

案例 4—5　　崖口生产大队的集体生产

阿谭是崖口生产大队五队的社员，今年四十多岁，多年以来，他一直靠在生产队挣"工分"过日子。

早晨 8 时 30 分：阿谭吃过早饭后来到村里的祠堂，他想知道今天生产队有什么活干。在崖口，每个自然村都有一个祠堂，一个自然村里设一至两个生产队，祠堂就是生产队的中心。祠堂的门口挂有一块黑木板。"每天一大早，生产队长就会在黑板上

---

① 《社员实行"工分制"分配　探访伶仃洋畔"集体农庄"》，南方网，2004 年 11 月 28 日。

用粉笔写上当天要干的活；如果当天不开工，就写'休息'两字。"阿谭告诉记者。那天阿谭在黑板上看到："上午9时，收割机割沙江边"。出工通知只安排工作的时间、地点和农作内容，但没有出工的人数，更不会明确规定哪一些人出工。社员吃过早饭，到祠堂门口去看当天的农作种类，是否出工完全由自己决定。

上午9时许：阿谭按时来到沙江边，当时他只知道生产队要割谷子，但并不知道自己具体干什么，这需由生产队长派活。大田收割，需要派两人上收割机装稻谷，这个工种比较辛苦，当天出工的八位社员都不愿意干。队长便通过抽签派任务。那一天，阿谭抽签命中，便走上机装谷。稻田收割说是"辛苦"，实际上大家干活不到一个小时，就到田头聊天、打牌去了。休息了近半个小时后，阿谭等社员继续收割稻谷。

11时30分：上午的农活就这样结束了，虽然有收割机操作，这个上午阿谭等人也只割了四亩地，工作时间为两小时。

目前崖口村3000多亩水田全部由大队集体种植水稻。从1976年村里开始实行大队一级核算以来，农业生产都分大队、生产队两级管理，二十多年来一直没有大的变化。大队负责直接管理大型农业机械、水利设施、播种面积与种植结构等，还负责安排农业补贴政策。而具体生产活动和田间管理由13个生产队负责。大队的分配方式则保留了人民公社时期的"工分制"，所有农活由600多名社员集体完成，社员的收入也根据他们所获得的"工分"计算。

崖口大队的"工分制"没有制定每一项农活的明确工分定额。但基本上是根据当天出工的人数平均计算社员的工分。也就是说社员们吃的是"大锅饭"。

这种平均式的工分计算方式，当然就难免出现田间聊天、打牌现象。一些社员很清楚，聊天也好，打牌也好，并不会影响他们的收入。对此，村领导谭锦廉承认，由于实行了机械化，"村里的 3000 多亩田，实际上有 200 人就足够了"，600 多人干 200 多人的活，当然很轻松，每个社员每天最多也就干二三个小时的农活，田间劳作闲散聊天就在所难免。虽然效率低了一点，但"总比让他们在家打麻将要强"。

虽然生产效率低下，但崖口村的社员收入并不少，实在令人惊讶又羡慕。何解呢？谭锦廉算了一笔账，崖口 3000 多亩田，一年两季产出只有 300—350 万斤稻谷，扣除成本，按市价算，收入不会超过 150 万元。以此来养活 600 名社员，再加上维持大队的运作，肯定是入不敷出。为了弥补这个巨大的缺口，崖口村只好在其他产业上寻找出路。

崖口村位于伶仃洋畔和京珠高速公路旁，优越的地理位置使崖口成为港澳商人发展工业的热选之地。广阔的海域也为养殖业提供了广阔的前景。近二十年来，崖口村陆续围海造田三万余亩，出租给私人搞海水养殖。而陆上的荒地和低产田也挖成淡水养殖场予以承包和出租。这些都给崖口村带来了滚滚财源。记者从崖口大队一份会计档案中发现，2002 年，土地出租所得的收益近 360 万元，占当年大队可供分配资金总额的 55.7%。再加上部分加工企业的收益和政府征地的补偿，崖口村农业以外的收入每年要达到 500 万元以上。

资料来源：《社员实行"工分制"分配，探访伶仃洋畔"集体农庄"》，南方网，2004 年 11 月 28 日。本案例对原文有较大删节。

村民是在大队就业还是在大队以外就业取决于他们的比较利益分析。一般而言，在大队就业风险小，收入有保障，但收入不是太高；在大队以外就业收入较高，但风险也较大，收入缺乏保障。因此，许多有技术、有能力的村民都先后离开了大队，而那些没有专业技术或缺乏经营能力的村民则留在了大队。正如村（也是大队）党支部书记陆汉满所说，这是集体经济的优越性，让那些能力弱的人也有一份较稳定的工作，有一碗饭吃。这种"保护弱者"的理念是支撑崖口集体经济组织生存的核心价值观。对于绝大多数村民来说，大队是每一个人的一条"退路"，它实际上起到了就业保障的作用。村领导之一谭锦廉说："在我们村，13 个生产队都是开放的，村民们可以自由进出生产队，如果某位村民在外面能找到一份收入不错的工作，或者自己有能力经商办企业，他可以离开生产队，如果有一天他失业了，或者经商失败了，他可以回到生产队，我们的大门永远是敞开的。"①

与所有这一类社区型集体经济组织一样，崖口也有一个具有理想和道德魅力的"一把手"——陆汉满。陆汉满，1940 年出生于崖口的一个贫苦农民家庭，自小就是一个"穷孩子"；他1974 年开始担任崖口生产大队的党支部书记，由于廉洁公道，不谋私利，同情和关怀弱者，再加上他在维护崖口村的土地权益方面作出了贡献，② 因此，赢得了绝大多数群众的支持。不过，也如同所有类似的社区型集体经济组织一样，陆汉满的理念很难被年青一代包括他自己的儿子所认同。这也使得崖口这种为"保护弱者"所设计的集体经济模式的可持续性受到了人们普遍的怀疑。陆汉满自己也认识到了这一点，他有一种担心和无奈。他说："后代人可能认为我们很傻。崖口大队的未来只能由下一代

---

① 《社员实行"工分制"分配 探访伶仃洋畔"集体农庄"》，南方网，2004 年11 月 28 日。

② 这方面的详细描述见曹正汉：《信念、效率与制度变迁——广东省中山市崖口村公社制度研究（1980—1999）》，中国经济出版社 2002 年版，第 120—145 页。

人自己去决定，我们能做的事情只能多积累一些资源给他们，让他们在未来的竞争中有一些优势。我担心的是，这二十年来，其他村的人都已经习惯了市场经济，适应了竞争的环境，但崖口的社员一直是依靠集体生活，不用自己去冒风险。这些社员一旦要靠自己在市场上去找饭吃，他们怎么办?"①

与华西村相比较，崖口的生产大队更像是一个就业保障组织。如果不是生产大队控制了村级所有的自然资源，在公私兼容的社区经济体系中，集体经济组织并不占有主导地位。一旦村级所有的自然资源不能被生产大队所独占，或者说，村级所有的自然资源收益权一旦被全体村民所占有，那么，这种集体经济组织的瓦解就会在顷刻之间。如果真的到了那一天，也正如陆汉满所担心的，习惯了"大锅饭"体制的村民将怎么办? 本意要"保护弱者"，到头来可能会使"弱者"更加"弱不禁风"。

不容讳言，南街村、华西村、崖口村这三种不同类型的社区型集体经济组织形式在一定的时期都得到了本地绝大多数村民的认同和支持。对于绝大多数的村民而言，作为"经济人"，他们之所以认同和支持这些社区型集体经济组织，是因为他们希望依赖集体经济组织来抵御市场风险，买来经济安全。在这里，村民们付出的代价（成本）则是个人自由选择权一定程度的丧失。用纯经济学语言来表示，经济安全的成本就是个人自由选择权的丧失，或者说，个人自由选择权丧失的收益就是经济安全。一般而言，在经济发展的初级阶段，特别是在温饱问题尚未解决的时候，经济安全的边际收益往往要大于个人自由选择权的边际收益，人们更倾向于用个人自由选择权来交换生活的保障，经济的

---

① 转引自曹正汉:《信念、效率与制度变迁——广东省中山市崖口村公社制度研究（1980—1999）》，中国经济出版社 2002 年版，第 264 页。

安全。但是，当经济发展到了更高阶段之后，个人自由选择权的边际收益会越来越高，这种组织模式就会遇到越来越严峻的挑战。

六　以变应变:新型的村一级社区股份制合作经济组织

村一级社区型集体经济组织加进股份制因素，以现代经济的股份为纽带把村民与村集体联结为新的社区经济合作利益共同体，是我国农村社区型微观经济组织制度的一大创新，也是村一级社区型合作经济组织顺应市场经济潮流的未来发展趋势之一。

村一级社区型股份制合作经济组织主要有两大类。一是村一级社区土地的股份制，大多数为"村土地股份合作社"，也就是村民以自己拥有的土地承包经营权折价入股，使农户的土地承包权转化为土地股权，土地经营权则委托给合作社统一经营，农户依据股权参与土地经营收益的分配。二是村一级社区资本的股份制。其主要形式是把村一级所有的全部集体资产（包括土地、现金、实物等等）折股量化给全体村民，人人持股，村民即股东，并依据股权参与集体资产收益的分配。

村一级社区型股份制合作经济组织主要集中于我国东部沿海发达地区，尤其是长江三角洲地区和珠江三角洲地区，以及大中城市郊区。作为一种组织创新与制度创新，它的出现与兴起是由于经济发展出现了一些诱致性创新的收入源泉，而这些新的收入源泉在旧有的组织与制度框架内难以有效利用，因此，引发出新的组织构架和制度构架。这正如戴维斯和诺思所说："正是获利能力无法在现存的安排结构内实现，才导致了一种新的制度安排（或变更旧的制度安排）的形成。"①

概括起来，这些诱致性创新的收入源泉有：（1）土地增值收益。由于工业化、城市化的推进，大量农村土地被非农利用，土地价值大幅度提升。在这种状况下，土地承包关系变动频繁，村民的土地承包权及其收益很难以土地的实物形态确权到户。为了更大限度地享受土地大幅度增值的收益，村民希望以土地承包权换取长期的土地股权，并以此享受长远的土地收益。（2）土地规模经营收益。由于农业产业化的推进，农产品种植的专业化和区域化提出了土地规模经营的需求，那种家庭分散种植的生产格局不能适应这种新的变化。因此，村民希望把土地承包权转化为股权，把土地实际经营权委托给村集体或农业企业统一使用，村民依据股权可分享专业化与土地规模经营所带来的收益。（3）村级企业改革收益。一些过去村办企业发达、集体资产雄厚的村，面临市场经济激烈的竞争，开始了新一轮改革。改革的核心内容是村办企业的全面改制，村民委员会从直接经营者的身份退出，因此有必要清理原有的集体资产，使产权进一步明晰到村民，股份制是较为适宜的方式。广大村民也希望通过股份制的形式分享企业改革、改制所带来的增量收益。（4）土地征用收益。一些"城中村"和城市郊区的村，由于土地被大量征用，一下子出现了巨额现金资本。如果平均分给村民，资金分散，要么大量闲置，要么被突击消费，对村民的长远利益都没有好处。利用股份制形式，把最终产权明确界定给村民，同时又集中资金进行生产性开

---

① L.E. 戴维斯、D.C. 诺思：《制度创新的理论：描述、类推与说明》，载《财产权利与制度变迁——产权学派与新制度学派译文集》，上海三联书店1991年版，第296页。

发，可使村民获得更多、更长远的资本收益，是一项兼顾现实与长远的制度安排。

土地股份合作社是最早起步的村一级社区型股份制合作经济组织，这是因为在大多数地区，农村土地本身就是由村一级社区居民集体所有。如果农户不以承包土地作为主要的就业依托，那么，从土地承包权"人人有份"的集体所有转变为土地所有权"人人有股"的共同占有，无论是意识形态、思想观念，还是政策操作层面，都没有太大的障碍，这意味着转制的成本较低。对于村级社区组织而言，土地股份制集中了一个社区内可利用的全部或大部分土地资源，使土地这一稀缺资源能够按照效益最大化原则重新配置，并获得最大化的经济收益；而且，土地股份制事实上也加强了村级社区组织的经济控制力，增强了村级社区组织的经济实力，因此，村级社区组织，即村党支部和村民委员会，往往是各地土地合作制的"第一推动者"，即主要的发起人。对于广大农户而言，如果他们不以承包土地作为主要的就业依托，那么，从虚幻的土地集体所有者转变为实在的土地股东，将《土地承包经营权证书》换成《承包土地股权证书》，使个人的土地产权更加明确，土地收益更有保障，他们从内心是欢迎的；更为重要的是，在那些经济发展迅速、土地价值越来越高的地区，土地股份制可以从制度上根本保证广大农户长期分享工业化、城镇化及规模经济的收益，长期分享土地级差收益，这是广大农户认同和支持土地股份制的根本动因。由此可见，在那些经济发展迅速、土地价值越来越高的地区，实行土地股份制是村级社区组织与村民的"双赢"结局，因而推进顺利，较少摩擦。但是，必须看到，如果广大农户还要以承包土地作为主要的就业依托，也就是说，如果农户的主要收入来源和就业保障还要依托承包土地，那么，村级社区组织若强行以土地股份制来集中土地资源，搞土地的集中统一经营，就是端掉了农民的"饭碗"，使他们无业可就，这势必会引起广大农户的抵制与抗争。因此，在我国大多数农村地区，土地股份制还没有推行的基本前提。

土地股份制首先是要明确股权，从各地的实践看，股权一般分为个人股与集体股两大类。个人股主要以村民的土地承包经营权折价入股，由于村民的土地承包经营权是村民"人人有份"，因此，土地股权在初始阶段也必然是基本平等。一般而言，个人的土地股权可以继承，但是否能够转让、抵押、流动，各地的做法不一。如果允许个人土地股权的转让、抵押与流动，也就是说，如果实行开放性的土地股份制，那么，经过一段时期，土地股权村民基本平等的格局就会被打破。如果不允许土地个人股权的转让、抵押与流动，实行一种封闭性的土地股份制，虽然可以基本维持土地股权村民大体平等的格局，但不利于土地股份制向更高层次的推进，也不利于土地资源更有效率的配置。

至于土地股份制中的集体股，一般是以村级所有的集体资产（例如大型机械设备），或村级所有的基础设施（例如水渠、排灌站）折价入股。土地股份制中设立集体股，有意识形态的重要作用，认为集体股才能体现集体经济，体现社会主义方向；同时，也说明了"路径依赖"在制度创新中的重要性。但是，设立集体股不符合股份制的基本惯例，产权也很不明晰，集体股极有可能成为"村干部股"，导致一些腐败行为。因此，许多地方后来取消了集体股，并将原有的集体股重新明确界定给村民，使得土地股份制更加规范。

土地股份合作社作为一个经济组织，从理论上应该与作为行政组织的村民委员会分离。因此，在组织构架上，各地都在土地股份合作社内部成立了董事会和监事会。但董事长

大多数都由村党支部书记兼任，村级主要干部大多数也成为
了董事会、监事会的主要成员，或者是主要的经营管理者。
这意味着政企不分的现象依然在一定程度上存在。这也许是
可以理解的，因为一个村中的"精英人物"毕竟是有限的，
而且，这种交叉任职有利于减少干部的数额，有利于提高办
事效率。但是，这也有导致权力过分集中的弊端。特别是如
果不规范的集体股过大，导致腐败的可能性也很大，仅从这
一点来看，集体股也有取消的必要。

案例 4—6　　　　土地股份合作制的
"南海模式"

广东佛山市南海区，原为县级南海市，与广州毗邻。1987
年列入国家级的改革试验区，起初的试验主题是粮食的适度规
模经营，但进展并不顺利。后来，由于南海地理位置优越，工
业发展十分迅速，大量土地被非农利用，因土地引发的矛盾急
剧上升。在此背景下，进入到 20 世纪 90 年代，土地股份合作
制兴起，并很快普及到了全区，在我国最早大面积推行土地股
份制。

南海土地股份制的基本做法是：（1）分区规划。45 万亩肥
沃土地被划为农田保护区，7.5 万亩靠近城镇、公路的土地和山
坡地被划为经济开发区，2.5 万亩靠近村庄的土地被划为商业住
宅区。（2）土地及集体资产折价入股。各村将原属于集体所有的
土地、资产按扣除各项债务后的净值折价入股，成为最初的总股
本。全区当时农村地区的资本总额为 130 多亿元。（3）界定股

权。在股权设置上，各村基本上都是以社区户口为标准来确定股东资格；大多数村的个人股由基本股（人人平等的一份）、承包权股（按承包土地多少确定）、劳动贡献股（按劳动年龄和对集体贡献大小确定）组成；有些村设置了集体股，有些村没有设置，还有些村起初设置了但后来又取消了。(4) 土地统一管理与经营。(5) 按股分红。

案例 4—7　　　　江苏常熟市李袁村的土地股份合作社

江苏常熟市新港镇李袁村原为纯棉区，耕地面积 1215 亩，人口 1845 人，人均耕地 0.66 亩。2002 年，全村工农业总产值 1.2 亿元，人均 6.5 万元，村级可支配收入 253 万元，农民人均收入 5816 元，其中 90% 以上来自非农产业。村里的青壮年劳力几乎都在非农产业就业，种地的全是 50 岁以上的农民。种一亩棉花要花六七十个工作日，净收入仅 200 多元，吃力不赚钱，大片耕地撂荒。在此背景下，李袁村自 1999 年开始推行土地股份合作社。

2000 年，李袁村先集中一个圩围 155 亩土地、108 户农户作为试验。首先是确定股权：(1) 每亩土地承包权为 1 股，共计 155 股；(2) 村集体以 91 万元基础设施入股，1 万元 1 股，计 91 股；(3) 合作社承包经营者以生产技术、市场信息、生产管理等要素入股，折合成 70 股。总计 316 股，其中村民个人股、村集体股、经营者个人股的比例构成是 49：29：22。

2002 年 6 月 20 日，合作社召开了第一次社员代表大会，通过了合作社章程，选出了由 19 名代表（其中社员个人股份代表 16 人、村集体组织代表三人）组成的社员代表大会，作为合作社最高权力决策机构，下设董事会和监事会。董事会七人，监事会三人，人选由村党支部推荐，社员代表大会选举。章程规定，合作社的所有收益，在扣除开支以后，年终一律按股分红。在头三年，为合作社的发展，先采取保底分红的过渡方法，即每亩一律以 360 元计算，三年后再完全实行按股分红。

实行土地股份制后，土地由合作社统一经营，体现了规模经济的优越性。2002 年亩均蔬菜销售额为 3500 多元，亩均利润650 多元，是过去净收入的三倍多。因此，自愿要求入社的农户越来越多，2003 年合作社土地已扩大到 600 多亩。

村一级社区资本股份制比土地股份制涵盖的范围更广，而且制度变革的内容也更深刻。实行社区股份合作经济的村很多是"城中村"，或者是"城郊村"。其中的大多数，过去的村级所有集体企业较为发达，有一定的经济实力，但在企业改制的过程中遇到了在市场化运作中如何保全集体资产、保护广大村民共同利益的问题。例如，在苏南，以前大多数乡镇企业是村集体创办并由村集体经营。在一个特定的历史时期，这种政企不分的格局有利于企业的快速发展。但当经济生活越来越市场化以后，它的弊端也日益显露，因此，不得不进行改革。在苏南，这被称之为"第二次创业"。改革的中心内容就是乡镇企业的全面改制，转为民有民营，或集体所有私人经营，或股份制经营。无论是采取何种形式，村一级社区组织都要退出企业直接经营者的行列。同时，过去的村集体资产相当一部分也要

通过出售、拍卖、租赁等形式变现，形成了一笔可观的金融资产。如何处置这笔金融资产？最为可行、也最能被广大村民普遍接受的办法就是股份制，使原来"人人有份"但不清楚自己究竟有多少份的集体所有变为"人人有股"，而且清楚地知道自己究竟有多少股的股份所有。

与土地股份制相比，社区资本股份制的股权界定要复杂得多。这一是因为在村集体资产形成的过程中人们的贡献有大有小。不承认这种贡献，搞平均主义的分配会挫伤村一级"精英人物"的积极性，对村级股份制经济组织今后和长远的发展不利，事实上对"弱者"的长远利益和根本利益也不利；承认这种贡献，设置"贡献股"，也会遇到如何量化"贡献"的难题。量化过高，会激发普通群众的不满，引致激烈的矛盾冲突与摩擦。二是因为历史和现实的一些问题难以厘清。例如，那些已"农转非"的村民、那些刚进来的村民（例如外来的媳妇）、那些刚去世的村民等等，给不给股份，如何给股份？在这些方面，很难给出一个全国性的规范化意见，因为各地的情况千差万别。在实践中，那些进展顺利的村，一个共同的特点是"宜粗不宜细"，大体公平，使绝大多数群众认可与满意。

在建立了社区型股份制合作经济组织的村，村民们具有了双重身份：村民与股民。但这种双重身份的统一只是在初始的阶段。随着劳动力与人口的流动和变化，一些后出生的村民或后迁入的村民不一定都是村股份制经济中的股东。同时，一些原来的股东由于迁出也会成为非村民的股东，除非有某种特殊的限制性规定。这意味着社区型股份制合作经济组织有可能逐步淡化社区型的色彩。

案例 4—8 江苏无锡陈巷村股份经济合作社

江苏省无锡市北塘区黄巷镇陈巷村，2002 年 12 月 5 日成立了无锡市第一家村一级股份经济合作社，也是江苏省第一个试点"股份村"。

当年经黄巷镇集体资产管理委员会核定的村集体资产总额为 29136268.87 元，负债总额 922268.87 元，所有者权益为 28214000 元，其中，经营性净资产为 24915245.31 元，公益性净资产为 3209754.69 元。实有土地面积 264.69 亩，其中耕地面积 70.98 亩，已办理土地使用权面积 193.71 亩。由于是按照账面资产（余额）清理和计算而不是按照资产的市场价值评估，因此，核定的总股本事实上存在着极大的增值空间，尤其是那些资源性的资产和经营性的房地产。

该村折股量化的资产为经营性资产，公益性资产与资源性资产（例如集体土地）暂时没有列入折股量化的范围。股权设置分集体股与分配股（个人股）两大类。

集体股主要用于村公益事业和社会事业的投入，以及保证村的日常行政开支。分配股（个人股）又分为两类：人口股与贡献股。人口股以户口在本村为前提。包括那些户口仍在本村，但在部队服役的义务兵、劳改服刑人员、在外读书的学生，都可享受系数为 1 的人口股。未享受国家安置的征地人员，征地后农转非留在本村企业或在镇办企业的工作人员，嫁入本村的媳妇如果已农转非并在本村企业或镇办企业工作的人员，只可享受系数为 0.8 的人口股。再婚带入的农业户口子女只有一人可享受系数为 1 的人口股。挂靠在本村的外来落户人员，不享受人口股。

　　贡献股体现村民对发展集体经济所作的贡献，它分两段计算。1958 年 1 月 1 日至 1979 年 12 月 31 日为第一段，每人每年享受系数为 1；1980 年 1 月 1 日至 2002 年 11 月 10 日（资产量化日）为第二段，每人每年享受系数为 2.5。凡在上述时段内，男 16—60 岁，女 16 岁至实际退休年龄，在本村参加劳动者，按实计算工作年份，享受贡献股。那些亦工亦农进行交钱计工的年份可算工作年份；嫁出本村的女儿，在本村实际劳动年份可算工作年份；已故者按生前在本村的实际劳动年限减半计算工作年份。量化到人的股权，仅作为享有每年股利分配的依据，可依法继承，但不能退股、转让和提现。

　　陈巷村经营性资产量化和股权配置的结果是：以 1000 元为 1 股，共计 25000 股。其中：集体股 10000 股，占总股份的 40％；人口股 3750 股，占总股份的 15％；贡献股 11250 股，占总股份的 45％。

　　股东代表大会是股份合作社的最高权力机构，实行一人一票制。董事会由股东代表大会选举产生，现任村党支部书记庄均毅任首届董事会董事长。

　　2003 年，即股份合作社成立的第一年，股份合作社实现收入 667.4 万元，实际支出 438.2 万元，股东分红总额为 108 万元，人均分红 2240 元。

　　资料来源：王景新：《乡村新型合作经济组织崛起》，中国经济出版社 2005 年版，第 202—214 页；江苏农业网等相关网站。

案例 4—9 武汉市洪山区村集体经济组织改制流程

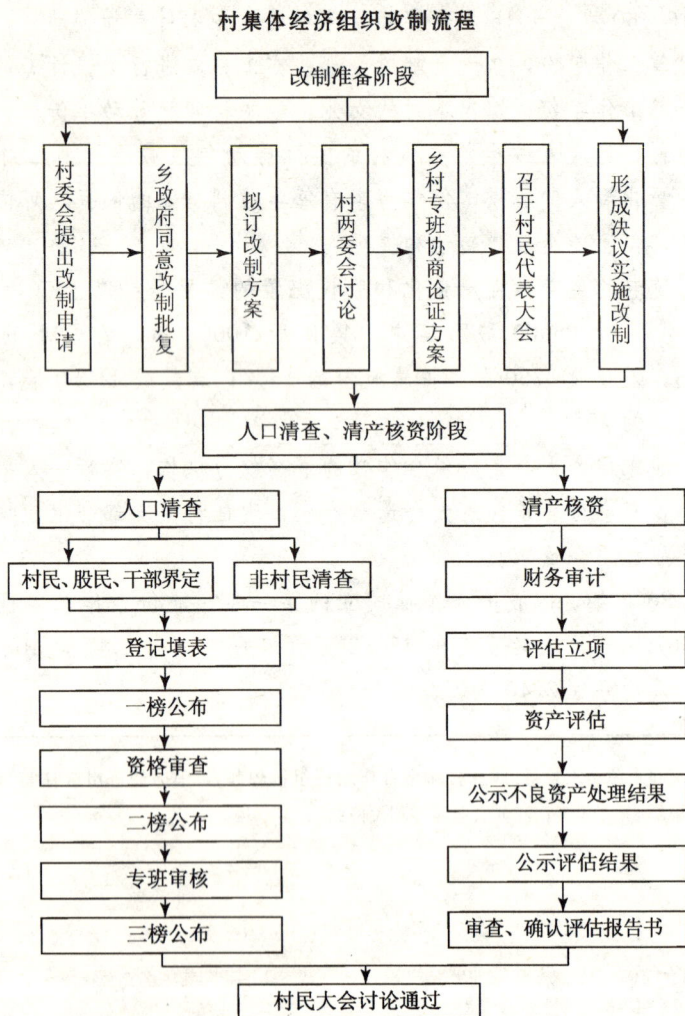

村集体经济组织改制流程

```
              ┌──────────────────┐
              │    改制准备阶段    │
              └──────────────────┘
```

村委会提出改制申请	乡政府同意改制批复	拟订改制方案	村两委会讨论	乡村专班协商论证方案	召开村民代表大会	形成决议实施改制

```
              ┌──────────────────────────┐
              │  人口清查、清产核资阶段     │
              └──────────────────────────┘
```

人口清查	清产核资
村民、股民、干部界定 ／ 非村民清查	财务审计
登记填表	评估立项
一榜公布	资产评估
资格审查	公示不良资产处理结果
二榜公布	公示评估结果
专班审核	审查、确认评估报告书
三榜公布	

```
              ┌──────────────────┐
              │  村民大会讨论通过   │
              └──────────────────┘
```

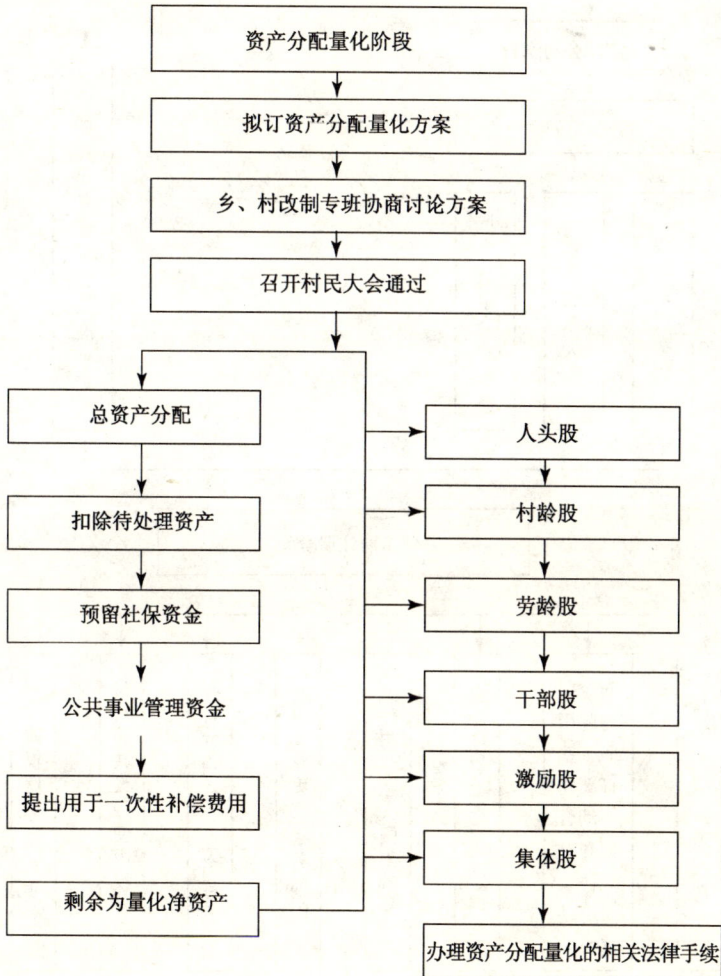

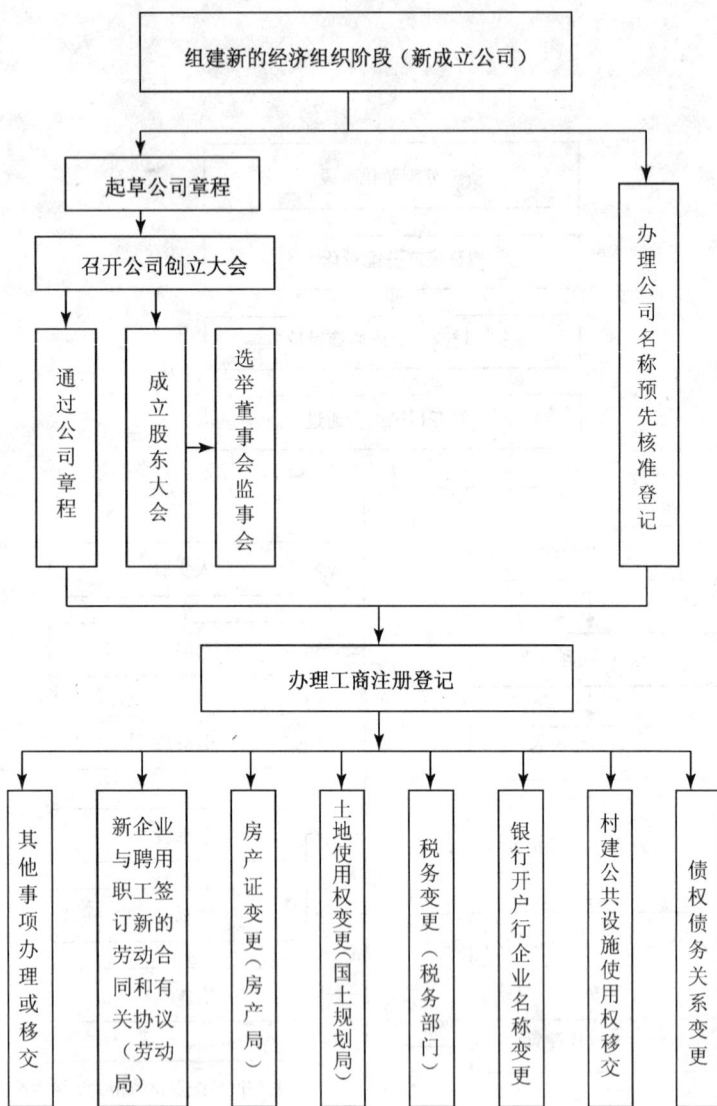

村一级社区型股份制合作经济组织，对于在推动农村工业化、城市化以及农业产业化的同时保障与提升农民的权益具有十分重要的作用，是一个顺应当代中国国情，既照顾到历史与现实，又能与未来发展对接的一种制度安排。说它照顾到历史与现实，是因为这种社区型股份制合作经济组织建立在土地家庭承包制的基础上，充分尊重农户的土地承包权以及村民在原集体经济中的财产所有权，在推进土地规模经营、企业改制的进程中充分考虑了历史的继承性与改革的"路径依赖"，因而减少了制度创新和组织创新中的利益摩擦，降低了组织成本与交易成本，并获得了村民的普遍支持。说它能与未来发展对接，是因为股份制本身就是市场经济发展到一定阶段的微观经济组织形式。把股份制引入社区型合作经济组织，使社区公共资产产权明晰，权责明确，民主监督，科学管理，能较为有效地防止"公共草场"现象，并顺应市场经济对经济资源流动性的要求。

七 本章小结

"村"，自古以来就是中国农村社区的基本单元。传统中国有两类乡村：一类是所谓"宗族化乡村"，地缘源于血缘；另一类是所谓"非宗族化乡村"，即"编户齐民的乡村"。

作为农户自然聚集的"村落"和作为一种"组织"、一种"社会单元"的"村社"有着本质性区别。"村落"基本上不涉及社区的公共权（权力）利（利益），只是一种单纯的空间地理概念；而"村社"则或多或少地与社区的公共权利密切相关，说到底，它是一种区域性的社会关系。因而，社区公共权利的强弱、多寡，社区资源由谁支配、如何支配则是判别"村"这一社区功能与地位的最主要标尺。

村这一级具有地域性特征的公共产品或"准公共产品"大致有三大类。第一大类是经济事业型的公共产品，即各种公共工程；第二大类是社会事业型的公共产品，即各种公共事务；第三大类则是公共保障。一般而言，在传统中国，村这一级社区的公共收入主要有两个渠道：一是村民的分摊；二是公产收入。

村的公共权利大小、村能提供的公共产品的多寡与村所掌控的社区经济资源密切正相关。村一级的社区组织具有"准政府"的性质。

人民公社"一大二公"、"政社合一"，是我国历史上前所未有的"大一统"社区型集体经济组织：覆盖了所有的农村地区，囊括了所有的农村居民。在二十多年的时间里，它是我国农村社区唯一主导性的、垄断性的微观经济组织形式。

人民公社并非空穴来风，它有中外两股思想源泉。虽然农业合作化运动和人民公社化运动在中国农村土地上也有一定的思想基础与生长的土壤，但总体而言，它是一种强制性的制度变迁。

人民公社体制解体以后，"村"继承了人民公社集体经济的主要遗产，形成了所谓"统分结合"的双层经营体制。但是，当代中国"村"这一农村社区实体所内涵的经济职能不仅与传统中国农业社会"村"的经济职能有根本性的区别，而且与古今中外实行土地村社所有制的"小农村社经济"也有根本性的区别。这主要是因为当代中国农村整个宏观经济的外部环境已经发生而且还正在发生两大根本性的变化：（1）当代中国村社经济面对的是一个越来越市场化的宏观经济环境，这与传统的"小农村社经济"作为一个封闭型的自然经济体有着根本性的区别；（2）当代中国的村社经济面对着工业化、城市化的强烈冲击，使得村社与村社人口处于一种开放性、不稳定的运动状态，这与传统村社及村社人口的非流动性和凝固性也有重大的区别。从发展趋势看，当代中国的农村村社在逐步缩小，而不是发展壮大。它表现为乡村人口不仅相对比重下降，而且绝对数量也在减少；同时，村民委员会数量也在减少，这意味着一部分乡村已经消逝。

人民公社体制解体以后，我国乡村公共产品的供给遇到了极为严峻的挑战。其中的一个重要原因是在相当长一段时期里，大多数村这一级社区组织没有伴随着制度的变化而适时调整自己的职能，依然把直接支配和使用经济资源，创办和经营村级所有的企业作为主要职责，而没有找到如何在市场经济和农户经济的基础上保障乡村公共产品的生产与供给的有效途径。

农村社区公共产品供给制度改革的核心与难点是公共资金的筹集。它有公产收入、村民交费以及上级政府财政转移支付这三条主要渠道。

村作为一级社区组织，直接经营企业，获得经营性公产收入，虽然在某种特定时期可能效率较高，但这种效率很难长久，不具有可持续性。因此，需要摈弃一种传统观念，即把社区的经济实力等同于社区性集体经济组织的实力。就全国大多数乡村而言，与其花大精力去创办或经营社区集体所有的企业，与私人争夺有限的经济资源，不如花大精力去治理社区的投资环境，在市场推动下吸引民间自主创办企业和自主经营企业。当然，村一级社区有必要探索一种新的机制，使民营企业创造的部分财富转移用于社区的公益事业，保证社区公共产品生产与供给所必要的财源。

跳出"村"的框框，乡村公共资金的筹集还有一条越来越重要的渠道，就是上级政府的财政转移支付。从统筹城乡发展的角度，各级政府理应把农村社区的公共产品建设纳入到全社会整体的公共产品建设之中。由于我国的经济格局和财政收支的格局已发生了历史性的根本转变，那种依赖农村积累来推进城市工业化的时代已经结束，现在应该逐渐转向城市支援农村，城市反哺农村。政府财政对农村社区的转移性支付应成为农村社区公共产品供给的最重要源泉。

就全国大部分农村地区而言，建立在市场经济与农户经济基础上的村这一级社区组织，作为一级经营层次的功能在逐渐减弱，而作为"准政府"的社区公共服务功能则在逐渐加强。

与人民公社时期微观经济组织的"清一色"、"大一统"不同，当代中国农村的微观经济组织形式呈现出多样化的特征。人民公社体制解体以后，虽然大多数的乡村都实行了土地的家庭承包，但仍然有部分村保留了人民公社集体经济组织的基本内核：土地及基本生产资料公有，集体化生产与集体化经营，统一核算、按劳分配。因此，这些村依然可归于"劳动组合"或"劳动公社"这一社区性集体经济组织类型。不过，由于外部经济环境毕竟已发生了深刻的变化，这一类微观经济组织也必须"内方外圆"，以适应新的变化了的环境。"内方"，体现的是这一类微观经济组织在坚持社区型劳动公社集体经济模式上的"不变"；"外圆"，则体现的是面对市场经济大环境的"变"。对于这一类微观经济组织，"外圆"的"变"是方法，"内方"的"不变"才是本质与核心理念。"变"是为了"不变"。

在市场经济的大环境中，以强制性的方式排斥私营经济，排斥农户经营，实行生产资料与生活资料的高度公有化，实行排斥货币交换的供给制，事实上是很难持续的。在这种背景下，有一些依然以集体经营、集体经济为主干的村进行了组织内部的若干制度创新与管理创新，逐步发展成一种更富兼容性的社区型合作经济组织模式。所谓"更富兼容性"，最主要的是它能兼容一定范围、一定程度的私有经济，兼容一定范围、一定程度的个人自由选择权，承认私人财产权。这种公私兼容的社区型合作经济模式顺应了市场经济的发展潮流，拓展了经济组织对外部环境的适应性，也拓展了经济组织发展的空间，因此也更富有生命力，更具有发展的可持续性。当然，这种公私兼容的社区型合作经济组织也会面临"公""私"之间不可避免的矛盾和冲突，如何保持集体经济的主导地位是这一类经济组织所必须面对的难题。

应该承认，不同类型的社区型集体经济组织形式在一定的时期都得到了本地绝大多数村民的认同和支持。对于绝大多数村民而言，作为"经济人"，他们之所以认同和支持这些社区型集体经济组织，是因为他们希望依赖集体经济组织来抵御市场风险，买来经济安全。在这里，村民们付出的代价（成本）则是个人自由选择权一定程度的丧失。用纯经济学语言来表示，经济安全的成本就是个人自由选择权的丧失，或者说，个人自由选择权丧失的收益就是经济安全。一般而言，在经济发展的初级阶段，经济安全的边际收益往往要大于个人自由选择权的边际收益，人们更倾向于用个人自由选择权来交换生活的保障，经济的安全。但是，当经济发展到了更高阶段之后，个人自由选择权的边际收益会越来越高，这种组织模式就会遇到越来越严峻的挑战。

村一级社区型集体经济组织加进股份制因素，以现代经济的股份为纽带把村民与村集体联结为新的社区经济合作利益共同体，是我国农村社区型微观经济组织制度的一大创新，也是村一级社区型合作经济组织顺应市场经济潮流的未来发展趋势。作为一种组织创新与制度创新，它的出现与兴起是由于经济发展出现了一些诱致性创新的收入源泉，而这些新的收入源泉在旧有的组织与制度框架内难以有效利用，因此，引发出新的组织构架和制度构架。同时，这一制度安排充分尊重了农户的土地承包权以及村民在原集体经济中的财产所有权，考虑了历史的继承性与改革的"路径依赖",因而减少了制度创新和组织创新中的利益摩擦,降低了组织成本与交易成本。实践表明,把股份制引入社区型合作经济组织,使社区公共资产产权明晰,权责明确,民主监督,科学管理,能较为有效地防止"公共草场"现象,并顺应市场经济对经济资源流动性的要求。

第 五 章

农村专业性合作经济组织

　　合作经济在中外历史上有社区型劳动组合或劳动公社式的集体经济模式和专业型合作社模式这两大类。前一类模式以及它在当代中国的变化与演进我们在上一章已作了论述，本章将转向研究农村的专业性合作经济组织。在中国，乡村各种形式的互助合作有悠久的历史，但专业性的合作经济组织作为微观经济的一种组织形态在传统农业社会的土壤上很难生存与发育。新中国成立后，虽然名义上也有农业供销合作社、农村信用合作社等专业性合作经济组织，但由于实行计划经济体制，这些名义上的专业性合作经济组织具有浓厚的"官办"性质和行政性色彩，离真正的"合作经济"性质相差甚远。农村实行家庭承包制以后，人民公社体制解体，农户成为最基本的微观经济组织形式。在此制度背景下，为适应农村市场经济以及农业产业化的发展，各种不同类型的专业性合作经济组织形式不断涌现，是农村微观经济组织形式"百花齐放"的一个重要方面。本章将着重探讨新形势下我国各种不同类型的农村专业性合作经济组织产生的原因、条件；运行的机理；未来的发展前景；以及它们与农户经济、社区经济、农村企业之间错综复杂的关系。

一 专业性合作经济模式理论与实践回顾

现代合作经济思想源于欧洲，它与第一次工业革命后各种社会主义思潮，尤其是空想社会主义思潮的兴起有极为紧密的联系。在长达三个多世纪的合作经济发展历史进程中，它形成了两种基本的发展模式，呈现出两股不同的发展潮流。

第一种合作经济发展模式就是上一章已经讨论过的社区性集体化劳动模式，或者说"劳动公社模式"和"劳动组合模式"。它的重要特征就是基本生产资料的单一公有（集体所有），而且内在地排斥市场经济和商品货币关系。合作经济的第二种模式，或者说第二种发展潮流则是各种类型的专业合作社，它与劳动公社或劳动组合的社区型集体经济模式不同，是一个产权制度的包容量更广阔，并且和市场经济、商品货币关系可以内在相容的微观经济组织形式。这也就是说，这两种合作经济模式的主要区别在于：第一，产权制度的安排不同；第二，与市场经济的内在关联性不同。

从历史上看，有文字记录的世界上第一个消费合作社 1760年出现在英国，第一个农民营销合作社 1810 年出现于美国。它们都早于欧文所创立的"新和谐公社"。与劳动公社或劳动组合的合作经济模式不同，这种专业合作社类型的合作经济模式可以涵盖多种产权制度：它可以改变私有产权，也可以保留私有产权，也可以是公私产权的混合。因此，这一类型合作经济组织的本质特征并不是生产资料的所有制关系，合作经济不等于是集体所有制经济。当然，这一类专业性合作经济组织作为"合作经济"也必然有一些共同的特征，有一些基本的原则，使得"这一类"有别于"其他类"。

罗虚代尔合作原则是这一类合作经济组织最著名的原则。1844 年 12 月，罗虚代尔先锋社的创始人查尔斯·豪沃斯（Charles Howarth）与其他 28 名纺织工人共同发起，在当时英国纺织工业中心曼彻斯特市郊的罗虚代尔镇建立了一个比较规范的消费合作社——罗虚代尔"平等先锋社"（Rochdall Society of Equitalle Pioneers），并制定了一套运行和管理规则。其主要内容是：（1）成员资格开放与入社自愿；（2）一人一票和民主管理；（3）资本报酬有限；（4）盈余按交易额分配；（5）保证货物的质量和分量；（6）按市价进行交易；（7）只接受现金；（8）保持政治和宗教中立；（9）重视社员教育等等。[1]1895 年，伴随着欧洲大陆各种类型合作社的蓬勃发展，国际合作社联盟成立。1921 年，国际合作社联盟将罗虚代尔原则整理、归并后收入国际合作社联盟章程，并在 1937 年经过重新审订后被国际合作社联盟大会确定为组建合作社组织的国际标准。1966 年国际合作社联盟再次修订后确立了如下六条基本原则：（1）社员资格可以自愿和不受歧视地得到；（2）合作社按社员事先约定的方式管理，社员享有平等投票权；（3）对股份利息进行严格限制；（4）合作社盈余用于发展合作社业务和按社员交易额分配；（5）开展合作原则和合作技术方面的培训教育；（6）加强合作社之间在地方、全国和国际范围内的合作。[2]1995 年，在国际合作社联盟成立 100 周年的大会上，国际合作社联盟根据各国合作社的新发展再次修改了合作社原则，新的原则为七条：（1）自愿和成员资格

---

　　① 汉斯·梅里契克：《农业合作社——立法原则与新动向》，载《合作社法国际研讨会论文集》，中国农业出版社 1996 年版，第 125 页。

　　② 同上书，第 126 页。

开放。合作社是一种自愿组织，对所有能够使用其服务和愿意接受成员责任的人开放，没有性别、社会地位、种族、政治或宗教歧视。（2）民主的成员控制。合作社是一种由其成员控制的民主组织，在基层合作社，成员享有平等选举权（一人一票），其他层次的合作社，也按民主方式组织。（3）成员经济参与。成员为合作社提供等额资本金，并实行民主控制。（4）自治和独立。合作社是由成员控制的自治、自助组织。他们与其他组织（包括政府）达成协议，要在条款中确认其成员的民主控制和保持合作社的自治。（5）教育、培训和宣传。（6）合作社之间的合作。（7）关心社区。合作社通过其成员批准的政策，为社区的持续发展而工作。[1]

诚然，伴随着时代的发展，合作社的一些基本原则也在与时俱进地发展，其中，最引人注目的是以美国为代表的一些合作社出现了公司化的倾向，合作社的制度安排逐步接近于普通股份制公司的制度安排。因而，美国农业部农村商业和合作社发展中心把合作社定义为"用户所有、用户控制和用户受益的公司型企业"。美国威斯康星大学合作社研究中心则把合作社定义为：合作社是其成员雇主自愿拥有和控制，在保本或非盈利基础上由他们自己为自己经营的企业。[2]但是，合作社毕竟不能等同于一般的公司、企业，否则，合作社就不成其为合作社，合作社也就没有单独成为一种经济组织形态的必要。即使是美国这种带有普通股份制公司性质的新一代合作社，仍然保持了不同于一般企业的合作社特征："第一，它不仅仅是投资者所有的企业，而且同时

---

[1] International Cooperative Alliance (ICA)：What is a Cooperative, 8 January, 1996.

[2] 转引自杜吟棠主编：《合作社：农业中的现代企业制度》，江西人民出版社2002年版，第23页。

是服务对象——农业生产者所有的企业，投资者与服务对象的身份同一。第二，尽管新一代合作社的利润按成员的股份返还，但成员的持股额与农产品的销售配额挂钩，两者比例一定，这实际上是间接的剩余按交易额的比例返还。第三，普通股份制企业中往往有一个或几个股东处于控股地位，而新一代合作社不允许少数人控股局面的形成。"①这也就是说，合作社的理论与实践虽然在不断发展，但本质的规定性依然必须保存。我们认为，合作社的本质规定性主要有如下三点：一是加入与退出的自愿性。虽然在实际运作中为了保持合作社的相对稳定，对社员的加入和退出都会有一定程度的限制，但社员加入或退出合作社本质上应是自愿性的，而不是强制性的。二是管理的民主性。合作社是全体社员的合作，因此，管理也必须体现全体社员共同参与的特点，这也是国际合作社联盟历次修改的章程都强调一人一票的平等决策权的基本原因。三是利益的共享性。组建合作社，归根到底，是为了全体社员的共同利益，因此，合作社的所有收益应由全体社员平等共享。就这一基点而言，合作社应该是"平等优先，兼顾效率"，而不同于追求效率最大化的企业。也正是基于这一原则，合作社强调的是全体成员共同支配资本，而不是资本支配劳动。1995 年国际合作社联盟成立 100 周年大会上发布的有关合作社基本原则的背景文件中，在诠释"成员经济参与"原则时，再一次强调"资本是合作社的仆人，而不是该组织的主人"。在这三点本质规定性中，加入与退出的自愿性是基本前提；管理的民主性是基本手段；而利益的共享性则是根本目的。

　　由于专业性合作经济组织具有较为广阔的制度包容性，因

---

①　见张晓山为杜吟棠主编的《合作社：农业中的现代企业制度》一书所写的序，江西人民出版社 2002 年版，第 3 页。

此，在世界范围内的发展十分迅速，覆盖的范围也十分广泛。
1913 年，参加国际合作联盟的有 30 个国家，70 个经济组织，
2000 万社员；1927 年，增加到了 35 个国家，109 个经济组织
（下属 2086 万个合作社），1 亿社员；1992 年，国际合作联盟已
发展到有 82 个国家，194 个经济组织（其中 9 个国际组织），
6.6 亿社员。① 目前，国际合作社联盟已拥有 120 多个国家的
240 多个成员组织，代表了全世界近 8 亿合作社社员。联合国从
1994 年开始，把每年的 7 月 5 日定为联合国国际合作社日，联
合国秘书长每年都对合作社发展致辞，表达了国际社会对合作社
事业发展的支持。

　　总体上看，欧洲、美国等发达国家的专业性合作经济组织也
相对发达，这与它们的市场经济发达有着十分密切的联系。以美
国为例，最早出现的农民营销合作组织就是为了抵御市场风险由
市场化农民自发组织的。如果农户依然是自给自足性的传统小
农，生产的农产品绝大多数是自己消费，与市场没有实质性的联
系，那么，组建营销合作组织就完全没有必要。但是，当时美国
的农民已经是商品化的农民，生产的农产品绝大多数是提供给市
场，而不是自己消费，因此，农产品的销售，用马克思的话说，
商品（W）到货币（G）的转换，就是"商品的惊险的跳跃"。
"这个跳跃如果不成功，摔坏的不是商品，但一定是商品生产
者。"② 由于单个农户抗御市场风险的能力有限，利用合作社这
一组织的力量来抗御、分散、转移风险就是"理性经济人"的一
种自愿选择。正如勒普克所指出的，合作社的作用主要就在于它

---

　　① 樊亢等主编：《美国农业社会化服务体系——兼论农业合作社》，经济日报出
版社 1994 年版，第 292—294 页。
　　② 马克思：《资本论》第 1 卷，《马克思恩格斯全集》第 23 卷，人民出版社
1972 年版，第 124 页。

降低了市场经济活动的风险和不确定性，降低了交易成本，从而获得了规模经济的效益。① 从这一角度看，合作社的兴起是市场经济条件下一种诱致性的制度创新和组织创新。国内外合作社实践的大量事例表明，这种专业性的合作经济组织与市场经济的发展有着密不可分的内在联系，它为"个体农户"和"大市场"的联结提供了一个可供选择的组织平台，虽然它不是唯一的平台。

案例 5—1　　　美国农村的专业合作社

美国是个农业十分发达、农业市场化程度极高的国家。美国的农民仅占全国总人口的 2% 左右，但粮食产量占世界首位，也是首位的世界粮食出口大国。

美国农村的各类专业性合作社也十分发达。据 1995 年美国农业部农村商业和合作社局的调查显示，该年度美国农村有 4006 个合作社，有 3700 多万合作社社员，其中，有很多社员是同时加入了几个合作社。该年度，农村合作社的营业额是 1122 亿美元，净收益 23.6 亿美元；总资产 403 亿美元，总负债 236 亿美元，所有者权益 167 亿美元。

在美国农村的合作社中，营销合作社历史最长，数量最多，实力最雄厚。1810 年，美国建立了世界上第一个农民营销合作组织；在以后的发展中，营销合作社一直是美国农业合作社的主要组成部分。1995 年，美国有营销合作社 2074 个，占农村合作

---

① 参见国鲁来：《合作社制度及专业协会实践的制度经济分析》，《中国农村观察》2001 年第 4 期。

社总数的 52%。营销合作社经营的产品市场份额占同类产品市场份额的 31%，其中奶产品占到 33%，粮食也占到 27%。

供应合作社有 1458 个，占农村合作社总数的 36%。供应合作社经营的农场所需物质占市场份额的 36.4%。供应合作社供应的化肥占市场份额的 45%，燃料占 42%，饲料占 21%。

服务合作社有 474 个，涉及的服务领域有医疗保健、各类保险、住房合作、水利灌溉、汽车运输等众多方面。

信贷合作社已形成了一个由联邦土地银行、联邦中间信贷银行及生产信贷协会、合作社银行的三级信贷合作体系。

我国传统的农业社会，虽然也有互助合作的思想和实践，但这种专业性的合作经济组织作为一种组织形态很难生成与发育，究其根源，是因为市场经济的不发育，农户与社会都缺乏对这种合作经济组织形态的制度需求。20 世纪初，"西风东渐"，国外的各种合作思想与理念也逐步传播到我国，并形成了不同流派的合作理论与合作运动。孙中山先生是我国最早接触现代合作思想并提出了自己一套主张的合作经济先行者之一。他尤为推崇消费合作社，认为"有了消费合作社，就是由'商人分配制度'变为'由社会团体来分配货物'"，"就可以说是分配之社会化，就是行社会主义来分配货物"[1]。曾有"中国合作之父"美称的薛仙舟，早年留学欧美，对欧美当时的合作运动推崇备至。回国后发起成立了中国历史上第一个信用合作社——上海国民合作储蓄银行，并在 1927 年受陈果夫的委托撰写了著名的《中国合作化方案》。他认为，中国要做到"及至每个小村落，每个工厂，每个团体，

---

① 《孙中山全集》第 9 卷，中华书局 1981 年版，第 375 页。

每条马路，每条里弄皆有合作机关星罗棋布，全国合作化了，然后全国问题才能根本解决，然后革命才算真的成功。"[1] 与孙中山先生一样，薛仙舟也最为推崇消费合作。

梁漱溟先生的合作理论与实践独树一帜。组织农村合作社是他"乡村建设理论"的一个重要方面。他认为，"合作社之所由起，实在是经济压迫下弱者散者的一个防卫与自救"，"中国是一个顶软弱散漫的社会，所以顶需要合作，顶容易走上合作的路"[2]。与孙中山先生的主张不同，梁漱溟更推崇生产合作，而不是消费合作。他认为："中国最大的问题，极迫切的需要，就是普通所谓'造产'。造产即我们讲的'财富增值'，或'开发产业'、'改进技术'。所以如果合作是应于需要而来的话，那么中国的合作决不是消费的合作，一定是生产合作。"[3] 1931 年，梁漱溟先生带领山东乡村建设研究院的师生在山东邹平县进行实验。到 1936 年底，全县共建立了合作社 307 个，有社员 8828 户，股金 1.24 万元。其中，棉花运销合作社 156 个，蚕业产销合作社 21 个，林业生产合作社 23 个，信用社 48 个，信用仓库 58 个。[4] 虽然邹平的实验后来由于抗战爆发，山东沦陷而不得不结束，但它对中国乡村合作运动的意义依然十分重要和深远。与梁漱溟先生同时代的还有晏阳初先生在河北定县进行的实验。据 1935 年的统计，定县共有农村合作社 128 个，社员 4768 人，股金 10516 元，其中信用合作社所占比重最大。[5]

---

①　薛仙舟：《中国合作化方案》，《江苏合作》1927 年第 6 期。

②　梁漱溟：《中国合作运动之路向》，《乡村建设旬刊》1934 年第 4 卷。

③　同上。

④　杨德寿主编：《中国供销合作社发展史》，中国财政经济出版社 1998 年版，第 148 页。

⑤　同上书，第 146 页。

国民党政府时期，在政府推动下，也在乡村创办了一些合作社，主要是信用合作社。1934 年，国民党政府颁布了《中华民国合作社法》，这是中国历史上的第一部合作社法。同年，国民党政府还在实业部设立了专职的合作司，统管全国的合作社行政业务。虽然国民党政府时期官方推动的合作社运动对于农村发展也有一定的积极意义，但总体来看，合作社的覆盖面很小，对减轻农民的贫困、促进农村经济的发展作用极其有限，而且许多合作社被乡村的土豪劣绅所把持，穷苦农户的利益得不到有效保护。

中国共产党人，特别是毛泽东主席，则更为推崇"劳动公社"或"劳动组合"的社区型集体经济合作模式。事实上，实行计划经济的社会主义国家，令人印象深刻的也是集体农庄、人民公社一类的社区型"劳动公社"或"劳动组合"的集体所有制经济，那种农民自发、自愿组织的各类专业性合作经济组织在计划经济体制下也缺乏生成与发育的空间和土壤。这有意识形态与制度设计两个方面的原因。

从意识形态方面看，"劳动公社"或"劳动组合"的社区型合作经济模式以基本生产资料（土地、大型农机具）的集体所有为前提，而各类专业性的合作经济组织大多数依然保留了私有产权。因此，马克思认为："与其从事合作贸易，不如从事合作生产。前者只能触及现代经济制度的表面，而后者却动摇它的基础。"[1] 这里的基础就是指的生产资料所有制关系。恩格斯也特别强调了合作社的生产和占有："我们对于小农的任务，首先是把他们的私人生产和私人占有变为合作社的生产和占有。"[2] 基

---

[1] 《马克思恩格斯全集》第 16 卷，人民出版社 1972 年版，第 218 页。
[2] 恩格斯：《法德农民问题》，《马克思恩格斯选集》第 4 卷，人民出版社 1972 年版，第 310 页。

于同样的思维逻辑，列宁尖锐地批判了当时德国以及俄国的各种类型的专业合作社，"拥护资产阶级的人到处拿各种合作社（贱价买进高价卖出的联合组织）来显宝。甚至有一些把自己叫做'社会革命党人'的人，也跟着资产阶级到处嚷嚷，说农民最需要的是合作"①。为什么这种合作社不好？列宁认为，这种合作社保留了私有制经济。列宁指出："只要富人还依旧是富人，只要他们还掌握着大部分土地、牲口、农具和钱，那末不但贫农，就是中农也永世不能摆脱贫困。"②诚然，在实行"新经济政策"时期，列宁对合作社的评价也有了一些变化，认为"合作社的发展就等于社会主义的发展"③，但是，这有着严格的前提条件："在生产资料公有制的条件下，在无产阶级对资产阶级取得了阶级胜利的条件下，文明的合作社工作者的制度就是社会主义制度。"④

毛泽东在革命活动的早期并不排斥各种类型的专业合作社。他曾指出："合作社，特别是消费、贩卖、信用三种合作社，确是农民所需要的。"⑤第二次国内革命战争年代，革命根据地的各类合作社也有较快的发展，"据一九三三年九月江西福建两省十七个县的统计，共有各种合作社一千四百二十三个，股金三十余万元。发展得最盛的是消费合作社和粮食合作社，其次是生产合作社。"⑥在后来的陕甘宁边区，各类合作社也有 1280 个，合

---

① 列宁：《给农村贫民》，《列宁选集》第 1 卷，人民出版社 1972 年版，第 415 页。

② 同上书，第 414 页。

③ 列宁：《论合作制》，《列宁选集》第 4 卷，人民出版社 1972 年版，第 687 页。

④ 同上书，第 684 页。

⑤ 毛泽东：《湖南农民运动考察报告》，《毛泽东选集》第 1 卷，人民出版社 1972 年版，第 40 页。

⑥ 毛泽东：《我们的经济政策》，《毛泽东选集》第 1 卷，人民出版社 1972 年版，第 133 页。

作社资金达 21 亿元，其中消费合作社资金 7 亿元，信用、生产、运输合作社资金 14 亿元，并建立了 51 个医药合作社。后来，尤其是解放以后，毛泽东合作经济的思路，或者说合作经济的重点也逐步转向了集体化的合作生产。早在延安时期，毛泽东就指出："在农民群众方面，几千年来都是个体经济，一家一户就是一个生产单位，这种分散的个体生产，就是封建统治的经济基础，而使农民自己陷于永远的穷苦。克服这种状况的唯一办法，就是逐渐的集体化；而达到集体化的唯一道路，依据列宁所说，就是经过合作社。在边区，我们现在已经组织了许多的农民合作社，不过这些在目前还是一种初级形式的合作社，还要经过若干发展阶段，才会在将来发展为苏联式的被称为集体农庄的那种合作社。"[①] 所谓初级形式的合作社，主要是由于这种集体劳动组织还建立在个体经济（私有财产）基础上。中国后来的农业合作化运动实际上也就是沿着农业生产合作为主线，逐步加大公有制成分而展开的。那种依然保留私有产权的专业性合作经济思路被当作资产阶级的改良主义思路被抛弃，并受到批判。

从制度设计方面看，计划经济体制虽然也承认工农业产品交换是商品交换，但这种交换并不依赖市场机制，而是通过行政性的计划渠道。农户不是独立的商品生产者与经营者，人民公社以及下属的生产大队、生产队实际上也不是。这是因为人民公社体制作为计划经济在农村地区垄断性的微观经济组织形式，内在地排斥商品货币关系和市场经济。农村的供销合作社、信用合作社虽然冠之为"合作社"的名称，但实际上后来都不可避免地演变

---

① 毛泽东：《组织起来》，《毛泽东选集》第 3 卷，人民出版社 1972 年版，第 931 页。

成了国营或准国营的商业机构和信用机构，具有极为浓厚的官办行政色彩，"徒有合作经济之躯壳，实无合作经济之灵魂"。总之，那种与市场经济紧密联系的专业性合作经济组织根本就没有可以生存的制度空间。

二　当代中国农村经济市场化、农业产业化与多种形态专业性合作经济组织的兴起

人民公社体制解体以后，中国农村经济的一个根本性变化就是实质性地启动了市场化的进程。作为农村经济最主要的微观经济主体——农户，在越来越广泛、越来越深刻的程度上被卷进了现代市场体系，他们的生产、生活与市场的联系越来越密切，关联度越来越高。尤其是中国加入 WTO 以后，中国的农民和农村经济不仅受到了国内市场的强烈影响，而且还受到了国际市场的强烈影响，那种传统的自给自足的封闭性生产体系已经彻底瓦解。有一些学者认为，中国 1978 年以来的农村土地制度改革，根本"不是中国历史上的一次革命性创新，而不过是 1956 年初级社以前农地制度的某种复归，是中国几千年来农地制度的常态"[①]。这一观点完全忽视了 1978 年以来中国农村土地制度改革以及整个农村经济制度改革作为一项"革命性创新"的最重要标志，就是农村经济市场化进程的不可逆转，以及它已经带来、正在带来和未来还将要带来的一系列划时代的重要变革。

---

① 贺雪峰：《为什么土地承包制会有效率》，《三农中国》2004 年第 1 期。

专栏 5—1　　　中国农民撼动世界市场

晨曦初露，面色黧黑而精神百倍的宋洁军就在他位于沿海的山东省境内的田间指挥农民们采摘秋葵了。当地人几乎从不吃秋葵，但在隔海相对的日本却是一味珍馐佳肴。纤弱修长的秋葵豆荚大多数都被运往日本。

宋洁军的新生活从很多方面都折射了中国大部分农村地区经济恢复勃勃生机的局面。最近在中国从事农业可以赚钱了。中国已经发展成为亚洲大多数地区的市场基础，有望成为全球食品出口国，不亚于中国成为"世界制造工厂"所带来的深远影响。

"我们已经打入了日本市场，"宋洁军自豪地说："不久我们还要打入美国市场。"

在中国的大片沿海地区，传统的粮食种植地正在逐渐让位给果园和蔬菜大棚。飞机降落上海机场之前从舷窗眺望，乘客往往误认为脚下就是辽阔的大海，实际上那是绵延数里的塑料蔬菜大棚。这里的作物主要供应人口不断膨胀的富裕城市居民，只有小部分供出口，但这就足以向海外市场主要种植商发起挑战了。新鲜水灵的中国椰菜正在取代美国加州的产品，出现在东京人的午餐饭盒里。新加坡和香港地区出售的美国苹果也在中国内地苹果面前节节败退。

截至目前，全球蔬菜水果生产商面临的威胁主要是在出口市场上。中国农产品要赶上国际质量标准尚须时日。中国的农业生产技术非常落后，冷藏和存储设备也很原始，农民常常用有害的杀虫剂催熟农作物，在贫瘠的土壤中施加大量化肥。

不过，就像制造业的发展所揭示的那样，中国人擅长学习。

部分动因就来自中国加入世界贸易组织所带来的出口机会。驻上海的咨询机构，China Food and Agricultural Services Inc. 的执行副总裁赫兹菲尔德（Richard Herzfelder）说，中国农业发展的速度"非常快"。许多人曾推测，从中国 2001 年加入世界贸易组织算起，中国水果赶上美国水果的质量水平需要大约十年。而眼下中国最上乘的水果已经能够达到这个标准了。赫兹菲尔德说："他们前进的速度是人们预想的两倍。"

20 世纪 80 年代，全球最大的苹果生产国是美国，而目前中国的苹果产量已经是美国当年的四倍。最近五年内，美国出口新加坡的苹果锐减 50%，而中国出口则增长一倍。现在，中国苹果在新加坡市场的占有率已经高达 60%。从 1995 年以来，中国出口日本的椰菜激增两倍，而美国出口则减少三分之一。Washington Apple Commission 的出口业务负责人金（Tracy King）说，在许多市场"我们都遭受了沉重打击"。

从现在开始到 2020 年，预计约三亿农民会进入城市地区，这就为农田整合提供了更多便利。在此期间，中国还计划兴建一个全国性高速公路网络。很快，偏远地区的农民也可以种植莴苣和草莓这样容易腐烂的作物了，因为他们可以将产品迅速运往国内外市场。

中国的瓜菜产量现在已经占到全球的一半，是印度的六倍，美国的 12 倍。1995 年中国的产量还只有全球市场的三分之一。在此期间，中国的椰菜、胡萝卜和其他蔬菜以及番茄的产量都增长了一倍多，中国的蔬菜种植面积激增 89%，水果种植面积增长了 16%，而粮食耕种面积则减少了 10%。

回头再说宋洁军。和他志趣相同的人们在创业精神的鼓舞下，凭借各自的政治头脑，他们正在改变农业的面貌。他们签署租地协议，将小块农田合并在一起，从事高科技食品加工业，组建起营销和分销网络。

宋洁军租了 100 亩地（合 6.6 公顷），以前这些地由数十户农家耕种。他说："如果我再年轻一些，我会租 10000 亩。"

像莱阳附近的许多农民一样，宋洁军专门为当地一家名为龙大食品集团（Longda Foodstuff Group Co.）的公司种植作物。这家私营企业自己就拥有 1300 多公顷的土地，许多农民租公司的地来耕种或养猪。公司产品主要送往食品加工厂，满足国内以及日本为主的海外市场所需。

依托龙大集团的农民和工人超过 40 万。公司报告显示去年销售额超过 2 亿美元，利润达到 1200 万美元。

为保证质量，龙大全程控制租用公司土地种植的农户和宋洁军这样的供应商的生产过程。公司的租种合约都是一年，如果被发现违反了种植生产规定，合约立即中止，租户的现金抵押也会被没收。

在很多方面，龙大集团都展示了中国农业的工业化进程。实际上，公司的录像带自豪地宣称，龙大"改变了中国农民的传统生活方式"，将他们转变成了"产业工人"。

在最近一个流火烁金的夏日清晨，宋洁军的手机突然响了，他跑到园地门口：龙大来人要他种洋葱。他马上叫来妻子，骑上摩托车回家取钱。然后他一路小跑赶到龙大的仓库——唯一授权的购买地点——去买种子和化肥。午饭时他打了几个电话，很快召集了 30 位农民，明天到他这里栽种洋葱。

"他们让种什么我就种什么，他们让什么时候种我就什么时候种。"宋洁军说。龙大的农艺专家定期来检查，确保他遵循公司对化肥和农药的使用规定。

与龙大的合作让宋洁军受益匪浅。他为龙大供货的这四年来，年平均收入达到 5000 美元，大约是他以前做治保主任收入的两倍。给他种地采摘的农民每天收入不到两美元。

这样的事在广阔的中国沿海地区处处可见。日本和韩国的客户对产品标准要求很高，他们是中国农产品最大的出口市场，也向中国供应商提供了大量技术和投资。比如说，全球最大的椰菜种植区，上海南部一片富饶的平原上，农民们从20世纪90年代初就开始用日本贸易公司提供的种子种植椰菜了。

"那时我们根本不知道椰菜是什么。"当地的椰菜生产商郭承根（音）说。现在他每年向日本发运130个冷藏集装箱。

发展园艺业可能会在谷物和大豆种植地区催生新的贫富差距，酝酿新的社会不稳定因素。另外，大量中国出口的廉价水果和蔬菜可能会在亚洲和其他地区引发贸易保护争端。

其他食品生产商的前景也并非全都黯淡无光。在中国农民种植更多水果和蔬菜的同时，美国的大豆进口也在激增。中国的农艺专家们预计，中国对玉米等粮食作物以及糖和棉花等商品作物的进口会日益增长。

资料来源：《远东经济评论》2004年10月12日，http：//www.wtolaw.gov.cn。本专栏有删节。

当代中国农村经济的市场化进程表现在方方面面。

首先，它表现为农产品的商品化与市场化。

以农村经济的主导产业——农业生产来观察，乡村居民生产的农产品、牧产品、水产品，其商品量和商品率逐年增加。这意味着传统的自给性农业的比重逐年降低，而商品化、市场化农业的比重在逐年提高。表5—1是《中国统计年鉴2005》提供的农村居民家庭平均每人出售的农产品、牧业产品及水产品的数量。从中可以看出，从1985年到2004年，农村居民人均出售的粮食从 123.49 公斤提高到了 287.25 公斤，增长了 132.61％；出售的棉花从 4.13 公斤提高到了 19.19 公斤，增长了 364.65％；出售的蔬菜从 53.76 公斤提高到了 151.57 公斤，增长了 181.94％；出售的水果从 6.78 公斤提高到了 57.48 公斤，增长了 747.79％；出售的猪肉从 16.27 公斤提高到了 26.62 公斤，增长了 63.61％；出售的家禽从 1 公斤提高到了 6.87 公斤，增长了 587％；出售的牛羊奶从 1.02 公斤提高到了 7.67 公斤，增长了 651.96％；出售的水产品从 1.74 公斤提高到了 7.28 公斤，增长了 318.39％。该统计资料中涉及的 15 种主要农产品、牧业产品、水产品，2004 年与 1985 年相比较，农村居民家庭人均出售产量下降的只有麻类，而麻类在农村居民生产构成中的比重本来就很低；增长幅度超过一倍的有粮食、棉花、蔬菜、水果、牛肉、羊肉、家禽、蛋类、牛羊奶、蚕茧和水产品。

表 5—1　　　　　　农村居民人均出售主要农产品、
牧业产品、水产品情况

	粮食	棉花	油料	麻类	烟叶	蔬菜	水果
1985（公斤）	123.49	4.13	14.37	2.80	2.25	53.76	6.78
2004（公斤）	287.25	19.19	18.88	0.53	2.47	151.57	57.48
增长幅度（％）	132.61	364.65	31.38	−189.29	9.78	181.94	747.79

	猪肉	牛肉	羊肉	家禽	蛋类	牛羊奶	蚕茧	水产品
1985（公斤）	16.27	0.52	0.57	1.00	2.21	1.02	0.36	1.74
2002（公斤）	26.62	2.49	2.94	6.87	6.39	7.67	0.79	7.28
增长幅度（％）	63.61	378.85	415.79	587.0	189.14	651.96	119.44	318.39

资料来源：《中国统计年鉴 2005》第 475、476 页。

　　诚然，从 1985—2004 年，我国绝大多数的农产品、牧业产品和水产品的生产产量都有较大幅度的增长，但这些产品生产产量的增长幅度赶不上农户出售产品的产量增长幅度。这表明我国农户的农产品、牧业产品及水产品的商品率有了大幅度的提升，也就是说，我国农户生产的农产品、牧业产品、水产品自给自食（即自己消费）的比重下降，为市场、为社会生产的比重上升。以最主要的农产品——粮食为例，1985 年，我国乡村人口 80757 万，当年粮食产量 37910.8 万吨，农户人均粮食产量 469.44 公斤，人均出售粮食 123.49 公斤，粮食商品率为 26.3%；2004 年，我国乡村人口 75705 万，当年粮食产量 46946.9 万吨，农户人均粮食产量 620.13 公斤，人均出售粮食 287.25 公斤，粮食商品率为 46.3%，比 1985 年提高了 20 个百分点。总体而言，在农产品、牧业产品和水产品之中，粮食还是农户自给率较高、商品率较低的产品，但是，它的商品率也接近了 50%。其他一些产品，例如，棉花、烟叶、水果、牛羊奶、水产品等，商品率则更高。

　　其次，农村经济的市场化还表现为乡村居民的生活消费越来越市场化。

　　在乡村居民生产的产品越来越面向市场的同时，他们的生活消费也越来越依赖于市场。传统乡村的一个重要特征就是消费的封闭性，自给性消费在消费构成中占有绝对的比重，只有很小一部分消费依赖于市场的货币性购买。这正如 C. M. 奇拉波所说："在全部需要物品中只有很小一部分农民才求之于市场，这是中世纪经济的一个重要特色。凡没有经历现代经济增长的地方都有此种特色。"[①] 但是，当代中国的乡村，在全部需要物品中绝大多数都需求之于市场，需要用货币进行购买，那种不依赖市场的

---

　　① C. M. 奇拉波主编：《欧洲经济史》，商务印书馆 1979 年版。

实物性消费、自给自足性消费的比重已急剧下降。改革之初的
1978 年，我国乡村居民的实物性消费、自给自足性消费还占到生
活消费支出比重的 59%，货币性消费、市场性消费仅占 41%。
1985 年，实物性消费、自给自足性消费的比重下降到了 39%，而
货币性消费、市场性消费的比重则相应上升到了 61%。2004 年，
实物性消费、自给自足性消费的比重跌到了 20%，货币性消费、
市场性消费的比重则达到了 80%。在我国经济发达的一些东部沿
海地区，乡村居民的消费事实上已基本市场化、货币化。例如，
2004 年，上海市乡村居民的货币性消费已占到生活消费支出的
95.3%，浙江也达到了 94.7%。即使是乡村居民自给率比重最高
的食品消费，2004 年，就全国乡村居民整体而言，货币性支出也
占到了整个食品消费支出的 61.04%，而 1978 年，这一比重仅为
24.06%。在上海，乡村居民食品消费中的货币化比重已达到
86.48%，浙江则达到了 87.19%。这意味着这些地方乡村居民的
食品大部分都要依赖市场购买，而不是自己生产。乡村居民生产
的农产品、牧业产品、水产品商品率的不断提高，表明乡村居民
一方面出售自己生产的产品，另一方面则要购买他人生产的产品。
很显然，这种市场化的扩展与专业化的分工密切相关：人们日益
趋向专业化生产自己具有比较优势的产品，以获得专业化效率和
比较收益；另一方面，则购买多样性的、他人具有生产比较优势
的产品，以获得社会分工的好处，享受多样化商品性消费所带来
的个人福利及社会福利的增进①。亚当·斯密早就指出："分工一

---

① 笔者曾经指出："商品性消费与自给性消费相比，即便是处于同一生活水平，
其消费的品种也更为多样，消费品的更新换代也更快。这是因为商品性消费可以充
分利用分工的优越性，而自给性消费基于个人及家庭生产能力的有限，其消费的品
种必然单调、狭窄。"（见曹阳：《中国农业劳动力转移：宏观经济结构变动》，湖北
人民出版社 1999 年版，第 84 页。）

经完全确立，一个人自己劳动的生产物，便只能满足自己欲望的极小部分。他的大部分欲望，须用自己消费不了的剩余劳动生产物，交换自己所需要的别人劳动生产物的剩余部分来满足。于是，一切人都要依赖交换而生活，或者说，在一定程度上，一切人都成为商人，而社会本身，严格地说，也成为商业社会。"①正是从这个意义上说，当代中国的乡村已经或正在成为"商业社会"，成为"市场经济社会"，而不是传统的"小农经济社会"。

表 5—2　　　　农村居民人均生活消费支出构成变化　　　　（%）

年　份	1978	1985	1995	2004
货币性消费比重	41.0	61.3	65.6	80.0
实物性消费比重	59.0	38.7	34.4	20.0

资料来源：根据《中国统计年鉴》相关年份提供的数据整理。

表 5—3　　　2004 年农村居民分类别生活消费支出构成

类　别	支出合计（元）	其中现金支出（元）	现金支出比重（%）
食品	1031.91	629.88	61.04
衣着	120.16	119.55	99.49
居住	324.25	297.16	91.65
家庭设备及服务	89.23	88.98	99.72
医疗保健	130.56	130.56	100.00
交通和通信	192.63	192.63	100.00
文教、娱乐用品及服务	247.63	247.63	100.00
其他商品及服务	48.27	48.07	99.59
总计	2184.65	1754.46	80.31

资料来源：《中国统计年鉴 2005》，第 364、365 页。

---

①　亚当·斯密著，郭大力、王亚南译：《国民财富的性质和原因的研究》上卷，商务印书馆 1979 年版，第 20 页。

再次，当代中国农村经济的市场化还表现为生产过程或者说生产消费的市场化。

当代中国的乡村居民不仅生活消费越来越市场化，生产消费也越来越高度依赖市场，也就是说，市场化已逐步进入乡村社会再生产的各个环节。工业生产、服务业生产对市场的依赖自不待言，仅以传统自然经济条件下的封闭性农业生产体系①来观察，当代中国也已经发生了实质性的改变，或者说革命：（1）农业生产的物质资料，例如种子、肥料、农药、农业机械与生产工具，绝大多数都需要市场购买，传统社会农户自己选种、育种、积肥等封闭式内循环生产体系已经瓦解。仅以化肥施用量为例，2004年的化肥施用量为 4636.6 万吨，是 1978 年化肥施用量（884 万吨）的 5.25 倍。（2）在许多地方，尤其是北方农村，不仅生产用电需要购买，而且灌溉用水也需要购买，农业生产对社会、对市场的依赖程度进一步加深。2004 年，农村用电量为 3933 亿千瓦时，是 1978 年 253.1 亿千瓦时的 15.54 倍。虽然农村居民的生活用电也有很大增长，但生产用电的增长无疑是十分重要的原因。（3）生产过程，或者说生产环节也日益专业化、市场化。例如，北方平原地区大面积的小麦收割依赖专业化的收割机，耕地也依赖机耕队；即使在南方的水稻主产区，插秧、收割也出现了机械化作业的趋势。农业生产的专业化紧密伴随着生产环节的市场化。（4）生产技术，尤其是高度市场化作物的生产技术，越来越依赖专业化的技术服务。例如，优质水果栽培、反季节蔬菜、

---

① "第一产业是指提供人们最基本生活资料的产业，它可以在第二产业、第三产业没有产生之前独立存在，而第二、第三产业却不能脱离第一、第二产业独立存在。因此，只有在一个以第一产业为主体的经济社会中，从事第一产业的经济单位才具有自我封闭的可能性。"（周志祥、范剑平编著：《农村发展经济学》，中国人民大学出版社 1988 年版，第 42 页。）

珍珠养殖等，都需要专业技术与专业人才的指导。

案例 5—2　　　我国的农机作业市场

　　2005 年"三夏"期间，我国参加跨区作业的联合收割机有 35 万台，小麦机收面积达 2.3 亿亩，占全国小麦收割总面积的 82％。据有关部门初步测算，农机手通过跨区机收获得收益 25 亿元，农户通过机械收割节本增效 80 多亿元。在一些地区，小麦机收面积已占到小麦收割总面积的 90％以上。例如，山东省小麦机收 4456 万亩，占小麦收割总面积 4880 万亩的 93.46％。我国小麦种植第一大省——河南省，2005 年，小麦机收 6300 万亩，占总收割面积 7410 万亩的 85％，其中大型联合收割机收割 5800 万亩。小麦机收与人工收获相比较，每公顷可降低开支 300 多元，还能减少 300 公斤左右的粮食损失，因此，受到广大麦农的欢迎。

　　如今，农机收获作业已从传统的小麦发展到了水稻、玉米、大豆、马铃薯等主要农作物品种，作业项目也由机收向机耕、机播（插）、植保等领域扩展。继小麦机收以后，水稻的机收也发展迅速。2005 年投入早稻收割的联合收割机有 5.5 万台，机收面积也占到水稻收割总面积的 20％。

　　资料来源：根据《中国农业信息网》提供的相关信息整理。

　　最后，当代中国农村经济的市场化还表现为农村劳动力资源配置越来越市场化。

劳动力是当代中国农村最丰富的经济资源，它的配置越来越遵循舒尔茨的"理性小农"假设，而不是恰亚诺夫的"自给小农"假设。这也就是说，农村劳动力资源的配置越来越市场化。这首先表现在乡村从业人员的就业构成已经发生了极大的变化。2004 年与 1978 年相比，从事第一产业的乡村劳动力占乡村劳动力总数的比重已从 1978 年的 92.88％下降到了 2004 年的61.57％；在第一产业的劳动力中，从事蔬菜、水果、花卉、水产等行业的劳动力比重也在明显上升。这使得农业中的隐性失业现象大大减少，劳动力的配置效率显著提高。同时，乡村劳动力对市场比较利益的变化更加敏感，依据市场的变化适时配置劳动的自觉性增强。例如，2004 年初东部沿海等地出现的"民工荒"现象就是乡村劳动力对市场比较利益变化作出及时反应的结果。

专栏 5—2　　　　"民工荒"说明了什么

2004 年，中国劳动力市场信息网监测中心提供了一份《江苏、浙江、福建、广东等地劳动力市场呈现出缺工现象》的统计报告。该报告指出，2004 年第二季度，在江苏、浙江、福建、广东等省的 12 个城市，有 70.4 万人进入劳动力市场求职，但用人单位的招工名额达到 108.7 万人，缺口 38.3 万人。过去，东部沿海地区的企业老板从来没有为劳动力的不足而担忧过，因为每年都有成千上万的农民工从内地蜂拥而来，形成所谓的"民工潮"，劳动力似乎是取之不尽、用之不竭的，是刘易斯意义上的"无限劳动供给"。为何转眼之间"民工潮"就变成了"民工荒"，"无限劳动供给"变成了"劳动短缺"？

"民工荒"的背后是比较利益发生了变化，农村劳动力根据变化了的比较利益格局调整了自己的劳动资源配置。

2004年中共中央、国务院"一号文件"出台了一系列扶持农业生产、促进农民增收的政策。据权威人士估算，"两减免"（免除烟叶以外的农业特产税、减免农业税）、"三补贴"（对农民实行直接粮食补贴、良种补贴、购买大型农机具补贴），使农民减负210亿元，农民得实惠451亿元。再加之粮食价格上涨，农村劳力务农的比较收益明显提高。另一方面，东部沿海地区的一些劳动密集型企业长期以来依赖农民工的低工资来维持低成本，劳工权益长期得不到保障。在务农比较利益极低的情况下，这种低工资还能吸引大量农民工；但当务农比较利益大幅提升以后，这种依赖低工资维持低成本的现象就再也难以为继，"民工荒"的出现就是必然的。

表5—4　　　　中国农村劳动力就业构成的变化状况

年　份	农业劳动力（万人）	占比（%）	非农劳动力（万人）	占比（%）
1978	28455.6	92.88	2182.2	7.12
1980	29808.4	93.63	2027.5	6.37
1985	30351.5	81.89	6713.6	18.11
1990	33336.4	79.35	8673.1	20.65
1995	32334.5	71.79	12707.3	28.21
2000	32797.5	68.38	15164.6	31.62
2004	30596.0	61.57	19099.3	38.43

资料来源：根据《中国统计年鉴2005》第445、446页提供的数据计算整理。

诚然，由于中国地域辽阔，经济社会发展的极度不平衡，要在中西部一些偏远落后地区找到某些依然停留在自然经济，市场化程度极低的传统乡村也并非难事。因此，一些学者对于市场化乡村的判断不以为然。在他们看来，1978 年以后的乡村与 1956 年以前的乡村没有什么本质性区别。但是，问题的关键还不在于现状，"问题在于这些规律本身，在于这些以铁的必然性发生作用并且正在实现的趋势"①。市场化较发达的乡村向市场化较不发达的乡村所显示的，只是后者未来的景象。②

综上所述，当代中国的乡村，虽然基本的生产组织形式依然沿袭了传统农业社会的家庭小规模生产方式，但它面对的已是一个社会化的大市场。尤其是当中国加入了 WTO 以后，这种社会化大市场还加进了全球化的因素。这就构成了人们通常所说的"小生产"与"大市场"之间的矛盾。

第一，市场化或正在市场化的农户面临着"从商品到货币"这一"惊险一跃"的市场风险，也就是通常所说的"卖难"。

传统的自给自足型农户生产的产品绝大多数是自己消费，只有极少数剩余产品才向市场出售。即便这些产品卖不出去，固然也会给农户带来生活的不便，但不会影响到他们的基本生存。相比之下，市场化农户的生产主要是为市场生产，与此相伴随的，他们的基本生存也要依赖于这些产品卖出去之后所获得的货币，因此，市场实现是市场化农户的"生命线"。正如马克思所说："W—G。商品的第一形态变化或卖。商品价值从商品体跳到金

---

① 马克思：《〈资本论〉第一版序言》，《马克思恩格斯全集》第 23 卷，人民出版社 1972 年版，第 8 页。

② "工业较发达的国家向工业较不发达的国家所显示的，只是后者未来的景象。"（马克思：《〈资本论〉第一版序言》，《马克思恩格斯全集》第 23 卷，人民出版社 1972 年版，第 8 页。）

体上，象我在别处说过的，是商品的惊险的跳跃。这个跳跃如果不成功，摔坏的不是商品，但一定是商品生产者。社会分工使商品生产者的劳动成为单方面的，又使他的需要成为多方面的。正因为这样，他的产品对他来说仅仅是交换价值。这个产品只有通过货币，才取得一般的社会公认的等价形式，而货币又在别人的口袋里。"[①]

　　作为最基本微观经济主体的单个农户固然可以自主决定生产什么，生产多少，但由于信息的不完全、不对称，由于未来的不确定，由于他们理性的有限性，他们并不知道，或不能准确地知道市场究竟需要什么，需要多少。特别是对于那些正在从自给性农民转向市场化农民的农户而言，这种生产与市场、供给与需求的矛盾就更为尖锐。在实际生活中，农户往往是依据经验（眼下的市场行情）、仿效他人（仿效成功者）或听从权威（政府或传媒）作出自己的生产决策的，这固然可以节省学习成本和自己搜集信息的成本，但也容易犯盲从的错误。而且，也正是由于大多数农户的盲从与"跟风"，再加上农产品从种到收的较长生产周期，农产品市场也就更容易出现要么生产太少，要么生产太多的"同步振荡"现象。在某类农产品生产太少的时候，价格往往偏高，这诱使广大分散的农户纷纷增加生产；但到了下一季度，此类农产品产量又太多，价格必然被压低，"量多价贱伤农"。这种当期产量受上期价格诱导而在"太多"和"太少"之间的上下波动，在经济学理论上被称之为"蛛网定理"（Cobweb Theorem）。

---

　　① 马克思：《资本论》第 1 卷，《马克思恩格斯全集》第 23 卷，人民出版社 1972 年版，第 124—125 页。

专栏 5—3　　蛛网理论与农产品的市场波动

蛛网理论是一种动态均衡分析。它将市场均衡理论与弹性理论结合起来，再引进时间因素来考察某些商品，尤其是农产品的市场价格与产量变动相互影响，引起规律性的循环变动状况。这一思想 1930 年由美国的 H. 舒尔茨、荷兰的 J. 丁伯根、意大利的 H. 里奇各自独立提出，由于其图形酷似蜘蛛网，1934 年英国的 N. 卡尔多将其称为"蛛网理论"。

蛛网理论研究的主要产品，从生产到上市都需要较长的生产周期，而且生产规模一旦确定，在生产过程未完成以前，很难中途改变，因此当期市场价格的变动只能影响下一周期的产量；而本期的产量则取决于上一期的价格。这种价格与产量相互影响的变动状况又分为三种模型：（1）供给弹性小于需求弹性，意味着价格变动对供给量的影响小于对需求量的影响。这时价格和产量的波动会逐渐减小，使市场价格趋于均衡价格，称为"收敛型蛛网"。（2）供给价格弹性大于需求价格弹性。市场受外力干扰偏离均衡状态的市场价格在对下期供给量变动影响下，使实际价格和实际产量上下波动的幅度会越来越大，远离均衡点，使均衡无法恢复，这种情形称为"发散型蛛网"。（3）供给弹性等于需求弹性。即价格波动引起供给量变动的程度始终不变，即实际产量和实际价格始终围绕均衡点上下波动，永远达不到均衡，称为"封闭型蛛网"。

一般认为，蛛网理论最适合解释农产品市场的供求状况及其价格的基本走势。在美国，20 世纪 30 年代最早观察到的"蛛网周期"就是猪肉生产的价格与产量波动，因此又称为"猪肉周期"。在现实的经济生活中，农业生产者往往是以当期的市场价格来安排来年的生产的。由于农作物生长周期较长，一旦播种，中途很难改变。因此，本期的生产规模就决定了下期的产量规模。如果本期的某类农产品价格高，分散经营的农业生产者往往会竞相扩大自己本期的生产规模，因此导致下一期该类农产品总产量规模偏大，供过于求，价格下跌；反过来，疲软的价格又会导致分散经营的农业生产者竞相压缩生产规模，导致下一期该类农产品产量偏少，供不应求，价格上涨。这意味着分散经营的农业生产者以当期的市场价格信号安排下期的生产，往往会陷入"蛛网困境"。

案例 5—3　　　　"烂果"之痛何时休

　　2004 年让广西果农先有荔枝丰收之喜，后有卖果难、"烂果"之忧。在荔枝盛产地北海市，市场上新下树的荔枝最便宜时每公斤只卖 0.5 元。驱车从公路经过，果农自产自销的果摊随处可见，都是连枝带叶的鲜果，但问津者寥寥，"买的没有卖的多"。路两旁山上许多荔枝果实累累，熟透了仍未采摘。一些果农算账后说，从山上摘果搬下山，再运出去，每公斤荔枝仅卖几角钱，本钱都不够，不如让荔枝烂在树上。

　　不仅是荔枝在原产地滞压，近年来，广西频发芒果烂市、西瓜烂市、柑橘烂市、龙眼烂市等等，"种果就盼收成好，收成一好更发愁"，农产品"丰产歉收"现象屡见不鲜，使农民饱受亏本之苦。

　　资料来源：《人民日报》2004 年 8 月 9 日。

对于市场化农户而言，生产的产品卖不出去，价值不能实现，私人劳动不被社会承认，就意味着灭顶之灾。因为这些农产品只是对他人、对社会才是使用价值，对生产者个人并非使用价值。例如，果农只有把鲜果卖出去才能换回自己所需的粮食、衣服等用品，他不可能只消费鲜果。这就是说，他生产鲜果的目的不是为了消费鲜果，而是为了利用自己的生产优势进行交换。很显然，如果这种"卖难"的现象普遍和持续，农业生产的专业化、市场化进程就必然会倒退。因此，从根本上解决农产品普遍性、持续性的"卖难"现象是推进农业生产专业化、市场化的关键因素之一。由于分散的单个农户的力量有限，再加之农产品鲜活易腐、不易储存的特点，一些中间商或农产品加工企业就有可能利用单个农户的弱势地位，压级压价，使农户的生产者剩余变成工商业者的高额利润，因而侵蚀了农户的利益。从历史上看，农民之所以痛恨商人，一个极为重要的原因就是商人利用自己的信息优势和经济优势掠夺了农民的生产者剩余。但是，单个农户既从事生产，又从事销售；既当生产者，又当销售者，事实表明交易成本太高，效率很低。这一是因为市场销售、农产品流通需要专业化的信息、知识，需要专业化的社会网络，一身二任的单个农户不可能具有这种专业化优势；二是市场销售、农产品流通需要较大的批量、规模才能降低成本、提高效益，单个农户的生产量也达不到这种必要的批量与规模。这也说明农户经营虽然是农业生产过程中较为适宜的经济组织形式，但不是农产品流通过程和市场交易过程中适宜的经济组织形式。

第二，市场化或正在市场化的农户也面临着"买难"的市场风险，这主要是由于我国农村市场的不规范与不完全。

虽然人们普遍认为在市场经济条件下货币转化为商品相对容

易（所谓"只要有钱不怕买不到东西"），但这要以一个比较规范与完善的市场作为基本的前提。如果市场不规范、不完善，有钱也不一定能买得到货真价实的东西。在我国，整体经济正处于转型时期，总体而言，市场体系还不规范、不完善；尤其是农村市场，与城市市场相比，则更不规范、更不完善。在如此一个宏观背景下，单个农户仅凭自身的力量和有限的理性还很难有效地维护自己作为消费者的利益。所谓"买难"，实质上也就是一部分厂家与商家利用不规范、不完善的市场，利用信息的不对称侵犯农民利益的一种表现形式。与前所述，市场化农户的生活消费与生产消费绝大部分都要依赖市场购买，因此，"买难"的市场风险对于市场化农户或正在市场化的农户也是至关重要的。

农户的"买难"有如下几种状况：（1）伪劣商品在乡村的倾销。由于乡村居民在消费者维权、对消费品信息的了解等诸多方面落后于城市居民，也由于政府对市场的有效管理农村严重滞后于城市，因此，伪劣商品更容易形成对乡村消费者的危害。这些伪劣商品不仅包括奶粉、家用电器等生活用品，也包括种子、农药、农机具等生产用品。伪劣商品对于农户的危害严重的可导致人们失去生命（假药、劣质奶粉），庄稼颗粒无收（假种子、假农药）。（2）歧视乡村的高价商品。有些商品虽然不是伪劣商品，但实行城乡同质不同价的歧视性价格，也损害了乡村消费者的利益。例如，相当长一段时期的农村电价就明显高于城市，一些贫困农户又回到用煤油灯的时代。（3）适合农户需要的、货真价实的商品渠道不通畅，这使得农民不得不进城购买，加大了他们的购买成本。

第三，市场化或正在市场化的农户生产越来越专业化（"小而专"），但社会化服务的不完善会形成生产链条"脱节"的风险。

专业化与市场化是一个问题的两个方面。生产越是专业化，就越需要市场化、社会化服务相伴随，二者相辅相成、相互促进、相得益彰。从发达国家的经验看，伴随农业生产的专业化，原属于传统农业的许多职能逐步从农业中分离出来，并围绕农业产业的产前、产中、产后形成了一系列独立的但又与农业紧密联系的新产业，形成了一个广泛的农业社会化服务网络。离开了这个社会化服务网络，就谈不上农业的专业化生产和市场化生产。例如，美国的农业人口只占全国总人口的 2％左右，但从事农业服务体系的人口占到了总人口的 17％。正是因为有后者，才保证了前者的专业化与市场化生产。

市场化农户不同于那种"小而全"的自给自足型农户，它是一种专业化的开放性外循环生产体系，而不是封闭性的内循环体系。因此，生产的顺利运行不仅仅取决于农户自身，而且还要依赖社会化的服务网络；专业化程度越高，对社会化服务网络的依赖程度也越深。我国当代的农户生产专业化的程度正在不断提高，但社会化服务的滞后使得生产链条"脱节"的风险增大。例如，机耕的延误可能导致季节的错过，机收的延误可能导致成熟的庄稼收不回来。实践证明，专业化经济的本质就是社会网络化经济，如果社会化服务的网络断裂，专业化经济就会寸步难行，专业化经济就会倒退到那种"万事不求人"的封闭性生产体系之中。

第四，市场化或正在市场化的农户迫切需要新知识、新技能，技术推广与技术服务的滞后会形成技术"缺位"的风险。

自给性小农的技能主要是依赖父辈的经验传授，它的技术基础"本质上是保守的"[①]。但市场化农户则需要不断吸收新知识、

[①] "现代工业的技术基础是革命的，而所有以往的生产方式的技术基础本质是保守的。"（马克思：《资本论》第 1 卷，《马克思恩格斯全集》第 23 卷，人民出版社 1972 年版，第 533 页。）

新技能，以适应市场瞬息万变的变化。这些新的知识和新的技能不可能由单个农户自发生成，也不可能依赖父教子的经验性传授，而必须依赖社会从外部输入，依赖社会化的技术推广和技术服务体系。如果社会化的技术推广和技术服务体系不健全、不完善，市场化农户的生产就会由于"技术瓶颈"而遇到极大的困难。舒尔茨教授指出："一个受传统农业束缚的人，无论土地多么肥沃，也不能生产出许多食物。节约和勤劳工作并不足以克服这种类型农业的落后性。为了生产丰富的农产品，要求农民获得并具有使用有关土壤、植物、动物和机械的科学知识的技能与知识。"①

从实践中看，当代中国农村正在兴起的生态农业、绿色农业、节水农业、精准农业都是高科技形态、具有高知识含量的农业。虽然它们可以与家庭农业共存，但是，这里的家庭农业已不是封闭、孤立的家庭农业，而必须是与现代化、社会化的技术推广和技术服务体系紧密结合的家庭农业。从一定的意义上说，这里的家庭只是承担了整个生产链条中的部分操作性功能，犹如工厂生产流水线作业中的一个环节。因此，如果生产链条中某一环节出现了故障，就会影响到整体的生产过程。

案例 5—4　新疆生产建设兵团推广精准农业

记者近日在新疆生产建设兵团农二师 29 团采访时看到，职工魏方新在自家承包的 150 亩棉花地里，准备给棉苗浇水。他既

---

① ［美］西奥多·W. 舒尔茨著，梁小民译：《改造传统农业》，商务印书馆1999 年版，第 153 页。

不拿铁锹，也不带其他工具，只见他钻进田头旁的一间小房子里，在一台计算机前察看着地里哪里缺水、哪里缺什么肥等数据后，只按几个按钮就干完了过去需要几个人干几天的工作。

这是新疆生产建设兵团正在全系统推广使用的精准农业的一个侧影。自五年前新疆生产建设兵团实施"精准农业技术体系的建立及在棉花上的大面积应用"课题后，过去职工无法掌握的农作物生长状况，每个人心中都有了数。自家地里的农作物什么时间"渴"了，什么时间"饿"了，什么时间有"病"了，这一农业生产中的难题，在新疆生产建设兵团推广的精准农田里都得到了较好地解决。

精准农业就是根据农作物生长的需要，实施定位、定时、定量的投入，高效利用各类农业资源，以最少的投入取得更高的产出。它自 20 世纪 80 年代由美国首创后，已在经济发达国家得到广泛的推广。我国尚处于研究、示范、探索阶段。

精准农业课题组的科研人员在继承原有技术的基础上，广泛吸收和引进国内外先进农业技术，并在实践中不断创新，形成了精准种子、精准播种、精准灌溉、精准施肥、精准收获和田间作物生长及环境动态监测六项精准农业技术，初步建立了由精准农业核心技术体系和技术指标体系等四个子系统构筑的精准农业技术体系，并大面积应用于棉花生产。

目前，新疆生产建设兵团精准农业项目已推广 937.34 万亩，项目区皮棉平均单产 122 公斤，比非项目区每亩增产 17.7 公斤。新增产值 17.19 亿元，节约成本 7.79 亿元，为新疆生产建设兵团棉花生产屡创我国植棉纪录奠定了坚实的基础。

来自农业部和中国农业科学院的专家认为，精准农业技术不仅适用于棉花生产，也适用于粮食和瓜果蔬菜等作物，项目总体居于国内领先水平，部分技术达到国际先进水平，不仅是棉花生产上的一次技术革命，也将对我国整个农业的生产产生深远的影响。

资料来源：《光明日报》2005 年 3 月 27 日。

第五，市场化或正在市场化的农户对资金的依赖程度加深，融资能力的不足会形成信用"缺损"的风险。

与自给自足性农户相比，市场化农户在生产经营中更需要资金融通的支持。传统的自给自足性农户的本质特征是简单再生产，用舒尔茨教授的话说就是："农民用的农业要素是自己及其祖辈长期以来所使用的，而且在这一时期内，没有一种要素由于经验的积累而发生了明显的改变，也没有引入任何新农业要素。"① 因此，传统农业并不需要过多的资金投入，对信用的渴求也不是很强烈。相比而言，市场化农户的本质特征是扩大再生产，其关键就是要"引进新的现代农业生产要素"，例如良种、化肥、机械、现代生物技术等等。这些"现代农业生产要素"大多数都需要从市场购买，因此，迫切需要资金的投入和信用的支持。在现代化农业经济中，高效益、高产出需要高投入来支撑。如果没有一定的信用环境，没有及时和顺畅的资金供给，专业化、市场化的生产就会由于"资金瓶颈"而很难顺利运行。但是，当代中国农村的信用状况并不能令人满意，大多数商业银行已从农村市场撤退，农村信用合作社由于体制和历史等多重原因举步维艰，农村本来就十分稀缺的资金通过各种渠道流向了城市，以至农户贷款十分困难，这使得市场化农户对信用的渴求与

---

① ［美］西奥多·W. 舒尔茨著，梁小民译：《改造传统农业》，商务印书馆1999 年版，第 24 页。

农村市场信用的缺损形成了尖锐的矛盾。

综上所述，在市场经济环境之中，在生产越来越社会化、现代化的背景下，单个农户的眼界、对市场行情的判断力、知识与技术能力、经济实力都是十分有限的，很难抵御市场环境中，尤其是转型经济的市场环境中出现的各种不确定性与风险，因此，利用组织的力量来扩展个体理性的有限性就是一种合理的也是必然的选择。各种不同类型的专业合作经济组织就是这样的一种组织形式，它的基本功能就是在农户经济的基础上，利用互助合作的力量把单个农户的分散经营与社会化的大市场连接起来。

与农村经济市场化紧密相连，农业产业化的进程也极为有力地推动了各种专业性合作经济组织以及各种不同类型的合作经济形式（例如公司＋农户、基地＋农户、市场＋农户、合作社＋农户、中介＋农户、公司＋协会＋农户、市场＋协会＋农户等等）的兴起。

所谓"农业产业化"，按照《人民日报》社论的解释，就是"以国内外市场为导向，以提高经济效益为中心，按当地农业的支柱产业和主导产品实行区域化布局、专业化生产、一体化经营、社会化服务、企业化管理，把产供销、贸工农、经科教紧密结合起来，形成'一条龙'的经营体制"①。在这里，区域化布局、专业化生产、一体化经营、社会化服务、企业化管理，是紧密相连并相互依存的。专业化生产是农业产业化的基础，只有生产专业化，改变自给性农业"小而全"的生产格局，才能形成农业的产业化；区域化布局则是专业化生产在空间地域的拓展，使专业化生产进一步走向规模经济，因此把生产专业化推进到一个更高的层次；一体化经营就是要把农业生产的产前、产中、产后

---

① 社论：《论农业产业化》，《人民日报》1995 年 12 月 11 日。

连接起来，把产供销连接起来，把贸工农连接起来，尤其是要延长农业生产的产业链，提升农产品的附加值；社会化服务是农业产业化的保障，没有完善的社会化服务，专业化生产、农业产业化就会寸步难行；企业化管理就是要用现代化管理方法来经营农业，使分散无序的农户生产逐步纳入规范化和标准化的生产，使传统农业走向现代农业。

　　农业产业化与农村经济的市场化有着千丝万缕的内在联系。农业产业化必须"以国内外市场为导向"，从这个意义上讲，正是市场化推动了产业化。对于农业产业化而言，"市场导向"有多重含义：首先，农产品的专业化生产、区域化生产决不是自给自足的生产，也不是计划调拨性的生产，而是面向国内外市场的商品化生产。农业产业化，本身就包含了农产品的商品化与市场化。农产品作为商品，它是否能销售出去，市场实现是否顺利，从根本上决定着农业产业化的成败与命运，因此，市场是农业产业化的生命线。其次，农业产业化要按市场经济的规律推进，而不能逆市场经济规律而行。这就是说，无论是一体化经营，还是企业化管理，农业产业化都必须尊重各方尤其是农户的利益。即使是土地的集中化规模经营，农民转变成为农业企业的工人，也必须尊重农民的意愿，使他们的利益不仅不受损害，而且还要有所增进。总之，农业产业化要建立在农户经济的基础之上，决不是要简单地"归大堆"，搞"第二次集体化"。再次，农业产业化要促进我国市场一体化的进程，尽快形成国内统一的农产品市场，并积极参与国际农产品市场的竞争。从农产品生产的专业化（专业户）到农产品连片种植、区域化布局，使得农产品的市场化范围在空间地域进一步拓展，它必然要求有更大范围的消费市场与其相适应。正如斯密所说："分工起因于交换能力，分工的程度，因此总要受交换能力大小的限制，换言之，要受市场广狭的限制。"① 如果市场分割，各地以邻为壑，那么，专业化生产就必然会局限在一个极为狭窄的地区性市场之内，农业产业化就难以取得实质性突破。尤其是我国加入 WTO 以后，我国的农业要面对国际市场的竞争，扬长避短、发挥自己的比较优势，推进农业产业化是必由之路，这就对市场一体化提出了更高的要求。

当然，农业产业化不能等同于农村经济的市场化。它是农村经济市场化推进到一定高度，农业生产力水平上升到一定高度才出现的，是农业现代化的重要特征。在我国，传统农业是"弱质产业"，弱就弱在农产品的商品化、市场化程度低，专业化分工程度低；农产品生产链条短、加工程度浅、附加值低；以及农民的分散、组织化程度低。农业产业化就是要把农业从传统的"弱质产业"改造成为现代化的"强势产业"，这不仅包括农业生产技术、生产方式的变革，而且也必然要包括农业组织制度的创新。

应该指出，我国目前占主流的分散经营的农户经营方式与农业产业化的推进是不相适应的，在有些方面矛盾还很尖锐。我们前面提到的农户小规模生产与社会化大市场之间的矛盾在农业产业化过程中就显得非常突出。从一定的意义上说，农业产业化也是为了解决这一矛盾，是为分散经营的农户经济与社会化大市场对接提供新的发展空间。此外，农产品生产链条短、加工程度低乃至农产品附加值低、农业利润外溢，是导致我国农业弱质、农民收入低的重要原因，② 也是分散经营的农户依赖自身的力量无

---

① ［英］亚当·斯密著，郭大力、王亚南译：《国民财富的性质和原因的研究》上卷，商务印书馆 1972 年版，第 16 页。

② 目前，发达国家的农产品加工率一般达到 90% 以上，农产品加工业产值和农业产值的比重为 3∶1 到 4∶1；而我国农产品加工率迄今为止只有 40%—50%，其中，二次以上的深加工只有 20%，农产品加工业产值与农业产值的比重只有 0.8∶1。（农业部农业产业化办公室：《关于当前农业产业化发展情况的报告》，2003 年 9 月 24 日。）

法解决的，这也必须依赖"组织"的力量予以解决。农业产业化的进程事实上也是产生这种"组织"的进程。它不仅提出了对"组织"的强烈需求，而且还为"组织"的产生提供了内在的动力和外在的环境。进一步讲，如何提高农民的组织化程度？用强制性的"归大堆"的集体化方式固然可以在形式上把农民组织起来，但人民公社的实践已证明其整体效果并不好，因而是不可持续的。农业产业化在市场经济以及农户经济的基础上提供了新的农民组织化方式，为如何提高农民的组织化程度提供了新的思路，开辟了新的途径。总而言之，农业产业化的推进客观上要求农业组织制度的创新。

农业企业和农业专业性合作经济组织是两类顺应农业产业化推进的农业微观经济组织形式。农业企业我们将在下一章予以展开论述，本章我们关注的重点是各类农业专业性合作经济组织。从大量的实际调查资料看，农业产业化是推动各类专业性合作经济组织产生、发展与壮大的强大动力。那些专业性合作经济组织发展比较迅速的地区大都是农业专业化生产与区域化布局比较发达的地区。例如，浙江衢县是有名的"柑橘之乡"，全县柑橘种植面积25万亩，产值占农业产值的42%，形成了连片种植，布局集中，大规模生产的格局，因此柑橘的产销，尤其是市场销售对该县农业经济与农民收入至关重要。在此背景下，该县1990年就成立了一个柑橘产销服务社，1995年又以供销合作社改革为契机，建立了六个乡级柑橘专业合作社、15个村级柑橘专业合作社，并在县一级建立了柑橘产销专业合作总社，形成了"总社—基层社—村级社"的三级柑橘专业合作社体系。

农业产业化推动的专业性经济合作，一个更为重要的方面还表现为各种不同类型的经济合作形式的兴起，例如"企业＋农

户"、"合作社＋农户"、"市场＋农户"、"企业＋协会＋农户"等
所谓"＋字形"专业合作形式。这里的"＋农户"首先意味着农
户作为独立微观经济主体的地位依然存在；其次，它也意味着农
户通过这些合作渠道可以与社会化大市场实行对接。这表明农业
产业化并不必然要求农户经济被取代，它也可以在农户经济的基
础上通过"＋"来连接农户与市场，以获取专业化生产与规模经
济的收益。

三　当代中国农村专业性合作
经济组织的"百花齐放"

当代中国农村的专业性合作经济组织有着多种形式，呈现
出"百花齐放"、共存竞争、相互补充、相互促进、共同繁荣
的格局。这一方面是因为中国国土辽阔，各地经济社会发展状
况千差万别，不可能把如此丰富的多样性简单地归结为单一的
经济组织模式；另一方面，这也要得益于政府对农村专业性合
作经济组织的积极鼓励和探索，坚持"先发展、后规范"的指
导方针。

从不同的角度观察，当代中国农村的专业性合作经济组织有
不同的分类。

1. 如果从制度分析的框架看，可以分为政府主导的合作制
度安排与民间自发的合作制度安排两大类。

依据新制度学派的分类，"有两种类型的制度变迁：诱致性
制度变迁和强制性制度变迁。诱致性制度变迁指的是现行制度安
排的变更或替代，或者是新制度安排的创造，它由个人或一群
（个）人，在响应获利机会时自发倡导、组织和实行。与此相反，

强制性制度变迁由政府命令和法律引入和实行"[1]。在我国的专业性合作经济组织制度创新的进程中，政府主导的合作制度安排类似于所谓强制性的制度变迁，而民间自发的合作制度安排则类似于诱致性的制度变迁。

在计划经济时期，我国农村的专业合作经济组织都是政府主导安排的，例如农村供销合作社和农村信用合作社。以农村供销合作社为例，它是解放初期由政府组织，自上而下建立起来的，以农民入股为主，以组织城乡工农业商品交换为主要业务的集体所有制性质的流通领域的合作经济组织。但是在后来，伴随着计划经济与人民公社化的进展，尤其是伴随着农产品统购统销制度的实行，它逐步并必然要演变成一个以执行农产品国家采购计划和定量供应农用生产资料为主要业务的"准国营商业组织"，而农民入股为主的合作经济性质则逐步丧失。在"大跃进"和"文化大革命"中，供销合作社先后两次被并入国营商业，但又两次分离，供销合作社的财务事实上也从集体所有制的自负盈亏变成了国家财政的统负盈亏，一大批供销合作社的干部、职工在这"两合两分"中则从集体所有制身份转成了全民所有制身份[2]，供销合作社本质上已不是严格意义上的集体所有制经济。农村经济改革以后，供销合作社虽然也经过了几轮的改革，但要恢复真正的合作经济性质则困难重重。这里的关键性障碍在于几十年的

---

[1]　林毅夫：《关于制度变迁的经济学理论：诱致性变迁与强制性变迁》，载《财产权利与制度变迁——产权学派与新制度学派译文集》，上海三联书店 1991 年版，第 384 页。

[2]　供销合作社被并入国营商业时，干部与职工的身份转换成为全民所有制，但在后来的分离中，并没有伴随全民所有制身份重新转回集体所有制，这主要是由于干部、职工的集体性抵制。

"分分合合"的历史演变以及经营性亏损与政策性亏损交织在一起，致使供销合作社的产权关系十分混乱，债务责任也极不明晰。农村信用合作社的状况与供销合作社的状况基本相似。因此，改革开放以后，各级政府也曾试图依托供销合作社、信用合作社这一类政府主导安排的专业性合作经济组织遗产来构造与农村市场经济相适应的合作经济体系，以节省组织成本并解决历史的遗留问题。但是，在实际的运行过程中，由于历史矛盾错综复杂，产权清理和组织整顿的成本甚高，这些努力并没有达到预期的目的。

与政府主导的合作制度安排不同，民间自发的合作制度安排是一种典型的诱致性制度变迁。这种民间自发的合作制度安排以承认合作各方的"私人产权"和"私人利益"为基础，一般而言，它不破坏目前的农户经济，而是以农户经济为基础、为前提。此外，合作的各方有"合作"与"不合作"的自由选择权，因此，它不可能产生于高度集中的"大一统"计划经济时期。农村改革开放以后，农户成为最基本的微观经济主体，有了生产经营的基本自主权与自由权，同时，市场经济的拓展又把他们越来越深、越来越广地卷入了市场体系，必须面对越来越大的市场风险。这意味着机遇与挑战的并存，利益与风险的并存。为了获得市场经济提供的广阔的发展机会和利润空间，又能规避市场经济所带来的风险与不确定性，农户自发地产生了合作的动机和意愿，这导致了当代中国农村各种不同类型的专业性合作经济组织的涌现。当然，这种民间自发的合作制度安排要想广泛、持久、健康地发展，也必须得到政府的支持、鼓励和必要的规范。从这个意义上说，民间自发的制度安排并不排斥政府的必要参与。这正如林毅夫所说："在自发的制度安排，尤其是正式的制度安排变迁中，往往也需要用政府的行动来促进变迁过程。"① 事实上，我国各级政府对于农村不同类型的合作经济组织一直是积极鼓励的。这里的一个关键性原因是合作经济与社会主义的制度构架以及社会主义的意识形态内在相容。人民公社体制崩溃以后，如何在农户经济的基础上引导农民走新的合作化道路一直是政府思考的重大课题。

从实践中看，许多现实的农村合作经济组织形式呈现出政府主导与民间自发的交融，它是政府与民间两方面积极性的结合。一类是所谓"政府牵头、农民响应"。例如，许多地方的专业技术协会就是由作为政府事业单位的农村科协或农业技术推广站牵头组织，并吸收农户参加的。据改革初期的一份调查，四川大邑县 14 个专业协会的 758 名会员中，国家技术干部占 11%，半脱产技术人员占 9%，另外，49% 是农民技术能手，31% 是普通农民。② 此外，农村供销合作社在改制的过程中也牵头组织了一些新的专业合作社，尤其是 1995 年中共中央、国务院在《关于深化供销合作社改革的决定》中提出以供销合作社为依托组织农村专业合作社的意见后，此类合作社的发展明显加快。据统计，截至 2002 年底，中国科协系统发展的专业技术协会 92324 个，有会员 659 万人；全国供销系统共发展各类专业合作社 18449 个，入社农户 538.95 万户。③ 第二种类型则是所谓"农民牵头、民办公助"。它以"民办"为主，"公助"的形式则多种多样。例如，地方政府提供必要的初始创办基金，提供场地，在工商注

---

① 林毅夫：《关于制度变迁的经济学理论：诱致性变迁与强制性变迁》，载《财产权利与制度变迁——产权学派与新制度学派译文集》，上海三联书店 1991 年版，第 384 页。

② 郭平壮：《完善农村科技推广和接收机制的一种形式》，载《农村专业技术协会问题探讨》，中国科学技术出版社 1988 年版，第 45 页。

③ 课题组：《农民合作经济组织法立法专题研究报告》，《农村经济文稿》2004 年第 8 期。

册、税收登记方面给予优惠和便利，在水电、道路等基础设施方面给予倾斜与扶持，等等。例如，北京市 1999 年颁布的《关于扶持和鼓励发展农民专业合作经济组织的意见》，就包含着上述一系列的"公助"内容，这对于京郊农村专业性合作经济组织的迅速发展起了极大的作用。又例如，浙江省 2004 年就由省财政安排了 2000 万元专项资金，重点扶持省级示范合作社。

2. 从牵头人（组织者）的角度看，当代中国农村的合作经济组织有供销合作社牵头、农技部门牵头、农村科协牵头、乡村社区组织牵头、龙头企业牵头、农村能人牵头等多种类型。

如上所述，现实经济中专业性合作经济组织的兴办往往是"政府牵头、农民响应"，或"农民牵头、民办公助"。进一步细分，供销合作社牵头、农技部门牵头、农村科协牵头、乡村社区组织牵头基本上都可以看作是政府主导，或政府推动，即政府牵头。这是因为这些组织者本身就是政府的一个部门，或与政府有着千丝万缕的联系。虽然法理上村一级社区组织不是一级政府，但正如我们前面已经指出的，在当代中国，村一级社区组织实际上具有一定的政府职能，可以把它们看作是"准政府"。这种政府部门（或组织）作为专业性合作经济组织牵头人的共同特点就是有效地利用或改造了历史上既存的组织资源，因此可以节省合作经济组织组建时期的组织成本。这对于民间组织资源、民间"企业家"十分稀缺的广大农村，无疑是一条组建专业性合作经济组织成本小、见效快的方便途径。因此，在许多地方，尤其是在专业性合作经济组织发展的初期，这一大类的专业性合作经济组织往往发展得最快、覆盖面也最广。农村能人牵头的专业性合作经济组织虽然也可能得到了政府的支持，但本质上是市场推动下的农民自发合作行为。这里的农村能人包括流通领域的营销大户、运输大户、经纪人；生产领域的生产大户、技术能人等等。

这一类专业性合作经济组织的规模大多数不及前一类。其中的一个重要原因是通过自发的民间途径来谈判、组建大规模的专业性合作经济组织十分困难，成本太高。至于龙头企业牵头的专业性合作经济组织则既有政府主导或政府推动的因素，也有市场主导或市场推动的因素。例如，所谓企业＋农户的合作经济方式就往往是地方政府给政策与龙头企业谋利润以及农户转移风险三者的结合。

牵头人（组织者）对于专业性合作经济组织的兴办至关重要。牵头人，我们可以把他们看作是熊彼特意义上的"企业家"，也就是对旧的生产方式进行"创造性破坏"，并实现生产要素新的组织的创新者。没有企业家，没有这些组织创新者，就不可能把各种独立的生产要素有机地结合在一起，也就谈不上任何有实质意义的合作。一些学者认为，"合作社是弱者的联合"①，"是处于市场竞争不利地位的弱小生产者按照平等的原则在自愿互助的基础上组织起来，通过共同经营实现改善自身经济利益或经济地位的组织"②。这些论述不无道理。但是，对这里的弱者与弱势群体应该作相对的而不是绝对的理解。面对社会化而且充满风险和不确定性的大市场，分散经营的农户确实是弱者或弱势群体，因此，需要组织起来，提高他们的组织化水平。但是，当代中国农村专业性合作经济组织的牵头人（组织者）事实上是相对的强者，而不是弱者。20 世纪 50 年代农业合作化初期那种几户贫苦农民所形成的生产互助合作形式在当代中国农村是极为罕见的。强者牵头，即强力组织牵头或强力能人牵头，反映了在农村

---

① 见张晓山为杜吟棠主编的《合作社：农业中的现代企业制度》一书所写的序，江西人民出版社 2002 年版，第 4 页。
② 苑鹏：《中国农村市场化进程中的农民合作组织研究》，《中国社会科学》2001 年第 6 期。

组建专业性合作经济组织迫切需要组织者（熊彼特意义上的"企业家"）这一稀缺和宝贵的经济资源；同时它还表明农村专业性的合作经济组织在自由联合、民主管理的基础上也需要一定的权威。

3. 从专业性合作经济组织覆盖的领域看，主要有流通领域的合作、生产领域的合作和技术服务的合作。但与此同时，当代中国农村也迫切需要信用领域的合作。

当代中国农村的专业性合作经济组织，主要覆盖三大领域。

一是流通领域的合作。它是目前专业性合作经济组织覆盖面最广的领域。据农业部农业产业化领导小组办公室李惠安的估计，20世纪末，在农村专业合作经济组织中，专门从事流通服务的占到了38％。[①] 这主要是因为分散农户面对市场经济最严峻的挑战是"卖难"的问题，即市场实现的问题；最尖锐的矛盾是家庭分散经营与社会化大市场的矛盾。农户在流通领域加强合作可以利用组织的力量提高他们的市场开拓能力和市场竞争力，提高他们抗御市场风险的能力；使他们既能获得生产领域的利润，又能获得流通领域的利润，从而更有效地增加农民的收入。从实践中看，这一类合作经济组织往往是由改制后的农村供销合作社或流通领域的营销大户、经纪人牵头。前者有历史形成的组织资源，有资金、人才、网点、社会关系、群众信任度等多种优势；后者则是农村市场经济的能人，其中的大多数人白手起家，历经磨难，因而熟悉市场，在信息搜寻、行情分析、市场开拓等诸方面有极为宝贵的经验。

---

① 李惠安：《中国农村专业合作经济组织在发展农业和农村经济中发挥的作用》，《'99中国天津·沿海地区农业发展国际研讨会论文集》，1999年。

案例 5—5　　　云南雄楚市三街镇供销合作社的改制

农村流通领域的专业性合作经济组织有相当一部分是由原农村供销合作社改制而形成的。云南省雄楚市三街镇就提供了一个典型的案例。

2004 年 5 月，三街供销合作社改名为三街供销合作社有限公司。这不是简单的易名，而是以产权制度改革为中心内容的改制。原供销社 21 名职工，六人分流到烟草公司，六人自愿从事个体经营，其余九人自愿合作，入股 71 万元，组建带有合作制性质的有限公司。新的公司总股本 179 万元，资产 417 万元，负债 120 万元；从原合作社继承下来的购销网点三个，日用百货销售店一个。还有 25 位退休人员则全部转交市退休人员管理中心统一管理。

新公司成立后，他们充分利用了自己在农产品及农业生产资料流通领域的传统优势。2004 年 1—10 月就销售各种化肥 600 多吨、农药 3753 公斤，销售总额 113 万元；同时，还完成工业品销售 29 万元，收购当地特产核桃 100 多吨，占该镇核桃总产量的 67%。公司人均销售额 30 多万元，是上年同期人均销售额的 3.75 倍。

公司还利用自己在流通领域的信息优势和营销网络，联合329 户农户组建了萝卜专业生产合作社，公司向农户提供优质萝卜种子，提供栽培技术，指导农户进行萝卜丝加工。公司还与农户签订合同，按每公斤最低保护价 1.8 元全部收购农户生产的萝卜丝，使农民增收、公司赢利。

资料来源：雄楚市政府网。

案例 5—6　　　　经纪人李树林牵头组织
中药材协会

　　李树林是位戴着眼镜、文质彬彬的年轻小伙。他是沈阳农业
大学毕业的大学生。四年前开始从事中药材购销，成了一位经纪
人。李树林注意到，当地的中药材行业缺乏必要的组织，普遍存
在着销售难的问题。于是，他联合了 21 家企业和 160 多名从业
者，成立了吉林省桦甸市农特产中药材协会，将中药材种植户组
织起来搞规模经营。

　　中药材种植户负责生产，协会经纪人负责销售。由于协会信
息灵，销售渠道多，所以有效地解决了中药材的"卖难"问题。
二道甸子镇农民戴同喜，过去靠种两亩多地的贝母维持生计，由
于没有销路赔了钱，生活困难。2003 年，他加入了农特产中药
材协会，由协会负责销路，当年就增收八万元。2004 年，戴同
喜上了一套新的滴灌设备，又多种了一亩多贝母，并带动了周围
八户农民开始种贝母，每户可增收近万元。作为协会会长的李树
林说："像戴同喜这样的庄户人，在桦甸市当地还有许多，他们
不再'单打独斗'，而是依靠联合和合作过上了小康的生活。"

　　资料来源：《人民日报》2004 年 8 月 9 日。

　　二是生产领域的合作。与农业合作化时期不同，当代中国农
村的合作经济不是以生产合作为主体、为重点，但也不排斥生产
领域的专业化合作。这种生产领域的合作主要是为了解决农民分
散生产与生产区域化布局之间的矛盾，解决生产专业化与生产链

条连续性之间的矛盾，解决农产品生产链条短与农产品加工延伸附加值之间的矛盾。因此，生产领域的合作主要是集中于那些商品率较高、市场化率较高、生产技术专业化程度较高的农产品（例如水果、水产品、农特产品、花卉）的生产过程之中。而且，生产领域的合作往往与技术服务的合作交织在一起。例如，一些经济作物的主产地，由于已形成了较大的区域性的生产规模，需要同类生产技术的农户比较集中，因此，对此类产品在生产领域的合作就较为强烈。此外，生产领域合作的牵头者相当一部分是农产品加工业的龙头企业，采取"企业＋农户"，或者"企业＋协会＋农户"的合作方式，以保证企业获得质量与数量都有可靠保证的农产品原料。

三是技术服务的合作。这主要是解决专业化生产中的技术"瓶颈"问题。这一类合作经济组织往往是由农村科技部门或技术能人牵头，也有的是由龙头企业牵头。如前所述，技术服务的合作与生产领域的合作往往交织在一起，它包括提供技术信息、组织技术培训、实地进行技术指导等基本内容。从更高的层次看，为了适应日益激烈的市场竞争，尤其是国际市场的竞争，统一产品品牌、统一技术标准、实行标准化生产也日益成为技术服务的重要方面。

至于消费领域的合作，虽然在合作社发展的历史上起过重要的作用，但在当代中国农村并不普遍，这一类的专业性合作经济组织甚少。例如，农村的住房建设有互助合作，即帮工、帮物，甚至帮钱的传统，但很少有住房合作社这一类的组织。

毫无疑问，专业性合作经济组织覆盖的以上诸领域都存在着交叉、综合的关系，例如，有些专业性合作经济组织把生产与流通联结在一起，形成产供销一条龙的合作；有些则把技术服务贯穿于生产过程及生产链条的各个环节之中，技术服务与生产合作浑然一体；还有的专业性合作经济组织则是生产、技术、流通、信用各领域的综合性合作。

案例5—7　　　一个综合性合作的典型
——浙江丽水市碧湖镇农副产品产销合作社

一

　　浙江省丽水市莲都区碧湖镇农副产品产销合作社是以熊金平为首的农副产品运销大户，是在地方政府的积极支持和大力扶持的基础上发展起来的。熊金平从事农产品运销十多年，积累了较雄厚的资本和丰富的农产品运销经验，在长江三角洲蔬菜市场上占有一席之地。1999年，熊金平等五位运销大户作为发起人，成立了"碧湖镇农副产品产销中心"，吸收当地种植长豇豆五亩以上的农户为会员，由中心供应良种组织会员进行专业化、规模化生产。2000年6月将产销中心改造成为专业合作社，成立了"碧湖农副产品产销合作社"。2001年3月被浙江省政府确定为省级示范性农村专业合作社，2003年被农业部表彰为全国（50家）先进农民专业合作组织之一。

　　碧湖农副产品产销合作社合作的领域覆盖了流通、生产、技术服务等多方面。合作社注册了"碧湖绿源"的商标蔬菜，形成了自己的品牌。合作社通过社办的"农资直供点"对320多户合作社成员提供种子、肥料、农药、小型农机具，组织社员在技术人员的指导下，按无公害蔬菜的要求进行标准化生产。在此基础上，合作社对社员生产的长豇豆实行统一收购，再按统一的品牌和质量标准进行分类、包装，统一对外销售。在市场价格较高的情况下，合作社要求社员生产产品的 85％ 卖给合作社，合作社登记在册，作为"二次返利"的凭证；市场价低于 0.2 元／斤时，合作社按 0.3 元／斤收购，社员不论销售给谁，都可凭发票到合作社领取保底价补差。但如果弄虚作假，作假社员将被开除"社籍"，由举报者顶替除名社员的社籍。合作社还积极探索农产品的精深加工，延长产业链，增加附加值。

合作社目前经营的农产品有三十余种，以蔬菜，尤其是长豇豆为主营产品，除社员外，还带动了 3000 多种植专业户，2001年使全镇农民增收 800 多万元，人均增收 200 元以上。合作社的"碧湖绿源"蔬菜是消费者喜爱的绿色农产品，销售点遍布温州、余姚、上海、天津等地，其中占领了温州鲜豇豆销售市场的 100％ 和上海市场的 60％。

合作社实行股份合伙经营模式，采用理事会领导下的总经理负责制。社员代表大会是最高权力机构，实行"一人一票制"的合作社民主管理原则。理事会由社员代表大会选举产生，由六人组成，理事长是合作社的法人代表。监事会作为合作社监察机构，由五人组成，也由社员代表大会选举产生。

合作社实行"利益共享、风险共担、二次返利"的利益机制。所谓二次返利中的第一次返利是指社员与合作社交易时的获利；第二次返利则是指每年年终合作社按社员（农户）与合作社的交易额进行利润再分配。2003 年，合作社二次返利总额为 68.5 万元，农户平均每户获利 2.08 万元。

资料来源：根据王景新著作《乡村新型合作经济组织崛起》（中国经济出版社 2005 年版）第 131—141 页提供的素材编写。

4. 从组织形态观察，当代中国农村的专业性合作经济组织有如下几种主要类型。

一是专业协会。它是专业性合作经济组织的初级形态，或者说低级形态，在专业性合作经济组织兴起的早期发展最快、普及最广。即使在今天，依然在农村各类专业性合作经济组织中占有最大的比重。在 20 世纪 80 年代初至 90 年代初，"农村合作组织主要以'专业技术协会'或'研究会'的形式出现，活动内容以技术合作和交流为主"①。据中国科协的统计，1986 年全国农村有各种专业技术协会 6 万多家，1992 年发展到 12 万多家。后来，一些专业协会由于种种原因而解散，其中最重要的原因是大多数专业协会不以盈利为目的，经济实力不强，一旦遇到风浪就难以生存，因此缺乏可持续发展的经济基础。但是，直到 2002 年，农村各类专业技术协会仍有 9.2 万家，有会员 660 万。到 2003 年，我国农村各类专业性合作经济组织有近 14 万家，其中专业协会约占 85%，仍然在数量上占有绝对的多数。② 这也表明我国农村专业性合作经济组织的发展依然处在初级阶段。

专业协会有技术服务型和经营实体型两大类。前者是一种松散性的合作方式，协会相当于一个中介性的服务机构，它不以赢利为目的，是一种服务型的非营利组织。协会向社员收取一定的会费，以向会员提供技术、信息、运销等服务为主。因此，这类协会的大多数是作为社团组织在各级民政部门登记。虽然从严格的意义上说，这类协会不能算作经济组织，但它在我国的专业性经济合作组织的发展过程中确实起到了十分重要的作用，也是农村经济合作的一种媒介和形式。经营实体性的专业协会则是在工

---

① 王景新：《乡村新型合作经济组织崛起》，中国经济出版社 2005 年版，第 73 页。

② 张晓山：《有关中国农民专业合作组织发展的几个问题》，《农村经济》2005 年第 1 期。

商部门注册登记的经济组织，是一个独立的经济法人。它对协会会员坚持互助、服务、合作的宗旨，对外则以赢利为目的，会员之间的合作方式也比较紧密。应该说，作为经营实体性的专业协会已非常接近于专业合作社，二者的区别已不是十分明显。

案例 5—8 广东潮安县金石镇养蛙协会

广东潮安县金石镇养蛙协会成立于 1996 年，是在潮安县政府全力支持下由养蛙专业大户林文河牵头办起来的。当年参加协会的专业户有 67 家。

协会成立后，一方面在许多大城市安排信息员，一方面建立固定的牛蛙销售网点，稳定供销关系。协会每日两次向会员通告行情、市价和需求动态，专业户根据这些信息决定交售牛蛙数量，最后协会将会员交售的牛蛙直接运销给客户，每公斤售价可比市价高 4—5 元，仅此一项就使社员增收 2400 多万元。此外，协会还开展了对会员的技术培训和现场指导。1997 年该地区牛蛙养殖面积增加到 2300 亩，产值 1.7 亿元，形成全省闻名的养蛙生产基地。

就在养蛙业蓬勃发展的时候，养蛙协会的运营却出现了危机。由于协会向会员提供无偿服务，很快组织的日常工作都无法维持。从 1998 年开始，协会开始向会员征收每年 50 元的会费，但由于消费市场持续性疲软，牛蛙价格大跌，甚至跌到了成本价以下，协会的固定销路也无能为力，协会对会员的吸引力随之下降。协会和地方政府部门都希望打开海外市场来解决销路，但由于协会不是经济实体，没有集体积累，既不可能通过政府对特种产品出口的审批关，也不具备从事对外贸易的实力。

资料来源：根据杜吟棠主编的《合作社：农业中的现代企业制度》（江西人民出版社 2002 年版）第 351—352 页提供的资料编写。

第二种主要类型是专业合作社。专业合作社最符合传统经典的专业性合作经济组织定义，是专业性合作经济组织的主体，也是我们重点关注的专业性合作经济组织形态。

迄今为止，我国还没有全国统一的专业合作社法规，因此，关于专业合作社的定义，建立专业合作社的标准也无统一界定。就"条条"方面看，全国供销合作社总社 2003 年制定了《农村专业合作社示范章程（试行）》和《农村专业合作社指导办法（试行）》两个文件，以规范全国供销系统发展专业合作社的实践。按照该《章程》和《办法》的定义，专业合作社是指由从事同行业或同类产品的生产者和经营者，按照合作社原则，自愿出资联合设立，自主经营、自负盈亏、自我服务、民主管理，实现共同发展的合作经济组织。该《办法》还规定，设立专业合作社应具备下列条件：（1）从事同类产品或同种行业的生产、经营和服务，组织三家以上的农户或自然人七人以上作为发起人；（2）有经社员共同讨论制定的章程；（3）有固定的经营场所，及与其开展业务活动相适应的资金和经营服务手段。从"块块"方面看，2004 年 11 月 11 日经浙江省第十届人民代表大会常务委员会第十四次会议通过的《浙江省农民专业合作社条例》是我国第一部规范农村专业合作社发展的省一级地方法规。该《条例》规定，农民专业合作社是指在家庭承包经营的基础上，从事同类或相关农产品的生产经营者，依据加入自愿、退出自由、民主管理、盈余返还的原则，按照章程进行共同生产、经营、服务活动的合作经济组织。组建合作社的条件是"七名以上的社员，五万元以上的注册资金，有社员共同制定的章程、合作社名称，建立符合合作社要求的组织机构，具有固定的生产经营服务场所和必要的生产经营条件"。浙江省的《条例》与供销总社的《办法》相比较，强调了专业合作社"在家庭承包经营的基础上"，这对于厘清专业合作社与农户经济的关系有十分现实与重要的指导意义。此外，《条例》进一步强调了合作社的一些核心与基本原则：加入自愿、退出自由、民主管理、盈余返还。

附录5—1　农村专业合作社示范章程（试行）

第一章　总则

第一条　本社是由从事＿＿生产、加工、经营的农户、组织为主体，按照自愿、民主、平等、互利原则发起成立，实行自主经营、自我服务、民主管理的专业合作经济组织。

第二条　本社定名为＿＿，总股本＿＿。本社住所设在＿＿县（市）＿＿乡（镇）＿＿村。

第三条　本社以家庭承包经营为基础，通过合作与联合，为社员提供生产和生活服务，维护社员利益，促进社员增产增收，提高社员生活质量和水平。

第四条　本社主要开展下列生产经营和服务活动：

（一）为社员提供市场信息，采购生产、生活资料；

（二）引进新品种、新技术，组织技术辅导和培训；

（三）推行标准化生产和品牌化经营；

（四）组织社员从事产品的储藏、加工和销售；

（五）提供其他社员所需的服务。

第五条 本社进行工商注册登记后，依法享有独立的法人地位，其合法权益受法律保护。

第六条 本社自愿加入＿＿＿合作社联合社，承认其章程，享受社员社的权利，履行社员社的义务。

第二章 社员

第七条 凡从事＿＿＿生产经营的农户、组织和其他人员自愿申请，承认并遵守本章程，经理事会同意，即可成为本社社员。

第八条 社员入社自愿，退社自由。社员退社须提前向理事会提出申请，股金在年度结算后退还。

第九条 社员的权利：

（一）参加社员大会，有表决权、选举权和被选举权；

（二）优先参加本社组织的各项活动，并享有本社为社员提供的各项优惠服务；

（三）参与本社年终盈余分配；

（四）对本社工作进行监督、提出建议。

第十条 社员的义务：

（一）按规定交纳股金；

（二）遵守本社章程和内部各项规章制度，执行社员（代表）大会和理事会的决议，维护本社利益；

（三）积极参与本社的各项经营活动，优先与本社开展业务往来和交易，促进本社发展；

（四）接受本社指导，严格履行合同，按照合同要求开展生产、加工、经营和服务活动并促进产品质量；

（五）为本社提供产、加、销信息和有关情况。

第十一条 如有下列情形之一的，取消社员资格，并按规定退还其股金：

（一）不履行社员义务；

（二）经营上有严重违法行为；

（三）不再符合社员资格条件；

（四）有严重违反章程的其他事项。

第三章　组织机构

第十二条　本社实行社员（代表）大会制度，设立社员代表大会和理事会、监事会。社员（代表）大会是本社的最高权力机构，由全体社员（代表）组成。社员代表由社员直接选举产生，代表任期＿＿＿年，可连选连任。

第十三条　社员（代表）大会定期召开，一般每年召开一次，须有全体社员（代表）三分之二以上出席方为有效。遇有下列情况之一时，可召开临时社员（代表）大会：

（一）理事会认为必要时；

（二）监事会建议时；

（三）五分之一以上社员，或三分之一以上代表提出时。

第十四条　社员（代表）大会有关决议的表决实行一人一票制。社员代表因故不能到会，可书面委托其他社员（代表）代理，一名社员（代表）只能代理＿＿＿名社员（代表）。各项决议须有全体社员（代表）半数以上同意，重要事项须有全体社员（代表）三分之二以上同意，方为有效。

第十五条　召开社员（代表）大会前，理事会需提前＿＿＿日向社员（代表）通报会议内容。

第十六条　社员（代表）大会职权：

（一）制订、修改和通过本章程；

（二）选举或罢免理事会、监事会成员；

（三）审议通过理事会、监事会工作报告和财务报告；

（四）审查批准本社经营方针、发展规划和规章制度；

（五）审查和决定对本社的盈余分配，对理、监事及社员的奖惩；

（六）决定有关本社的合并、分立、终止等重要事项；

（七）讨论并决定其他重大事项。

第十七条　理事会是社员代表大会闭会期间的常设机构，负责领导本社工作。理事会由主任一名、副主任____名、理事____名组成，每届任期____年，可连选连任。

理事会主任为本社法定代表人，履行相应职责。

第十八条　理事会的职权：

（一）组织召开社员（代表）大会，执行社员（代表）大会决议；

（二）拟订本社发展规划、规章制度、年度生产经营计划，提交社员代表大会通过，并组织实施；

（三）拟订本社机构设置，提交社员代表大会审议批准；

（四）负责本社日常经营、管理和服务活动；

（五）聘用工作人员，决定其聘期、报酬和奖惩；

（六）批准接纳新社员或原有社员的退出，取消不符合条件的社员资格；

（七）负责管理本社资产，努力保证社有资产保值增值；

（八）社员（代表）大会授予的其他职权。

第十九条　理事会会议必须有全体理事的三分之二以上出席方可开会。会议决议须有出席理事过半数通过方可生效。理事会会议必须有文字记录。

第二十条　监事会是本社的监督机构，对社员（代表）大会负责。监事会由主任一名，副主任____名、监事____名组成，任期____年。理事不得兼任监事。

第二十一条　监事会职权：

（一）监督理事会依法经营，遵守国家有关法律、法规和政策；

（二）检查理事会对本社章程和社员（代表）大会决议的执行情况；

（三）监督理事会的经营活动和财务管理情况；

（四）向社（代表）大会提出监事会工作报告；

（五）受理社员及农民来访，向理事会提出改进工作的建议；

（六）提议召开社员（代表）大会，列席理事会议。

第二十二条　监事会会议须有三分之二以上的监事出席方可开会，会议决议须有出席会议的监事过半数通过方为有效。

第四章　财务

第二十三条　本社的资金来源：

（一）社员股金；

（二）开展经营活动的收入；

（三）提留风险基金或发展基金；

（四）银行贷款；

（五）政府及有关部门的扶持资金；

（六）捐赠；

（七）其他。

第二十四条　本社年终盈余按下列项目分配和使用：

（一）公积金，按＿＿提取，用于增加积累，增强发展能力和服务能力或弥补亏损；

（二）公益金，按＿＿提取，用于社员集体福利事业；

（三）风险基金或发展基金，按＿＿提取，用于次后年度的弥补亏损；

（四）按社员与本社交易数量返利；

（五）按股金分红；

（六）其他。

第二十五条 本社如发生亏损，以公积金、风险基金（或发展基金）、社员股金依次弥补。

第二十六条 本社财务公开，接受社员监督。

第二十七条 本社资产禁止任何单位和个人平调、侵占和挪用。

第五章 变更、终止和清算

第二十八条 本社合并、分立、终止和发生名称、地址、法定代表人变化、调整注册资本金等须向当地工商行政管理部门申请办理变更手续。

第二十九条 本社由于合并、分立、解散或破产等原因决定终止时，理事会应制定方案报社员（代表）大会批准，并成立清算小组，对本社的资产、债权、债务进行清理和处置。

第三十条 本社清算期间，不得从事与清算无关的经营活动。任何组织和个人未经清算小组同意，不得处分本社资产。

第六章 附则

第三十一条 本章程由社员（代表）大会表决通过后生效。

第三十二条 本章程由理事会负责解释。

附录5—2 浙江省农民专业合作社条例

（2004年11月11日浙江省第十届人民代表大会常务委员会第十四次会议通过）

第一条 为促进农民专业合作社发展，规范农民专业合作社组织，保障农民专业合作社及其社员的合法权益，根据《中华人民共和国宪法》、《中华人民共和国农业法》的有关规定，结合本省实际，制定本条例。

第二条　在本省行政区域内设立、分立、合并、终止农民专业合作社等活动适用本条例。

第三条　本条例所称的农民专业合作社（以下简称合作社）是指在家庭承包经营的基础上，从事同类或者相关农产品的生产经营者，依据加入自愿、退出自由、民主管理、盈余返还的原则，按照章程进行共同生产、经营、服务活动的互助性经济组织。

第四条　合作社依照本条例规定登记取得法人资格，依法独立承担民事责任。合作社社员以其出资额为限对合作社承担责任，合作社以其全部资产对合作社债务承担责任。任何单位和个人不得侵犯合作社的合法财产和经营自主权。

第五条　各级人民政府应当鼓励和支持合作社发展，在资金、税收、科技、人才、用地、供水、供电、交通等方面制订具体措施予以扶持。县级以上人民政府农业行政主管部门负责对本行政区域内合作社的指导、协调和服务工作。工商、财政、税务、金融、科技、交通、林业、海洋与渔业、供销等部门和单位应当按照各自职责做好相关扶持、服务工作。

第六条　设立合作社，应当具备下列条件：

（一）社员七个以上；

（二）注册资金五万元以上；

（三）有社员共同制定的章程；

（四）有合作社名称；

（五）有符合本条例规定的组织机构；

（六）有生产经营服务场所和必要的生产经营服务条件。

第七条　合作社应当根据本条例规定制定章程。

合作社章程应当载明下列事项：

（一）名称；

（二）住所；

（三）宗旨、原则；

（四）生产经营服务范围；

（五）入社、退社、除名的规定；

（六）社员权利、义务；

（七）注册资金、社员出资方式、出资额及退出、转让、继承的规定；

（八）盈余分配、债务承担的规定；

（九）公积金、公益金、风险金的规定；

（十）组织机构及其产生办法、职权、议事规则；

（十一）法定代表人；

（十二）终止事由、清算办法；

（十三）章程修改程序；

（十四）社员认为需要规定的其他事项。

前款所称的住所是指合作社的主要办事机构所在地。

省农业行政主管部门可以会同工商等有关部门根据本条例制定合作社示范性章程。

第八条　设立合作社，应当向县级以上工商行政管理部门申请登记，取得法人营业执照。营业执照的签发日期为合作社的成立日期。

第九条　合作社申请登记时，应当提交下列材料：

（一）组建负责人签名的登记申请书；

（二）合作社章程；

（三）验资证明；

（四）组建负责人身份证明及社员名册；

（五）股本结构及社员出资情况；

（六）住所的合法使用证明；

（七）法律、法规规定的其他文件。

第十条　工商行政管理部门应当在收到登记申请之日起二十日内作出决定。对符合条件的，发给营业执照；对不符合条件的，不予核准登记并给予书面说明。

第十一条　合作社名称由区域、字号、产业类别和"合作社"字样组成。

第十二条　组织和个人承认章程规定，履行章程规定的入社手续，即取得合作社社员资格。社员退社应当提出书面申请，并按章程规定办理退社手续。

第十三条　每个社员应当认购股金。社员之间可以自愿联合认购股金。从事生产的社员认购股金应当占股金总额的一半以上。单个社员或者社员联合认购的股金最多不得超过股金总额的百分之二十。社员认购股金可以货币出资，也可以实物、技术、土地承包经营权等作价出资。

第十四条　合作社社员（代表）大会是合作社的权力机构，依照本条例和章程规定行使职权。社员代表由社员民主选举产生。理事会是社员（代表）大会的执行机构，由社员（代表）大会选举产生，对社员（代表）大会负责。理事会成员不得少于三人，理事长为合作社法定代表人。监事会是合作社的监督机构。社员人数较少的合作社，可以只设一至二名监事。监事会（监事）由社员（代表）大会选举产生，对社员（代表）大会负责。

第十五条　社员（代表）大会行使下列职权：

（一）修改章程；

（二）选举或者罢免理事会、监事会（监事）成员；

（三）决定增减注册资金和股金转让；

（四）决定合并、分立、终止、清算；

（五）审议理事会、监事会（监事）工作报告和财务报告；

（六）决定经营方针和投资计划；

（七）决定重大财产处置及对外担保事项；

（八）决定盈余分配和弥补亏损方案；

（九）章程规定应当由其决定的重大事项。

第十六条　社员（代表）大会每年至少召开一次。有四分之一以上社员、三分之一以上社员代表、监事会（监事）提议或者理事会认为有必要的，应当召开临时社员（代表）大会。

第十七条　社员（代表）大会表决一般应当实行一人一票，也可以按交易额与股金额结合实行一人多票等方式进行。实行一人多票方式的，单个社员最多不得超过总票数的百分之二十。合作社章程应当对表决事项及其采取的表决方式作出明确规定。

第十八条　合作社年度结算有盈余的，按照章程规定提取公积金、公益金、风险金后，再结合交易额和股金额进行统筹分配。政府扶持和其他组织、个人赠予合作社的资产，应当用于合作社的发展。国家另有规定或者双方另有约定的除外。合作社年度结算亏损的，可以用历年结余的公积金、风险金弥补亏损。

第十九条　合作社销售社员生产和初加工农产品，视同农户自产自销。合作社销售非社员农产品不超过合作社社员自产农产品总额部分，视同农户自产自销。

第二十条　合作社应当建立健全财务、会计制度，实行独立核算，自负盈亏。合作社应当实行社务公开，每年定期向社员公布财务状况，社员有权按章程规定查阅合作社财务状况。合作社具体财务、会计制度由省财政部门和农业行政主管部门共同制定。

第二十一条　合作社向农业行政主管部门提出财务审计要求的，农业行政主管部门应当对合作社进行审计，审计不得收费。

第二十二条　合作社章程规定的终止事由发生或者被依法解散的，合作社应当成立清算小组，对其资产、债权和债务进行清算。清算后的剩余财产按出资额比例进行分配。

第二十三条　合作社合并、分立和终止的，应当向工商行政管理部门办理变更、开业或者注销登记。工商行政管理部门应当将合作社设立、分立、合并和终止的情况及时告知同级农业行政主管部门。

第二十四条　本条例自 2005 年 1 月 1 日起施行。

与专业协会相比，专业合作社的合作层次更高，合作范围更广，社员与组织之间的联系也更为紧密。一般而言，专业合作社有共同的财产，有必要的公共积累，有统一的经营项目，有统一的生产指挥，有章程、规则或不成文的默契。有些合作社还有自己统一的产品商标，实现了生产与包装的规范化与标准化，并建立了自己的网站。例如，浙江省云和县的农产品专业合作社，是由基层供销社牵头的专业合作社，主要由从事黑木耳、香菇生产和经营的专业农户组成。现有社员 385 户，资产总额为 1500 万元，其中固定资产达 1200 万元。合作社拥有生产基地面积 1.2 万亩，还拥有一个大型的食用菌交易市场和一个 500 吨位的冷冻加工厂。合作社生产的黑木耳注册"山兰"牌商标，连续多年蝉联浙江省农展会金奖，并获得巴拿马国际金奖，产品畅销国内外。此外，合作社还建有"中国云和县农产品网"，利用现代网

络进一步沟通了生产与市场的联系。①

第三种主要类型是股份合作制企业。这是一种介于股份制企业和专业合作社之间的经济组织形式。我们之所以把它归于专业性合作经济组织，是因为它还保留着合作制的因素。如果它完全演变成了股份制企业，那就应归于下一章将要讨论的农村企业这一大类。

股份合作制企业是在我国改革实践中产生的，具有中国特色的一种合作经济组织形态。这里所谓的"具有中国特色"，是指它仅仅适宜于中国特殊的历史时期和特殊的制度背景。特殊的土壤产生了特殊的组织。按照农业部《关于推行和完善乡镇企业股份合作制的通知》的定义：股份合作企业是指两个劳动者或投资者，按章程或协议，以资金、实物、技术、土地使用权等作为股份，自愿组织起来，依法从事各种生产经营活动，实行民主管理，按劳分配和按股分红相结合，并留有公共积累的企业法人或经济实体。一般而言，股份合作制是股份制与合作制二者的结合。它既有资本的结合，也有劳动的联合；既要实行按股分红，也要实行按劳分配。很多股份合作制企业是全员入股，但也不完全排斥外部股东；企业内部职工的股份也并非一律，而是允许有差别。

从发展的历史渊源看，农村的股份合作制企业有两条发展线索。早期的股份合作制企业相当大的一部分是为发展民营企业，尤其是私人企业作掩护而设计的"红帽子"。温州是典型的代表。在当时"姓社姓资"争论的压力下，温州市委、市政府于1987年11月出台了《关于农村股份合作企业若干问题的暂行规定》，

---

① 中国云和县农产品网；王景新：《乡村新型合作经济组织崛起》，中国经济出版社2005年版，第157—159页。

指出股份合作企业是"一种新的合作经济组织",它"不同于一般的集体所有制企业,也不同于私营合伙企业",事实上把相当一批本质为私营经济的企业当作股份合作企业予以保护。1993年,温州的股份合作制企业为 36887 家,为全国地级市之最。这一条线索发展的股份合作制企业大多数只徒有"股份合作制"之名而无"股份合作制"之实。党的"十五大"以后,它们纷纷摘掉了"红帽子",因此不是股份合作制企业的主流。

农村股份合作制企业第二条发展线索是脱胎于原来的乡镇集体所有制企业,是乡镇集体所有制企业改制的产物,也是当代中国农村股份合作制企业发展的主流。苏南是典型的代表。曾被广泛赞誉的以乡镇集体所有制企业为主体的"苏南模式"在 20 世纪末遭遇到了严峻的"发展危机"。苏南乡镇企业的资金利税率从 20 世纪 80 年代中期的 20％下降到了 90 年代中期的 5％左右,企业的资产负债率则高达 70％左右。高额负债的债务危机直接引爆了乡镇企业的整体危机。虽然苏南乡镇企业"发展危机"的原因是多方面的,但内在的产权安排("模糊产权")与运行机制("政企不分")的缺陷无疑是最本质的原因。由于产权的模糊,市镇乡各级政府及村一级"准政府"不仅可以直接插手乡镇企业,而且还可凭借新成立的农工商公司牢牢掌控企业大权:企业负责人任免、资金来源、项目确定、生产决策、利润分配、财产处置全由上级政府说了算。集体所有制企业染上了"小全民"的种种弊端。因此,通过"改制"以实现"第二次创业"成为了必然的选择。在"改制"过程中,由于上级政府对集体经济被冲击的担忧和意识形态的压力,很多企业遵循"渐进式"的思路,在引进股份制因素的同时,又保留原有的合作制因素,股份合作制应时而生。从这个意义上说,股份合作制是实践的创造,而非理论上的预先勾画。苏南的一些基层干部指出:"这种威慑也许可以解释为什么很多改制搞成股份合作制的原因——股份合作制企业多少还有点'集体企业'的影子，比较'安全'，上级领导'关'好过，下层的思想也相对容易疏通，也许，这是历史给定的选择。"[1]

至于股份合作制未来的发展前景，则有不同的预测。有些学者把它当作农村未来合作经济组织的希望与主体形式，认为它兼有股份制与合作制的各自优势。更多的学者则把它看作是一种过渡的经济组织形态，即从集体所有制（合作制）向股份制的一种过渡，发展的最终走向是股份制。他们认为，把股份制与合作制这两种在形式和内容上都相互冲突的企业形态组合成一种新的企业结构，逻辑上难以成立，现实中也难于稳定。事实上，股份合作制企业确实存在着诸多的内在矛盾冲突，例如，企业治理结构中职工代表大会、"一人一票"的民主管理（体现合作制原则）与企业董事会、"一股一票"的资本决策（体现股份制原则）就难以调和。农业部的定义更加强调股份合作制企业的合作制因素，也有不少学者认为股份合作制企业应该向合作制的方向回归。但从目前的实际经济运行来观察，股份合作制企业逐步消除合作制因素而向股份制企业发展的现象似乎更为普遍。

四　一个不容忽视的专业性合作经济领域：农村民间信用合作

从理论与实际的经济运行看，信用领域的合作在当代中国农村事实上也有着十分强烈的需求。但是，除了徒有合作社形式的

---

① 《苏南寓言》，载江苏城市论坛网，2005 年 10 月 22 日。

农村信用合作社外，其他被官方认可的正规的农村信用领域的合作经济组织在我国是一片空白。从中央到各级地方政府目前都在大力推动和扶持各个领域、各种不同类型的专业性经济合作组织，但唯独不敢推动和扶持民间自发形成的农村信用合作经济组织。即便是已经事实上存在的农村民间合作信用组织，也得不到政府的正式认可，因此，也谈不上政府的规范化管理。这就使得大量实际上存在的农村民间金融合作组织长期处于一种非正规、非合法的"地下"状态。这种"地下"状态的无规则与无序极有可能酿成巨大的金融风险，威胁到农村经济、社会乃至民生的安定，因此，对农村信用合作以及整个农村民间金融的政策缺失与政策偏差是当代中国农村经济发展中不容忽视的大问题。同时，农村的专业性合作经济组织如果没有信用合作经济组织，也将构不成一个完整的农村专业性合作经济组织体系。

我国的民间金融合作有着悠久的历史，其典型的组织形式是"合会"。"合会"亦称为"标会"、"义会"、"摇会"、"互助会"，是长期流传于我国广大农村的民间金融传统互助组织，兼有储蓄与融资的双重功能。据王宗培先生的考证与推测，"合会"大约发源于唐宋时期的庙会活动。[①] "合会"的组织形式简单：一个自然人为会首，再加之若干会员；依血缘、亲缘、地缘为联系纽带，参与者都是熟人，是一个典型的"熟人圈"。其运行规则也简单：每人每期拿出约定数额的金钱，即合会金；首期一般由会首取得，其余各期由中标会员取得，这实际上可看作是会员的一种共同储蓄，并轮番提供信贷资金，以满足会员由于某种原因对较大额资金的需求。因此，合会的英文名称是 Rotating Savings and Credit Association，意思为"轮转储蓄与信贷协会"。合会

---

① 王宗培：《中国之合会》，中国合作学社 1935 年。

仅仅是一种会员间的契约关系，还是一个组织实体？对此人们的看法不一。即便是一个组织实体，那也是一个难以长期持续稳定的组织，这是确定无疑的，历史上还未发现有长期存在的合会。当所有会员轮转了一次之后，大多数合会就会自动解散；如果某人又有新的资金需求，可以组织新的合会，会员也并非是上一次的固定会员。从一定的意义上说，"合会"相当于信用领域的临时性互助组。虽然作为单个的合会，它不是一个长期性、稳定性的信用合作组织，但作为一种民间金融合作的组织形式，合会的生命力却极其顽强，在我国漫长的历史中，在广大农村的民间信贷活动中一直起着十分重要的作用。合会的进一步发展，有两种前途：一是盲目的扩张，形成大规模的会套会、会抬会，因而演变为少数投机分子的圈钱工具，最后资金支付链条断裂，出现倒会的金融风险；另一种前途则是制度创新和组织创新，向规范和持续的信用合作社或信用组织的方向发展。在自给自足为主体的传统农业社会里，由于经济发展水平不具备形成规范、长期、稳定的信用合作条件，因此，在传统合会的基础上也发育不出现代意义的农村信用合作。

我国现代意义的农村信用合作可追溯到 20 世纪初，它是当时整个社会合作思潮的一个有机组成部分。在我国合作社的发展历史上，第一个农村合作社就是 1923 年 6 月在河北省成立的香河县第一信用合作社。信用合作社也曾是国民党政府时期农村合作社的主体。"根据《合作社法施行细则》所载，合作社业务包括信用、供给、生产、运销、保险、利用等十余种，但以信用合作社所占比重为最大。1931 年，信用合作社 3000 多个，占全部合作社的 87.5%。自国民党发起合作社运动到抗战初期，信用合作社一直占绝大比重，有些年份甚至接近 90%。信用社主要是在农村组建的，因此，如果说此间中国农村合作社的发展也就是信用合作社的发展并不为过。"①

　　新中国成立以后，我们利用在革命根据地推动农村信用合作和创办农村信用合作社的经验，也曾积极推进各种类型的农村信用合作，例如建立农村信用互助组和信用合作社。1951 年，中国人民银行就出台了《农村信用合作社章程准则草案》，以指导各地的农村信用合作社组建工作，并自上而下地逐步建立了一个覆盖全国的农村信用合作社网络。伴随着全国农村的农业合作化与人民公社化运动，信用合作必须服从于、服务于农业合作，1956 年有部分地区一度把农村信用合作社改为农业生产合作社的信用部。随后的人民公社化，农村信用合作社随着政治形势的变化几经撤销、恢复和合并，"农民入股、社员民主管理、主要为入股社员服务的合作金融"性质已荡然无存。农村信用合作社逐步演变成了"官办"性质的信用社，而不是"合作"性质的信用社。1977 年 11 月国务院《关于整顿和加强银行工作的几项规定》指出："信用社是集体金融组织，又是国家银行在农村的基层机构。"事实上，集体金融组织只是徒有形式，本质上是国家银行在农村的基层机构，这可以从信用社的资金构成、资金运行、组织管理等诸多方面得到验证。1996 年，根据《国务院关于农村金融体制改革的决定》，农村信用社才正式与中国农业银行脱钩。中央政府也试图按合作制原则重新规范农村信用社，将它重新恢复为真正的农村合作金融组织。但由于历史原因形成的产权关系难以理顺，改革的目标并不明确，再加之行政推动的改制矛盾错综复杂，改革总体上收效甚微。"2003 年底全国还有28.73％的信用社亏损，亏损金额 93 亿元（此外全国信用社还有

---

　　① 杜吟棠主编：《合作社：农业中的现代企业制度》，江西人民出版社 2002 年版，第 303—304 页。

1353 亿元的历年亏损挂账）。全国 53.46％的信用社已经资不抵债，资不抵债金额 1779 亿元。"[①] 从目前的农村信用社改革来看，恢复过去的合作金融性质只是一种选择，就大部分农村地区而言，并非最佳选择。例如，已经资不抵债的信用社最好是拍卖，或清算；沿海地区的农村信用社改为股份制或私营银行可能更为适宜。可喜的是，中央政府已经认识到了这一点，农村信用社的改革将多轨推进，而不是要一味恢复过去的合作金融性质。

由于农村信用社不能满足农户与其他农村经济主体对资金融通和信用合作日益增长的需求，民间自发形成的农村合作基金会曾有过一段时期的迅猛发展。1996 年底，全国有 2.1 万个乡级和 2.4 万个村级农村合作基金会，融资规模大约为 1500 亿元。但由于农村合作基金会的盲目扩展引发了金融秩序混乱等一系列问题，国务院在 1999 年 1 月正式宣布在全国范围内取缔了农村合作基金会，并在农村实行了较严格的金融管制。因此，目前中国农村除了正在改制、改革的农村信用合作社以外，几乎没有任何其他正式合法的民间金融合作组织。

在农户和其他农村经济主体对资金融通的需求越来越强烈的同时，以国有商业银行为主体的正规金融组织基于利润最大化的考虑则加快了从农村金融市场大规模的撤退。原来的四大国有商业银行，包括与农村联系最为紧密的中国农业银行，纷纷撤并、收缩在农村的机构网点。农业发展银行作为政策性银行也没有真正起到支持农业开发的作用，业务功能已退化成单一的"粮食收购银行"。农村邮政储蓄只存不贷，事实上起到了把农村资金抽往城市的"抽水机"功能。

---

① 张元红：《新一轮农村信用社改革及其对农村金融发展的影响》，《中国农村观察》2005 年第 4 期。

正规金融供给的短缺并日趋萎缩为非正规的民间金融留下巨大的生存与发展空间。商业银行、农村信用社这些正规的金融组织由于制度、管理等多方面的原因，难以低成本地满足2亿多农户以及其他农村经济主体"小额、分散、灵活、方便"的资金需求；而民间自发形成的非正规金融则具有信息成本低、交易成本低、灵活机动、手续简便等正规金融所不具有的竞争优势。因此，虽然政府对农村的非正规民间金融实施了严格的管制，但包括合会、高利贷、地下钱庄等非正规、不合法的民间金融组织和民间金融形式仍然屡禁不止。尤其是在浙江、广东、福建等沿海地区，以合会为主要形式的民间非正规金融非常发达。据《2005年中国农村经济绿皮书》的估计，农民从非正式金融市场获得的贷款远远超过正式的金融市场。国家农调队估计的比例是1：3；国际农业发展基金研究报告估计的比例则是1：4。另据中央财经大学课题组对全国20个省地下金融状况的一项实地抽样调查，测算出2003年全国地下金融（地下信贷）的绝对规模在7405亿元到8164亿元之间。[①]

合会这一类的民间合作金融组织或民间合作金融形式之所以屡禁不止，关键的原因并不在于地方政府管制不力。一些地方政府之所以管制不力，"睁一只眼，闭一只眼"，关键也在于合会这一类民间合作金融组织和形式能在一定程度上填补正规金融供给不足的缺口，满足农户与其他农村经济主体迫切的资金信贷需求。

合会等非正规的民间金融合作形式大多是建立在血缘、亲缘、地缘的关系基础之上的，发生在社区内亲朋好友和邻里之

---

① 《八千亿地下信贷蛰伏民间，金融风险不容忽视》，http：//finance. sina. com. cn，2004年12月26日。

间。作为一个"熟人圈",彼此知根知底,贷款人(当前未中标的会员)对借款人(当前中标的会员),会员对会首的信用道德、经营状况、还款能力都十分了解,形成了一种特殊的借贷风险保障机制。因此,可较为有效地解决信息不对称难题,降低信息成本与贷款中的道德风险。同时,这类组织与形式规则简单,灵活方便,不需提供抵押与担保,也没有正规的合法的借贷手续,因此,组织、运行、管理的成本也很低,归根结底,也就是交易成本低。但是,也正是由于这类组织和形式的非规范、不合法,其约束机制与风险控制机制就必然缺乏官方与法律的保护,这本身就隐含着极大的风险。由于经济发展有时需要数量巨大的资金,局限于"熟人圈"的小范围融资不能满足需要,合会这一类非正规金融组织就有可能扩张,出现所谓"会套会"、"会抬会",过去的"熟人圈"被突破,血缘、亲缘、地缘关系被突破,参与者之间的信息不对称越来越严重。一旦出现会首或会员的欺诈逃遁,就必然导致整个支付链与信任链断裂,发生大规模倒会风波,引发社会动荡。2004 年福建福安市的民间标会崩盘就是一个极为典型的案例。

案例 5—9　　福建福安民间标会轰然崩溃

民间合会在我国东南沿海省份广泛存在,历史久远。合会到底是个什么样的组织?人们为什么自发地要去组织合会?

民间合会一般都采用现金运作方式,虽然叫法有多种多样,具体做法也五花八门,本质上都是入会成员之间的有息借贷。合会的发起人一般叫会头,普通会员叫会脚。开始时,由会头把会脚召集到一起，约定合会的本金规模是以百元还是千元、万元等为基本单位，分别叫做百元会、千元会和万元会等。百元会就是每个会脚每次缴纳的本金是 100 元。在合会基金的使用方式上，如约定所有会脚都按同一利息，这会就叫"平会"，如果采用出息竞标方式，这会就叫"标会"。在基金的组织和使用周期上如约定会脚每月使用一次基金并交纳本金，这叫"月月会"。"月双会"、"旬会"、"十日会"、"日日会"照此理解。

　　福安是采用竞标的方式来"做会"的。以十个人参加百元月月会为例，第一次开标时，十个会脚分别交纳 100 元会费由会头保管。开标当天，每个会脚都私下在纸条上写一个利息标准，由会头当众打开。假如十个会脚中写出利息 30 元者为最高，那么，他就成功中标，可以当场把包括自己共十个会员交纳的总会费 1000 元全部拿走，"一场会"也就结束。

　　按照标会的操作程序，每个会脚在中标后的下一次交纳会费时就要加上承诺的利息。这样，第一个中标者要支付九次利息，第二个中标者只需缴八次，依此类推。到了最后一个会脚时，他已按期缴了九个月的本金会费，此时又没了竞标者，便自然中标，一次性拿回前面九个会脚交纳的 900 元会费和各自承诺的利息，相当于零存整取。而第一个人要为自己中标的 900 元会费在九个月内分期还款并支付 270 元利息，相当于一次借贷分期还款。

　　然而，民间标会不具备强大的经济实力，没有完善的监督管理机制，完全依赖于参与者的诚信，除了诚信，别无担保。

　　1992 年福安就曾发生过标会崩盘，而 12 年后的此次崩盘，标会的盘面之大、卷入资金之多、殃及面之广，是有报道以来前所未有的。

　　参照传统标会的模型，我们从理论上也有可能设计出一个

"健康的"标会运作方式。但一个以投机为目的的标会要想运转下去，有两个前提：一是这个社会要有无数新"会脚"，而且个个腰包鼓鼓；第二是每个人都诚实可信，能够按时照协议付款。稍有偏差，标会便无法逃脱崩溃的命运，只是时间迟早而已。

根据福安市官方的统计，截至7月22日，全市共摸底核实会头225人，其中外逃会头43人，调查、登记参与"标会"人员27883人次。公安机关共受理倒会报案人员7978人，涉案会头126人；现已立案87起，抓获犯罪嫌疑人61人，查明涉案金额2.3亿多元；通缉涉会案件在逃犯罪嫌疑人26人。

中国人民银行福安市支行负责人告诉记者，人民银行的主要工作集中在防范金融机构系统性金融风险上。2003年底，针对福安标会猖獗，支行给辖区内各金融机构专门下文，中心思想是杜绝银行信贷资金流入标会。福安标会是社会资金出了问题，对银行的冲击不明显。如果标会公开设立门面，布置网点，开具存折，人民银行就可按非法金融机构立案查处。但福安标会进行的是地下活动，参与者众多，分布面极广，人民银行想查处客观上有困难。

记者从银行部门获悉，65万人口的福安市2003年财政收入为2.3亿元，而在银行的各项存款为30亿元，民间游资竟有五六个亿的规模。

我们实在不能回避民间资金存在的一系列现实背景。近几年，国家先后七次降低银行存款利息，后来又开征了存款利息税，对民间游资缺乏吸引力。国家信贷控制，银行、信用社所能提供的资金只占生产流通需要的三分之一左右，且信贷手续繁琐，申请周期长。企业又不能直接向民间融资。更为要命的是，目前没有任何法规允许民间资金通过有组织的运作形成资金市场。

福安标会惨剧发生后，我们固然可以从问责银行和地方政府的监管上吸取教训，但更深层次的问题是，对自发的民间金融活动，是进一步打压，还是有序疏导？事实已表明，标会地下金融活动有如漫天撒豆，政府和人民银行根本不可能有足够的精力去一一收拾；而稍有放纵，又极易引发金融及社会风险；一旦崩盘，社会动荡，政府又不得不介入，扮演起救火队的角色。

应该允许民间金融的存在和发展，这是学术界的普遍观点。中国社会科学院副研究员冯兴元，是国内最早对民间合会进行系统性研究的学者之一，他认为政府不应该轻易地干预民间金融，而立法和征税，是可以考虑的手段。台湾地区在日占时期，私营的"互助会"组织就开始企业化了。后来台湾把合会写入民法，规定了合会的运作框架，对其传统上容易导致金融风险的部分内容作了限制性规定，从而使得合会成为一种低风险的民间理财工具和金融服务工具。通过对合会交易征税，可以为金融监管当局和政府提供合会活动的信息，有利于管控。

资料来源：《法制日报》2004 年 8 月 18 日。

政府之所以要采取严格的金融管制，禁止合会之类的民间合作金融组织与形式，很显然是为了防范福安一类的金融风险。问题在于，这种"禁"的方针并没有解决农村正规、合法金融供给严重不足的问题。实践证明，只要民间存在着不可遏制的资金信贷需求，而正规、合法的金融又不能予以满足，就必然会使得非正规民间金融大面积衍生，禁也禁不了，堵也堵不住。硬性的禁止就会挫伤农村经济尤其是农村民营企业的发展。河北的孙大午"非法集资案"就是一个典型的案例（见案例 5—10）。由此看来，"禁止"不如"疏导"。政府与金融管理部门有必要逐步放松对农村信用合作的管制，把民间非正规金融纳入合法、正常的轨道①。在这方面，我国台湾地区对合会的法规、政策引导为我们提供了成功的经验。

台湾的合会作为民间借贷合作的一种形式也有悠久的历史，为了利用合会金融合作的优点同时规避可能的倒会风险，台湾当局把合会纳入民法，规定了合会的运行框架，对其传统上容易导致金融风险的内容作了限制性的规定，从而使得合会成为了一种合法、正规、低风险的民间理财工具和金融服务工具。台湾地区民法规定，合会的会员都必须填写自己的身份证号码，并作出四项主要规定：（1）限制当事人资格及权利的转让；（2）明确了契约的方式；（3）明定标会的方法及交付会款的期限；（4）明定倒会时的处理方法。此外，台湾当局还通过建立更高层次的合会储蓄公司，进一步将合会纳入正规金融体系，并逐步把其中条件成熟的改制成为中小型商业银行或者合作银行。实践证明，这种对民间金融合作的疏导方针起到了良好的效果，既满足了广大农户与其他农村经济主体对资金融通及信贷互助的需求，又有效地防止了倒会的金融风险。

借鉴台湾地区的经验，同时考虑到金融领域的特殊性，我国政府及金融管理部门对于民间的非正规金融合作组织和形式可采取先规范、后发展的方针，以区别于政府对专业性合作经济组织整体上先发展、后规范的思路。从目前农村总体信用道德的现状出发，民间自发形成的信用合作组织要适度控制规模，规模必须

---

① 我国金融管理的高层人士已认识到了这一点。例如，中国人民银行副行长吴晓灵已表示："希望把民间金融纳入正常的轨道，放到明面上。""把民间金融机构的金融活动通过法律的方式、登记的方式、自律管理的方式规范起来，给想要合法经营的人一个正当的出口，并能够使恶意的欺诈行为和高利贷行为孤立起来。"（http://www.icbc.com.cn，2005 年 7 月 1 日）

与借贷风险保障机制相适应。

案例 5—10　　轰动全国的河北徐水县
　　　　　　　孙大午"非法集资案"

　　孙大午，河北徐水县高林村镇郎五庄人，1970 年 16 岁参军，在部队八年入党提干；到地方后开始在乡信用社工作，后升为徐水县农业银行人事股长。1989 年辞去公职，从一个只有1000 只鸡、500 头猪的小养殖场起步，艰难创业，后发展成为拥有 16 个厂、一所学校、1500 多名职工、固定资产过亿元的"大午农牧集团有限公司"。

　　孙大午是一个有理想、有抱负，清苦自持的民营企业家。他有亿万家产，但没有别墅，没有专车，生活极其简朴，父亲一直捡破烂；同时，他热心公益事业，开办免费的农民技校，办合作医疗的医院，投资 3000 多万元建学校。孙大午不熟悉也不愿屈从官场与商场的一些"潜规则"，不行贿、不送礼、不给回扣。在这方面他远不如"内方外圆"的南街村党委书记王洪彬，因此与地方政府的相关部门尤其是金融部门的关系很僵。当孙大午案发后，不像其他的一个"问题富豪"牵出一大批"问题官员"，孙案无一个官员受牵连。由于孙大午的某种"特立独行"，因此，企业在向正规金融部门贷款时，屡屡碰壁。作为 1995 年被国家工商总局评定的全国 500 家最大私营企业之一，孙大午的公司近二十年来总共从农业银行贷款两次，获贷款 430 万元。而这两次都是政府特批的荣誉性贷款：一次是 1995 年被评为全国 500 家私营企业之一；另一次是 1996 年获全省"养鸡状元"。在企业发展需要资金融通而正规金融部门又不供给资金的背景下，孙大午转而以高于银行存款的利率向集团职工及本村和临近村的村民借款，即"集资"。这使得当地正规的农村信用社失去了存款来源。据最后的落实，孙大午的公司共吸收公众存款1627单，共计1300多万元，涉及611人。2003年河北徐水县检察院以"非法吸收公众存款罪"起诉孙大午，引起了全国轰动。该年11月法院判处孙大午有期徒刑三年，缓刑四年，并处罚金10万元。孙大午虽然被认定有罪，但没有实质性坐牢，仍然回到了公司。

孙大午案引起了学界普遍关注。相当一批学者对现行的农村金融管制规则提出了强烈的质疑，认为应该全面反思政府高度垄断的、僵化的金融体制，给民间金融、"草根金融"合法的发展空间。当然也有一些学者认为，虽然孙大午的民间集资由于企业经营较好尚未出现兑现危机，但一旦企业经营出现问题，又由谁来保护存户的利益？

五 专业性合作经济组织与农户经济的关系：
兼容抑或替代

专业性合作经济组织与农户经济的关系是我们特别关注的一个问题。在我国，有一种根深蒂固的观念，认为发展合作经济就是要消灭"小农经济"，也就是说合作经济与农户经济是一种相互替代的关系。这种观念反映在广大的农村，就是农民"谈合色变"，害怕重新"归大堆"集体化。

正如本章第一节所指出的，专业性合作经济组织是一种制度包容性十分广泛的合作经济形态，可以涵盖多种产权制度：它可以改变私有产权，也可以保留私有产权，也可以是公私产权的混合。因此，这一类型合作经济组织的本质特征并不是生产资料的所有制关系，合作经济不等于是集体所有制经济，发展合作经济也不等于是重新集体化。就我国的实践来看，专业性合作经济组织的发展，恰恰是建立在农村家庭承包经营，即农户经济的基础之上的。在人民公社的集体化基础上，专业性合作经济组织根本就没有生存与发展的制度空间，即使是政府主导建立的农村供销合作社和信用合作社最终也不可避免地要转变成官办的国营或"准国营"机构。正是人民公社体制的崩溃，农户经济成为了我国农村经济最基本的微观经济组织基础，才有可能在市场经济及农业产业化的推动下，为多种多样的专业性合作经济组织形式"百花齐放"的发展提供广阔的舞台。这也就是说，农户经济是我国专业性合作经济发展的起点与基础。事实上，那些农户经济比较发达、农民比较富裕的地区，例如长江三角洲与珠江三角洲，也往往是专业性合作经济组织发展比较迅速的地区。这是因为这些地区的农户生产专业化分工、农产品商品化与市场化对专业性合作经济组织提出了强烈的制度需求。

从另一个角度看，虽然农户经济是专业性合作经济组织发展的起点和基础，但是，专业性合作经济组织发展起来以后，会不会反过来吞并掉农户经济？或者，换句话说，农户会不会因为加入了专业性合作经济组织，而丧失自己生产经营的独立性？

对这一问题的回答不能简单地说"是"或说"否"。这是因为我国目前的专业性合作经济组织以及专业性经济合作的形式千差万别，而不是一种简单、固定的模式。

概括起来，我国目前各种各样的专业性合作经济组织以及合作方式与农户经济的关系有如下两大类。

第一大类是"兼容性"的关系，即农户经济与专业性合作经济组织并存，二者都具有独立或相对独立的经济地位，有独立或相对独立的生产经营自主权，通过订单、合同、技术承包、技术服务乃至股份等形式和渠道把分散经营的农户与专业性合作经济组织（或农业龙头企业）连接在一起。我国目前农业产业化进程中"＋农户"合作模式的绝大部分农业专业技术协会，大部分农村专业合作社，都可纳入这一大类。因此，"兼容性"关系是我国目前农户经济与专业合作经济组织以及各类经济合作形式的主流关系。事实上，在那些发达国家，农户与各类专业性合作经济组织绝大多数也是"兼容性"的。例如，在美国、西欧和北欧，一个农户可以同时参加好几个专业性合作社和专业协会，以便取得不同的服务；在每个合作社和专业协会，农户都保持着自己相对独立的自主地位。

在我国，在农户与专业性合作经济组织以及各种经济合作形式"兼容性"的基本框架内，有如下三种主要的联结方式。

"契约型联结"。这种联结方式主要通过订单、合同等法律文件规范性地把分散经营的农户纳入专业性合作经济组织以及各类经济合作方式的合作范围。它的主要目的是为专业化生产农户解决市场销售的困难，使他们专心致志于生产；同时也为专业性合作经济组织（或农业龙头企业）保证稳定的组织成员或稳定的农产品货源。专业性合作经济组织，或者，农业龙头企业，与生产某类农产品的农户订立收购合同，即生产订单，规定品种、质量、数量、价格，农户负责生产，专业性合作经济组织（或农业龙头企业）则负责收购，收购后或销售，或深加工。这种所谓的"订单"也就类似于农产品的远期合约。专业性合作经济组织（或农业龙头企业）与农户作为合约的两方，约定在未来的该类农产品的收获时期，在约定的品种与质量的前提下，以约定的价格由专业性合作经济组织（或农业龙头企业）来收购产品。在这里，农户将农产品价格波动所带来的风险转移给了组织，专业性合作经济组织（或农业龙头企业）则起到了为分散经营农户规避风险的功能。当然，风险事实上并没有消失，而是被转移；但是，相比单个农户而言，专业性合作经济组织（或农业龙头企业）作为"组织"，无疑扩展了个体的有限理性，由于具有专业化分工和规模经营的双重效益，它们能更好地驾驭风险，并从风险收入中获利。让难以承受风险的单个农户通过契约转移风险，购买安全；让有承担风险能力的专业性合作经济组织（或农业龙头企业）承担风险，同时也享受风险收益，这显然是一种发挥各自比较优势的合理分工，是社会经济资源的合理配置。

　　"契约型联结"的重要基础是合约双方的诚信。由于当期的农产品市场价格与前期合约约定的价格并非完全一致，如果没有必要的诚信约束，在机会主义行为的引导下，毁约的现象极为容易发生。如果当期的市场价格高于约定的价格，农户有毁约的刺激，农产品私自在市场出售，获得高价，而不按合约出售给专业性合作经济组织（或农业龙头企业）；如果当期的市场价格低于约定的价格，专业性合作经济组织，尤其是农业龙头企业往往毁约，不按约定价格收购农户的产品，转而向市场购买。解决这种诚信问题，克服机会主义行为带来的毁约风险，一方面要加强法制建设，强调契约的严肃性与权威性；另一方面，也许是更为重要的，则是要加强制度建设。如果农户与专业性合作经济组织（或农业龙头企业）有长期稳定的关系，不是"一次性博弈"而是"长期性博弈"，那么，双方毁约的风险就会大大降低。保持"长期性博弈"的一条重要途径就是将农户纳入合作经济组织，使农户成为组织的一员，而不是简单的"农户＋合作经济组织"或"农户＋农业龙头企业"的合作形式。一般而言，在"契约性联结"方式中，农户可以是专业性合作经济组织的成员（例如是专业协会的会员，是专业合作社的社员），也可以不是。但作为成员的农户与组织的关系则更为密切。作为组织的一员，农户不仅可以优先获得组织的订单，也可以获得组织提供的各种优惠，而且还可以参与和监督组织的经营和运行。此外，农户在专业性合作经济组织中还可以分享"第二次返利"的利益，因此，农户毁约的概率会降到极低。当然，作为组织的一员，农户也要受到组织更多的约束。另一方面，对于专业性合作经济组织而言，合作社的民主管理性质使得组织也不能贸然对组织成员毁约。由于合作经济组织成员拥有"一人一票"的民主决策权和"自由退出权"，通过"用手投票"和"用脚投票"两种方式，可以较为有效地监督组织的管理决策者。因此，要保证农户与专业性合作经济组织联结的持久稳定性，有必要把农户联结到专业性合作经济组织内部，而不局限于外部联结。在实际的经济运行中，如果农户不纳入组织之中，双方的合作联系就非常松散，订单对双方的约束力就不强，双方毁约的事例屡见不鲜。从这一角度看，把农户纳入专业性合作经济组织，变"一次性博弈"为"长期性博弈"，以强化双方的约束，就是专业性合作经济组织与农户共同的理性选择。不过，即使农户被纳入了组织，但依然有相对的生产经营独立性，农户经济的独立地位并没有丧失。

就"农户＋农业龙头企业"的合作模式而言，目前人们批评最为强烈的是二者的不对称关系所带来的企业危害农户的利益。与专业性合作经济组织不同，农户一般不能作为组织成员进入企业，因此，单个农户很难与企业在处于平等的地位上互动博弈，讨价还价。这也就是说，单个农户与企业的经济力量严重不均衡，力量的不均衡导致了双方地位的不对称。理论与实践都证明，经济合作关系的持久稳定，不能寄托于强势方对弱势方的恩赐，而应该建立在力量与利益均衡的基础上，因此，把单个分散的农户组织起来,以组织的力量与企业对话,才有可能保持双方合作关系的持久稳定。这种农户的最佳组织方式之一就是各种专业性合作经济组织,农户作为一个整体形成"专业性合作经济组织(整体农户)+农业龙头企业"的合作模式。

案例 5—11　　　警惕"订单农业"成为
"三无农业"

新华网青海频道西宁 12 月 24 日电(记者　文贻炜)

"订单农业"近年在我国广大农村开展得如火如荼,成为农民群众增收致富的亮点。然而,在"订单农业"的光环下,一些所谓的农业开发公司盲目地抓特色,促规模,使一些"订单农业"成为了"三无农业",让许多农民兄弟欲哭无泪。

记者近日在青海农村采访时,一些农民群众向记者讲述了自己的伤心遭遇。2003 年,民和回族土族自治县西沟乡 215 户农民与该县农林名优高新技术研究开发有限公司签订协议,由该公司给"签单"农民提供柴胡种子和化肥农药,并负责技术指导、病虫害防治,到 2004 年秋季收获时由该公司负责采挖,按每亩 700 斤小麦的收入付钱给"签单"农民。于是满怀致富希望的这 215 户农民共种植了 361 亩柴胡。然而到了开挖季节,开发公司即没有来挖柴胡,按协议赔付的小麦款也没见影,"订单农业"成了收购责任人无处可寻,农民收入无言可谈,土地无法及时改种的"三无农业"。"签单"农民自身的温饱都成了问题。

西沟乡复兴村村长张富财感伤地对记者说,这些过去是美好蓝图的"订单农业"今天成为我们心中的伤痛,现在我们没有收入来购买冬粮，另外，地里的柴胡没有及时采挖，已影响了秋翻、冬灌，明年的春播也会受到一定的影响，这对我们明年的收成也不利。

为尽快挽回经济损失，西沟乡215户农民目前不得不求助于海东地区中级人民法院速裁法庭。另外，记者在乐都县汤官营村采访，这里的村民与西沟乡农民有着相似遭遇，他们也准备将与他们签订种薯芋而不履行职责的青海普瑞中藏药材开发公司告上法庭。

有关专家指出，有些开发公司以公司加农户形式盲目诱导农民进行特色开发，扩大规模，给农民造成了损失。另外，一些农副产品市场价格变动较大，开发公司一旦看到自己给农民许诺的成本大于收益时，就想方设法逃避责任，把损失转移到"签单"农民的头上，所以并不是所有"订单农业"都高枕无忧，农民兄弟参与"订单农业"必须要擦亮眼睛。

"服务型联结"。这是指专业性合作经济组织（例如专业协会、专业合作社）向其组织成员或其他农户提供各类服务，以此为基础把组织成员、其他农户与专业性合作经济组织联结在一起。这里的服务主要包括三大类：第一类是技术咨询、技术培训、技术指导等技术性服务。第二类是提供机械设备、灌溉用水以及农产品加工等生产性服务。第三类则是提供市场信息、负责市场开发、统一提供生产资料及市场销售等的流通性服务。

初级形态的服务型联结主要以各类专业协会的形式组织。专业协会向会员或部分非会员农户提供服务，并向被服务者收取一定的服务费用，专业协会与被服务者（农户）的联结总体上是松散的，二者之间缺乏必要的规范化约束。被服务者有可能是协会的成员，也有可能不是协会的成员。即便是协会的成员，他们与协会的关系也不是特别的紧密。很多农户进入和退出协会都比较随意，协会会员有的甚至长期拖欠会费，以致相当一批协会运转两三年后就偃旗息鼓。

比较成熟的服务型联结则往往与契约型联结结合在一起，它主要以专业合作社或实体性的专业协会为组织形式。专业合作社或实体性的专业协会向组织成员提供的服务内容、方式；组织与成员双方的责任、义务、权力、利益都以契约的方式予以规范，这保证了联结的长期性和稳定性。例如，浙江碧湖镇农副产品产销合作社，向社员提供品牌、生产技术、种子、肥料、产品收购、加工等一系列服务，同时，通过合作社的章程使其规范化，并明确界定了组织与社员双方的关系。《碧湖镇农副产品产销合作社章程》明确规定社员有权"享受本社提供的各项服务"，同时，社员也必须"遵守本社章程"，"严格履行与本社签订的承包、服务、供货等合同"。

在这种服务型联结方式中，成为组织一员的农户仍然有相对独立的生产自主权，仍然是相对独立的经济实体，但是，其生产经营在很多方面也要受到组织的约束。例如，他们必须按照组织的技术要求进行生产；他们也必须使用组织提供的种子、肥料及产品品牌；产品销售也必须服从组织的安排。

"股份型联结"。相比较而言，股份型联结可以看作是专业性合作经济组织与成员更高形态的一种联结方式，其联结的程度更紧密，也更牢靠。在这种联结方式中，组织成员不仅仅是专业合作社的社员，或实体性专业协会的会员，而且还是组织的出资者，是股东。他们具有双重的身份。很显然，这里的经济合作就不仅仅是劳动的合作，而且还有资本的合作，是劳动合作与资本合作的交叉和重合。不过，需要明确的是，在合作经济中，资本的合作应从属于劳动的合作；如果资本的合作处于主导地位，那么，就应该被看作是股份制经济，而不是合作制经济。因此，我们这里谈的股份型联结是指的专业合作社或实体性专业协会内部存在的股份经济因素。

股份型联结大多数都是从契约型联结或服务型联结的基础上发展而形成的。例如，陕西合阳县是一个苹果生产大县，种植苹果的面积有 6 万亩。1993 年该县就注册成立了专业性的果农协会，理事长与理事都是苹果种植大户与技术能手。但是，果农协会与会员的联结主要是服务型联结，并以技术服务为主，联结的方式松散，而且极不稳定，不能形成有组织的规模经营优势，发挥的作用有限。为了进一步推动合阳的苹果产业做强做大，2002 年在果农协会的基础上该县成立了苹果专业合作社，社员出资入股，形成了劳动合作基础上的资本合作，用股份的方式进一步规范与稳定了合作社与社员的联系，把生产技术优势融入了组织规模优势。

股份型联结虽然极大地密切了社员与专业合作社的关系，但社员仍然具有相对独立的生产者地位，农户经济仍然没有被合作社经济所"吞并"。因此，它仍然在专业性合作经济组织与农户经济"兼容性"的大框架之内。

专业性合作经济组织与农户经济的第二大类关系是"替代性"的关系，即专业性合作经济组织吞并了农户经济。这意味着加入了该类专业性合作经济组织的农户丧失了独立或相对独立的经济地位，农户已不是一个独立或相对独立的经济实体。他们仅仅是专业性合作经济组织里的生产成员，如同工厂车间里的工人。这一类专业性合作经济组织在我国为数极少，主要是某些以生产性合作为主的专业性合作社。

完全替代农户经济的专业性合作社，一般而言，都有较大的生产规模，并有较好的经济收益。农户把承包土地交给合作社统一经营、统一使用，因而丧失了自己独立或相对独立的生产经营自主权。如果没有外在的非经济与超经济强制，就必然是建立在农户自愿的基础上。这表明农户作为非独立生产经营者得到的收益事实上要高于作为独立生产经营者所得到的收益。因此，这里的农户经济消亡，被专业性合作经济组织替代是诱致性的，是农户基于自身利益最大化所作出的理性选择，它不同于农业合作化与人民公社化时期的农户经济强制性消亡。

六　专业性合作经济组织与农村企业的关系：竞争性抑或互补性

发展专业性合作经济组织的主要目的是为了把分散经营的农户与社会化大市场连接起来。但是，连接农户的小规模生产与社会化大市场并非专业性合作经济组织这一种方式，非合作经济的农村企业与公司也可以把农户的小规模生产与社会化的大市场连接起来，因此，专业性合作经济组织与企业、公司之间存在着一种竞争与替代的关系。分散经营的农户是选择专业性合作经济组织，还是选择企业、公司来连接大市场，归根结底要取决于他们的收益成本比较。

专业性合作经济组织的优点是农户有更广泛的经济参与度，农户与组织之间的利益关系更直接，也更密切。这是因为：（1）典型的专业性合作经济组织（专业合作社）是农民自己的组织，即"民有、民管、民受益"。专业性合作社的成员既是平等的劳动者，又是平等的资本所有者。在这里，是劳动支配资本，而不是资本支配劳动。正如 1995 年国际合作社联盟在成立 100 周年大会上诠释"成员经济参与"原则所强调的："资本是合作社的仆人，而不是该组织的主人。"与此相比较，农民在企业与公司里，其身份就仅仅是劳动者，而不是资本所有者；在这里，是资本支配劳动，而不是劳动支配资本。（2）专业性合作经济组织强调民主管理，重大决策权归于社员代表大会，社员表决实行平等的"一人一票"制，能从制度上保证农户在组织中的经济决策参与权。与此相比较，企业、公司的经济决策权就集中于少数大股东或者经营者阶层，农民作为普通劳动者，对于企业、公司的经营决策权影响十分有限。（3）专业性合作经济组织不仅实行以按劳分配为主的分配制度，而且也实行"盈余返还"，即合作社利润在社员之间的"二次分配"，这是因为合作社社员不仅是劳动者，而且还是资本的所有者。与此相比较，农民在公司、企业里除了工资收入以外，就不能再分享企业利润，因为利润是股东的权益。

正因为如此，所以不少学者推崇"专业合作社＋农户"的合作模式，而贬低"龙头企业（公司）＋农户"的合作模式①。杜吟棠在对比了广东温氏食品集团有限公司和浙江温岭市箬横西瓜合作社这两个典型案例后得出如下结论："在这样一个龙头企业带动型的产业化模式中，农民的得益仅限于公司为其设定的成本与收购价格的差价，而这个差价是公司事先计算好的，农户并没有选择权。"农户不能"分享产业链延长后的增值利润"。但是，在合作社的案例中，"至少是合作社内部的所有社员共同分享了销售利润，这种情况，显然比'公司＋农户'带给农民的单纯的

---

① "所谓'公司（机构、市场）＋农户'已经名声扫地。"（王景新：《乡村合作经济组织崛起》，中国经济出版社 2005 年版，第 130 页。）

产品销售收益更大、更可靠"①。因此，他呼吁："在促进农业产业化经营和农民组织创新中，政府政策应更多地倾向于支持农民专业合作社，而不是'公司＋农户'模式。"②

但是，在实际的经济运行中，尤其是在农业产业化的进程中，"龙头企业（公司）＋农户"的合作模式仍然占主导地位，其数量超过"专业合作社＋农户"的合作模式（见表5—5）。"虽然从1996年以来的发展趋势看，龙头企业带动型比例有所下降，合作组织带动型比例有所上升，但总的格局并没有发生转折性改变。"③

表5—5　　　　　各类农业产业化组织数量比例变化

组织类型	1996 年	1998 年	2000 年
1. 龙头企业带动型（个）	5381	15088	27000
占产业化组织总数比例（%）	45.51	49.93	41
2. 合作组织带动型（个）	3384	8024	22000
占产业化组织总数比例（%）	28.62	26.44	33
3. 专业市场带动型（个）	1450	4848	7600
占产业化组织总数比例（%）	12.26	15.98	12
4. 其他类型（个）	1600	2384	9600
占产业化组织总数比例（%）	13.61	7.85	14

资料来源：牛若峰：《中国农业产业化经营的发展特点与方向》，《中国农村经济》2002年第5期。

---

① 杜吟棠：《农业产业化经营和农民组织创新对农民收入的影响》，《中国农村观察》2005年第3期。

② 同上。

③ 同上。

这是因为，与企业、公司相比较，专业合作社一类的专业性合作经济组织也有它的不足与缺陷：（1）农户自发组织专业合作社一类的专业性合作经济组织是一个集体谈判的过程，要取得组织成员的共识以致达成组建协议，比组建企业、公司更为困难，需要付出更多的谈判与组建成本；即使是政府牵头的组建行为，也需要动员和说服农户自愿参加，需要付出很大的动员和说服成本。与此相比较，组建企业或公司，劳动力依赖市场招聘。在我国这样一个总体供过于求的劳动力市场上招聘普通劳动力并不困难。（2）专业合作社实行成员开放制度，社员有较大的"进入"与"退出"自由权，这不利于保持合作社的长期稳定，尤其是对那些拥有较大的不可分割资产的合作社更是致命的威胁，因此，专业合作社一类的专业性合作经济组织要形成很大的经营规模十分困难。与此相比较，企业或公司的财产制度相对稳定，只要用制度限制了少数关键性成员的"自由退出权"，普通劳动者的进退对企业的长期稳定运行没有实质性影响。（3）专业合作社一类的专业性合作经济组织实行"一人一票"、民主决策、民主管理的制度，固然可以加强组织成员的参与意识，减少委托—代理结构中的信息不对称和代理人侵害委托人利益的现象，但也导致了决策成本的增加，决策效率的降低。尤其是面对瞬息万变的市场行情和激烈的市场竞争，决策程序的冗长、低效会导致专业性合作经济组织生产经营的低效率。与此相比较，企业或公司的决策权虽然集中在少数人手中，但决策成本较低，对市场的反应也更敏捷，决策效率相对更高。（4）为了控制资本支配劳动，专业合作社普遍实行社员内部持股与利润返还制度，并限制外部持股和股金报酬，这虽然有利于合作社成员的向心力，但也加大了合作社融资的困难，不利于合作社规模的扩展。与此相比较，企业或公司一般不限制外来资本的投入，按股分红也能从经济利益关系上刺激外来投资者，这无疑有利于企业融资，有利于企业规模的扩展。(5) 专业合作社一类的专业性合作经济组织收入分配以按劳分配为主，因此，组织内部的收入分配比较平均，管理者、技术人员与普通劳工的收入差距较小，这固然有利于成员之间的和谐，减少了组织内部的利益摩擦，但也削弱了个人利益激励机制，容易产生"搭便车"的现象，不利于企业家与创新者的成长。

为了弥补这些不足，专业合作社一类的专业性合作经济组织事实上也在不断改革，专业合作社的企业化与公司化就是改革的趋向之一。但是，应该明确，如果专业合作社完全变成了企业、公司，也就无所谓合作社，因此，专业合作社可以而且也应该引进一些企业、公司的运行机制，但还必须保持自身的一些本质性特征。从另一个角度看，企业、公司也有自身的不足与缺陷，它们的不足往往就是专业性合作经济组织的优势，因此，企业、公司也在引进专业性合作经济组织的一些运行机制，例如职工参与的民主管理。在当代中国农村，专业性合作经济组织与企业、公司完全可以共存竞争，取长补短，利用多种组织形式，把分散经营的农户经济与社会化大市场连接起来。这也就是说，专业性合作经济组织与企业、公司不仅具有竞争性的关系，同时也更具有互补性的关系。

从目前的实际经济生活看，专业性合作经济组织普遍存在"小"、"散"、"弱"的现象。所谓"小"，是指规模小。规模小，不仅表现为组织成员的数量有限，更为重要的是，组织经营的业务量太小。据安徽省的统计，截至 2002 年底，该省有专业合作社 3101 个，入社农户 84.19 万户，年营销额 55.5 亿元，每个合作社平均仅 178.97 万元，许多合作社的交易额不及一个运销大户。与此相联系，许多专业合作社的业务范围仅局限于一个乡镇。例如，专业合作社比较发达的浙江省，业务在一个乡镇内的合作社也占到了合作社总量的 83.61%。① 所谓"散",不仅指专业性合作经济组织与组织成员及农户的联系松散,而且指专业性合作经济组织之间的联系也十分松散。"小"与"散"的必然结果就是"弱"。它表现为相当一部分专业性合作经济组织经济实力弱小,无足够的资本积累,无足够的财力与物力,因此,无法抵御较大的市场风险,发展受到了极大的限制。

为了克服单个专业性合作经济组织"小"、"散"、"弱"的弊端,专业性合作经济组织出现了联合的趋向。这种联合既包括专业性合作经济组织之间的联合,也包括专业性合作经济组织与企业、公司的联合。

专业性合作经济组织之间的联合,是在保持各专业性合作经济组织具有相对独立性前提下的合作。它的主要目的是防止各专业性合作经济组织之间为争夺市场而展开恶性竞争,同时,也借助联合的力量形成规模经营的优势。例如,"浙江衢县盛产柑橘,前几年,为发展这一优势产业,全县成立了大大小小十几个柑橘专业合作社,但规模小、相互间恶性竞争,不利于产业健康发展。于是联合起来成立了衢县柑橘专业合作社联合社,统一代理各专业社的产品,实行统一经营,节约了销售成本,提高了产品质量,增加了社员收益。在山东、浙江、江苏、河北等地这种趋势都比较明显。一些地方还在专业合作社的基础上组建农产品行业协会。如海南五指山野菜贸易企业为了维护市场秩序、抑制恶性竞争、提高产品质量,与周围几个地区的专业合作社、野菜生产基地、加工企业、销售企业联合起来组成了海南省五指山野菜协会,统一产品质量、统一协调销售价格、统一分配市场资源,共同维护

---

① 刘惠、葛书院、苑鹏:《中国农村专业合作经济组织发展研究报告》,《中国供销合作通讯》2003 年第 3 期。

五指山野菜的信誉，有力地促进了整个行业的规范发展。"①

　　第二种联合的趋势是专业性合作经济组织与企业、公司的合作。一方面，农业龙头企业与公司如果和分散经营的农户直接打交道，不仅交易成本高，而且毁约的风险也很大，专业性合作经济组织作为农户与企业、公司之间的中介和桥梁，可以节约企业、公司的交易成本，也可以更好地保证履约率；另一方面，单个农户直接与公司、企业打交道，处于一种弱势地位，难以维护自己的正当权益，因此也需要通过专业性合作经济组织的集体谈判力来保护自己。对于专业性合作经济组织而言，依托实力雄厚的大企业、大公司，可以克服自己资金短缺的弊端，扩大生产经营规模。实践证明，这种合作是一种"三赢"的格局，即企业（公司）、专业性合作经济组织、农户三得利。因此，一些大型的农业企业、公司，例如山东的张裕、王朝；内蒙古的草原兴发；广东的温氏集团，都十分积极地支持农户成立专业合作社，形成"企业（公司）＋专业合作社＋农户"的合作格局。

案例 5—12　　　　　互利三赢
——江苏东台市富安蚕农合作社与富安茧丝绸股份
　有限公司"公司＋合作社＋农户"的合作

　　江苏盐城东台市是有名的蚕桑生产基地，2005 年被中国丝

---

　　①　刘惠、葛书院、苑鹏：《中国农村专业合作经济组织发展研究报告》，《中国供销合作通讯》2003 年第 3 期。

绸协会命名为全国首家"中国茧丝绸基地"。1998 年 7 月，该市依托国家级农业产业化重点龙头企业——江苏富安茧丝绸股份有限公司，成立了富安蚕农合作社。合作社覆盖富安、台南、五烈三镇的 3500 亩蚕桑基地，有社员 15000 多人，全年生产优质蚕茧九万担左右。

合作社利用下属的技术指导站、物资供应站、蚕茧收烘站向社员提供优良品种、技术、信息、植保、物资供应、蚕茧收购等"一条龙"的综合服务，并保证以不低于市场同类价的保护价收购社员的蚕茧。同时，富安茧丝绸股份有限公司还从收烘和加工利润中提取 20%—30% 对蚕农实行"二次分配"，截止到 2002 年的七年里，公司用于"二次分配"的金额达 3100 多万元。

这种"公司＋合作社＋农户"的合作使三方都得利。公司有了稳定而且质量有保证的货源；再加之公司只与合作社交易也节省了交易成本。合作社在这种合作中也发挥了自身的优势，并增强了经济实力。2002 年，合作社自身实现销售收入 304.12 万元，实现利润 31.27 万元。蚕农则不仅有了稳定的市场，而且还有全方位的合作社服务，因而大大节省了生产成本与交易成本。2002 年合作社户平均养蚕收入 4600 元，人平均 1400 元。

七　本章小结

合作经济在中外历史上有社区型劳动组合或劳动公社式的集体经济模式和专业型合作社模式这两大类。这两种合作经济模式的主要区别在于：第一，产权制度的安排不同；第二，与市场经济的内在关联性不同。专业性合作经济组织是一种产权制度的包容量更广阔，并且和市场经济、商品货币关系可以内在相容的微观经济组织形式。

合作社的本质规定性主要有三点：一是加入与退出的自愿性；二是管理的民主性；三是利益的共享性。在这三点本质规定性中，加入与退出的自愿性是基本前提；管理的民主性是基本手段；而利益的共享性则是根本目的。

在我国，由于意识形态与制度设计两方面的原因，那种农民自发、自愿组织的各类专业性合作经济组织在计划经济体制下缺乏生成与发育的空间和土壤。即使是农村供销合作社和农村信用合作社，虽然冠之以"合作社"的名称，但实际上不可避免地演变成了国营或准国营的商业机构和信用机构，具有极为浓厚的官办行政色彩，"徒有合作经济之躯壳，实无合作经济之灵魂"。

人民公社体制解体以后，中国农村经济的一个根本性变化就是实质性地启动了市场化的进程。作为农村经济最主要的微观经济主体——农户，在越来越广泛、越来越深刻的程度上被卷进了现代市场体系，他们的生产、生活与市场的联系越来越密切，关联度越来越高。尤其是中国加入 WTO 以后，中国的农民和农村经济不仅受到了国内市场的强烈影响，而且还受到了国际市场的强烈影响，那种传统的自给自足的封闭性生产体系已经彻底瓦解。因此，当代中国的乡村，虽然基本的生产组织形式依然沿袭了传统的农户小规模生产方式，但它面对的已是一个社会化的大市场。这就构成了人们通常所说的"小生产"与"大市场"之间的矛盾。

在这种"大市场"的经济环境中，在生产越来越社会化、现代化的背景下，单个农户的眼界、对市场行情的判断力、知识与技术能力、经济实力都十分有限，很难抵御"大市场"，尤其是转型经济的市场环境中出现的各种不确定性与风险，因此，利用组织的力量来扩展个体理性的有限性就是一种合理的也是必然的选择。各种不同类型的专业合作经济组织就是这样的一种组织形式，它的基本功能就是在农户经济的基础上，利用互助合作的力量把单个农户的分散经营与社会化的大市场连接起来。

与农村经济市场化紧密相连，农业产业化的进程也极为有力地推动了各种专业性合作经济组织以及各种不同类型的合作经济形式（例如公司＋农户、基地＋农户、市场＋农户、合作社＋农户、中介＋农户、公司＋协会＋农户、市场＋协会＋农户，等等）的兴起。

从制度分析的框架看，当代中国农村的专业性合作经济组织可以分为政府主导的合作制度安排与民间自发的合作制度安排两大类。从实践中看，许多现实的农村合作经济组织形式呈现出政府主导与民间自发的交融，它是政府与民间两方面积极性的结合。一类是所谓"政府牵头、农民响应"；另一类则是"农民牵头、民办公助"。

牵头人（组织者）对于专业性合作经济组织的兴办至关重要。当代中国农村专业性合作经济组织的牵头人（组织者）是相对的强者，而不是弱者。强者牵头，即强力组织牵头或强力能人牵头，反映了在农村组建专业性合作经济组织迫切需要组织者（熊彼特意义上的"企业家"）这一稀缺和宝贵的经济资源；同时它还表明农村专业性的合作经济组织在自由联合、民主管理的基础上也需要一定的权威。

从组织形态观察，当代中国农村的专业性合作经济组织有专业协会、专业合作社和股份合作社三种基本类型。专业协会是专业性合作经济组织的低级形态；专业合作社是专业性合作经济组织的典型形态和主体形式；股份合作社则是在我国改革实践中产生，具有中国特色的一种合作经济组织形态。

目前，我国农村专业性合作经济组织覆盖的领域主要有流通领域、生产领域和技术服务领域。但从理论与实际的经济运行看，信用领域的合作也有着十分强烈的需求。但是，除了徒有合作社形式的农村信用合作社外，其他被官方认可的正规的农村信用领域的合作经济组织在我国是一片空白；已经事实上存在的农村民间合作信用组织，得不到政府的正式认可，因此，也谈不上政府的规范化管理。这就使得大量实际上存在的农村民间金融合作组织长期处于一种非正规、非合法的"地下"状态。这种"地下"状态的无规则与无序极有可能酿成巨大的金融风险，威胁到农村经济、社会乃至民生的安定。对农村信用合作以及整个农村民间金融的政策缺失与政策偏差是当代中国农村经济发展中不容忽视的大问题。同时，农村的专业性合作经济组织如果没有信用合作经济组织，也将构不成一个完整的农村专业性合作经济组织体系。

我国目前各种各样的专业性合作经济组织与农户经济的关系有两大类。第一大类是"兼容性"的关系，这是专业性合作经济组织与农户经济关系的主流，即农户经济与专业性合作经济组织并存，二者都具有独立或相对独立的经济地位，有独立或相对独立的生产经营自主权，通过契约联结、服务联结乃至股份联结等形式把分散经营的农户与专业性合作经济组织（或农业龙头企业）连接在一起。第二大类关系是"替代性"的关系，即专业性合作经济组织吞并农户经济。这意味着加入了该类专业性合作经济组织的农户丧失了独立或相对独立的经济地位，农户已不是一个独立或相对独立的经济实体。

专业性合作经济组织与农村企业之间存在着一种竞争与替代的关系。分散经营的农户是选择专业性合作经济组织，还是选择企业来连接大市场，归根结底要取决于他们的收益成本比较。专业性合作经济组织与企业有各自的优势和不足，二者完全可以共存竞争，取长补短。这也就是说，专业性合作经济组织与企业不仅具有竞争性的关系，同时也更具有互补性的关系。

专业性合作经济组织之间的联合，是在保持各专业性合作经济组织具有相对独立性前提下的合作。它的主要目的是防止各专业性合作经济组织之间为争夺市场而展开恶性竞争，同时，也借助联合的力量形成规模经营的优势。同时，专业性合作经济组织还有组织农户与企业合作的趋势，形成企业、专业性合作经济组织、农户"三赢"的格局。

第 六 章

当代中国的农村企业

农村企业，从产业构成看，包括农村地区的农业企业与非农业企业；从所有制形态看，包括农村地区不同经济形态的各类企业：乡镇集体企业、个体私营及家族企业，以股份制为主要形式的混合所有制企业，等等。就数量而言，我国的农村企业在农村微观经济组织形式中所占的比重并不大，但农村企业对农村经济生活的影响，尤其是对农业产业化进程的影响不可低估。从未来的发展趋势看，农村企业，尤其是农业企业还有十分广阔的发展空间。农村企业的发展，对农户经济及整体农村经济有什么影响？各类农村企业有什么经济特征，内部的运行机理如何？农业企业是否会替代农户，形成另一种形式的"大农"取代"小农"的格局？这些都是本章将要予以特别关注的问题。

一 企业理论述评

企业，是一个内容丰富、运用普遍、含义又相当模糊，因而极难准确界定的概念。按照广义的理解，企业是"在社会分工的条件下从事生产、贸易、运输等经济活动的独立单位"①。或者说，企业是"从事生产、流通或服务性活动的独立核算经济单位"②。依据这种广义的解释，农户、各类合作经济组织也可以看作是企业，因为它们也是从事生产、流通或服务性活动的独立核算经济单位。如此一来，企业与其他各类微观经济组织就很难有一种确定的边界。狭义的，或者说典型的企业，则被看作是市场经济中以谋求利润最大化为基本目的的有组织的团队生产。我将以这种狭义的企业定义为基础，并适度地放宽若干限定性条件。

狭义的企业定义，有三个基本的限制性条件：市场经济的制度前提；谋求利润最大化的经营目标；有组织的团队生产。我们将市场经济作为既定的制度前提，先讨论后两个基本的限制性条件。

所谓"团队生产"，是与"个体生产"相对应的概念，它指一些单个的生产要素所有者为了更好地利用他们的比较优势而进行的合作生产。按照这一定义，合作经济组织也可以看作是一种"团队生产"。那么，企业与合作经济组织又有什么区别？

首先，企业与合作经济组织的不同在于企业经营的基本目标是谋求利润的最大化，而合作经济组织的基本目标则是组织成员"共同的经济、社会和文化需要"③。诚然，企业目标事实上也有多元化趋向，因此，人们对把利润最大化作为企业标志提出了众多批评。不过，企业之所以为企业，谋取利润最大化虽然不能被看作是它的唯一目的，但应该而且也必然是它的主要目的或基本

---

① 许涤新主编：《政治经济学辞典》（上），人民出版社 1980 年版，第 562 页。

② 《辞海》（缩印本），上海辞书出版社 1989 年版，第 364 页。

③ "合作社是由自愿联合的人们，通过其共同拥有和民主控制的企业，满足他们共同的经济、社会和文化需要及理想的自治联合体。"（国际合作社联盟成立 100 周年暨第 31 届代表大会文件，1995 年。）

目的。正如斯蒂格里茨教授所说，虽然现实生活中并不是所有的企业都能作出使其利润最大化的决策，但"一个千真万确的事实是：长期不能赚得利润的企业将不复存在"。"如果企业要继续经营下去，那么它们就会处在必须赚钱的压力之下。"[1]

其次，企业具有一个承担风险，负有监督、管理权限，并拥有剩余索取权和剩余控制权的个体或小团体。这个个体或小团体是企业的核心。从这个意义上说，企业是所有者的企业，或企业家的企业。与此相比较，合作经济组织中的组织者（从一定意义上也可以称为企业家）虽然也负有一定的组织、监督、管理权限，但风险是全体组织成员共担，相对应地，收益（剩余索取权）也必然是全体成员共享。杨小凯认为，企业由三要件组成。一是雇主与雇员剩余控制权的不对称，或权威不对称；二是雇主持有收益的剩余权；三是产品向市场出售。[2] 很显然，杨小凯"三要件"的企业是狭义的企业，它与我所谈到的狭义企业的三个基本的限制性条件基本上是对应与吻合的。

最后，企业，尤其是具有一定规模的企业是所有者、经营者、劳动者不同利益的组合，利益关系的矛盾冲突与错综复杂形成了利益制衡的企业制度和治理结构。与此相比较，合作经济组织中的所有者、劳动者同一，利益关系相对简单明了，因此，合作经济组织的治理结构与企业也有本质上的差异。

我们再来适度地放宽企业的某些限制性条件。

首先，个体企业，例如夫妻店，它不是有组织的团队生产，自己雇用自己，没有劳动雇佣关系。但是，个体企业符合前两个

---

① ［美］斯蒂格里茨：《经济学》上册，中国人民大学出版社 1997 年版，第258 页。

② 杨小凯：《经济学原理》，中国社会科学出版社 1998 年版，第114—115 页。

条件：它生产的产品向市场出售，如果自给自足，也就不是企业；它的经营目标是利润最大化，个体企业有最硬的预算约束。进一步分析，个体企业从来都不是企业的主流形式。在传统农业社会中，也有夫妻店，也有家庭小作坊，但都不是现代意义上的企业。进入工业社会后，这种个体企业之所以也被看作是现代企业的一种形式，是因为这些个体企业已经被现代企业所改造，它具备或基本具备了现代企业的一些基本特征。

其次，有些企业并不谋求利润的最大化，最典型的是国有制企业，还有一些所谓福利型企业。对于这些企业，人们往往把它们称之为政治性企业、社会性企业、福利性企业。这就意味着这些企业虽然有着外在的企业组织形式，但不是真正经济意义上的企业。此外，还有一种解释就是把企业谋求利润最大化扩展为谋求所有者收益的最大化，而所有者收益不仅包括利润，而且还包括其他的目标，如政治收益、社会收益。按照这种解释，国有制企业虽然不谋求利润最大化，但它谋求的是国家（所有者）收益的最大化。

最后，在非市场经济条件下，例如在社会主义计划经济条件下，有没有企业？应该说，前市场经济社会没有企业，至少可以说没有现代意义上的企业。按照马克思主义的基本观点，企业不是一种超历史的经济组织，而是在一定的历史阶段才出现的经济组织。纯粹的社会主义计划经济条件下也不存在市场经济意义上的企业。这一点列宁说得十分清楚和明确。列宁指出：在社会主义计划经济条件下，"整个社会将成为一个管理处，成为一个劳动平等、报酬平等的工厂"①。企业则只是这个大工厂里的一个车

---

① 列宁：《国家与革命》，《列宁选集》第 3 卷，人民出版社 1972 年版，第 258 页。

间。很显然，车间只是执行生产任务的组织，而不是独立核算的单位。诚然，列宁在实行"新经济政策"的时期，已部分地修正了他早期的思想。他指出："国营企业实行所谓经济核算……这实际上等于国营企业在相当程度上实行商业原则。"[①]"各个托拉斯和企业建立在经济核算制基础上，正是为了要他们自己负责，而且是完全负责，使自己的企业不亏本。"[②] 实行经济核算制，虽然不一定就是追求利润最大化；但企业对自己完全负责，使企业不亏本，这实际上就是要企业自负盈亏。这种企业的商业原则本质上就是现代市场经济企业的基本原则，虽然实际生活中的计划经济企业从来就没有真正、彻底地贯彻过列宁后期的这些思想。这是因为列宁"新经济政策"的进一步发展必然是走向社会主义的市场经济，计划经济与国营企业实行商业原则内在地不能相容。

专栏 6—1　　计划经济与实行商业原则的企业内在相容吗

——列宁实行"新经济政策"的矛盾与困惑

列宁是世界上第一个社会主义国家的创建者，也是社会主义经济理论最早的实践者。

十月革命以前，列宁完全信守马克思、恩格斯为未来共产主

---

① 列宁：《工会在新经济政策条件下的作用和任务》，《列宁选集》第 4 卷，人民出版社 1972 年版，第 583 页。

② 列宁：《给财政人民委员部》，《列宁全集》第 35 卷，人民出版社 1972 年版，第 549 页。

义社会所设计的蓝图，认定商品、货币、市场经济与社会主义水火不相容。他曾写道："社会主义要求消灭货币的权力、资本的权力，消灭一切生产资料私有制，消灭商品经济。"① 他认为，社会主义实行计划经济，整个社会就是一个大工厂，所有的企业则只是这个大工厂里组织生产活动的车间。十月革命胜利以后的早期，列宁为实现这些设想采取了一系列实际步骤，也就是"按共产主义原则来调整国家的生产和产品分配"②。

但是，列宁早期的这些社会主义实践，尤其是"战时共产主义政策"给经济生活带来了灾难性的后果，列宁坦率地承认："现实生活说明我们犯了错误。"③ 从"战时共产主义政策"转向"新经济政策"，是社会主义道路的一种新探索，核心内容就是重新认识市场经济。在实行"新经济政策"时期，国营企业推行经济核算制。列宁要求各个企业必须使自己的企业不亏本，企业对自己要完全负责，即自负盈亏。列宁一针见血地指出："国营企业实行所谓经济核算，同新经济政策有着必然的和密切的联系。……在容许和发展贸易自由的情况下，这实际上等于国营企业在相当程度上实行商业原则。"④

问题在于：实行商业原则的国营企业能与计划经济体制内在相容吗？或者，换句话说，计划经济体制能容许国营企业自负盈亏，实行商业原则吗？列宁没有回答这个问题，但他敏锐地察觉到了这其中不可调和的内在矛盾。从更深层次看，这也是列宁对

---

① 《列宁全集》第 9 卷，人民出版社 1972 年版，第 443 页。

② 列宁：《十月革命四周年》，《列宁选集》第 4 卷，人民出版社 1972 年版，第 571 页。

③ 同上。

④ 列宁：《工会在新经济政策条件下的作用和任务》，《列宁选集》第 4 卷，人民出版社 1972 年版，第 583 页。

"新经济政策"矛盾心态的一种反映。一方面，列宁看到了"新经济政策"的成效，认识到了"从个人利益上的关心，能够提高生产"①，必须"依靠个人兴趣、依靠从个人利益上的关心、依靠经济核算"②，商品市场关系是活跃和振兴经济生活"必须全力抓住的环节"③。但另一方面，列宁仍然把商品市场关系的发展等同于资本主义关系的发展，把计划经济模式看作是社会主义唯一的模式。他曾忧心忡忡地写道："新经济政策所造成的情况，即小商业企业的发展，国营企业的出租等等，都意味着资本主义关系的发展。"④ "新经济政策"被看作是一种迫不得已的退却。这种矛盾的心态，再加之列宁逝世过早，"新经济政策"最终夭折，并没有走向社会主义的市场经济。而在计划经济体制下，国营企业的自负盈亏、实行商业原则，理论与实践都已证明：这是不可能的。

────────────

从经济理论史的角度看，以亚当·斯密为代表的古典经济学把企业看作是分工协作的一种生产组织。企业的出现源于劳动分工，企业的收益也源于分工和专业化收益。分工和专业化既可以节省转移工序耗费的时间，更重要的是，它有利于人力资本和物质资本的积累。斯密指出，产业上的分工，"增进了技巧，并节

① 列宁：《十月革命四周年》，《列宁选集》第4卷，人民出版社1972年版，第572页。
② 同上。
③ 列宁：《论黄金在目前和在社会主义完全胜利后的作用》，《列宁选集》第4卷，人民出版社1972年版，第578页。
④ 列宁：《莫斯科省第七次党代表会议》，《列宁全集》第33卷，人民出版社1972年版，第76页。

省了时间"①。

马克思继承了斯密把企业看作是分工协作的一种生产组织的思想，但进一步区别了社会分工与企业内部的分工，并从历史与逻辑相统一的角度指出了资本主义企业的实质就是劳动者（"人的要素"）和生产资料（"物的要素"）这两种生产要素在资本家手中，按照资本意愿的一种特殊结合方式。马克思说："自由工人和他的生产资料的分离，是既定的出发点，并且我们已经看到，二者在资本家手中是怎样和在什么条件下结合起来的——就是作为他的资本的生产的存在方式结合起来的。"② 马克思指出，追求剩余价值，也就是追求利润是资本主义企业的内在动力，"生产剩余价值或赚钱，是这个生产方式的绝对规律"③。

1838 年的古诺模型开创了新古典学派企业理论研究的先河。新古典经济学基本上撇开了制度与社会因素，或者说，把资本主义制度作为一个既定的外在因素，因此，企业被单纯地看作是一个在一定技术条件下投入、产出的生产函数。"在标准新古典经济学中"，企业理论，或者说厂商理论，只是"把投入转变为产出的一种分析方法"。"因此，厂商被看作主要是完成技术任务的抽象实体。"④ 这种企业理论虽然有着精美的外部形式和数理模型，但由于远离现实而成为所谓"黑板企业理论"。因为它没有回答企业的本质、企业的起源、企业的边界、企业的内部机制和

① ［英］亚当·斯密著，郭大力、王亚南译：《国民财富的性质和原因的研究》上卷，商务印书馆 1972 年版，第 11 页。

② 马克思：《资本论》第 2 卷，《马克思恩格斯全集》第 24 卷，人民出版社 1972 年版，第 44 页。

③ 马克思：《资本论》第 1 卷，《马克思恩格斯全集》第 23 卷，人民出版社 1972 年版，第 679 页。

④ ［英］戴维·W. 皮尔斯主编：《现代经济学词典》，上海译文出版社 1988 年版，第 216 页。

内部结构等一系列关键性问题。

弗兰克·奈特（Frank Knight）从风险与不确定性的角度，把企业定义为是一种由企业家提供的风险规避和解决不确定性的机制或结构。在他看来，人的能力是有差异的，人的风险偏好也存在着差异，因此可以通过企业这一组织来有效分散风险。他指出："自信和敢于冒风险的人通过保证多疑和胆小的人有一确定的收入以换取对实际结果的拥有而'承担风险'或对后者'保险'。"[①] 这意味着企业家是通过对工人提供保险而取得对企业的控制的。

科斯（Coase）1937 年发表的《企业的性质》，试图回答两个问题：一是企业为什么会出现；二是企业的边界与规模如何决定。他认为企业与市场是两种不同的可以互相替代的组织劳动分工的方式，企业的本质就是对市场价格机制的取代，企业的出现是因为企业的管理成本要低于市场的交易费用。顺理成章，企业的边界与规模就由企业内组织管理的边际成本和企业外市场交易费用的边际成本的均衡点来确定。

沿着科斯开辟的道路，一批主流和非主流的学者进一步发展了企业的合约理论。张五常认为，企业还不是科斯所说的用非市场合约方式来替代市场的合约方式，而是用劳动市场来替代中间产品市场。他写道："说'企业'替代'市场'并非完全正确。确切地说，是一种合约替代了另一种合约。"[②] 詹森（Jensen，M. C.）和麦克林（Meckling，W. H.）也认为，企业的本质就

①　Frank Knight, 1921, *Risk*, *Uncertainty and Profit*, New York：Houghton Mifflin Co.

②　张五常：《企业的合约性质》，《经济解释》，商务印书馆 2000 年版，第 363 页。

是合约关系的纽结，企业的委托—代理关系就是一种合约关系。[1] 克奈因（Klein，B）从不确定性和履约的度量费用高昂出发，说明了合约的不完备性。[2] 威廉姆森（Williamson，O.）则从有限理性和机会主义行为的假定出发，进一步指出了交易费用的本质就是源于合约的不完备性。他区分了交易的三个不同维度，即资产专用性、不确定性与交易的频率。他认为合约的不完备性导致了高交易费用，企业就是用于降低这种高交易费用的有效合约形式。这也就是说，企业无非就是一组节约交易费用的合约关系。[3]

阿尔钦（Alchian，A.）和德姆塞茨（Demsetz，H.）则把企业看作是一种团队生产。他们认为，要素之间的联合生产可以产生合作剩余，企业就是一个要素所有者追求合作剩余的团队。但是，由于团队生产的计量（即对团队成员劳动贡献的度量以及与此相关的分配）成本高昂，团队必须尽量减少团队成员机会主义动机所带来的"搭便车"行为，以提高企业的合作剩余，所以，需要一个监督者。为了使监督者有内在动力，就需要赋予他剩余索取权，因而监督者就成了企业的老板。[4] 事实上，阿尔钦和德姆塞茨的团队生产理论与合约理论也是紧密相连的。在他们

---

① Jensen, M. C. & Meckling, W. H., 1976, "Theory of the Firm: Managerial Behavior, Agency Costs, and Ownership Structure," *Journal of Financial Economics*, No. 3.

② Klein, B., "1980, Borderlines of Law and Economic Theory: Transaction Cost Determinants of Unfair Contractual Arrangement," *American Economic Review Paoers and Proceeding* 70, May, pp. 356—362.

③ ［美］威廉姆森：《资本主义经济制度——论企业签约与市场签约》，商务印书馆 2002 年版。

④ 阿尔钦、德姆塞茨：《生产、信息费用与经济组织》，《财产权利与制度变迁——产权学派与新制度学派译文集》，上海三联书店 1991 年版。

看来，团队生产就是一种特殊的合约，是因为市场监督困难而设计的一种合约形式。这种"合约形式形成了所谓的企业——尤其是适合于组织队生产进程的实体的基础"[①]。

综上所述，不同学派、不同学者对于企业的解释确实是"百花齐放"、"百家争鸣"。这说明了企业本身的多维度和复杂性，人们对企业的认识也在不断深化。很显然，企业不能简单地被看作是技术角度的一组生产函数关系，它的本质是一组社会关系和不同利益群体利益关系的组合。企业内部人与人之间，尤其是所有者、管理者与劳动者之间，无疑是存在差异的，这一点是绝大多数学者的共识。但是，这种差异形成背后的原因是什么？不同的学派、不同的学者有不同的解读。斯密认为是劳动分工；马克思认为是生产资料占有关系的不平等；奈特把它归因于人们的风险偏好；合约理论事实上是把它归结于人们的信息不对称。此外，还有学者把它归结于人力资本与非人力资本的差异。笔者在本章中将坚持马克思的历史与逻辑相统一的基本理论分析框架，同时也将借鉴其他学者尤其是合约理论中有价值的分析思路与方法。

二　中国农村企业的历史沿革

在界定当代中国的农村企业时，我们首先就会碰到两个不同的标准。一是区域标准；一是所有者主体标准。按照区域标准，农村企业就是在农村创办的所有企业，而不管创办者是农村居民

---

① 阿尔钦、德姆塞茨：《生产、信息费用与经济组织》，《财产权利与制度变迁——产权学派与新制度学派译文集》，上海三联书店 1991 年版，第 85 页。

（或组织），还是城市居民（或组织），或是海外居民（包括港澳台居民）。按照所有者主体标准，农村企业则是农村居民（或组织）创办或农村居民（或组织）投资为主体而创办的所有企业，而不管企业是在农村，还是在城市，或是在海外。就我国当前的绝大多数农村企业而言，区域标准和所有者主体标准是重合的，典型的农村企业就是农村居民（或组织）创办，或以农村居民（或组织）投资为主体而创办的并设在农村的企业。《中华人民共和国乡镇企业法》第二条规定："本法所称乡镇企业，是指农村集体经济组织或者农民投资为主，在乡镇（包括所辖村）举办的承担支援农业义务的各类企业。"这里的"投资为主"，"是指农村集体经济组织或者农民投资超过百分之五十，或者虽不足百分之五十，但能起到控股或者实际支配作用"。然而，这两个标准也有不重合的状况。一是有些创办在农村的企业，投资主体（所有者主体）并不是农村居民或组织，例如，目前农业产业化进程中的许多农业龙头企业就是以城市甚至海外的工商资本为投资主体的；二是一些农村居民在城市创办企业，或是城市企业的主要投资者。就笔者看来，区域标准是比所有者主体标准更为重要的标准。这是因为区域标准相对确定，而在目前的户籍管理制度下，农村居民与非农村居民的区分则十分含混。那些在城市创办企业、户口依然在农村的所谓农村居民，事实上已经是就业与生活都在城市的实质上的城市居民，只不过由于现行的户籍管理制度才产生形式与实质的分离。而且，伴随着我国的城市化进程以及户籍管理制度的改革，他们或迟或早最终都会成为城市居民，因此，以投资者或所有者的户口身份来界定农村企业会变得毫无意义。

现代企业一开始就是与城市、与工业紧密联系在一起的，传统农村、传统农业本质上是排斥现代企业制度的。斯密指出：

"农业上劳动生产力的增进，总跟不上制造业上劳动生产力的增进的主要原因，也许就是农业不能采用完全的分工制度。"[①] 而现代企业，按照斯密的分析思路，必须建立在劳动分工的制度之上。马克思和恩格斯也曾经指出："城市本身表明了人口、生产工具、资本、享乐和需求的集中；而在乡村里所看到的却是完全相反的情况：孤立和分散。"[②] 现代企业本身就是劳动力、生产工具、资本的集中，在孤立和分散的状态下显然产生不出现代企业。但是，也正如恩格斯所说："乡村农业人口的分散和大城市工业人口的集中只是工农业发展水平还不够高的表现。"[③]

我国的传统乡村虽然也有农业与手工业的分离，也有小的手工作坊，甚至也有所谓的"茅舍工业"，但没有现代意义上的企业。中国历史上有没有西欧的所谓"原始工业化"，学界分歧很大；即便有，"原始工业化"的小作坊与"茅舍工业"依然在本质上不同于现代企业。

中国现代意义上的企业是伴随着帝国主义的入侵，从外部输入的，而不是本土自发生成的。即使是中国人自己创办的乡村企业，也是在内忧外患的沉重压力下，一些期望"实业救国"的民族精英图存图强向西方学习的结果。正如一些学者所指出的："发生在 19 世纪中叶的两次鸦片战争，用坚船利炮把中国拖进了一个完全陌生的世界。从此，内忧外患纷至沓来，中华民族面临着亡国灭种的巨大危机，图存和图强逐渐成为中华民族的世纪性

---

① ［英］亚当·斯密：《国民财富的性质和原因的研究》上册，商务印书馆 1979 年版，第 7 页。

② 马克思、恩格斯：《德意志意识形态》，《马克思恩格斯选集》第 1 卷，人民出版社 1972 年版，第 56 页。

③ 恩格斯：《共产主义原理》，《马克思恩格斯选集》第 1 卷，人民出版社 1972 年版，第 223 页。

奋斗纲领。以此为前提，也使得中国农村工业化从一开始就具有了爱国主义的特质。"[1] 实际上，在中国特定的社会历史环境中，在农村创办现代企业，尤其是现代工业企业，推进农村的工业化，不仅从一开始就赋予了爱国主义的特质，而且还赋予了使农村富强、农民富裕的现代化特质。这种超经济的政治热情使得中国农村现代企业的兴办、农村工业化的推进在一定的政治氛围中注定要带有悲壮的色彩。

专栏 6—2　　　原始工业化与传统农业
社会的乡村工业

所谓"原始工业化"（proto-industrialization），起源于一些西方学者对工业化以前西欧，尤其是英国乡村工业的研究。美国学者门德尔斯（Frenklin F. Mendels）以及德国历史学家 P. 克里特、H. 梅迪克、J. 施卢伯姆等把"原始工业化"界定为"工业化前的工业化"，它"是以传统方式组织而又面向市场，主要分布在乡村的工业快速增长"[2]。乡村工业、外部市场、商品性农业并认为是原始工业化的基本要素。在这种原始工业化进程中，小作坊、"茅舍工业"被看作是基本的生产单位。在这些学者看来，西方的这种原始工业化是工业革命的起源，是为后来的工业化铺路搭桥，"茅舍工业"是通向现代工业的"跳板"，也是

---

[1]　中国社会科学院农村发展研究所组织与制度研究室：《中国村庄的工业化模式》，社会科学文献出版社 2002 年版，第 23 页。

[2]　《原始工业化：工业化进程的第一阶段》，载《经济史评论》1973 年第 32 卷第 1 期。

西欧率先进入现代社会的一个重要原因。他们认为，发展中国家落后的原因之一也就是缺乏这种原始工业化进程。美国学者查尔斯·蒂利与理查德·蒂尔说："今日发展中国家的工业化与西欧工业化之间的最大差异之一，在于后者农村中较早发生的'原始工业化'。"

中国历史上是否经历过"原始工业化"进程，学界分歧很大。一些学者认为中国传统社会也有"原始工业化"进程，并把它与中国的"资本主义萌芽"联系在一起。持这种观点的学者大多数认定明末清初为中国"原始工业化"的起点，不过也有一些学者将其前溯至宋代。但是，也有相当一批学者否定中国传统农业社会有这种为现代工业化铺路搭桥的原始工业化进程。例如，黄宗智先生认为，中国最发达的长江三角洲地区的乡村家庭工业，也没有像近代英国和西欧的"茅舍工业"那样，成为"工业化跳板"[①]。

据有关学者的考证，"清同治十二年（1873），中国近代民族工业的先行者、南洋华侨陈启源先生，在故乡广东南海县的简村，办起了一个名叫继昌隆丝偈的缫丝厂。这是中国第一家民营近代工业，也是中国农村工业化的真正起点。"[②] 在 19 世纪后期和 20 世纪前期，面对"洋货"的冲击，伴随着"实业救国"的思潮，由华侨实业家和本土实业家投资兴办的一批现代企业在珠江三角洲和长江三角洲的广大乡村曾掀起了中国农村工业化的第

---

① 黄宗智：《长江三角洲小农家庭与乡村发展》，中华书局 2000 年版。

② 中国社会科学院农村发展研究所组织与制度研究室：《中国村庄的工业化模式》，社会科学文献出版社 2002 年版，第 24 页。

一波浪潮，并波及到了中西部和北方的许多地区。这些现代企业
对于促进当地乡村的工业化，改善当地乡民的生活曾起到了良好
的作用。例如，著名实业家张謇在江苏南通创办的大生企业集
团，"自该厂之兴，而所用之棉花就本地，所产之纱行销本地，
就近民家受益不少。而三公司办事职员总数 558 人，工人总数
14400 人，总计 14958 人。职工每人与所负担之家属设为 5 人，
则关系之数当为 74750 人，产棉之农、售货之商、运货之工数倍
于此者，当不为高。"① 由此可见，兴办一家现代企业，增加了
大量的就业机会，确实搞活了一方经济。更为值得注意的是，
"在中国农村工业化的滥觞期，珠江三角洲同长江三角洲地区的
农村工业化即已经表现出不同的性格特征。在珠江三角洲，从一
开始就属于'外资'引进项目，而在长江三角洲，则从一开始就
是由地方士绅发动创办的大工业项目。"② 这种乡村工业化不同
的区域性格特征，甚至影响到了当代，形成了不同的农村工业化
发展模式。

中国的乡村工业化并非一帆风顺。中华民国时期，虽然在某
些时段，例如 1928—1931 年；在某些地区，例如长江三角洲，伴
随着民族工商业的发展，乡村企业也有一定程度的发展，但是，
总体上看，大多数时间，大多数地区，乡村企业、乡村工业化是
举步维艰、一蹶不振的。值得注意的是，在当时的革命根据地，
在十分艰难的情况下，中国共产党人仍积极推动各类工业企业的
发展。例如，1941 年 5 月 1 日，当时的陕甘宁边区政府颁布的
《陕甘宁边区施政纲领》就提出："发展工业生产与商业流通，奖

---

① 转引自常宗虎：《南通现代化（1895—1938）》，中国社会科学出版社 1996 年
版，第 12 页。

② 同上书，第 8 页。

励私人企业，保护私有财产，欢迎外来投资，实行自由贸易，反对垄断统制，同时发展人民的合作事业，扶助手工业的发展。"

　　新中国成立以后，人民公社化与"大跃进"的浪潮带来了乡村企业、乡村工业化的第一次"大起大落"。如前所述，"把工（工业）、农（农业）、商（交换）、学（文化教育）、兵（民兵即全民武装）组成一个大公社，从而构成我国社会的基本单位"①是毛泽东主席的理想。毛泽东主席对于社办企业寄予了很大的希望。他指出："人民公社直接所有的东西还不多，如社办企业，社办事业，由社支配的公积金、公益金等。虽然如此，我们伟大的，光明灿烂的希望也就在这里。"② 1958 年中共中央《关于人民公社若干问题的决议》明确提出：农村人民公社制度的发展，为我国人民指出了农村逐步工业化的道路，人民公社必须大办工业。③ 为此，中央政府决定在为数十年的期限内，每年由中央财政拨款 10 亿元，专门用于推动农村的工业化。到 1959 年，全国乡村建成社办企业约 70 万个，号称创造产值 70 亿元，占当年全国工业总产值的 10％。④ 然而，这种依赖政治动员、政治热情所创办的乡村企业"兴也勃，亡也勃"。伴随着"大跃进"的破产，绝大多数社办企业由于低下的经济效益而迅速倒闭。1961 年，社队企业的数量从 1959 年的 70 万家锐减到 4.5 万家，产值也从 70 亿元下跌到 19.8 亿元。1962 年，社队企业的数量和产值又在

---

　　① 转引自董辅礽主编：《中华人民共和国经济史》上卷，经济科学出版社 1999 年版，第 345 页。

　　② 毛泽东：《在郑州会议上的讲话》，《建国以来毛泽东文稿》第 8 册，中共中央文献出版社 1993 年版，第 65 页。

　　③ 《建国以来重要文献选编》第 11 册，中共中央文献出版社 1995 年版，第 609 页。

　　④ 马杰三等编：《当代中国的乡镇企业》，当代中国出版社 1991 年版，第 37 页。

上一年的基础上分别减少了近50％；1963年又递减50％；到"文化大革命"前夕，全国只剩下1.1万家社队企业，产值不过4亿至5亿元，公社企业名存实亡。[①]

案例6—1   "卫星公社""大跃进"期间
七天速成11家企业

　　河南省遂平县"卫星公社"是1958年4月20日由嵖岈山附近27个高级农业合作社合并而成的，是人民公社化与"大跃进"运动的一颗"卫星"。为了大办农村工业，该公社只花了两天时间就从农民手中近乎无偿地征集了135间房、150辆板车、425公斤竹子、15吨废铁、18个金戒指、一对金手镯、240公斤碎银、698个银元和5891元现金。公社成立仅仅七天，就用价值五万元的集体财产建成了11个社办工业企业。

　　资料来源：王文彬等编：《中国乡镇企业概论》，上海社会科学出版社1988年版，第42页。

　　新中国成立后乡村企业的第二次兴起是在"文化大革命"的中后期。从政治层面看，"文化大革命"前夕，公社企业由于"大跃进"的失败绝大多数已倒闭；在国民经济治理、整顿的1962年11月，中央以文件的形式要求公社和大队一般不要办工

---

　　① 马杰三等编：《当代中国的乡镇企业》，当代中国出版社1991年版，第47页。

业，也不要成立专门的副业生产队。① 这实际上也就否定了 1958
年人民公社必须大办工业的政策。但是，党的最高决策人毛泽东
主席从内心深处并不认可 1962 年这个限制甚至是禁止社队办工
业、办企业的决定。1966 年 5 月 7 日他在写给当时的中共中央
副主席林彪的公开信（即著名的"五七指示"）中明确提出，农
民"在有条件的时候，也要由集体办些小工厂"。② 根据毛泽东
的这一思想，1970 年的北方地区农业会议提出，在农村可利用
本地资源，兴办小化肥厂、小机械厂、小水泥厂等小企业，为农
业生产服务，为人民生活服务，为大工业服务。一个以"五小工
业"③ 为主的兴办社队企业热潮又一次兴起。"从 1970 年起，在
五年内中央财政安排了 80 亿元专项资金用于扶植'五小'工业
的发展。同时，国家还相应采取了一些政策性措施，支持'五
小'工业的发展……各地方对于'五小'工业也表现出了很高的
热情。1970 年地方财政预算外资金用于发展'五小'工业的投
资 100 万元，到 1973 年增加到 1.48 亿元，1975 年又增加到
2.79 亿元……到 1975 年，'五小'工业中的钢、原煤、水泥、
化肥年产量，分别占全国总产量的 6.8％、37.1％、58.8％和
69％。"④ 1974 年，当时主管农村工作的国务院副总理华国锋致
信湖南省委，再一次重申了毛泽东主席"社队企业是人民公社希
望和前途"的思想。他在信中写道："社队企业有如烂漫的山花，
到处开放，取得了可喜的成绩"，"这对于巩固和发展人民公社集

---

① 《中共中央关于发展农村副业生产的决定》，见《农业集体化重要文件汇编》
第 2 卷，中共中央党校出版社 1982 年版，第 659 页。

② 见《农业集体化重要文件汇编》第 2 卷，中共中央党校出版社 1982 年版，
第 860 页。

③ 所谓"五小工业"，是指小农机、小钢铁、小煤炭、小化肥、小水泥。

④ 赵德馨主编：《中华人民共和国经济史纲要》，湖北人民出版社 1988 年版，
第 174 页。

体经济，对于加速实现农业机械化，消灭三大差别，都具有重大意义。它代表了人民公社的伟大希望和前途。"① 1975 年的"第二届全国农业学大寨会议"，以毛泽东对华国锋这封信的批示为动力，大力发展社队企业成为会议主题。1976 年 2 月，国家社队企业管理局成立，在这之前（例如，湖南、山西、湖北）和之后，各省、市、自治区的社队企业管理局也相继成立。到 1978 年，全国社队企业共有 152.4 万个，产值为 493.1 亿元；社队企业职工 2826.6 万人。当时 94.7％的公社和 78.4％的生产大队都拥有自己的工业企业。②

人民公社体制的崩溃，依托这一体制的社队企业无疑也受到了极大的冲击。1983 年与 1978 年相比，全国社队企业总数从 152.4 万个减少到了 134.6 万个。但是，与"大跃进"失败后公社企业的大面积倒闭不同，这一次相当一批社队企业通过改革融入到了后来的乡镇企业之中。

1984—1988 年是乡镇企业的高速增长时期。1984 年，当时的农牧渔业部向中央呈报了《关于开创社队企业新局面的报告》，党中央、国务院以中发 [1984] 四号文件的形式批转了这个在乡镇企业发展史上具有划时代意义的文件。在这个报告中，不仅将社队企业正式改名为乡镇企业；并且，更为重要的是，它在政策上出现了具有实质性意义的重大突破，第一次以中央文件的形式允许农民个体和联户创办非集体所有制的农村企业。新政策带来了新发展。1988 年与 1983 年相比，乡镇企业总数从 134.6 万家增加到了 1888.2 万家；职工总数从 3234.6 万人增长到了

---

① 马杰三等编：《当代中国的乡镇企业》，当代中国出版社 1991 年版，第 55 页。

② 同上书，第 58 页。

9545.5 万人；产值则从 1016.8 亿元增长到了 6495.7 亿元。

1989—1991 年，我国经济进入治理整顿阶段，乡镇企业的发展也进入了治理整顿阶段，发展速度明显下降。1992 年邓小平同志"南方谈话"以后，乡镇企业的发展再一次加速。1997 年 1 月 1 日《中华人民共和国乡镇企业法》正式公布实施，乡镇企业的发展进入了更加规范的时期。应该说，乡镇企业的超常规发展已经结束，乡镇企业自 20 世纪末 21 世纪初已进入到了常规的也是更成熟、更理性的发展阶段。

表 6—1　　中国社队企业与乡镇企业的发展（1958—2004）

年　　份	企业总数（万个）	职工总数（万人）	产值（亿元）
1959	70.0		70.0
1961	4.5		19.8
1965	1.2		5.3
1970	4.7		66.6
1975			197.8
1978	152.42	2826.56	493.10
1979	148.04	2909.34	548.41
1980	142.46	2999.67	656.90
1981	133.75	2969.56	745.30
1982	136.17	3112.91	853.08
1983	134.64	3234.64	1016.83
1984	606.52	5208.11	1709.89
1985	1222.45	6979.03	2728.39
1986	1515.30	7937.14	3540.87
1987	1750.24	8805.18	4764.26
1988	1888.16	9545.45	6495.66

续表

年　　份	企业总数（万个）	职工总数（万人）	产值（亿元）
1989	1868.63	9366.78	2083.16
1990	1873.44	9264.75	2504.32
1991	1908.74	9613.63	2972.15
1992	2091.96	10624.71	4485.34
1993	2452.93	12345.31	8006.83
1994	2494.47	12017.47	10928.03
1995	2202.67	12862.06	14595.23
1996	2336.33	13508.29	17659.30
1997	2014.86	13050.42	20740.32
1998	2003.94	12536.55	22186.46
1999	2070.89	12704.09	24882.56
2000	2084.66	12819.57	27156.23
2001	2115.54	13085.58	29356.39
2002	2132.69	13287.71	32385.80

说明：（1）1978年前的数据根据相关文献；1978年以后的数据均出自历年《中国统计年鉴》。但是，《中国统计年鉴》的乡镇企业数据截止到2002年（《中国统计年鉴2003》），自《中国统计年鉴2004》开始，就取消了乡镇企业的相关数据。

（2）1988年以前，乡镇企业产值为总产值，自1989年开始为增加值。

案例6—2　江苏江阴市向阳村企业发展简史

江阴向阳村地处长江三角洲，是我国乡村工业化最早波及的地区。1907年，江阴就出现了第一个具有现代企业性质的织布工厂——华澄东厂。1908年，即清光绪34年，该县华墅镇（向阳村归属华墅镇管辖）就设立了美利发布厂，有工人 293 人。在向阳村，纺纱织布也是农户主要的副业生产和现金收入来源。中华人民共和国成立前，全村 60%—70% 的家庭拥有木制织布机。

中华人民共和国成立初期，向阳村家庭纺织业开始萎缩，织布机被集中到镇上，织布人由镇政府组织成立了手工业生产合作社，后来发展成为镇集体所有制的织布厂。

1967 年，当时的向阳生产大队建成了一个采石厂，起初只有 45 个生产人员，1970 年发展到 200 多人。1974 年，大队与江阴市染织五厂协作，由五厂负责提供主要生产设备，派遣工人和技术人员，供应原材料和销售产品；大队负责原料加工，赚取少量加工费。它实际上还不是一个独立的生产企业，而属于协作方的加工车间。1976 年，大队又与江阴市化工厂协作，创建化工厂，生产当时很有发展前途的新化工产品——双氧水。该厂由于效益高而成为大队资金积累的主要来源。从 1975—1979 年，大队的工业产值由 14.99 万元猛增到 165.48 万元，增长了 10 倍，年均增长率为 117.5%；固定资产原值由 6 万元增至 42.7 万元；并初步形成了由化工、纺织、建材三行业构成的工业体系；工业产值占大队工农业总产值的比重从 33% 提高到 84%。1979 年大队企业的职工人数为 392 人。

1983 年，向阳生产大队撤销，建立了村民委员会。原大队企业由新成立的向阳村经济联合社管理。1984 年村委会与江苏太仓经纬编厂协作，成立经纬编厂，生产尼龙蚊帐布产品；后又与江苏无锡针织总厂协作，生产服装布产品。1985 年村委会与天津染料化工八厂协作，建立涂料助剂厂。1988 年与江阴红卫染织厂共同投资 1000 万元建设纺纱厂。到 1989 年，向阳村有企业七家，工业产值达 3428 万元，固定资产原值累计 1157.4 万元，职工人数为 1102 人，工业产值在全村社会总产值的比重为

94.1%。

1991 年，向阳村成立向阳实业总公司，取代了 1988 年已撤销的向阳村经济联合社。其骨干企业是越洋纱厂、华士色织厂、利阳色织公司、化学试剂厂。到 1997 年，向阳村有企业十家，工业产值 28465 万元，固定资产 10718 万元，职工 2122 人。

到目前为止，向阳实业总公司已易名为江苏向阳集团有限公司。它下辖八个企业，现有总资产 8 亿元，有员工 6000 多人，主营化工与纺织系列产品。

资料来源：中国社会科学院农村发展研究所组织与制度研究室：《中国村庄的工业化模式》，社会科学文献出版社 2002 年版；江苏向阳集团有限公司网页。

案例 6—3　山西原平市屯瓦村企业发展简史

山西原平市楼板寨乡屯瓦村位于山西中北部。该村历史上是南北交通要冲，商业发达。清末民初，大多数村民都以经商为主业。

1949 年，村里集股投资办起了供销合作社，是原平最早的三个基层供销社之一；1951 年，又办起了一个信用合作社；1958 年，也曾挖煤建钢铁厂，但以失败而告终。

1962 年，该村组建了副业队，后又改为铁木加工组；又从一家煤炭工厂搞来一台球磨机，替这家工厂生产钢珠。1968 年铁木加工组改为机械修配厂，形成了相对正规的工业生产项目——油罐等金属容器加工。1977 年，除了大队的机械修配厂外，在生产队一级也建了九个机械修配厂。

到 80 年代初，该村除了 10 个机械修配厂外，还有食品加工厂、石英沙厂、汽车队、瓦窑、石灰窑、木工组、建筑包工队和磨坊、油坊、酱坊、醋坊等。1980 年全村工副业收入 100 万元，占全村经济总收入的 80% 以上。

从 80 年代中期开始，屯瓦村的企业发展遇到重大挫折。一批办厂能人纷纷离开了村庄；另外还有一些企业与村委会及村民发生矛盾也离开了该村。更为严重的是，作为该村的主要工业产品——取暖锅炉，长期停留于传统技术层面，当凝聚了大量高新技术的新式环保节能锅炉已成为锅炉市场的主导产品后，屯瓦村仍以传统技术为基础的锅炉生产企业必然逃不脱被逐步淘汰的命运。

资料来源：中国社会科学院农村发展研究所组织与制度研究室：《中国村庄的工业化模式》，社会科学文献出版社 2002 年版。

回顾现代企业，尤其是现代工业企业在中国乡村的发展历程，我们可以从中发现如下几个特点：

第一，经济与政治的关联度是极其紧密的。

如前所述，在中国推进乡村工业化从一开始就带有爱国主义、图存图强、复兴农村、救世救民的崇高政治使命，不单纯是一个经济层面的问题。按照"冲击—回应"的理论分析构架，中国的现代乡村企业、乡村工业化是非内源性的，而是对外来冲击的一种反应。中国近现代历史上的不同学派，具有不同的政治理念，但以乡村工业化来复兴农村有一个基本的共识。中国共产党人批评"实业救国论"，批评"乡村建设运动"，不是否定乡村工业化的重要，而是要把改变乡村社会制度作为推动乡村工业化的基础，"先革命，后建设"，认为在封建制度的基础上乡村工业化根本无法推进。因此，新中国成立以后，在改造乡村社会制度的任务基本完成以后，以毛泽东主席为代表的中国共产党人对于兴办农村工业企业，推动乡村工业化寄予了巨大的热情与希望。毛泽东把"社办企业"看作是"伟大的、光明灿烂的希望"；邓小平也高度评价乡镇企业的"异军突起"。

凭借政治热情、政治权威，利用行政力量、行政网络推动乡村企业的发展，推动乡村工业化，对于打破传统农业社会低水平的超稳定静态均衡，在现代化资源极度稀缺的乡村、乡民中迅速传播工业化理念及新的知识技能确实有十分重要的作用与意义。如果没有中央及各级地方政府乃至村一级"准政府"的积极介入和参与，我国的乡村企业、乡村工业化水平要达到今天的规模是完全不可能的。但是，依靠政治热情、政治权威，利用行政力量、行政网络的推动，带有浓厚的外在"嵌入式"特征，往往容易脱离当地实际，超越现实的经济发展水平，"水土不服"；而且，从政治理念的考虑往往"只算政治账，不算经济账"，或"多算政治账，少算经济账"，以致企业组建成本太高、效益低下，虽短期轰轰烈烈，但难以持久。

第二，工业化与市场化的联系程度是决定工业化成败的关键性因素。

工业化事实上有两种类型：一种类型是建立在市场化基础上的工业化；另一种类型则是逆市场化的工业化①。我国计划经济体制下的工业化本质上就是逆市场化的工业化。

毛泽东主席固然十分推崇社办企业，主张人民公社要由集体创办小工厂，但他主张办乡村企业的目的不是为了发展市场经

---

① 曹阳：《发展的陷阱：误入歧途的工业化——从制度结构分析的两种工业化类型》，《华中师范大学学报》1994年第6期。

济，而恰恰是为了限制市场经济。在毛泽东主席看来，兴办工业企业可以使人民公社更为自给自足，因此，商品交换、市场流通可以限制在更小的范围内。"大跃进"时期遍地开花的社办工业企业就是逆市场工业化的典型。它无视市场规则，不讲经济核算，更谈不上面向市场。

实践证明，农村企业只有与市场化相联系才有持久的生命力。"文化大革命"中后期出现的社队企业之所以命运要好于"大跃进"时期的社办企业，一个重要的原因就是其中的相当一批企业是在计划经济的"缝隙"中生长起来的，一开始就带有面向市场的色彩。改革初期，苏南乡镇企业的发展迅速，其中的一个重要原因也是利用了计划经济不能覆盖的"缝隙经济"。

所谓"缝隙经济"（niche economy），按照德国经济学家何梦笔的定义，是"在一个具体的经济制度里，基本上处于正式经济结构之外的，以特定的专业化为基础的企业运行的一种经济形式。企业之所以可能专业化，首先是因为企业在正式制度之外活动，能够运用更有效率的组织形式，能够取得特殊的交易成本优势。其次是由于某些市场还没有被其他企业系统地开发出来"[1]。例如，当时乡镇企业最发达的苏南地区，大多数乡镇企业生产的产品或者是市场短缺商品，或者是为城市工业配套的产品。它们的成功就在于抓住了当时作为正式制度的计划经济体制之外的大量市场"缝隙"。

改革开放以后，乡镇企业之所以能"异军突起"，最关键的因素就在于市场化的推动。例如，"温州模式"就是典型的市场化推动工业化的模式。再从乡镇企业的实际运行看，不能适应市

---

[1] ［德］何梦笔：《网络、文化与华人社会经济行为方式》，山西经济出版社1996年版，第6—7页。

场的企业就必然要被市场无情淘汰，乡镇企业的命运取决于它的市场竞争力。

第三，把工业化等同于建立工业企业，这是乡村工业化进程中一个相当长时期的理论与实践"误区"。

事实上，工业化、现代化都是一个动态的进程，它们发轫于城市、工业，但决不能局限于城市、工业。"把工业化的含义仅仅界定为制造业的发展，不仅在理论上失之偏颇，而且在实践中贻害无穷。工业化绝不应该仅局限于工业部门，而应该涵盖整个国民经济。具体地说，工业化至少应该包括工业和农业（国民经济的两个基本产业部门）的机械化和现代化。"[①] 从发达国家的经验看，现代化的进程必然会带来农业、农村的革命性变化，农业也会从弱势产业转变为具有竞争力的产业。广义的工业化应该而且必须包括农业的现代化，而农业的现代化不仅仅是农业生产技术、生产手段的现代化，而且也是农业经营方式、生产组织的现代化。从这一角度看，企业化经营是农业现代化的一个重要特征。

狭义的农业企业化经营，是指以现代企业的生产组织方式来组织农业生产，这就是各类农业企业。小的农业企业，如家庭农场；大的农业企业，如农业集团公司、农业跨国公司。广义的农业企业化经营，则是指以现代企业的经营理念来经营农业。按照广义的理解，农户、合作经济组织也可以实现企业化经营。

在发达国家里，农业企业已经是农业生产经营的主体组织方式，或者是十分重要的组织方式。例如，在美国，既有"农工商综合体"性质的垂直一体化的农业公司，也有大企业与农场主共同建立的契约型农业加工企业，还有农场主自己建立的加工销售

---

① 张培刚主编：《新发展经济学》，河南人民出版社 1999 年版，第 54—55 页。

企业，它们在美国农业生产中占有举足轻重的地位。事实上，美国大量的家庭农场本质上就是小型农业企业；美国的农业合作社也出现了企业化倾向，其制度安排越来越接近股份制企业。

案例 6—4　　一个大型农业集团化公司：芬兰瓦利奥公司

芬兰最大的乳制品联合生产企业——瓦利奥公司成立于1905 年，是一个大型的农业集团化公司。从奶牛饲养、牛奶收购、奶制品加工到产品销售与出口，形成了完整的乳制品生产链条。该公司在芬兰建有 33 个乳制品加工厂，加工能力占全国牛奶加工总量的 77% 左右，产品种类多达 1400 种，年营业额近 20 亿美元。

在我国，伴随着农业的市场化和产业化进程，各类农业企业的发展也出现了十分强劲的势头。这既有农民自己创办的农业企业，也有城市工商资本以及海外资本向农业的投资。尤其是农业产业化进程中的龙头企业，引起了人们极大的关注。2000 年，深圳市就有农业企业 510 多家，其中年产值上亿元的企业有六家。深圳市农业产值的 85% 是由农业企业创造的。[①] 诚然，深圳的案例在我国还不具有普遍性，但它昭示的农业发展趋势依然有普遍性意义。

---

① 见《人民日报》（海外版）2000 年 8 月 22 日。

农业企业还不能等同于农村企业。农村企业还包括农村的非农企业。事实上，在相当长一段时期，甚至包括现在，无论是从产值，还是从劳动力就业人数观察，农村中非农企业的比重都高过农业企业。据国家统计局提供的数据，2002 年底全国有乡镇企业 2132.69 万户，其中第一产业的企业 32.17 万户，第二产业的企业 697.43 万户，第三产业的企业 1403.09 万户；乡镇企业从业人员 13287.71 万，其中第一产业 205.37 万，第二产业 9127.98 万，第三产业 3954.36 万；乡镇企业年增加值 32385.8 亿元，其中第一产业 341.77 亿元，第二产业 25060.81 亿元，第三产业 6983.22 亿元。[①] 虽然第二产业的企业中有相当一部分是农产品加工企业，第三产业的企业中也有相当一部分是为农产品的生产、流通、销售服务；但不可否认，这其中仍然有相当一部分是与农业无关或关系不大的企业。据统计，我国的乡镇企业，除了国家高度垄断的石油、天然气、自来水等产业外，其他产业几乎样样都有；以非农产品为原料的加工业也远远超过以农产品为原料的加工业。

从发达国家的企业结构看，农村企业基本上是以农业企业或与农业相关的企业为主体；非农企业则主要集中在城市。这体现了企业分布的地域分工。我国目前农村企业以非农企业为主体的企业构成，不是市场经济发展过程中企业自然分工形成的，而是源于一个特殊时期特定的制度环境和政策环境。在相当长的一段时间，我国推行了逆城市化的工业化发展战略，农村工业化与城市化脱节，农业剩余劳动力的产业转移与地域转移脱节，即"离土不离乡，进厂不进城"。正是在这种背景下，乡镇企业才形成了以非农企业为主体的企业构成，农业企业、

---

① 国家统计局编：《中国统计年鉴 2003》，中国统计出版社 2003 年版。

与农业相关的企业反而没有得到大力发展。后来的实践表明，"村村点火、处处冒烟"的乡村工业化弊端很多。农村企业"脱农"，与城市企业在产品结构、产业结构上低水平雷同、重复，在全国整体处于"短缺经济"的"卖方市场"背景下还有一定的生存空间；但当全国整体从"卖方市场"转向"买方市场"，从短缺逐步走向饱和、过剩后，乡镇企业的发展就遇到了严峻的挑战。因此，非农企业向城镇的区域集中，形成企业的空间聚集效应，形成合理的地域分工是经济发展的必然选择。另一方面，伴随农业产业化的进程，农业产业链条的延伸使得农业企业以及与农业相关的企业得到了空前迅速的发展，并呈现出方兴未艾的发展态势。这既为我国农村企业的发展注入了新的活力，也改善和优化了我国农村企业的产品结构与产业结构。因此，我国目前的农村企业结构还在变动与调整的过程之中，其发展的趋势是广义的农业企业（包括所有与农业相关、为农业服务的企业）在农村企业中所占的比重会逐步上升，并最终成为农村企业的主体。

三　乡镇集体企业

乡镇集体企业是我国农村企业中一个非常重要的组成部分。尤其是在人民公社化以后的相当长一段时间里，农村企业就等于农村集体企业，因为当时的农村除了少量的国有企业（例如国营农场）外，没有其他经济形态的企业。

伴随着农村改革开放的进程，伴随着农村市场化的推进，各种经济形态的企业不断涌现并得到迅速发展，乡镇集体企业在整体农村企业中的比重则不断下降，其影响力也在下降。据国家统计局提供的数据，2002 年，乡镇集体企业从业人员占整个乡镇企业从业人员的比重已从 1980 年的 100％下降到了 28.61％；乡镇集体企业增加值占整个乡镇企业增加值的比重也从 1980 年的 100％下降到了 37.26％。但是，即便如此，乡镇集体企业仍然在当代中国的农村企业中占有相当大的比重。无论是从业人数，还是增加值，乡镇集体企业还是占到了乡镇企业整体的三分之一左右。

表6—2　　我国乡镇集体企业在乡镇企业中地位的变化

年份	乡镇企业从业者（万人）	集体企业从业者（万人）	集体企业占比（％）	乡镇企业增加值（亿元）	集体企业增加值（亿元）	集体企业占比（％）
1978	2826.56	2826.56	100	208.32	208.32	100
1980	2999.68	2999.68	100	285.31	285.31	100
1985	6979.00	4152.10	59.49	772.31	562.67	72.86
1990	9264.75	4592.45	49.57	2504.32	1672.89	66.80
1995	12862.06	6060.34	47.12	14595.23	9359.31	64.13
2000	12819.57	3832.79	29.90	27156.23	9424.87	34.71
2002	13287.71	3801.18	28.61	32385.80	12067.35	37.26

资料来源：根据《中国统计年鉴 2003》表 12—30、表 12—31 提供的数据整理。

我国农村集体企业发展的第一次高潮是人民公社体制时期的社办工业。如前所述，人民公社体制，按照毛泽东主席的构想，本身就是一个集工农商学兵于一体的"大一统"组织。办集体工业企业，使公社在更大程度、更广范围内自给自足，是人民公社体制的内在制度安排。因此，在人民公社体制时期，有过两次发展社队集体工业企业的浪潮。第一次是"大跃进"时期，在"大办钢铁"和"两条腿走路"方针的推动下，"农村人民公社的社办工业遍地开花，到 1958 年底，社办工业职工达 1800 万人，产值 60 亿元左右"①。然而，"大跃进"好景不长，遍地开花的社办企业一瞬之间几乎全都伴随着"大跃进"的破产而倒闭。第二次浪潮是"文化大革命"的中、后期，伴随着地方"五小工业"（即小农机、小钢铁、小煤炭、小化肥、小水泥）的发展而兴起，"到 1975 年，'五小'工业中的钢、原煤、水泥、化肥年产量，分别占全国总产量的 6.8％、37.1％、58.8％和 69％"②。这批农村企业伴随着人民公社体制的崩溃，一部分由于亏损严重、负债累累而相继倒闭，还有一部分被改造成了后来的乡镇企业。

这两次浪潮中涌现出来的社队企业有两个明显的"清一色"特征。第一是"清一色"的集体企业，其他经济形态的企业无立足之地。统计表明，直到 1980 年，乡村企业依然是社队集体所有制企业的"一统天下"。第二是几乎"清一色"的工业企业，以服务业为主体的第三产业企业被排除在社队企业之外。这是因为农村流通领域被供销合作社垄断，以服务业为主体的第三产业则被看作是非生产性行业而受到歧视。同时，这也表明社队企业的发展并没有完全脱离计划经济的轨道。事实上，当时大多数社队企业的兴起是依赖行政性的动员、号召和推动；关闭也是行政性的运作。

人民公社时期的社队企业，严格说来，并不是实质意义上

---

① 赵德馨主编：《中华人民共和国经济史纲要》，湖北人民出版社 1988 年版，第 174 页。

② 同上书，第 257 页。

的现代企业。它们没有生产经营的自主权，不是自负盈亏的经济实体。无论是公社创办的企业，还是大队或生产队创办的企业，不仅内部产权不清晰，外部也没有清晰的产权边界。生产大队或生产队创办的企业，不仅大队或生产队可以随意调动企业资产，它的上级，例如公社也可以随意调动；即使是公社一级的企业，也有随时被上一级政府收走的可能。1959 年中共中央八届七中全会通过的《关于人民公社的十八个问题》就列举了如下的现象：县联社、公社向生产大队或生产队调出机器、农具和运输工具；县、公社和生产大队把原高级社经营的一些企业调用归自己经营。即使是实行了"队为基础、三级所有"的公社体制后，在"三级所有"的框架内，随意调动社队企业资产的现象依然十分普遍。

由于社队企业只是人民公社整体经济的一部分，而不是一个独立的自负盈亏的经济实体，因此，社队企业不可能把利润最大化作为企业经营的目标，企业也没有独立的财务核算和严格的管理。有些学者认为社队企业的经营目标是为了社队整体收益的最大化，社队企业的收益被用来改善全体社员而不仅仅是社队企业职工的生活。这对于解释"文化大革命"中后期某些社队企业，特别是苏南一些社队企业的经济行为或许是可以成立的。但是，事实上，也有相当一批社队企业，尤其是公社与大队兴办的企业亏损也在经营，这些企业给社队整体经济带来的是负收益，完全谈不上社队整体收益的最大化。那么，这些损害了社队整体收益的企业为什么不关闭呢？或许是政治运动的需要，兴办社队企业有指标；或许，更为重要的是社队领导层需要一个现金库，可较为方便地满足他们日常的现金需求。至于社队企业的亏损，则可以由社队集体经济弥补，说到底，是由生产队及社员来填补。据薄一波的回忆，1958 年山西农副产品收购总额 4.2 亿元，被县级扣留了 1.8 亿元，被公社一级扣留了 3000 万元。这些钱主要用于弥补钢铁亏损，县和社办工业投资，县社举办的水利工程投资，购买了一批农业机械和修公路、小铁路的投资。[①]

从更大的范围看，社队企业真正赢利的并不多。这些亏损的社队企业之所以能够生存，在很大程度上是由于"三级所有"的制度框架使公社和大队可以平调生产队的资产，尤其是生产队的劳力。绝大多数的社队企业没有自己独立的个人收入分配机制，它仍然依附于公社的"大锅饭"分配体制，这就为平调生产队的劳力提供了制度保证。在实际运作中，绝大多数社队企业职工并不领取企业的工资，而是作为各自所在生产队的一员，参与本生产队的分配。这也就是说，虽然他们的工作在公社或大队企业，但仍然像其他公社社员一样，在生产队记工分，并参与生产队统一的年终分配。如果社队企业有利润，企业或许会把他们的工资收入返回给他们所在的生产队，作为生产队总收入的一部分，这类似于生产队派出的劳务收入；如果企业亏损、没有利润，企业也就不会有任何收入返回给职工所在的生产队，但生产队仍然要给他们记工分，这实质上是公社或大队对生产队劳力的无偿摊派，是由生产队来承负公社或大队企业的工资成本。事实上，很多社队企业即使有利润也很难返回给生产队，而是被截留在公社或大队一级。这就不难理解，为什么社队企业主要是公社与大队这两级的企业，作为"三级所有"基础层的生产队，企业反而寥寥无几。这里最为重要的原因是：如果生产队的企业亏损，它无法再向外转嫁。

---

① 参见薄一波：《若干重大决策与事件的回顾》（修订本下卷），人民出版社1997 年版，第 789 页。

这也就是说，生产队一级企业的预算约束相对较硬，而公社和大队两级企业的预算约束相对较软。匈牙利著名经济学家亚诺什·科尔内教授曾系统地分析了国有制企业的"软预算约束"，他指出，在"软预算约束"下，"企业的生存并不仅仅取决于销售收入是否总能补偿它购买投入品的成本。即便后者总是超过前者，也可以用税收减免、国家补贴、软贷款等来抵消。生产收入和成本之差并不是一个生死攸关的问题"①。公社和大队这两级的社队企业只不过是在一个较小的区域内复制了国有制企业的"软预算约束"，它用无偿抽调生产队资产、劳力的方式来弥补企业的亏损，因此，亏损（即生产收入和成本之逆差）对于公社和大队企业而言，也不是生死攸关的问题。当然，由于公社与大队两级能够支配的财力毕竟有限，社队企业的亏损如果超出公社或大队可承受的补贴范围，企业也不得不关闭。

农村实行家庭承包制以后，乡镇企业"异军突起"。但是，早期的乡镇企业依然沿袭了社队企业的格局：集体企业占绝对的主体地位。1980 年，乡镇企业还是集体企业的"一统天下"；1985 年，集体企业就业人员在乡镇企业总从业人员中仍占到将近 60%，集体企业的增加值则占到乡镇企业总增加值的72.86%。这既有历史的原因，也有当时各级地方政府行政推动乡镇集体企业发展的因素。在 20 世纪 80 年代的早期，各级地方政府把乡镇集体企业的发展作为"政绩"、"硬指标"层层分派，客观上促进了乡镇集体企业的迅猛发展。但是，后来的实践表明，这类行政主导或行政推动的乡镇集体企业，尤其是中西部的

① ［匈］亚诺什·科尔内：《短缺经济学》下卷，经济科学出版社 1986 年版，第 11 页。

乡镇集体企业，仍然带有社队企业那种"软预算约束"的弊端，缺乏内在的可持续发展动力，以至负债累累，不得不破产倒闭，这是形成乡村巨额负债的一个重要原因。

早期乡镇集体企业取得成功的典型模式是所谓"苏南模式"。最早对"苏南模式"进行概括的费孝通先生把"模式"看作是"在一定地区，一定历史条件下，具有特色的经济发展的路子"①。董辅礽教授则把"苏南模式"概括为"发展乡镇公有制企业的模式"②。

"苏南模式"有如下主要特征：（1）企业大多数是村级社区集体所有，是所谓"模糊产权"型企业。这是因为人民公社时期苏南的社队企业以大队一级所有的居多，这些大队所有的企业被改造后就成为村级所有的企业；此外，改革开放初期，苏南新办的乡镇企业绝大多数也是村一级集体投资，或采用"滚雪球"方式，即用老企业的利润创办新企业，因此，新企业也自然属村级所有。这种村级所有的社区集体企业，产权是不清晰的。名义上属村这一社区人人所有，但任何个人都无实质性的所有权。（2）社区政府主导。这里的社区政府既包括乡镇一级基层政府，也包括村一级社区"准政府"。社区政府主导意味着社区政府在乡镇企业的发展中起到了举足轻重的作用，例如，政府担保银行贷款，政府调动和分配可控制的社区资源，政府官员直接充当企业管理者，对企业经营实行直接的干预。这种社区政府主导性的乡镇集体企业被一些学者称为"地方政府所有制企业"，地方政府

---

① 费孝通：《江村农民生活及其变迁》，敦煌文艺出版社1997年版，第332页。

② 董辅礽教授认为，"中国农村发展非农产业有两种不同的模式，即发展乡镇公有制企业的模式和发展农民私有制企业的模式"，前一种即"苏南模式"，后一种即"温州模式"。（见董辅礽：《经济发展研究》上卷，经济科学出版社1997年版，第352—353页。）

则被称为"地方政府公司"①。（3）企业空间布局分散。这主要是因为当时政府提倡"离土不离乡"、"进厂不进城"的劳动力就地转移，以致村级所有的企业大都建立在本村的行政辖区内。这既可免费利用社区的土地资源，也可方便社区劳动力在企业"早出晚归"的上班。

这种政府主导或政府推动的、"模糊产权"型的乡镇集体企业在我国从计划经济体制向市场经济体制转轨的初期，由于顺应当时的宏观制度环境，显示出了独特的竞争优势，因此发展也十分迅速。这种独特的竞争优势主要表现在：（1）政府主导的社区集体经济可以有效地利用过去人民公社体制遗留下来的组织资源和集体经济积累，能有效集中社区有限的资源来加速创办企业，这节约了企业的组建成本；（2）由于社区政府（和"准政府"）与社区集体企业特殊的利益关系，它有内在的积极性来广泛利用社区政府（和"准政府"）的关系资源和公信力，为社区集体企业担保银行贷款，疏通有关管理部门的关系，并从各方面支持与保护企业；（3）在当时的经济、政治构架中，村一级社区"准政府"集中了农村的"能人"与"精英"，在民间企业家极度缺乏的背景下，由村干部领头创办企业，是一种企业家快速成长的选择；（4）政府主导的社区集体企业适应经济体制转轨初期的意识形态氛围与人们的认同感，既可以获得上级政府的支持，也可以得到基层群众的拥护，有利于减轻不同社会群体之间的利益摩擦；（5）村级集体所有的企业可以无偿获得社区所有的土地资源，因而大大减少了土地成本；（6）企业办在村里，既可以得到低成本的劳动力，又可以免去建职工用房、支付职工交通费等费

---

① Jean C. Oi，"The Role of the Local State in China's Transitional Economy，" *The China Quarterly*，No. 144，December 1995，pp. 1132-1149.

用，也无须为职工提供各种福利保障，因而劳动成本十分低廉。显而易见，这些独特的竞争优势所带来的效益在当时远远超过了模糊产权、政企不分所带来的效益损失以及乡镇企业空间布局分散的规模不经济。事实证明，在经济转轨和经济短缺并存的历史条件下，在生产要素市场和企业家市场都不完善，甚至不具备的宏观经济环境中，在社会文化和意识形态的约束力很强的背景里，依赖社区共有资源，借助政府的权威、"公信力"以及人力资本资源，确实可以加速推进乡村的工业化进程。在这里，"政府也可以通过制度模仿和创新发挥熊彼特意义上的公共企业家精神"①。

　　但是，伴随着我国经济市场化改革的深入，对外开放的扩大，"卖方市场"向"买方市场"的转变，"模糊产权"、政企不分、规模不经济所带来的弊病越来越大：（1）农村社区型集体企业的模糊产权难以形成对企业经营者的激励与约束机制，因而企业内部的计量与核算成本、监督与管理成本大幅上升，腐败现象滋长，经营效益则大幅下降。（2）社区型集体企业的产权封闭性不利于吸引外资，也不利于资本的流动和组合，越来越不适应市场经济对产权开放性与流动性的要求。（3）模糊产权和政企不分导致乡镇集体企业出现国有制企业的一些弊端，被称为"二国营现象"。其具体表现是：干部负盈不负亏，职工能进不能出，分配能高不能低。（4）地方政府主导的政企不分，使得企业的经营决策行政色彩浓厚，决策失误增多，不能适应竞争越来越激烈的市场环境；同时，地方政府和"准政府"主导的政企不分，还使得地方政府和"准政府"把企业当作现金开支库，各种摊派收费

---

　　① 汤姆·R.伯恩斯：《结构主义的视野——经济与社会的变迁》，社会科学文献出版社 2000 年版，第 284—289 页。

使企业不堪重负。（5）伴随经济环境的变化，企业空间布局分散所带来的规模不经济成本上升，已逐步超过了土地节约和劳动成本低所带来的收益。因此，以"苏南模式"为代表的乡镇集体企业的发展面临着越来越严峻的挑战，以致出现了严重的发展危机。

下面是费孝通先生 1996 年在《吴江的昨天、今天、明天》[①]一文中所作的描述：

> 乡亲们告诉我，眼下是乡镇企业面临问题最多、最困难的时期，吴江也不例外。根据统计，现在乡镇企业产品滞销现象严重，收不回贷款，欠账达 37%，效益下降。同时，面对各种经济成分（如个体、私营、三资企业等）的竞争，却由于乡镇企业丧失了税收、廉价劳动力等方面的优惠而无力应付，市场打不开。再加上内部机制发生不利变化，甚至出现"厂长老板化，实权亲属化，行为短期化，分配两极化"现象。这样的极端现象，虽属少数，但有些企业确是"厂长负盈，企业负亏，银行负债，政府负责"。而且，各种名义的摊派收费，加在一起竟有五六十种。再加上乡镇企业先天不足，科技含量较低，管理缺乏经验等要素，造成了今天的困境。

1996 年，苏南乡镇企业销售收入的增幅降到了 10% 以下，苏州、常州两市的乡镇企业利润额出现了负增长，亏损企业明显增多，因而触发了以"第二次创业"为内容的全面改革。这次改

---

① 转引自邱泽奇：《费孝通与江村》（七），《社会学人类学中国网》2005 年 4 月 30 日。

革的核心是明晰产权，过去产权模糊的乡镇集体企业被改制成为个体私营企业、股份合作制企业、股份制企业。以曾被誉为"中国第一县"的锡山市（原无锡县）为例，截至 2000 年 6 月，全市乡镇企业改制 8022 家，改制面为 94.7％。其中，改为股份有限公司的三家，改为有限责任公司的 1490 家，改为三资企业的 251 家，改为股份合作制企业的 612 家，改为联营企业的 32 家，拍卖转为私人企业的 5583 家，还有少许企业破产倒闭。经过这次大规模的改制以后，在乡镇企业实收资本中，社区集体资本从改制前的 90％以上下降到了 65％左右；非集体资本则从 5％上升到了 35％。①

就全国范围看，我们从表 6—2 中已看到，从 1995—2000 年这五年间，乡镇集体企业的从业人数减少了 2227.55 万，乡镇集体企业从业人员占整个乡镇企业从业人员的比重下降了 17.22 个百分点；乡镇集体企业的增加值虽然从绝对量来看没有减少，但占整个乡镇企业增加值的比重锐减了 29.96 个百分点。与产权制度的改革相适应，乡镇地方政府以及村一级社区"准政府"也加快了退出企业的步伐。这种退出是全方位的：既包括从经营者身份的退出，也包括从投资者（所有者）身份的退出。同时，乡镇集体企业也开始了从乡村到城市，到各类工业园区的转移。在苏南，一批具有一定规模的乡镇企业纷纷脱去了乡镇企业的外衣，冠名为江苏某某集团，总部也从乡镇迁入了城市，这进一步割断了这类企业与原来母体之间的千丝万缕的联系。事实证明，乡镇集体企业的改制顺应了市场经济的进一步发展，总体效果是好的。

---

① 锡山市政府网站。

案例 6—5 元亨之死：乡镇集体企业的"国企病"

　　江苏锡山市港下镇的元亨集团公司，曾以江苏乡镇企业集团公司"七朵金花"之首享誉省内外。元亨集团公司的前身是1974年创办的港下镇张缪舍村服装厂，后发展改为无锡市衬衫厂，所生产的"光荣牌"衬衫是当时的名牌产品。1993年，成立江苏丰元集团公司，后又改名为元亨集团公司，是当时江苏省第一家乡镇企业集团公司。

　　当元亨集团公司达到其鼎盛之时，也正是它败落的开始。

　　回顾当年的元亨，原集团领导层成员的蒋志远说："最大的问题是它虽然是乡镇企业，但运作基本上都沿袭了国有企业的做法。"

　　首先，作为村办企业，所有的投资都是村里集体所有的，也就是说，是每一个村民的，这也让它与老国企一样面临产权不清晰的问题："企业是每个人的，又不是每一个人的。"

　　元亨当时有了钱，做的最多的事情就是给村上办实事。无锡"村村柏油马路"，"村村装电话"，元亨是最早的。1990年、1991年建造了村级自来水厂，村里还搞了自发电，村民的水费、电费不可能多要钱，都由村里补贴，所以水电费用的开支是很高的。此外，环境卫生、合作医疗，元亨都要承担重任。"元亨为村里的社会公益事业作出过巨大贡献。"

　　而在企业内部，职工们与国有企业职工一样享受各种福利，也享受退休金。而作为整个村的企业，要照顾到每个村民的利益，所以，为了安排职工，有些只要一个人的岗位，就用两个人。

　　而在内部管理方面问题更多。当年的衬衣出厂批售价格与实际市场价格相比相当之低，销售人员从中获益不少。

　　此外，还有企业领导人的腐败问题。据透露，当时的公司领导与村干部是交叉任职的，如当年的村支书蒋某，因经济问题于1997 年前后潜逃在外，至今未能缉捕归案。

　　1997 年前后，元亨集团已到了难以为继的地步，此时企业才实行转制。

　　转制前几年，元亨便已露颓势，企业上了几个项目，如三元管件厂，没有上成功。投了数百万元。都是向银行贷的款。此外上一个跟洗发水有关的项目，征了地，围墙也打好了。因资金紧张不得不下马，围出的地又重新种了粮食。

　　蒋志远称，在元亨集团公司成立时，注册资金上亿元，这其中包括土地的成本价格。但到了 1997 年转制时，集团的价值已非常低。而据当地知情人透露，应该是资不抵债。企业只能被"贱卖"。除了各衬衣厂，集团还有煤气站、加油站、供销公司、石棉厂、电讯器材厂、无锡特种保温材料厂等等。

　　接手元亨各子公司的人，基本上都是村里的村民。这些企业成为纯粹的民营企业后，发展得都不错，一些村民当时对企业还不是很懂，但如今都"发了"。

　　资料来源：根据朱平豆文《元亨之死与红豆中兴　集体企业的国企病》（《21 世纪报道》2004 年 6 月 11 日）改写。

　　经过这次全国性大范围的改制、改革以后，乡镇集体企业目前还包括如下几个子类。

　　一是至今仍坚持村级所有的乡镇集体企业。这些企业所在的村，一般而言集体经济实力都比较雄厚，村干部素质较高，而且公正、能干，企业产品有较好的市场销路，有不错的经济效益，大多数村民也没有企业改制的迫切要求，因此这类企业暂时还没有改制的压力与动力。与此同时，这类企业也在努力改进内部的经营机制，例如，实行承包制、目标考核制，以消除或减轻传统社区集体所有制企业内生的"老国企"现象和"二国营"现象。

二是改制以后的股份合作制企业。乡镇集体企业的改制，由于路径依赖，相当一批企业，尤其是中型企业，转向了股份合作制①。这类企业的合作制因素使它可以归于集体所有制企业，但它的股份制因素使它接近混合所有制企业。因此，严格说来，股份合作制企业是"准集体企业"；或者也可以把它看作是集体所有制企业在市场经济条件下的一种新的实现形式。当然，股份合作制企业并非规范、稳定的一种企业形态，它带有过渡的性质。一般而言，股份合作制企业有两种前途：一是走向纯粹的股份制企业；二是走向纯粹的合作制企业。

三是改革开放以来在市场经济推动下自发产生的新的集体所有制企业。这类企业虽然数量不是很多，但它更符合经典意义上对集体所有制企业的界定："劳动者自愿联合、共同占有、民主管理的企业。"这种集体所有制企业与专业性合作经济组织有什么区别？我认为，二者的基本经济性质是相通的，即"劳动者自愿联合、共同占有、民主管理"；二者的区别主要在于前者是企业，因此有统一的生产指挥与管理。更具体说来，集体所有制企业的成员不仅是企业的所有者，也是企业的职工。作为企业职工，他必须服从企业管理者（与他平等的企业所有者）的生产指

---

① 在乡镇集体企业的改制进程中，小型企业转为私营企业的居多；中型企业转为股份合作制企业的居多；大型企业转为股份制公司或有限责任公司的居多。

挥与管理，他没有个人的生产经营自主权。相比较，正如我们在第五章已谈到的，专业性合作经济组织可以建立在农户经济的基础之上，专业性合作经济组织成员仍然拥有自己独立或相对独立的生产经营自主权。

四 农村个体、私营与家族企业

个体企业，是指自然人自己投资、自己经营、自己劳动，集所有者、经营者、劳动者于一身的企业。个体企业绝大多数是个体劳动，但在我国也把雇工在七人以下的企业称为个体企业[①]，其理论依据是马克思曾经说过，雇工七人以下雇主还必须亲自劳动，这意味着业主仍然集所有者、经营者、劳动者于一身。私营企业则是雇工超过八人以上的企业。1988 年颁布的《中华人民共和国私营企业暂行条例》第二条规定："本条例所称私营企业是指企业资产属于私人所有，雇工八人以上的营利性的经济组织。"雇工八人以上，被看作是雇主可以脱离劳动过程，成为单纯的经营管理者。可见，个体企业与私营企业的区别主要就是业主是否同时还是劳动者。当然，在实际的经济生活中，由于产业的不同、行业的不同，以及生产技术含量的不同，并不见得雇工七人以下雇主就必须亲自劳动，雇工八人以上雇主就可以脱离劳动过程。这种生搬硬套马克思的某段论述作为个体企业与私营企业的划分标准在特定的时期可能

---

① 1981 年国务院《关于城镇非农业个体经济的若干政策规定》中规定：个体经济"是个人经营或家庭经营。必要时经过工商行政管理部门批准，可以请一至两个帮手……最多不超过五个学徒"。

是一种政治策略①，但本质上并不科学。为了简便，我们把不
雇工的企业统称为个体企业，把雇工的企业则看作是私营企
业。

个体企业、私营企业与"个人业主制企业"、"个人独资企
业"基本等同。2000 年颁布的《中华人民共和国个人独资企业
法》第二条规定："本法所称个人独资企业，是指依照本法在中
国境内设立，由一个自然人投资，财产为投资人个人所有，投资
人以其个人财产对企业债务承担无限责任的经营实体。"很显然，
个体企业完全符合上述规定，大多数私营企业也符合上述规定。
但也有少数私营企业的投资人并非一个自然人。这可以看作是投
资人合伙创办的企业，它与一般的合伙制企业的区别在于它还有
劳动雇佣关系。

个体企业、私营企业都是私有制企业。在传统的计划经济体
制下，个体、私营企业没有生存的制度空间。直到 1975 年、
1978 年的《中华人民共和国宪法》都没有个体企业、私营企业
合法存在的条文与依据。在农村，直到 1980 年，乡镇企业都是

---

① 关于这个问题，北京大学刘伟教授有一段说明："在 83 年，农村搞承包责任
制，那时就有争议，承包是集体的，是公有，还是私有的？而且在承包的基础上，
还出现了许多大户，比如种田大户、养殖大户、运输大户等等。这些大户规模大了
以后，依靠原有家庭劳动力已不能满足了，就需要雇工，那么是否允许雇工？这在
当时就成为一个极为尖锐的问题。承包制还可以说是集体所有、分散经营，如果允
许雇工，就无疑是剥削，剥削怎么是社会主义呢？这个问题的提出就是在浙江。这
个问题当时就被提交到中共中央书记处，书记处就责成当时的北京大学经济系查找
'马恩列斯论雇工'，我们查找了很多资料，编了厚厚两大本'马恩列斯论雇工'段
落，一段也没有找出来说是：马恩列斯说社会主义可以雇工。最后我们找到一段话，
马克思在《资本论》讲到封建手工作坊向资本主义企业过渡的时候，提出这两者有
区别，其中一点就是规模不同，比如手工作坊雇 7 个人，资本主义的工厂往往是 7 个
人以上。从这里，我们得出结论：7 个人还不是以剥削为主，虽然是私有，但还是以
家庭劳动为主，雇用他人为辅。就是这么演变过来的。"（见刘伟：《市场经济秩序问
题剖析》，引自《浙江知识俱乐部》网站。）

"清一色"的集体企业，没有个体企业、私营企业。1982 年修改的《中华人民共和国宪法》确立了个体经济、个体企业的合法地位[①]，但没有提到私营经济、私营企业。直到 1988 年的《中华人民共和国宪法修正案》才正式确立了私营经济、私营企业的合法性。[②] 个体、私营经济被看作是社会主义公有制经济的"补充"。1993 年通过的《中华人民共和国宪法修正案》修改了"补充"的定性，把个体、私营经济定位为"社会主义市场经济的重要组成部分"。

伴随着理论与法规的进展，在实际经济生活中，个体、私营企业的发展十分迅速。从表 6—3、6—4 中我们可以看到，乡镇个体、私营企业在 1980 年还是一片空白，而 1985 年乡镇个体、私营企业的从业人数就达到了 2826.9 万，占到了当年乡镇企业从业总人数的 40.5%，其增加值也占到了当年乡镇企业增加值的 27.15%。1990 年，乡镇个体、私营企业的从业人数超过了集体企业。1995—2000 年，是乡镇私营企业发展的高峰期：其从业人数增长了 2.7 倍，相对比重从 6.8% 上升到了 25.37%，上升了近 20 个百分点；其增加值则增长了 7.7 倍，相对比重从 5.87% 上升到了 27.42%，上升了 21.55 个百分点。这种高速增长显然是得益于这一段时期大规模乡镇集体企业的改制、改革；相当一批乡镇集体企业，尤其是中小型企业被转制为私营企业。例如，我们在前面已提到的，江苏省锡

---

①　1982 年通过的《中华人民共和国宪法》第十一条规定："在法律规定范围内的城乡劳动者个体经济，是社会主义公有制经济的补充。国家保护个体经济的合法的权利和利益。国家通过行政管理，指导、帮助和监督个体经济。"

②　1988 年《中华人民共和国宪法修正案》第一条规定："宪法第十一条增加规定：国家允许私营经济在法律规定的范围内存在和发展。私营经济是社会主义公有制经济的补充。国家保护私营经济的合法的权利和利益，对私营经济实行引导、监督和管理。"

山市（原无锡县）在这次乡镇企业的大规模改制过程中，就有5583家原乡镇集体企业转制为私营企业，占改制企业8022家中的70%。

表6—3   乡镇个体企业在我国乡镇企业中地位的变化

年份	乡镇企业从业者（万人）	个体企业从业者（万人）	个体企业占比（%）	乡镇企业增加值（亿元）	个体企业增加值（亿元）	个体企业占比（%）
1980	2999.68	0	0	285.31	0	0
1985	6979.00	2352.33	33.71	772.31	164.31	21.28
1990	9264.75	3857.96	41.64	2504.32	633.59	25.30
1995	12862.06	5927.37	46.08	14595.23	4379.68	30.01
2000	12819.57	5734.24	44.73	27156.23	10286.22	37.88
2002	13287.71	5984.30	45.04	32385.80	11500.47	35.51

资料来源：根据《中国统计年鉴2003》表12—30、表12—31提供的数据整理。

表6—4   乡镇私营企业在我国乡镇企业中地位的变化

年份	乡镇企业从业者（万人）	个体企业从业者（万人）	个体企业占比（%）	乡镇企业增加值（亿元）	个体企业增加值（亿元）	个体企业占比（%）
1980	2999.68	0	0	285.31	0	0
1985	6979.00	474.57	6.80	772.31	45.33	5.87
1990	9264.75	814.34	8.79	2504.32	197.84	7.90
1995	12862.06	874.35	6.80	14595.23	856.23	5.87
2000	12819.57	3252.24	25.37	27156.23	7445.14	27.42
2002	13287.71	3502.23	26.36	32385.80	8817.98	27.23

资料来源：根据《中国统计年鉴2003》表12—30、表12—31提供的数据整理。

乡镇个体、私营企业发展的典型模式是所谓"温州模式"。

董辅礽教授把"温州模式"概括为"发展农民私有制企业的模式"①；长期研究"温州模式"的浙江大学史晋川等人对这一模式则有如下的评价："'温州模式'是一种典型的利用民营化和市场化来推动工业化和城市化的区域经济社会发展模式。""'温州模式'的主要特点，在于利用了在体制外进行改革的先发优势，率先迅速地推动了民营化和市场化的进程，由此造成了一种区域性的经济体制落差，并且借助经济体制落差的'势能'，迅速地推动了工业化和城市化的进程，形成了以多种所有制经济和小城镇建设为特色的区域经济发展模式。"②

　　与苏南不同，温州地处沿海，临近台湾，交通极其不便。在人民公社时期，集体经济就十分薄弱。再加之温州人多地少，人地关系紧张，仅依赖土地收入，农民生活十分困苦。1978 年，温州人均耕地仅 0.53 亩，农民人均收入仅 113 元。③ 在这种初始条件的强约束下，温州不可能像苏南一样，依靠社区政府主导的乡镇集体企业来推进乡村工业化，实现农业劳动力的转移。但是，温州历史上有经商的传统，能工巧匠比比皆是，这也就是说，温州民间有较为雄厚的务工经商人力资本；而且，以"义利并立"（叶适）、"义利双行"（陈亮）的"事功学派"为基础的温州历史文化推崇工商业，推崇民间的创业精神，温州文化内含着强烈的创业文化。

　　在人民公社和计划经济体制的束缚下，温州的民间创业精神长期被压抑。即便如此，温州的"地下经济"仍然屡禁不止。"据调查，温州全市的无证商贩在 1970 年时有 5200 人，1974 年

　　① 董辅礽：《经济发展研究》上卷，经济科学出版社 1997 年版，第 353 页。

　　② 史晋川、金祥荣、赵伟、罗卫东等：《制度变迁与经济发展：温州模式研究》（修订版），浙江大学出版社 2004 年版，第 5 页。

　　③ 《温州统计年鉴 2000》，中国统计出版社 2000 年版，第 21 页。

有 6400 人，1976 年达到 11115 人。'地下包工队'、'地下运输队'、民间市场和生产资料'黑市'也是广泛存在。"① 改革开放以后，人民公社体制崩溃，政府管制逐步放松，这种长期被压抑的民间创业积极性也就喷涌而出。在 20 世纪 70 年代末 80 年代初，改革刚刚起步，温州就出现了大批的家庭工业，生产市场短缺的各种小商品，例如文具、塑料标牌、钮扣、小五金、小电器等等。温州的民营化一开始就与市场化紧密相连，家庭工业伴随着专业市场，产品推销人员遍布全国。"有资料显示，20 世纪 80 年代中期，温州制造业中从业人员与供销人员数量之比就高达 5：1。"②

从家庭企业起步，一部分发展迅速、生产规模扩大的家庭企业自然而然地会走向私营企业。从个体企业到私营企业是市场经济的内生长过程，是企业模式的自然演化，也是"温州模式"的重要进展。表 6—5 显示了温州私营企业 1988—1998 年十年间的发展状况。

表 6—5　　　　　　　温州私营企业发展情况

年份	户数	雇工人数	注册资本（万元）	商业营业额（万元）	工业产值（万元）	税收额（万元）
1988	350	4377	3289	/	/	/
1989	1045	11453	9358	5332	8383	64
1990	1210	9182	8561	8210	14923	346
1991	1137	11441	9340	7668	17592	1031

① 史晋川、金祥荣、赵伟、罗卫东等：《制度变迁与经济发展：温州模式研究》（修订版），浙江大学出版社 2004 年版，第 65 页。

② 同上书，第 47 页。

续表

年份	户数	雇工人数	注册资本 （万元）	商业营业额 （万元）	工业产值 （万元）	税收额 （万元）
1992	1232	12194	12598	8783	21804	982
1993	2380	24300	65400	28900	48418	33000
1994	2977	31463	105804	122294	122168	44700
1995	3989	40227	184254	151168	277192	54300
1996	5328	52287	283633	211444	353603	60230
1997	5616	54658	352145	423877	493721	/
1998	6590	64677	452185	463228	576941	/

　　资料来源：史晋川、金祥荣、赵伟、罗卫东等：《制度变迁与经济发展：温州模式研究》（修订版），浙江大学出版社 2004 年版，第 111 页。

案例 6—6　　从家庭作坊到私营企业集团
——正泰集团成长简况

　　正泰集团是温州下属乐清市柳市镇土生土长的企业。1984年 7 月，修鞋匠出身的南存辉与小学同学、裁缝胡成中合伙，每人出资 1.5 万元，再加上破旧的厂房、设备共五万元，创办了"乐清求精开关厂"。当时是一个典型的家庭小作坊，只有五名职工，年销售收入不到一万元。

　　1984—1988 年，柳市生产低压电器的家庭作坊迅猛发展，但产品质量普遍低下，假冒伪劣盛行。南存辉敏锐地意识到质量标准的重要性，于 1988 年首批取得了三张国家机电部颁发的电器产品生产许可证。在 1989 年政府对柳市假冒伪劣产品进行治理整顿时，"求精开关厂"由于有生产许可证得以生存，并获得了政策的支持与鼓励。1989 年它生产的"乐求牌"产品盈利十多万元，1990 年又比 1989 年增长了十多倍。

1990 年，南存辉与胡成中分裂（注：胡成中的企业后来也发展成为大型私营企业集团——德力西集团），厂一分为二，各得资产 100 万元。南存辉将自己的厂取名为"正泰"。1991 年 9 月，南存辉与其美国亲戚合资建立"中美合资正泰电器有限公司"，利用合资企业的优惠政策，引进技术、设备，同时开拓国际市场。1993 年销售收入比 1991 年增长了 48 倍，外贸出口额也达到了 200 万美元。1993 年以后，"正泰"开始兼并和组合其他小企业、小作坊。1994 年成立了拥有 53 个成员企业的"温州正泰集团"。1995 年 10 月，"正泰"又在国家工商局注册为全国首家低压电器行业类无区域性企业集团。截止到 2003 年，"正泰集团"已成为一个生产低压电器、汽车电器、通信设备、成套设备等多种产品，在国内拥有 12 家分公司，在国外拥有三家分公司，集团员工 1.4 万多人，厂房面积 30 万平方米，年工业产值 103 亿元，年销售收入 101 亿元、资产总额达 31 亿元的大型私营企业集团，也是我国低压电器行业中最大的产销企业。2002 年，全国工商联公布的全国民营企业 500 强中名列第四。

与"苏南模式"相比，"温州模式"在中国广大乡村的适应性可能更广泛。这是因为人民公社体制时期，集体经济实力雄厚的社队毕竟不多，而且绝大多数地区不具备苏南那种优越的地理条件。从更深的层次看，温州个体、民营企业的体制与机制比苏南社区政府和"准政府"主导的集体所有制企业更具灵活性，也更能适应市场经济的发展。苏南乡镇企业在 20 世纪末大规模的改制也可看作是"苏南模式"吸取了"温州模式"的精华。当

然，"温州模式"也并非十全十美。家庭工业的无序竞争，假冒伪劣商品的一度泛滥，表明社会主义市场经济秩序对于规范"温州模式"的发展具有至关重要的意义。20 世纪 80 年代，人们把"温州模式"概括为："以个体经济为主体，以家庭工业和专业市场为主要内容，以初级市场体系为条件的经济运行方式。"如果"温州模式"停留在这一层面，那就难以持续发展。好在"温州模式"也能与时俱进：个体经济向私营经济和现代股份经济制发展；初级市场体系向规范、完善的市场体系发展。

乡镇个体、私营企业之所以在各种企业类型中发展最快，从技术层面看，是个体、私营企业的进入门槛低，也就是组建成本低。尤其是家庭企业，利用自己的房屋作厂房，家人就是劳动力，设备少，投资小，上马容易。与合作制企业、合作经济组织相比，个体、私营企业的组建不需要协商、谈判以求得一致同意；与公司、股份制企业相比，个体、私营企业不需要那么大的创业资本，也不需要建立那么复杂的内部治理机构。萨缪尔森和诺德豪斯在谈到美国开办一个单人业主制企业时说，"要想做一个单人业主，你不需要得到任何人的允许。你在某一天早晨醒来时仅仅说：'今天，我开始经营。'于是你就开始经营了。"[①] 在中国，创办一个个体、私营企业比创办其他任何类型的企业也都要简单得多。《中华人民共和国个人独资企业法》第八条规定的设立个人独资企业应当具备的条件是：投资人为一个自然人；有合法的企业名称；有投资人申报的出资；有固定的生产经营场所和必要的生产经营条件；有必要的从业人员。

绝大多数个体、私营企业是中小企业，它们的产权关系简单

---

① ［美］保罗·A. 萨缪尔森，威廉·D. 诺德豪斯：《经济学》（第 12 版下），中国发展出版社 1992 年版，第 713 页。

明确，权责非常清楚：利润独享、风险独担。这类企业所有权与经营权高度统一，经营方式灵活，决策迅速，有较大的自主权与自由权；与此同时，它们也必须承担无限责任，由于财力有限，偿债能力弱，因而也有较大的经营风险。

个体、私营企业的创建与发展也存在一些困难和障碍，有一些制约的"瓶颈"需要突破。这主要是意识形态"瓶颈"、资本"瓶颈"、管理"瓶颈"。

意识形态"瓶颈"在改革开放的早期是个体、私营企业创建与发展的主要障碍。它不仅束缚了基层老百姓的手脚，使他们不敢有自己创业的动力，不能为自己"造饭碗"；而且它也束缚了各级地方政府的手脚，使他们不敢公开支持本地个体、私营企业的创建与发展。这也就是说，在改革开放的早期，个体、私营企业的创建与发展具有"政治风险"，需要支付"政治成本"。因此，在温州以及在中国的许多地方，早期许多实质性的个体、私营企业都要想方设法戴上一顶"红帽子"，即挂靠一个国营或集体单位，成为形式上的集体企业。应该说，这种挂靠形式是民间企业家与地方政府在特定的制度背景与意识形态氛围中的一种巧妙的组织创新，美国学者 K. 帕立斯（K. Parris）把它称之为"创造性的骗术"[①]。"温州经济发展的实践表明，这种'创造性的骗术'在一定的历史条件及发展环境中，对于缓和个体私营经济在私人雇佣劳动这一问题上与中央部门的有关文件规定的矛盾，起到了积极的作用，也为地方政府官员在维护个体私营经济发展中的努力减少了意识形态的风险。"[②]

---

① K. 帕立斯：《地方积极性与国家改革：经济发展的温州模式》，《中国季刊》1993 年第 134 期。

② 史晋川、金祥荣、赵伟、罗卫东等：《制度变迁与经济发展：温州模式研究》（修订版），浙江大学出版社 2004 年版，第 19 页。

从全国范围看，在当时的历史背景下，个体私营经济是否能发展，主要取决于两个条件：一是民间的积极性。那些人多地少，历史上有务工经商传统，人民公社体制下集体经济薄弱的地方，民间积极性往往较高；另一个更重要的条件则是当地政府官员的思想解放程度，反过来，也就是意识形态的束缚程度。地方政府对个体私营企业的创建与发展不干涉就是事实上的容忍和支持，"红帽子"现象之所以能成为普遍性现象与当地政府的观念创新有极为紧密的联系。帕立斯认为，"温州模式"的形成是当地百姓与地方政府和中央机关相互冲突、妥协和长期博弈的结果，其中地方政府起着关键性的作用。① 这一看法是颇有道理的。从中国制度变迁的进程看，个体、私营企业的发展虽然整体而言是一种微观经济主体诱致性的制度变迁，但中央及地方政府初期的默认、后期的鼓励依然有至关重要的作用。在这一进程中，邓小平的"不争论"政策和温州等地的"创造性骗术"是上下结合的高度政治智慧。

意识形态的障碍还表现为私营企业长期不敢做大，不敢进行大规模的扩大再生产投资，企业利润更多地用于奢侈性消费，或向海外转移。这里的主要原因是私营企业业主政策预期的不稳定。官方意识形态在一个较长的时期可以容忍个体经济但不能容忍私营经济，关键在于后者有雇工，有剥削。用今天的眼光看，雇工七人还是八人的争论虽然十分可笑，但也反映了当时推动私营经济发展的艰难。这一障碍不排除，个体、私营经济就只能停留在家庭作坊的层面。1984 年，邓小平在谈到安徽年广久"傻子瓜子"问题时指出："前些时候那个雇工问题，相当震动呀，

---

① K. 帕立斯：《地方积极性与国家改革：经济发展的温州模式》，《中国季刊》1993 年第 134 期。

大家担心得不得了。我的意见是放两年再看。那个能影响我们的大局吗？如果你一动，群众就说政策变了，人心就不安了。你解决了一个'傻子瓜子'，会牵动人心不安，没有益处。让'傻子瓜子'经营一段，怕什么？伤害了社会主义吗？"[1]

案例6—7　个体私营经济发展的"政治晴雨表"
——安徽年广久和他的"傻子瓜子"

"傻子瓜子"创始人年广久1937年出生于安徽蚌埠农村，幼年随父定居芜湖，以摆摊经营水果为生。

1962年，年广久看到芜湖市面苹果紧缺，立即拍电报给水果产地同行，代购了4000斤苹果和梨。这批水果运到芜湖，年广久的水果摊生意兴旺，但国营水果店生意清淡，无人问津。年广久被扣上"挖社会主义墙脚"的可怕罪名，并以"投机倒把"罪判刑一年。5个月后又稀里糊涂被释放。

1972年，年广久改行经营瓜子，并逐步摸索出了一套炒瓜子的绝活，炒出的瓜子深受消费者喜爱，后注册为"傻子瓜子"。1979年，年广久的瓜子炒房就雇工12人，而当时雇工8人就被称之为"剥削"。到了1984年，年广久的资本超过100万元，雇工超过100人，在社会上引起极大争议。问题反映到了中央，邓小平指出"放两年再看"。邓小平说："前些时候那个雇工问题，相当震动呀，大家担心得不得了。我的意见是放两年再看。那个

---

[1]　邓小平：《在中央顾问委员会第三次全体会议上的讲话》，《邓小平文选》第3卷，人民出版社1993年版，第91页。

能影响我们的大局吗？如果你一动，群众就说政策变了，人心就不安了。你解决了一个'傻子瓜子'，会牵动人心不安，没有益处。让'傻子瓜子'经营一段，怕什么？伤害了社会主义吗？"①年广久由此躲过了一劫。

1986年春节前，年广久的"傻子瓜子"搞有奖销售，头等奖为上海生产的小轿车，三个月就获利100万元。但好景不长，中央有关部门下文停止一切有奖销售活动，给了年广久一个重创。1987年，有关部门立案调查年广久的经济问题，并于1991年5月判处年广久有期徒刑三年，缓刑三年。正在这时，邓小平"南方谈话"又一次提到了年广久。邓小平说："农村改革初期，安徽出了个'傻子瓜子'问题。当时许多人不舒服，说他赚了一百万，主张动他。我说不能动，一动人们就会说政策变了，得不偿失。"② 1992年，年广久因经济问题不成立而获释。

2000年8月，年广久将"傻子瓜子"的商标转卖给了长子和次子，逐步淡出了商界。

当然，应该看到，随着理论上的一系列重大突破，对于制约个体、私营企业发展的意识形态障碍已大大减弱，但并不等于这种障碍已完全消除。笔者在悼念董辅礽教授的一篇文章中曾谈到："'温州模式'的争论，从广义的角度看，至今仍未平息，它不过改变了争辩的方式和语言。例如，国有企业的民营化改制最近又引起了激烈的争辩。争辩的焦点已不是改制的'方法'，而

---

① 邓小平：《在中央顾问委员会第三次全体会议上的讲话》，《邓小平文选》第3卷，人民出版社1993年版，第91页。

② 邓小平：《在武昌、深圳、珠海、上海等地的谈话要点》，《邓小平文选》第3卷，人民出版社1993年版，第371页。

是改制的'方向'。因此，我认为董老师下面的判断过于乐观：'自从确定以建立社会主义市场经济体制为改革的目标以后，关于温州发展农村非农产业的道路问题，才没有了争议。我以为温州争辩的论点想必也不会有争议了。'"①

资本"瓶颈"是个体、私营企业发展到一定阶段后面临的主要困难之一。"融资难"主要是指个体、私营企业外源融资难，尤其是难以获得正规金融机构与金融渠道的资金支持。马克思曾经指出，商品生产"要求货币形式的资本或货币资本作为每一个新开办企业的第一推动力和持续动力"②。货币资本的难以获得，使得个体私营企业缺乏"第一推动力"和"持续动力"的支持，很难做强做大，也很难有长远的持续发展。1999 年，国际金融公司对北京、顺德、成都、温州等地民营企业的一项调查显示，80％的民营企业家把"融资难"列为企业发展最主要的制约因素。

个体、私营企业的"融资难"有内外两个方面的原因。从内因的层面看，由于个体、私营企业内在的制度缺陷，单个自然人，或少数几个自然人投资使得资本规模极为有限；而且资本结构是内闭性的，而不是开放性的。这种制度缺陷也无疑影响到了个体、私营企业的外源融资。由于个体、私营企业大多数是中小企业，财力单薄，管理也不规范，财务信息不透明，缺乏可资抵押的资产，导致对债务担保的信用度不够，因此，银行与企业信息严重不对称，导致银行对个体、私营企业缺乏必要的信任。从外在的金融环境看，我国不仅存在发展中国家的"金融抑制"，

---

① 曹阳：《追忆董辅礽老师对中国农村改革的贡献》，载《追思董辅礽》，社会科学文献出版社 2005 年版，第 395 页。

② 马克思：《资本论》第 2 卷，《马克思恩格斯全集》第 24 卷，人民出版社 1972 年版，第 393 页。

而且还存在传统计划经济体制中的"所有制歧视"。美国学者R. I. 麦金农指出，发展中国家的欠发达，不仅仅在于资本的稀缺，更重要的是资本市场普遍可见的严重扭曲，即"金融抑制"，并由此导致资本使用效率极低。形成这一现象的最重要原因之一是"经济的割裂"，"市场不完全"，大量的小企业和居民被排除在有组织的资本市场之外。①

我国作为一个典型的也是世界上最大的发展中国家，"金融抑制"的现象十分普遍，以小企业为主体的民营企业事实上被有组织的资本市场"边缘化"。再加之，我国金融市场是高度的政府垄断，传统计划经济体制中的"所有制歧视"，进一步把绝大多数民营企业排除在正规的金融市场之外。这种金融业的所有制歧视突出表现为个体私营企业的贷款难、融资难，这与一定的"政治风险"又联系在一起。例如，国有制银行或国有控股银行向国有制企业的贷款失败可仅仅归结为决策不慎，甚至可以推到国家的政策导向和政府的贷款压力，一般而言，没有"政治风险"；但如果向私营企业贷款失败就不仅仅是决策不慎的问题，有可能牵涉到政治层面。这种经济与政治交织在一起的"政治风险"是导致个体、私营企业从正规金融机构融资难的一个重要原因。"以温州市为例，该地区 1998 年国有部门的产值不到总产值的 6%，但其贷款占合法金融机构贷款总额的比率却在 80% 左右。同时，占 90% 以上产值的非国有部门所得到的融资相当少，据统计，不曾超过 7%。"② 由于个体、私营企业很难获得银行和正规金融机构的贷款，通过股票市场与债券市场的直接融资更

---

① 见 R. I. 麦金农：《经济发展中的货币与资本》，上海三联书店 1988 年版，第 6—22 页。

② 史晋川、金祥荣、赵伟、罗卫东等：《制度变迁与经济发展：温州模式研究》（修订版），浙江大学出版社 2004 年版，第 190 页。

难，因此，外源融资不得不主要依赖非正规的金融机构与金融市场。然而，利用非正规的金融渠道融资，不仅利息高，而且风险极大。本书第五章提到的河北孙大午就是一个典型的案例（见案例5—10）。

个体、私营企业要突破资本"瓶颈"，内在的改革是要走股份制道路，从私营企业转向股份制企业，变封闭性的资本模式为开放性的资本模式。就外部环境看，则是要努力推进金融深化，发展和完善金融市场，这就需要放宽金融组织的进入门槛，允许各种不同类型的民间金融组织在规范的基础上合法存在，并推动金融业的良性竞争。从世界各国的实践看，民营的中小银行和中小金融机构、非正规的金融市场更有利于中小企业的融资。这是因为民营的中小银行和中小金融机构、非正规的金融市场植根于地方经济，依赖人缘、地缘及借贷双方长期的交往、博弈，在对管理不太规范、财务信息不太透明的中小企业提供融资方面具有大银行和正规金融市场所不具有的信息优势；再加之民营中小型金融机构经营机制更灵活，管理成本更低，因此，对贷款风险的控制力更强，履约率也更高。

管理"瓶颈"则是私营企业的规模达到较大程度后所面临的主要发展障碍，也就是说，这是大型私营企业面对的主要问题。

在我国，大型私营企业往往会得到各级政府的特别关照，大型私营企业主大多数都是各级人大代表或政协委员，有一些耀眼的"政治光环"；同时，大型私营企业因为资本较为雄厚，从银行和证券市场融资也相对容易。因此，对于大型私营企业而言，面临的最大发展障碍已不是意识形态障碍和融资障碍，而是内部的管理机制问题。虽然绝大多数私营企业是中小型企业，但这并不排斥还有少数私营企业会发展成为大型企业，甚至是特大型企业，例如四川的"希望集团"、温州的"正泰集团"，等等。

一般而言，私营企业所有权与经营权高度统一，内部组织结构简单，管理层次少，管理链条短，专职的管理人员也少，由此而大大降低了企业的管理成本；但是，这种管理往往缺乏规范化，没有严格的管理章程，特别是对于农村的私营企业，由于企业员工大多数是亲戚、乡亲、熟人，因此，管理是人格化的管理，而不是规范化的管理。这种管理模式对于中小型私营企业或许还是竞争的优势，但对于大型私营企业则是致命的缺陷。这是因为大型企业员工众多，各种经济事务也相对复杂，大型企业的业主不可能像小型企业的业主一样，熟悉每一个员工，因此可以实行直接的甚至是面对面的管理。大型企业的管理必须依赖一个管理团队，并建立起必要的科层结构，建立必要的管理规则与章程，那种依赖亲缘、熟人关系的人格化管理也必须让位于依赖制度、规章的规范化管理。如果这种管理"瓶颈"不能突破，大型私营企业的发展就会陷入管理泥潭。这也是许多私营企业一旦发展成大企业以后，经济效益反而大幅度下降以至破产倒闭的重要原因。

要从根本上突破私营企业发展的管理"瓶颈"，就需要私营企业从家族式管理的束缚中解脱出来。在我国乃至在东亚、东南亚等被传统儒家文化覆盖的地区，私营企业大多数是家族式企业。其演变路径大致如下：在个体企业时，业主或家人共同劳动，自己管理自己，在一定意义上，无需管理；当企业规模扩大成为小型私营企业时，业主一人管理；当企业规模再扩大，业主一人管理不过来时，业主的家庭成员（例如妻子、儿子）参与管理；如果企业规模进一步扩大，业主家庭成员参与管理还不够时，则会把管理岗位按亲疏程度分配给家族成员。例如，1981年5月创立的温州"挺宇集团公司"，主要生产高精度的阀门和高科技的"在线分析系统"仪表等产品，1998年产值达3亿元左右，已成为一家大型私营企业。在该公司的管理层中，一家之主潘挺宇为董事长，妻子徐文清为办公室主任，妻妹徐小清为办公室总务，大女儿潘佩聪为总经理，儿子潘叶雷为副总经理，二女儿潘佩芳为财务经理，二女婿林肖为销售经理，外甥邵靖海为采购主管，没有任何家族之外的人员进入公司的管理层。[①] 有一些大型私营企业也可能会有少数家族外的"外部人"参与到管理层，但这些外部人多数是技术或生产主管，很难进入企业经营决策与财务管理等核心层。正如沿海许多私营企业主所言，"外部人"能力再强、再忠心，可以管生产、可以管技术，但不能当"拍板人"，不能当财务总监管钱。即便是那些后来已吸纳了部分外部股东的股份制企业，如果企业创始人和他的家族成员依然控制着大部分股权，并掌握着经营管理重大事项的最终决定权，此类股份制公司仍可看作是家族企业。[②]

家族企业当然不能等同于家族化管理，但大多数私营企业是家族企业，大多数家族企业是家族化管理，这是一个不争的事实。家族化管理依赖血缘、亲缘为纽带，家族成员间利益关系密切，构成一个长期合作的隐性契约。在一个社会公共信用普遍缺乏的环境下，利用这种血缘、亲缘关系建立的家庭和家族信任机制可较为有效地解决管理链条延长时的委托—代理矛盾，节约信息搜寻和监督成本。因此，家庭、家族企业在一定的约束条件下是一个有效率的微观经济组织。英国著名学者罗素曾经指出：

<hr>

① 马津龙：《温州民营企业制度创新的若干问题》，《决策科学》1999年第4期。

② 美国学者钱德勒在《看得见的手——美国企业的管理革命》一书中，对家族企业作了如下的定义："企业创始者及其最亲密的合伙人（和家族）一直享有大部分股权，他们与经理人员维持紧密的私人关系，且保留高阶层管理的主要决策权，特别是在有关财务政策资源分配和高阶层人员的选拔方面。"

"在中国，由于儒家尽忠家庭的观念，家庭事业往往成功；但是非个人的合股公司每每陷入困境，因为无人会对其他股东具有不能不诚实的动机。"①

诚实，是信任的基础。家庭、家族的信任机制是对社会信任机制缺损的替代。但是，基于血亲关系的信任，按照日裔美国学者弗朗西斯·福山的说法，它只是一种低信任度社会；而只有超越血亲关系的信任，才是高信任度社会。② 家族化管理，建立在这种低信任度社会的基础之上，它缺乏持续发展的扩张力和更广阔的发展空间。作为一种内闭型的管理模式，家族化管理选拔人才的空间极为狭窄，而人才是决定企业生死存亡的关键。因此，家族企业普遍存在着所谓"一代创业、二代守业、三代衰亡"的"三代消亡律"。用民间的话说就是，"富不过三代"。从目前我国的一些大型私营企业来看，在家族成员内部选拔人才已摈弃了一些传统观念，为了家族整体利益，"唯才是举"。例如，前面提到的"挺宇集团公司"的第二代掌门人就是大女儿潘佩聪，而不是儿子潘叶雷。但是，如果家族内部成员普遍素质不高，管理就会陷入一片混乱。我们看到，有些家族企业在规模较小的时候还欣欣向荣，但一旦规模扩大，就亏损，甚至倒闭。其中的一个重要原因是家族管理者可以适应一个小规模企业的管理，但其知识与能力结构无法驾驭一个大型企业。

大型私营企业要克服"管理瓶颈"，就必须超越"家族化管理"。即使主要管理者仍然是家族成员，也要实行现代化的管理方式，即规范化的管理，而不是感觉式的管理；规则式的管理，

---

① ［英］罗素：《权力论——一个新的社会分析》，东方出版社 1988 年版，第14 页。

② ［美］弗朗西斯·福山：《信任：社会美德与创造经济繁荣》，海南出版社2001 年版。

而不是感情式的管理。当然，从根本上超越"家族化管理"，还需要引入现代管理制度，变内闭式的管理为开放式的管理。现代社会的企业家市场、社会诚信评价机制的逐步建立，为基于血亲关系的低信任度社会向基于社会网络的高信任度社会的转轨奠定了必要的基础和前提。如果说过去的大型私营企业之所以不引进家族之外的企业家是由于信息的严重不对称，甄别家族之外企业家的信用度成本太高；那么，随着现代市场经济社会信任机制的确立和竞争性企业家市场的形成，对家族之外企业家信用度甄别的成本已大大降低，引进家族之外优秀企业家的效益已远远超过对家族之外企业家的甄别和监督成本。在此制度背景下，大型私营企业的进一步发展就必须开放门户，广纳人才。

五　农村公司制企业(股份制企业)

现代企业制度，一般而言，有三种基本形式，即个人业主制企业，合伙制企业和公司（法人）制企业。公司制企业是现代企业中的主体组织形式。所谓"主体"，并不是说它数量最多，即使在美国那样的西方发达国家，数量最多的企业仍然是个人业主制企业；这里的"主体"，是指公司制企业在现代社会经济生活中占有支配地位与主导地位。正如萨缪尔森教授所指出的："从数量来看，个人所有的'单人业主制'的小企业是占绝对优势的企业形式。但是，从资金大小、政治和经济力量、职工人数和薪金与工资数额来看，几百家'大公司'占有关键性地位。"[①]
公司制企业一般有两种组织形式：一是有限责任公司；二是

---

① ［美］萨缪尔森：《经济学》上册，商务印书馆 1979 年版，第 140 页。

股份有限公司。二者的区别在于前者不对外公开发行股票，因此
又称为"封闭公司"；后者则对社会公开发行股票，因此又称为
"公开公司"。由此看来，虽然不能说公司制企业就完全等同于股
份制企业，但二者无疑有着十分密切的联系，在一定意义上是可
以通用的概念。

　　虽然股份制的萌芽可以追溯到古罗马时期，但是现代股份制
经济则是市场经济发展到一定阶段的产物。马克思、恩格斯曾经
指出："不可否认，在工业上运用股份公司的形式，标志着现代
各国经济生活中的新时代。一方面，它显示出过去料想不到的联
合的生产能力，并且使工业企业具有单个资本家力所不及的规
模。"①

　　股份制公司具有众多的优势：（1）大规模的筹资能力，能迅
速扩展生产规模，形成强大的市场竞争力。按照马克思的观点，
个别资本的扩大有两种基本形式：一是资本积聚；二是资本集
中。所谓资本积聚，相当于内源融资，是指依靠单个资本自身的
积累来扩大资本规模。它受到单个资本积累量有限的硬性约束。
资本集中则是通过资本的兼并和资本的联合将若干单个小资本组
合成一个大资本；而股份制是资本集中的最佳方式。马克思曾经
指出："假如必须等待积累去使某些单个资本增长到修建铁路的
程度，那么恐怕直到今天世界上还没有铁路，但是，集中通过股
份公司转瞬之间就把这件事完成了。"②（2）制度规范，有利于
形成所有者、经营者、劳动者，甚至包括相关利益者互相激励、
互相制衡的机制。经过长期的探索与发展，现代股份制公司已形

---

　　① 《马克思恩格斯全集》第 12 卷，人民出版社 1972 年版，第 37 页。
　　② 马克思：《资本论》第 1 卷，《马克思恩格斯全集》第 23 卷，人民出版社
1972 年版，第 688 页。

成一套比较规范的管理制度与组织机构，例如董事会、监事会制度，上市公司信息披露制度，内部与外部的审计制度，等等。它为所有权与经营权的分离、企业家市场的形成、劳动者与相关利益者合法权益的保护提供了十分广阔的制度运作空间。（3）公司具有独立的生命，有利于企业可持续的长期发展。自然人企业受制于自然人的身体状况、生命周期及其他不可预知因素的约束，难以持续生存与发展。公司制企业作为独立的法人，不因股东的变动、自然人的生命周期或其他原因而影响企业的生存，这使得企业制公司具有可持续存在与发展的制度基础。

但是，股份制公司设立的程序复杂，进入的门槛高，因此，组建的成本也相对较高。在当代中国农村，1983 年出现了国内首例农村股份制企业——深圳市沙头角群利股份公司。1994 年，全国第一家乡镇企业上市公司——万向钱潮股份有限公司的股票"万向钱潮"在深圳证券交易所上市。二十多年来，农村的股份制公司有了很大发展，上市公司也有了五十多家。不过，由于受农村经济整体发展水平的制约，股份制企业，尤其是股份有限公司，在整个农村企业结构中还只占一个很小的比重。

案例 6—8　当代中国农村第一家股份制企业
——深圳沙头角群利股份公司

沙头角原属宝安县，是毗邻香港最近的大陆地区，面积仅 0.7 平方公里。改革开放前，这里十分贫穷，每个工作日仅 0.5 元左右，居民偷渡香港者众多。自 20 世纪 80 年代初改革开放以来，沙头角经济逐渐繁荣，居民生活水平迅速提高。

1983 年，沙头角诞生了全国首家农民股份制企业——深圳沙头角群利股份公司。经过二十多年的发展，该公司现有注册资本 4158.4 万元，职工 1400 多人，下属自营企业四家、合资合作企业三家、"三来一补"企业四家；有标准厂房 29008 平方米，配套宿舍 15000 平方米，商业门店 5000 平方米。经营的业务涉及工业、商贸、房地产、物业管理等领域。

当代中国农村的股份制公司，大致有如下几种类型：

一是农村集体企业改制后形成的股份制公司。例如，苏州市在 20 世纪末的乡镇企业改制过程中，有 15 家改成了股份有限公司，有 1383 家改成了股份有限责任公司；2000 年，江苏省有 1118 家大中型乡镇集体企业改制，其中 104 家改成了股份有限公司，628 家改成了股份有限责任公司，二者相加占到了改制企业总数的 65%。

二是农村集体企业改制后形成的股份合作制企业，通过再改制，成为纯粹的股份制公司。如上章所述，股份合作制企业内含着股份制与合作制两种制度因素。这两种不同的制度逻辑要想在一个企业中长期共存十分困难，因此，股份合作制企业最终要么走向合作制，要么走向股份制。从目前各地的实际经济运行看，股份合作制通过"第二次改制"，最终走向股份制公司的居多。

三是农村的私营企业发展到一定规模后转换为股份制公司，其中的一些是从家庭、家族企业或合伙制企业转向了股份制企业。诚然，有些股份制公司依然是家庭或家族控股，但作为家庭、家族控股的股份制公司与传统的家庭、家族企业还是有许多本质性的变革，它的发展走向是资本开放的股份制而不是资本封闭的家族制。

四是一开始就作为股份制企业组建的股份制公司，例如农业产业化进程中的许多农业龙头企业。

从目前农村股份制公司的构成观察，通过农村集体企业的改制和再改制形成的股份制公司是农村股份制企业的主体，它在股份制企业中占有最大的比重。这表明我国当代农村的股份制企业与集体企业，尤其是社区型的集体企业有着十分密切的联系。

与西方发达国家的股份制公司大都脱胎于私营企业不同，我国当代农村的股份制公司大都脱胎于集体企业，尤其是社区型的集体企业。马克思在分析脱胎于私营企业的股份制公司时指出："那种本身建立在社会生产方式的基础上并以生产资料和劳动力的社会集中为前提的资本，在这里直接取得了社会资本（即那些直接联合起来的个人的资本）的形式，而与私人企业相对立。这是作为私人财产的资本在资本主义生产方式本身范围内的扬弃。"[①] 在马克思看来，即使是以私人资本为基础成立的资本主义股份制公司，也是一种社会企业和社会资本（或者说社会资本的形式），而不是传统意义的私人企业和私人资本。也正是从这一角度出发，马克思认为："资本主义的股份企业，也和合作工厂一样，应当被看作是由资本主义生产方式转化为联合的生产方式的过渡形式。"[②]

从集体企业脱胎而形成的股份制企业，事实上也是一种"扬弃"，即保留了社会化占有的本质，而抛弃了封闭、混沌、单一的集体产权结构。与单一的集体产权或单一的私人产权相比，股份制公司最明显的特征就是产权主体的多元化。这种多元化的产

---

① 马克思：《资本论》第 3 卷，《马克思恩格斯全集》第 25 卷，人民出版社 1972 年版，第 493 页。

② 同上书，第 498 页。

权主体具有广泛的制度包容性以及资本的社会性与开放性，使它既可以在私有制基础上发育而成为资本主义市场经济中占主导地位的微观经济组织形式，也可以在公有制基础上发育而成为社会主义市场经济中占主导地位的微观经济组织形式。[①]

从传统的乡镇集体企业改制成为现代股份制公司，归根到底是因为传统乡镇集体企业的制度构架与组织形式不适应企业生产力的发展，不利于企业经济效益的提高。从大量的实际案例来观察，股份制公司不仅有利于资金的筹集，更重要的是它有利于企业经营机制的根本性转换。例如，股份制公司可以从制度上较为有效地消除地方政府对企业的直接干预和控制，使企业拥有真正独立的生产经营自主权，成为没有行政上级的企业（参见案例 6—9）。

对乡镇集体企业改制成为股份制企业的主要批评是股份制企业引入了私有产权和私有制因素，因此，不再是过去的纯粹公有制。有人认为这是从公有制原则上的倒退。的确，股份制公司并不排斥私有产权，它宽容并鼓励私人资本的进入。但是，进入股份制公司的私人资本已不是纯粹意义的私人资本，它们已经取得了社会资本的形式，或者更确切地说，它们是联合起来的社会资本的一部分。与传统的集体企业相比，股份制公司的资本占有社会化程度更高。在笔者看来，资本的社会化占有与开放性比封闭型的单一结构公有制更能体现社会化大生产和社会主义的本质性要求。

乡镇集体企业改制为股份制企业的制度转换成本并不比私营企业改制为股份制企业的转换成本高昂，这是因为乡镇集体企业

---

① "要适应经济市场化不断发展的趋势，进一步增强公有制经济的活力，大力发展国有资本、集体资本和非公有资本等参股的混合所有制经济，实现投资主体多元化，使股份制成为公有制的主要实现形式。"（《中共中央关于完善社会主义市场经济体制若干问题的决定》，人民出版社 2003 年版。）

本身就是该社区集体经济组织成员共有的企业。利用股份制的形式使社区集体经济组织成员的所有权更为明确，组织内部的阻力不大，并会得到企业管理者与大多数员工的认同和支持。企业员工除了劳动者的身份外，还有比过去的虚幻所有者身份更明确的股东身份，本身就是一种"帕累托利益增进"。至于企业的经营管理者，由于大多数集体企业改制时都设立了"贡献股"，以股份的形式肯定了经营管理者的特殊贡献和人力资本，因此也会得到他们积极的推动和支持。

不容讳言，在乡镇集体企业改制为股份制企业的实际运作过程中，也曾出现过一些问题。例如，集体资产被个别人低价甚至无偿侵占。其本质是所有者的权益被侵犯。这实际上既可以看作是对公有产权的侵犯，也可以看作是对私有财产的侵犯，因为集体产权本质上也是该集体经济组织每个成员的私人产权。形成这种所有者权益被侵犯的最主要原因是行政权力干预下的产权交易暗箱操作。要从根本上解决行政权力对市场公开、公正、公平交易的扭曲不是不改制，而是要加快改制，同时，要依法、依程序规范化地改制。

案例 6—9 从集体所有制企业走向现代
股份制集团公司
—— 浙江万向集团的发展历程

浙江万向集团的前身是 1969 年建立的社队企业——浙江省萧山县宁围公社农机修配厂。当时是只有七名职工，4000 元资金，84 平方米的一个小铁匠铺。鲁冠球是该厂的厂长。起初，修配厂生产犁刀、铁耙、失蜡铸钢等多种产品，后来，专业生产汽车万向节，并改名为万向节厂。

1983 年，鲁冠球走出了重要的一步，与当时的宁围乡政府签订了抵押承包合同。在这以前，企业由乡政府全权控制。"搞绿化买几棵树，修工厂大门，给工人发几元钱的加班工资都需要向政府主管请示报告。"承包后，企业有了初步的生产经营自主权，企业得到了快速发展。

1988 年，鲁冠球对万向节厂作了进一步的体制创新，试行了股份制。企业将净资产 1500 万元的一半作为乡政府的股份。乡政府每年依据股份分红，从过去的企业直接管理者变成了股东。后来，随着企业积累越来越多，乡政府从大股东逐步变成了一般股东。"企业花钱买来了真正的经营自主权"，万向节厂成了无行政上级的企业。

1990 年，万向节厂组建了万向集团公司，作为控股公司，旗下有十几家子公司，股份结构也逐步多元化。

1994 年 1 月，万向集团公司的核心企业——万向钱潮股份公司的股票在深圳证券交易所上市，为全国第一家公开上市的乡镇企业股票。截止到 2005 年，万向集团公司控股、参股的上市公司有七家，其中，在万向钱潮持股 58.52％，在华冠科技持股 29.95％，在承德露露持股 26％，在中色股份持股 10％。

2001 年，万向美国公司收购了总部在美国芝加哥，并于 1994 年在美国纳斯达克上市的 UAI 公司 21％ 的股权，成为该公司第一大股东，并出任董事长职务。

目前，万向集团已成为国家 520 户重点企业和国务院 120 家试点企业集团之一。资产近百亿，员工上万人，并拥有国家级技术中心、实验室、博士后科研工作站。

当代中国农村的股份制公司，绝大多数也建立了董事会、监事会等内部组织机构，形成了所有者、经营者、劳动者的相互制衡。与国有制企业改制形成的股份制公司相比，从一定的意义上说，农村的股份制公司可能更符合现代股份制（公司制）企业的规范。这表现在两个方面：（1）农村股份制公司"一股独大"的现象远低于国有制企业改制的股份制公司。这也就是说，农村股份制公司的股权结构相对而言更合理。（2）农村股份制公司没有国有制企业改制的股份制公司那么突出的"新三会"（股东大会、董事会、监事会）、"老三会"（党委会、职工代表大会、工会）矛盾，内部治理机构相对简单、明确。

当代中国农村的股份制公司，有一些已形成了企业集团。诚然，这些企业集团的股份制公司总部大多数已离开了乡镇，进入了城市，甚至是上海、北京等特大型城市。因此，从严格规范的意义上来说，它们已不属于乡镇企业。但是，这些企业集团源于乡镇企业，有些生产车间或原料基地也仍然在乡镇。它们与乡镇依然有着千丝万缕的联系。

六　农业产业化进程中的龙头企业

所谓农业产业化进程中的龙头企业，严格说来，不是一个规范的学术概念，而是一个约定俗成的概念。但既然已经"约定俗成"，就有必要在俗成的基础上予以必要的界定与规范。根据农业部、财政部、国家发展和改革委员会等中央九部委对农业产业化国家重点龙头企业的认定，我把农业产业化进程中的龙头企业界定为：以农产品加工和流通为主业，通过各种利益连接机制与农户相联系，带动农户进入市场，使农产品生产、加工、销售有机结合、相互促进的，有一定经营规模的企业。

　　农业产业化进程中的龙头企业，在现有的农村企业中并不占多数，但未来的发展前景十分广阔。这是因为随着市场化的进程，各类企业都会面临空间布局的最优配置和重新调整，工业企业向城市或工业园区集中的趋势越来越明显。在农村兴办工业企业并不具有比较优势。相比之下，农业产业化进程中的龙头企业以农产品的加工和流通为主业，与农村、农民有着共存共荣的利益关系，从本质上讲，它就是农业产业链条的延伸。根据发达国家的经验，农村企业的主体最终必然是与农业密切相关的企业。在我国，这类企业也就是农业产业化进程中的龙头企业。

　　我国农业产业化进程中的龙头企业，近十多年来发展十分迅速，已形成了大中小相结合的企业格局。国家级和省级的农业产业化重点龙头企业为大型企业，省级以下的则为中小型企业。截至 2004 年底，我国有国家级农业产业化重点龙头企业 580 多家，省级重点龙头企业 2000 多家，中小型龙头企业四万多家。

案例 6—10　　国家级农业产业化重点龙头企业

　　国家级农业产业化重点龙头企业是农业产业化龙头企业的国家队，是国家予以重点支持和扶植的企业。根据农业部、国家发展和改革委员会等中央九部委 2001 年制定的《农业产业化国家重点龙头企业认定和运行监测管理暂行办法》，农业产业化国家重点龙头企业是指以农产品加工和流通为主业，通过各种利益连接机制与农户相联系，带动农户进入市场，使农产品生产、加工、销售有机结合、相互促进，在规模和经营指标上达到规定标准并经全国农业产业化联席会议认定的企业。

《暂行办法》规定，国家级农业产业化重点龙头企业农产品加工、流通的增加值必须占企业总增加值的 70% 以上；企业在从事农产品加工、流通过程中，通过订立合同、入股和合作方式采购的原料或购进货物要占所需原料量及销售货物量的 70% 以上。

《暂行办法》还分东、中、西部从总资产规模、固定资本规模等方面确定了国家级农业产业化重点龙头企业的认定标准：

	东部	中部	西部
总资产规模经营	1 亿元以上	7000 万元以上	4000 万元以上
固定资产规模	5000 万元以上	3000 万元以上	2000 万元以上
年销售收入	1.5 亿元以上	1 亿元以上	5000 万元以上
带动农户能力	3000 户以上	3000 户以上	1000 户以上
农产品专业批发市场年交易规模	10 亿元以上	8 亿元以上	6 亿元以上

2001 年，国家首批认定了 151 家国家级农业产业化重点龙头企业；第二批又认定了 235 家，同时，第一批中有 14 家企业由于后来达不到规定的标准而被取消了资格；2004 年国家第三批再一次认定了 210 家。目前，国家级农业产业化重点龙头企业有 580 多家。

国家级农业产业化重点龙头企业不仅能提高企业的声誉，而且在税收、银行贷款、基地建设、原料采购、设备引进、产品出口等诸多方面享受到国家优惠政策的支持。

　　国家级和省级的农业产业化重点龙头企业乃至地（市）一级的农业产业化重点龙头企业，大多数都是股份制公司或股份制企业。这是因为作为农村的大中型企业，资本来源已日趋多样化，经营管理也日趋规范化，股份制公司是最为适宜的企业组织形式。例如，浙江省龙泉市有 33 家骨干农业龙头企业，其中 21 家是股份制企业，占比为 64％；另外 11 家为私营企业，三家为中外合资经营企业。[①] 事实上，中外合资经营企业本质上也是股份制企业。又例如，国家确定的 580 多家农业产业化的国家级重点龙头企业，其中的绝大多数也是股份制公司，它包括 48 家上市公司。很显然，农业类的上市公司绝大多数都是国家级农业产业化重点龙头企业。

案例 6—11　国家级农业产业化重点龙头
企业中的上市公司

　　截止到 2004 年底，国家级农业产业化重点龙头企业中有 48 家为上市公司。其名单如下：顺鑫农业、草原兴发、双汇发展、裕丰股份、罗牛山、承德露露、伊利股份、光明乳业、维维股份、ST 屯河、新中基、海通集团、亚华种业、乐嘉股份、秦丰农业、隆平高科、丰乐种业、敦煌种业、恒顺醋业、贵糖股份、华资实业、莲花味精、新希望、正虹科技、中牧股份、新五丰、通威股份、天颐科技、金健米业、荣华实业、都市股份、亚盛集团、农产品、香梨股份、新天国际、九发股份、洞庭水殖、丰原

---

① 　中国农业信息网，2004 年 12 月 16 日。

生化、华润生化、北大荒米业、吉林敖东、ST哈慈、迪康药业、亿利科技、赣南果业、冠农股份、通化葡萄酒、新农开发。

这些上市公司覆盖了与农业相关的众多领域。例如，种植业有北大荒米业、金健米业、新农开发等；种业有隆平高科、丰乐种业、亚华种业、敦煌种业等；畜牧业有顺鑫农业、草原兴发、双汇发展、伊利股份、光明乳业等；林果业有冠农股份、香梨股份、赣南果业等；渔业有洞庭水殖等；饲料业有新希望、通威股份、正虹科技等；制糖业有贵糖股份等；食品添加剂及调味品制造业有莲花味精、恒顺醋业等。

農业类上市公司在农业产业化龙头企业中所占的比重虽然不大（在国家级农业产业化重点龙头企业中的占比也不到10%），但其影响很大，是外界对于农业整体经济效益及农业市场行情作出判断的重要依据之一。从这个意义上可以说，农业类上市公司是整个农业市场行情的"晴雨表"。据2002年初的统计，所有主营业务与农业相关的上市公司有56家，其中种植业八家，种业五家，林业三家，畜牧饲料业八家，渔业七家，农副产品加工业13家，制糖业四家，食品添加剂及调味品制造业六家，农业服务业两家。① 农业类上市公司一般都具有高科技、产业化、深加工等特点，是农业产业化、农业现代化的排头企业。例如云大科技的主导产品云大120，属于芸苔素内脂类产品，是现阶段国际上最新型、广谱、高效、安全、抗逆性强的植物生长调节剂；隆平科技以世界著名的"杂交水稻之父"袁隆平命名，在杂交水稻方面处于国际领先水平。又例如，丰乐种业的西瓜种子占到了国

---

① 见《江南证券》2002年1月22日。

内市场占有率的 1/3；吉发股份依托吉林这个我国最大的玉米生产基地，延长玉米的产业链，对玉米深加工，使玉米的附加值大大提升：其生产的糊精价值是玉米的 4.5 倍，淀粉是 13 倍，氨基酸是 28 倍，胰岛素则更高。

除了国家级和省级重点龙头企业以外，大量的农业产业化龙头企业还有遍布全国各地的中小型企业。这一类企业私营企业居多。例如，2004 年广东省的农业产业化龙头企业有 1073 家，其中，国有企业占 10.9%，集体企业占 20.8%，股份制企业占 15.8%，私营企业占 41.4%，外资企业占 11.1%。①

所谓农业产业化龙头企业，一个本质性的特征就是对农户经济的带动力。国家级重点龙头企业的认定标准之一就是东中部必须带动农户 3000 户以上，西部也必须带动农户 1000 户以上。龙头企业带动农户可以有多种形式，例如，建立优质农产品生产基地、与农户订立农产品购销合同（"订单生产"）、向农户提供技术指导、组织农户进行规模化标准化生产，等等。正是从这个意义上说，"扶持产业化就是扶持农业，扶持龙头企业就是扶持农民。"

案例 6—12　　甘肃敦煌龙头企业带动
　　　　　　　农村千家万户

甘肃敦煌市 2003 年底有农业产业化重点龙头企业 55 家。其中，国家级重点龙头企业一家（即敦煌种业，这也是一家农业上

---

① 《广东农业产业化经营现状分析》，《广东统计信息网》2004 年 4 月 6 日。

市公司，有固定资产 1.54 亿元，年销售收入 4.5 亿元）；省级重点龙头企业三家；市级重点龙头企业 15 家；其余为市级以下龙头企业。这 55 家龙头企业，固定资产总额达 6.3 亿元，年销售额为 8.8 亿元，年实现税收 2475 万元。

如果按龙头企业主营的领域分类，其中，种子生产加工 15 家，占 27.2％；粮食加工三家，占 5.4％；棉花加工一家，占 1.8％；蔬菜加工 21 家，占 34.1％；啤酒原料加工九家，占 16.3％；肉类加工一家，占 1.8％；乳品加工四家，占 7.2％；草产品加工两家，占 3.6％；其他一家，占 1.8％。以上八大类重点龙头企业年生产加工农产品能力为 40 万吨，占该市农产品总量的 24％，其中种子加工生产能力高达 85％。

55 家重点龙头企业带动了农户 11.5 万户，占该市农户总数的 76％。其中，国家和省、市级重点龙头企业带动农户 8.6 万户，占到了该市农户总数的 57％。国家级农业产业化重点龙头企业——敦煌种业，依托种子产业和棉花收购加工两大主业，建立生产基地 55 万亩，向农户结算种子、棉花收购款 7.3 亿元，带动了七万多农户，户均收入达万元。

2003 年，敦煌市农产品的订单率达到了 70％，其中 80％以上的订单生产是由龙头企业组织、实施的。敦煌种业的种子订单面积为 16 万亩，占该市当年农作物播种面积的 9.5％。敦煌大业和玉门大业的优质紫花苜蓿订单生产面积为 17 万亩，占全市当年优质紫花苜蓿生产面积的 60％。

资料来源：节选自《敦煌市农业产业化龙头企业发展情况汇报》，2004 年 4 月 13 日。

七　农业企业与农户经济

农村企业虽然不限于农业企业，但从未来的发展趋势看，农业企业（包括与农业相关的企业）将会成长为农村企业的主体。更为重要的是，农业企业与农户经济的关系最为密切，会不会出现新形式的"大农"消灭"小农"，在很大程度上就取决于农业企业的发展。

目前我国的农业企业呈现出多元化的发展势态，这与我国区域间经济社会发展不平衡、各地情况千差万别的基本国情是相适应的。不同类型的农业企业与农户经济的关系必然不同，因此，我国农业企业与农户经济的关系错综复杂，不可能是单一模式。概括起来，大致有如下几类。

1. 家庭农场、私人农庄对小规模农户经济的替代。

家庭农场虽然还是以家庭为基本经济单位，但本质上是农业企业，或者说是按企业化来经营家庭农业。一般而言，家庭农场必须有足够数量的土地经营规模，从事专业化的农业生产，产品的绝大多数供应市场。在西方发达国家，经营家庭农场有很严格的资格限制。例如，丹麦就规定家庭农场主必须拥有 30 公顷土地，受过五年以上高等教育，并具有"绿色证书"。至于私人农庄，它与家庭农场形式上的区别并不明显。在我国，一般把劳动力主要为家庭成员的称为"家庭农场"，把雇工为主的称为"私人农庄"。

众所周知，我国农村普遍的状况是劳多地少，劳力资源丰富，土地资源短缺。中国人均耕地面积不足世界平均水平的30％，农村劳均耕地面积不到 0.3 公顷，因此，像西方发达国家一样以家庭农场作为农业的主要经济组织形式在一个相当长的时期，在我国大多数农村地区不太可能。但是，在我国的有些地区，家庭农场、私人农庄的发展呈现出了强劲的势头，已基本替代了小规模经营的农户经济。这些地区有：（1）土地资源相对富饶的地区，例如新疆石河子地区、黑龙江的北大荒地区。据黑龙江省农委提供的资料，黑龙江虎林市 2004 年拥有 1000 亩以上土地的家庭农场就有 60 多家，拥有 200 亩以上土地的家庭农场则有 2100 多家。其中，全国种粮大户、虎林头镇吴玉进的家庭农场有土地 2600 多亩。① 又据新疆生产建设兵团的报道，该兵团农八师家庭农场起步最早、数量最多、规模最大的 121 团，2001 年有家庭农场 71 户，其中有些家庭农场的种植面积超过 2000 亩。② （2）荒山、荒坡、荒滩、荒地"四荒"招标、拍卖形成了土地经营面积较大的家庭农场，或私人农庄。例如，湖北武汉市黄陂区农民赵发所 1992 年承包了该区荒山 1000 多亩，在武汉市郊建成了该市第一个私人农庄——"谦森岛庄园"。目前该庄园已承包荒山、荒坡 6000 多亩，并托管了三个行政村。（3）在那些劳多地少，劳均耕地面积极低但非农产业发达的地区，由于农业劳动力大多数都转入了非农就业，土地承包权转让也形成了较大面积的土地承包或租赁，因而也形成了适度土地规模经营的家庭农场。例如，上海市金山区的朱泾镇，通过土地流转，2002 年就涌现了家庭农场 27 家，共承包土地 2250 亩，户均土地 83 亩。又例如，黑龙江省的林口县，由于"打工经济"发达，全县转移农业劳动力已接近总农业劳动力的一半，促成了土地的流

---

① 黑龙江农委：《黑龙江省虎林市家庭农场成景观》，《中国农业信息网》2004 年 9 月 14 日。

② 《兵团日报》2002 年 1 月 4 日。

转，因而形成了 3000 多个耕地在 100 亩以上的家庭农场。

家庭农场、私人农庄与小规模经营的农户相比，一个显著的特点就是机械化程度高。尤其是那些土地资源相对富饶的地区，大面积的土地耕种与机械化是紧密伴随的。例如，新疆石河子地区、黑龙江北大荒地区，粮食生产已基本实现了机械化。黑龙江的虎林市，大型农业机械就有近千套；前面提到的种粮大户吴玉进的家庭农场，农业机械的原值就接近百万元。

家庭农场以家庭成员的劳动为主，但一般也要雇用一些农工，尤其是农忙季节。私人农庄则要雇用更多的农工，例如武汉的谦森岛庄园，有员工 200 多人。这些雇用的农工，虽然从事的还是农业生产，但已不是传统意义上的农民，而是农业工人。在这个意义上，"大农"消灭了"小农"。

案例 6—13　　　　谦森岛庄园
——武汉市郊第一个私人农庄

谦森岛庄园位于武汉市北郊黄陂区祁家湾。庄园主赵发所原是祁家湾大曹村的一位普通村民。他 1978 年 15 岁就去武汉打工，贩过地瓜，干过水果行。1992 年他利用辛苦积累的 500 万资本回乡创业，承租了 1000 亩荒山（承租期为 50 年），建立了武汉市郊第一个私人农庄——谦森岛庄园。

赵发所首批择优雇用了 37 位年青农工，在农庄种植黑李、油桃等国外优质水果，果品注册商标为"谦森岛"、"新太阳"，产品畅销国内外市场。

后来，赵发所又分批承租了 5000 亩荒山荒坡，形成了 6000

多亩土地的私人农庄。2001年1月，黄陂区把祁家湾属下的大曹、杨集、毛店三个行政村的3847亩土地、988户、3553人委托给谦森岛庄园管理。

目前，谦森岛庄园有限公司有员工200多人，其中农技人员28人，高级农艺师六人，下辖六个林果专业生产场，一个农业科技研究院，一个果品销售公司。庄园有资产1.2亿元，年产值3000多万元，年利税1000多万元。

---

2. 集体农场或农业车间对农户经济的替代。

在一些依然实施社区集体所有制或集体经济占主导的地区，例如河南临颍的南街村、江苏江阴的华西村，土地一般没有承包给家庭，因此也不存在独立意义的农户经济。在这些地区，土地往往采用集体承包的方式，形成集体农场，或者是农业专业队。这些集体性质的农业企业，有可能独立核算，但一般并不自负盈亏，而是由村集体从非农收入中给予补贴，"以工补农"，并以此来平衡务农者与务工者的收入。因此，这一类的农业生产组织大都称为专业承包队，一般只需完成村集体规定的生产任务，有产量指标，而没有经营任务，没有利润指标，正是从这个意义上说，它更像是一个农业车间。例如，河南临颍南街村，建立了专事农业生产的集体农场耕种全村2000多亩土地，下辖四个专业队，有农业工人70多人。集体农场不自负盈亏，而是参加村集体统一分配。由于村集体实行向农业工人倾斜的收入分配政策，农业工人的工资比工业企业工人的工资还要高30%左右。[①]

---

① 高哲等主编：《南街之路——社会主义的实践与探索》，中共中央党校出版社1998年版，第120、155页。

很显然，这一类农业车间的工人，也不是传统意义上的农民。他们与社区集体经济组织中的其他企业工人一样，领取工资，享受集体的福利待遇，他们的不同仅在于从事工作的行业差异。正是从这个意义上说，集体"大农"也消灭了"小农"。

3. 农业产业化龙头企业对农户经济的改造和二者的共存。

这是当代中国在农业产业化、农业现代化进程中农业企业与农户经济较为典型和较为普遍的一种关系模式。在这种模式中，农业企业并没有吞并掉农户经济，恰恰相反，它是建立在农户经济的基础之上，二者共存。但是，这种共存不是所谓"井水不犯河水"的各行其道，而是农业企业用现代企业的经营方式、经营理念来改造分散经营的农户经济，使农户经济能够在不改变基本经济核算单位的前提下实现规模经营，以适应于现代农业的发展。

现代农业企业对农户经济的改造是多方面、全方位的。在生产领域，现代农业企业要求与之相联系的农户实行专业化、市场化、标准化的生产；在更高的层次，甚至要统一供种、统一施肥、统一生产技术、统一质量标准。农户的生产类似于农业车间按标准程序而进行的生产。在销售领域，农业企业要求与之相联系的农户统一品牌，统一价格，统一市场开发。对于那些农产品加工企业而言，农户就是企业的原料或初级产品生产基地。农户无须担忧市场销售和价格波动，而只需按订单、契约来从事生产。这种农业即"订单农业"，或"契约农业"。农户与农业企业是一种契约型的联结关系。

农业企业与农户经济的共生共存表明现代化"大农"并不一定要消灭"小农"才能生存与发展，但是，现代化"大农"肩负着改造"小农"，使传统"小农"转变为现代化"小农"的重任。

在传统小农经济的汪洋大海中，现代农业企业的生存与发展的确步履维艰；但在市场化小农经济的基础上，现代农业企业事实上有着十分广阔的发展空间。

4. 农业产业化龙头企业采用股份制的方式联结农户，使农户成为企业的股东，但依然保持农户的独立经济地位。

为了从利益上加强与农户的联系，以确保企业的原料、初级产品的稳定供给，一些龙头企业在"订单"、"契约"这一类"互惠契约"和"市场交易"关系的基础上，进一步发展成为"出资参股"，即"投资所有"的利益共同体关系。但农户依然保持着独立或相对独立的经济地位。这也就是说农户是企业的股东，农户经济则依然存在。

与龙头企业利益紧密相连的农户，通过入股参股，成为企业的股东。他们除了平常可以分享专业化、规模化生产所带来的增量利益外，在年终还可从企业获得分红收益。虽然此类农户依然保持了独立的经济地位，农户经济并没有消亡，但他们与龙头企业的关系已经从契约联系人的身份上升到了投资所有者的身份，他们对企业的依存度明显提高。这既有利于克服农户毁约或企业毁约的机会主义行为，也有利于企业和农户合作关系长期、可持续与稳定的发展。对于企业来说，把农户吸纳为股东，一方面可以扩张企业的资本，拓宽资本来源的渠道，使股权更加多样化；另一方面，也可以稳定农户，保障企业生产的原料或初级产品供给。对于农户而言，成为企业的股东，既可以从企业内部更好地维护自身利益，也可以提高自己生产的可预见性，避免市场波动所带来的风险。

由此看来，作为现代企业主要组织形式的股份制也不一定要消灭"小农"，而且，它还为市场化"小农"和现代化企业的连接提供了一个制度容量极其广阔的组织构架。

5. 农业产业化龙头企业吞并农户，农民转变为企业工人。

农业企业与农户的关系还有另外一种模式，这就是农户经济独立地位的消失，农户丧失了生产经营的自主权，农民转变为农业企业的工人。这也就是说，"小农"被"大农"（现代农业企业）所吞并。

这一类农业企业大都是从事专业化农业生产的企业，需要连片大规模土地的集中生产；或者是农业加工企业，需要建立自己大规模的生产基地。不管是以上哪一种情况，这类企业都采取了集中土地经营而不是农户分散经营的方针，因而需要把农户分散承包的土地通过不同的方式集中起来；而且集中了的土地还需要重新整理，比如说园林化、网渠化。农户失去了土地承包权后，企业必须予以足够的补偿，并保证他们的就业，因此，绝大多数失去了土地承包权的农民就会转变为企业工人，按月领取工资。即便是"反租倒包"的经营方式，即企业通过租用农户的承包土地来建立生产基地（"反租"），然后再通过发包的方式让其中部分农民按企业的技术要求进行生产（"倒包"），事实上也改变了承包土地及农户的性质。原来的承包土地通过企业合理、科学的整治，不仅大大提升了土地的价值，而且也成为了企业整个生产基地中的一个有机组成部分，不可能再恢复原来的现状。新的承包农户也不是原来意义上的承包农户，他们成为了企业整体劳动力中的一个组成部分。在一定意义上，他们可以看作是企业的农业车间工人；按承包合同需要完成的产品数量则可以看作是计件工资。

农业企业吞并农户经济，集中农户的承包土地，将农民转变为农业工人，必须建立在农户自觉自愿的基础之上。农民的身份转变，必须保证他们有更稳定的就业、更高的收入、更有保障的未来。因此，这应该是典型的"帕累托改进"。在此基础上的

"大农"消灭"小农",或"大农"吞并"小农",决不是对小农的无偿或廉价的剥夺,而是一种"互利共赢"。但是,在实际的经济运行中,还是有一部分案例表明有些吞并并非农户自觉自愿,而是来自于行政压力。为了某些领导人的"政绩工程",或是为了实现某些领导人的某种理念,采取强迫命令的行政方式,强行集中农户的土地,将农民转变为农业工人。实践证明,这种强制方式的结果大多数是悲剧性的,遗留下了许多灾难性的后果。这必须引以为戒。

八 本章小结

农村企业,从产业构成看,包括农村地区的农业企业与非农业企业;从所有制形态看,包括农村地区不同经济形态的各类企业:乡镇集体企业、个体私营及家族企业,以股份制为主要形式的混合所有制企业,等等。就数量而言,我国的农村企业在农村微观经济组织形式中所占的比重并不大,但农村企业对农村经济生活的影响,尤其是对农业产业化进程的影响不可低估。

企业,可以看作是市场经济中以谋求利润最大化为基本目的的有组织的团队生产。企业不是一种超历史的微观经济组织,而是在一定的历史阶段才出现的微观经济组织。现代企业是市场经济发展的产物。实践证明,在纯粹的社会主义计划经济条件下,不存在市场经济意义的企业。这是因为计划经济体制与国营企业及集体企业实行市场经济的商业原则内在不能相容。

现代企业一开始就是与城市、与工业紧密联系在一起的,传统农村、传统农业本质上是排斥现代企业制度的。我国现代意义的企业是伴随帝国主义的入侵,从外部输入的,而不是本土自发生成的。在我国特定的社会历史环境中，在农村创办现代企业，推进农村的工业化，一开始就赋予了爱国主义和现代化的特质，而不单纯是一个经济层面的问题。这种超经济的政治热情使得中国农村现代企业的兴办、农村工业化的推进在一定的政治氛围中注定要带有某种悲壮的色彩。

回顾现代企业，尤其是现代工业企业在中国乡村的发展历程，我们可以从中发现如下几个特点：（1）经济与政治的关联度是极其紧密的；（2）工业化与市场化的联系程度决定工业化的成败；（3）把工业化等同于建立工业企业，这是乡村工业化进程中一个相当长时期的理论与实践"误区"。

乡镇集体企业是我国农村企业中一个非常重要的组成部分。在人民公社化以后的相当长一段时间里，农村企业就等于农村集体企业；伴随着农村改革开放的进程，各种经济形态的企业不断涌现并得到迅速发展，乡镇集体企业在整体农村企业中的比重则不断下降，其影响力也在下降。

人民公社时期的社队企业，严格说来，并不是实质意义上的现代企业。公社和大队这两级的社队企业是在一个较小的区域内复制了国有制企业的"软预算约束"：它用无偿抽调生产队资产、劳力的方式来弥补企业的亏损。由于生产队的企业亏损无法再向外转嫁，所以，人民公社体制下的社队企业主要是公社与大队这两级的企业，而作为"三级所有"基础层的生产队，企业反而寥寥无几。

改革开放早期乡镇集体企业取得成功的典型模式是所谓"苏南模式"。它有如下主要特征：（1）企业大多数是村级社区集体所有，是所谓"模糊产权"型企业。（2）社区政府主导。这里的社区政府既包括乡镇一级基层政府，也包括村一级社区"准政府"。（3）企业空间布局分散。这种政府主导或政府推动的、"模糊产权"型的乡镇集体企业在我国从计划经济体制向市场经济体制转轨的初期,由于顺应当时的宏观制度环境,显示出了独特的竞争优势。事实证明,在经济转轨和经济短缺并存的历史条件下,在生产要素市场和企业家市场都不完善甚至不具备的宏观经济环境中,在社会文化和意识形态的约束力很强的背景里,依赖社区共有资源,借助政府的权威、"公信力"以及人力资本资源,确实可以加速推进乡村的工业化进程。

但是,伴随着我国经济市场化改革的深入,"模糊产权"、政企不分、规模不经济所带来的弊病越来越大,以"苏南模式"为代表的乡镇集体企业的发展面临着越来越严峻的挑战,以致出现了严重的发展危机,因而触发了以明晰产权为核心内容的全面改革。

乡镇个体、私营企业发展的典型模式是所谓"温州模式"。在我国,个体、私营企业的创建与发展主要存在着意识形态障碍、资本障碍和管理障碍。

在改革开放的早期,个体、私营企业的创建与发展具有"政治风险",需要支付"政治成本"。因此,许多实质性的个体、私营企业都要想方设法戴上一顶"红帽子",即挂靠一个国营或集体单位,成为形式上的集体企业。这种挂靠形式是民间企业家与地方政府在特定的制度背景与意识形态氛围中的一种巧妙的组织创新,是一种"创造性的骗术"。从中国制度变迁的进程看,个体、私营企业的发展虽然整体而言是一种微观经济主体诱致性的制度变迁,但中央及地方政府初期的默认、后期的鼓励依然起着至关重要的作用。在这一进程中,邓小平的"不争论"政策和温州等地的"创造性骗术"是上下结合的高度政治智慧。

个体、私营企业要突破资本"瓶颈",内在的改革是要走股份制道路,从私营企业转向股份制企业,变封闭性的资本模式为开放性的资本模式。就外部环境看，则是要努力推进金融深化，发展和完善金融市场，这就需要放宽金融组织的进入门槛，允许各种不同类型的民间金融组织在规范的基础上合法存在，并推动金融业的良性竞争。

家族化管理依赖血缘、亲缘为纽带，构成一个长期合作的隐性契约。在一个社会公共信用普遍缺乏的环境下，利用这种血缘、亲缘关系建立的家庭和家族信任机制可较为有效地解决管理链条延长时的委托—代理矛盾，节约信息搜寻和监督成本。因此，家庭、家族企业在一定的约束条件下是一个有效率的微观经济组织。但是，家族化管理，建立在低信任度社会的基础之上，缺乏持续发展的扩张力和更广阔的发展空间。作为一种内闭型的管理模式，家族化管理选拔人才的空间极为狭窄，而人才是决定企业生死存亡的关键。因此，大型私营企业要克服"管理瓶颈"，就必须超越"家族化管理"。现代社会的企业家市场、社会诚信评价机制的逐步建立，为基于血亲关系的低信任度社会向基于社会网络的高信任度社会的转轨奠定了必要的基础和前提。

通过农村集体企业的改制和再改制形成的股份制公司是农村股份制企业的主体，这表明我国当代农村的股份制企业与集体企业，尤其是社区型的集体企业有十分密切的联系。从集体企业脱胎而形成的股份制企业，事实上也是一种"扬弃"，即保留了社会化占有的本质，而抛弃了封闭、混沌、单一的集体产权结构。与单一的集体产权或单一的私人产权相比，股份制公司最明显的特征就是产权主体的多元化。这种多元化的产权主体具有广泛的制度包容性以及资本的社会性与开放性，使它既可以在私有制基础上发育而成为资本主义市场经济中占主导地位的微观经济组织形式，也可以在公有制基础上发育而成为社会主义市场经济中占主导地位的微观经济组织形式。

农业产业化进程中的龙头企业，在现有的农村企业中并不占多数，但未来的发展前景十分广阔。根据发达国家的经验，农村企业的主体最终必然是与农业密切相关的企业。农业产业化龙头企业的一个本质性的特征就是对农户经济的带动力。

我国农业企业与农户经济的关系错综复杂，不可能是单一模式。概括起来，大致有如下几类：（1）家庭农场、私人农庄对小规模农户经济的替代；（2）集体农场或农业车间对农户经济的替代；（3）农业产业化龙头企业对农户经济的改造和二者的共存；（4）农业产业化龙头企业采用股份制的方式联结农户，使农户成为企业的股东，但依然保持农户的独立经济地位；（5）农业产业化龙头企业吞并农户，农民转变为企业工人。

参 考 文 献

一 中文论著与论文

薄一波：《若干重大决策与事件的回顾》（修订本），人民出版社 1997 年版。

曹阳：《历史的选择——市场经济发展史》，华中师范大学出版社 1993 年版。

曹阳：《发展的陷阱：误入歧途的工业化——从制度结构分析的两种工业化类型》，《华中师范大学学报》1994 年第 6 期。

曹阳：《中国农业劳动力转移：宏观经济结构变动》，湖北人民出版社 1999 年版。

曹正汉：《信念、效率与制度变迁——广东省中山市崖口村公社制度研究（1980—1999）》，中国经济出版社 2002 年版。

《辞海》（缩印本）上海辞书出版社 1989 年版。

陈剑波：《人民公社的产权制度——对排它性受到严格限制的产权体系进行的制度分析》，《经济研究》1994 年第 7 期。

陈池波、胡振虎：《治理乡村债务迫在眉睫——湖北乡村债务问题调查报告》，载 WTO 与湖北发展研究中心主办《省情调查与分析》2005 年第 13 期。

邓小平：《在中央顾问委员会第三次全体会议上的讲话》，《邓小平文选》第 3 卷，人民出版社 1993 年版。

邓小平：《在武昌、深圳、珠海、上海等地的谈话要点》，《邓小平文选》第 3 卷，人民出版社 1993 年版。

董辅礽：《关于我国社会主义所有制形式问题》，《经济研究》1979 年第 1 期。

董辅礽主编：《中华人民共和国经济史》上卷，经济科学出版社 1999 年版。

董辅礽：《经济发展研究》，经济科学出版社 1997 年版。

杜润生：《杜润生自述：中国农村体制变革重大决策纪实》，人民出版社 2005 年版。

杜吟棠主编：《合作社：农业中的现代企业制度》，江西人民出版社 2002 年版。

杜吟棠：《农业产业化经营和农民组织创新对农民收入的影响》，《中国农村观察》2005 年第 3 期。

发展研究所综合课题组：《改革面临制度创新》，上海三联书店 1988 年版。

樊亢等主编：《美国农业社会化服务体系——兼论农业合作社》，经济日报出版社 1994 年版。

费孝通：《江村经济：中国农民的生活》，江苏人民出版社 1986 年版。

费孝通：《江村农民生活及其变迁》，敦煌文艺出版社 1997 年版。

费孝通：《乡土中国、生育制度》，北京大学出版社 1998 年版。

高哲、高松、冯银增、冯石岗主编：《南街之路——社会主义的实践与探索》，中共中央党校出版社 1998 年版。

《国务院关于农村金融体制改革的决定》，1996 年。

国家统计局编：《中国统计年鉴 2003》，中国统计出版社 2003 年版。

国家统计局编：《中国统计年鉴 2005》，中国统计出版社 2005 年版。

国鲁来：《合作社制度及专业协会实践的制度经济分析》，《中国农村观察》2001 年第 4 期。

郭熙保：《农业发展论》，武汉大学出版社 1995 年版。

贺雪峰：《为什么土地承包制会有效率》，载《三农中国》第 1 期，湖北人民出版社 2004 年版。

黄宗智：《长江三角洲小农家庭与乡村发展》，中华书局 2000 年版。

黄宗智：《华北的小农经济与社会变迁》，中华书局 2000 年版。

金挥、陆南泉主编：《战后苏联经济》，时事出版社 1985 年版。

姜安荣：《福建省乡村债务分析与对策措施》，《农村合作经济经营管理》2001 年第 2 期。

课题组：《农民合作经济组织法立法专题研究报告》，《农村经济文稿》2004 年第 8 期。

李稻葵：《论转型经济中的模糊产权》，载海闻主编：《中国乡镇企业研究》，中华工商联合出版社 1997 年版。

李怀印：《中国乡村治理之传统形式：河北获鹿县之实例》，载《中国乡村研究》第 1 辑，商务印书馆 2003 年版。

梁漱溟：《中国合作运动之路向》，《乡村建设旬刊》1934 年第 4 卷。

林毅夫：《制度、技术与中国农业发展》，上海三联书店、上海人民出版社 1994 年版。

林毅夫：《关于制度变迁的经济学理论：诱致性变迁与强制性变迁》，载《财产权利与制度变迁——产权学派与新制度学派译文集》，上海三联书店 1994 年版。

临颍县南街村编写组：《理想之光——南街人谈共产主义小社区建设》，1995 年。

刘惠、葛书院、苑鹏：《中国农村专业合作经济组织发展研究报告》，《中国供销合作通讯》2003 年第 3 期。

刘世锦：《经济体制效率分析导论——一个理论框架及其对中国国有企业体制改革问题的应用研究》，上海三联书店 1993 年版。

卢晖临：《革命前后中国乡村社会分化模式及其变迁：社区研究的发现》，载《中国乡村研究》第 1 辑，商务印书馆 2003 年版。

马杰三等编：《当代中国的乡镇企业》，当代中国出版社 1991 年版。

马津龙：《温州民营企业制度创新的若干问题》，《决策科学》1999 年第 4 期。

毛泽东：《学生之工作》，《湖南教育月刊》第 1 卷第 2 号，1919 年。

毛泽东：《中国社会各阶级的分析》，《毛泽东选集》第 1 卷，人民出版社 1991 年版。

毛泽东：《湖南农民运动考察报告》，《毛泽东选集》第 1 卷，人民出版社 1991 年版。

毛泽东：《井冈山的斗争》，《毛泽东选集》第 1 卷，人民出版社 1991 年版。

毛泽东:《寻乌调查》,《毛泽东农村调查文集》,人民出版社1982年版。

毛泽东:《必须学会做经济工作》,《毛泽东选集》第2卷,人民出版社1991年版。

毛泽东:《新民主主义论》,《毛泽东选集》第2卷,人民出版社1991年版。

毛泽东:《中国革命和中国共产党》,《毛泽东选集》第2卷,人民出版社1991年版。

毛泽东:《组织起来》,《毛泽东选集》第3卷,人民出版社1991年版。

毛泽东:《在中国共产党第七届中央委员会第二次全体会议上的报告》,《毛泽东选集》第4卷,人民出版社1991年版。

毛泽东:《农业合作化的一场辩论和当前的阶级斗争》,《毛泽东选集》第5卷,人民出版社1977年版。

毛泽东:《关于农业合作化问题》,《毛泽东选集》第5卷,人民出版社1977年版。

毛泽东:《〈中国农村的社会主义高潮〉的按语》,《毛泽东选集》第5卷,人民出版社1977年版。

毛泽东:《在郑州会议上的讲话》,《建国以来毛泽东文稿》第8册,中共中央文献出版社1993年版。

茅于轼:《中国人的道德前景》,暨南大学出版社1997年版。

农牧渔业部:《关于开创社队企业新局面的报告》,1984年。

农业部:《关于推行和完善乡镇企业股份合作制的通知》,1993年。

农业部、国家发展和改革委员会等中央九部委:《农业产业化国家重点龙头企业认定和运行监测管理暂行办法》,2001年。

《农村地区公共产品筹资方式研究》课题组:《农村地区公共

产品筹资：制度转型与政策建议》，《中国农村观察》2005 年第 3 期。

《农业集体化重要文件汇编》第 2 卷，中共中央党校出版社 1982 年版。

史晋川等：《制度变迁与经济发展：温州模式研究》（修订版），浙江大学出版社 2004 年版。

社论：《论农业产业化》，《人民日报》1995 年 12 月 11 日。

社论：《来一次思想大解放》，《湖北日报》2003 年 1 月 2 日。

《社员实行"工分制"分配　探访伶仃洋畔"集体农庄"》，南方网，2004 年 11 月 28 日。

《苏南寓言》，载《江苏城市论坛》网，2005 年 10 月 22 日。

秦晖：《传统中华帝国的乡村基层控制：汉唐间的乡村组织》，载黄宗智主编：《中国乡村研究》第 1 辑，商务印书馆 2003 年版。

全国供销合作社总社：《农村专业合作社示范章程（试行）》、《农村专业合作社指导办法（试行）》，2003 年。

吴承明主编：《中国资本主义发展史》第 2 卷，人民出版社 1990 年版。

吴毅：《村治变迁中的权威与秩序——20 世纪川东双村的表达》，中国社会科学出版社 2002 年版。

温铁军：《中国农村基本经济制度研究》，中国经济出版社 2000 年版。

万峰：《日本资本主义史研究》，湖南人民出版社 1984 年版。

王冰：《中国农业生产组织政策绩效分析与评价》，《经济评论》2004 年第 4 期。

王景新：《乡村新型合作经济组织崛起》，中国经济出版社

2005 年版。

王云帆、罗小军：《华西村：天下第一村路在何方》，《21 世纪报道》2003 年 7 月 17 日。

王润雷：《全国村级债务形成的几个阶段及成因》，《中国农业会计》2004 年第 4 期。

王文彬等编：《中国乡镇企业概论》，上海社会科学出版社 1988 年版。

王宗培：《中国之合会》，中国合作学社 1935 年。

项继权：《集体经济背景下的乡村治理——南街、向高和方家泉村村治实证研究》，华中师范大学出版社 2002 年版。

谢天佑：《秦汉经济政策与经济思想史稿》，华东师范大学出版社 1989 年版。

许涤新主编：《政治经济学辞典》，人民出版社 1980 年版。

薛仙舟：《中国合作化方案》，《江苏合作》1927 年第 6 期。

杨德寿主编：《中国供销合作社发展史》，中国财政经济出版社 1998 年版。

杨小凯：《经济学原理》，中国社会科学出版社 1998 年版。

杨春学：《经济人的"再生"：对一种新综合的探讨与辩护》，《经济研究》2005 年第 11 期。

袁恩桢主编：《温州模式与富裕之路》，上海社会科学出版社 1987 年版。

苑鹏：《中国农村市场化进程中的农民合作组织研究》，《中国社会科学》2001 年第 6 期。

徐启生：《以色列"集体农庄"基布兹：在理想与现实中冲撞》，《光明日报》2004 年 8 月 27 日。

赵德馨主编：《中华人民共和国经济史纲要》，湖北人民出版社 1988 年版。

赵冈:《重新评价中国历史上的小农经济》,《中国经济史研究》1994 年第 1 期。

张培刚:《论农家记账调查法》,载《张培刚选集》,山西经济出版社 1997 年版。

张培刚主编:《新发展经济学》,河南人民出版社 1999 年版。

张鸣:《漫谈乡间合作发生的文化条件》,载《三农中国》第 4 辑,湖北人民出版社 2004 年版。

张仁寿、李红:《温州模式研究》,中国社会科学出版社 1990 年版。

张五常:《企业的合约性质》,《经济解释》,商务印书馆 2000 年版。

张晓山:《有关中国农民专业合作组织发展的几个问题》,《农村经济》2005 年第 1 期。

张元红:《新一轮农村信用社改革及其对农村金融发展的影响》,《中国农村观察》2005 年第 4 期。

朱平豆:《元亨之死与红豆中兴 集体企业的国企病》,《21世纪报道》2004 年 6 月 11 日。

周其仁:《中国农村改革:国家与土地所有权关系的变化——一个经济制度变迁史的回顾》,《中国社会科学季刊》(香港) 1995 年第 6 期。

周其仁:《信息成本与制度变革——读〈杜润生自述:中国农村体制变革重大决策纪实〉》,《经济研究》2005 年第 12 期。

中共中央文献研究室编:《三中全会以来重要文献选编》,人民出版社 1982 年版。

《中共中央关于在农村建立人民公社问题的决议》,1958 年。

中共中央:《关于进一步加强和完善农业生产责任制的几个问题》,1980 年。

中共中央、国务院：《关于深化供销合作社改革的决定》，1995 年。

《中共中央关于完善社会主义市场经济体制若干问题的决定》，人民出版社 2003 年版。

中国社会科学院农村发展研究所组织与制度研究室：《中国村庄的工业化模式》，社会科学文献出版社 2002 年版。

中国农村发展研究组编：《农村、经济、社会》第 3 卷，知识出版社 1985 年版。

《中华人民共和国宪法》。

《中华人民共和国宪法修正案》，1988 年、1993 年。

《中华人民共和国农村土地承包法》，2002 年。

《中华人民共和国村民委员会组织法》，1998 年。

《中华人民共和国乡镇企业法》，1996 年。

《中华人民共和国私营企业暂行条例》，1988 年。

《中华人民共和国个人独资企业法》，2000 年。

《浙江省农民专业合作社条例》，2004 年。

《礼记·礼运》。

《孟子·告子上》。

《荀子·性恶篇》。

王充：《论衡·本性》。

《盐铁论》（本议）。

二　中文译著与译文

［美］奥利弗·E. 威廉姆森：《资本主义经济制度——论企业签约与市场签约》，商务印书馆 2002 年版。

〔美〕阿尔钦、德姆塞茨：《生产、信息费用与经济组织》，载《财产权利与制度变迁——产权学派与新制度学派译文集》，上海三联书店1991年版。

〔美〕阿尔温·托夫勒：《第三次浪潮》，三联书店1984年版。

〔英〕爱德华·泰勒：《原始文化》，上海文艺出版社1992年版。

〔俄〕A.恰亚诺夫：《农民经济组织》，中央编译出版社1996年版。

〔美〕保罗·A.萨缪尔森、威廉·D.诺德豪斯：《经济学》第12版，中国发展出版社1992年版。

C.M.奇拉波主编：《欧洲经济史》，商务印书馆1988年版。

〔美〕查尔斯·P.金德尔伯格、布鲁斯·赫里克：《经济发展》，上海译文出版社1986年版。

〔英〕戴维·W.皮尔斯主编：《现代经济学词典》，上海译文出版社1988年版。

〔美〕戴维斯、诺思：《制度变迁的理论：概念与原因》，载《财产权利与制度变迁——产权学派与新制度学派译文集》，上海三联书店1991年版。

恩格斯：《共产主义原理》，《马克思恩格斯选集》第1卷，人民出版社1972年版。

恩格斯：《致约·布洛赫》，《马克思恩格斯选集》第4卷，人民出版社1972年版。

恩格斯：《家庭、私有制和国家的起源》，《马克思恩格斯选集》第4卷，人民出版社1972年版。

恩格斯：《法德农民问题》，《马克思恩格斯选集》第4卷，人民出版社1972年版。

〔美〕费正清主编：《剑桥中华民国史》第1部，上海人民出版社1991年版。

〔美〕费正清：《美国与中国》，世界知识出版社1999年版。

〔美〕弗朗西斯·福山：《信任：社会美德与创造经济繁荣》，海南出版社2001年版。

〔美〕G. 罗兹曼：《中国的现代化》，江苏人民出版社1995年版。

〔美〕哈罗德·德姆塞茨：《经济发展中的主次因素》，载《制度、契约与组织——从新制度经济学角度的透视》，经济科学出版社2003年版。

汉斯·梅里契克：《农业合作社——立法原则与新动向》，载《合作社法国际研讨会论文集》，中国农业出版社1996年版。

〔德〕何梦笔：《网络、文化与华人社会经济行为方式》，山西经济出版社1996年版。

〔美〕加里·S. 贝克尔著，彭松建译：《家庭经济分析》，华夏出版社1987年版。

〔美〕加里·S. 贝克尔：《人类行为的经济分析》，上海三联书店1993年版。

〔美〕K. 帕立斯：《地方积极性与国家改革：经济发展的温州模式》，《中国季刊》1993年第134期。

〔美〕拉坦：《诱致性制度变迁理论》，载《财产权利与制度变迁——产权学派与新制度学派译文集》，上海三联书店1991年版。

列宁：《给农村贫民》，《列宁选集》第1卷，人民出版社1972年版。

列宁：《国家与革命》，《列宁选集》第3卷，人民出版社1972年版。

列宁：《土地问题提纲初稿》，《列宁选集》第 4 卷，人民出版社 1972 年版。

列宁：《工会在新经济政策条件下的作用和任务》，《列宁选集》第 4 卷，人民出版社 1972 年版。

列宁：《共产主义运动中的"左派"幼稚病》，《列宁选集》第 4 卷，人民出版社 1972 年版。

列宁：《论合作制》，《列宁选集》第 4 卷，人民出版社 1972 年版。

列宁：《十月革命四周年》，《列宁选集》第 4 卷，人民出版社 1972 年版。

列宁：《新经济政策和政治教育的任务》，《列宁全集》第 33 卷，人民出版社 1972 年版。

［英］罗素：《权力论——一个新的社会分析》，东方出版社 1988 年版。

［俄］卢森贝：《政治经济学史》第 1 卷，生活·读书·新知三联书店 1959 年版。

［美］诺思：《制度·制度变迁与经济绩效》，上海三联书店 1994 年版。

［美］诺思：《经济史中的结构与变迁》，上海三联书店 1994 年版。

［美］诺思：《经济学的一场革命》，载《制度、契约与组织——从新制度经济学角度的透视》，经济科学出版社 2003 年版。

［法］勒帕日：《美国新自由主义经济学》，北京大学出版社 1985 年版。

［奥］哈耶克：《个人主义与经济秩序》，北京经济学院出版社 1989 年版。

马克思：《雇佣劳动与资本》,《马克思恩格斯选集》第 1 卷,人民出版社 1972 年版。

马克思：《哲学的贫困》,《马克思恩格斯选集》第 1 卷,人民出版社 1972 年版。

马克思：《关于费尔巴哈的提纲》,《马克思恩格斯选集》第 1 卷,人民出版社 1972 年版。

马克思：《路易·波拿巴的雾月十八日》,《马克思恩格斯选集》第 1 卷,人民出版社 1972 年版。

马克思：《〈政治经济学批判〉导言》,《马克思恩格斯选集》第 2 卷,人民出版社 1972 年版。

马克思：《对华贸易》,《马克思恩格斯选集》第 2 卷,人民出版社 1972 年版。

马克思：《不列颠在印度的统治》,《马克思恩格斯选集》第 2 卷,人民出版社 1972 年版。

马克思：《致巴·瓦·安年柯夫》,《马克思恩格斯选集》第 4 卷,人民出版社 1972 年版。

马克思：《政治经济学批判大纲》（草稿）第 2 分册,人民出版社 1962 年版。

马克思：《资本论》第 1 卷,《马克思恩格斯全集》第 23 卷,人民出版社 1972 年版。

马克思：《资本论》第 2 卷,《马克思恩格斯全集》第 24 卷,人民出版社 1972 年版。

马克思：《资本论》第 3 卷,《马克思恩格斯全集》第 25 卷,人民出版社 1974 年版。

马克思：《剩余价值学说史》第 1 卷,人民出版社 1975 年版。

马克思、恩格斯：《德意志意识形态》,《马克思恩格斯全集》

第 3 卷，人民出版社 1972 年版。

〔美〕马克斯·韦伯：《新教伦理与资本主义精神》，三联书店 1987 年版。

〔英〕玛格丽特·柯尔：《欧文传》，商务印书馆 1995 年版。

〔德〕迈克尔·米特罗尔、雷因哈德·西德尔：《欧洲家庭史》，华夏出版社 1987 年版。

〔美〕麦特·里德雷：《美德的起源——人类本能与协作的进化》，中央编译出版社 2004 年版。

〔美〕钱德勒：《看得见的手——美国企业的管理革命》，商务印书馆 1987 年版。

〔美〕R. I. 麦金农：《经济发展中的货币与资本》，上海三联书店 1988 年版。

斯大林：《论苏联土地政策的几个问题》，《列宁主义问题》，人民出版社 1964 年版。

斯大林：《列宁主义问题》，人民出版社 1964 年版。

〔英〕S. B. 里丁：《海外华人企业家的管理思想——文化背景与风格》，三联书店 1993 年版。

〔美〕斯蒂格利茨：《经济学》，中国人民大学出版社 1997 年版。

〔美〕萨缪尔森：《经济学》，商务印书馆 1982 年版。

〔美〕施坚雅：《中国农村的市场和社会结构》，中国社会科学出版社 1998 年版。

〔美〕斯蒂芬·P. 罗宾斯、玛丽·库尔特：《管理学》第 7 版，中国人民大学出版社 2004 年版。

汤姆·R. 伯恩斯：《结构主义的视野——经济与社会的变迁》，社会科学文献出版社 2000 年版。

世界银行：《世界发展报告 2002》。

[美] 西蒙：《现代决策理论的基石》，北京经济学院出版社1989 年版。

[美] 西蒙·库兹涅茨：《各国的经济增长 总产值和生产结构》，商务印书馆 1985 年版。

[美] 西奥多·W. 舒尔茨：《改造传统农业》，商务印书馆1999 年版。

[英] 亚当·斯密：《国民财富的性质和原因的研究》，商务印书馆 1974 年版。

[英] 亚当·斯密：《道德情感论》，陕西人民出版社 2004 年版。

[匈] 亚诺什·科尔内：《短缺经济学》，经济科学出版社1986 年版。

亚历山德拉·贝纳姆、李·贝拉姆：《交换成本的测量》，载《制度、契约与组织——从新制度经济学角度的透视》，经济科学出版社 2003 年版。

[美] 约瑟夫·熊彼特：《经济分析史》第 1 卷，商务印书馆1996 年版。

三　英文论著与论文

Alchian, A. A. and Demsetz, H. , 1972, "Production, Information Costs, and Economic Organization," *American Economic Review* 62：777—95.

Arrow, K. J. , 1974, *The Limits of Organization*, New York：Norton.

Baumol, W. , 1990, "Entrepreneurship：Productive, Unproductive, and Destructive," *Journal of Political Economy*, No. 5.

Chan, Anita, Richard Madsen, Jonathan Unger, 1984, *Chen Village: The Recent History of a Peasant Community in Mao's China*, Berkeley, CA: University of California Press.

Ch'ien, Tuan-sheng, 1960, *Government and Politics of China*, Cambridge, Mass.: Harvard University Press.

Ch'ü t'ung-tsu, 1962, *Local Government in China Under the Ch'ing*, Cambridge, Mass.: Harvard University Press.

Coase, R. H., 1937, "The Nature of the Firm," *Economica*, IV.

Coase, R. H., 1990, "Accounting and the Theory of the Firm," *Journal of Accounting and Economics*.

Davis, L. and North, D. C., 1979, "Institutional Change and American Economic Growth: A First Step toward a Theory of Institutional Innovation," *Journal of Economic History* 30.

Dawkins, 1976, *The Selfish Gene*, Oxford Press.

Demsetz, H., 1988, *Ownership, Control, and the Firm*, Basil Blackwell Ltd.

Frank Knight, 1921, *Risk, Uncertainty and Profit*, New York: Houghton Mifflin Co.

International Cooperative Alliance (ICA), 1996, What Is a Cooperative.

Hsiao Kung-chuan, 1960, *Rural China: Imperial Control in the Nineteenth Century*, Seattle: University of Washington Press.

Jean C. Oi, 1992, "Fiscal Reform and the Economic Foundation of Local State Corporatism in China," *Journal of World Politics*, Vol . 45, No. 1.

Jean C. Oi, 1995, "The Role of the Local State in China's Transitional Economy," *The China Quarterly*, No. 144.

Jensen, M. C. & Meckling, W. H. , 1976, "Theory of the Firm: Managerial Behavior, Agency Costs, and Ownership Structure," *Journal of Financial Economics*, No. 3.

Klein, B. , 1980, "Borderlines of Law and Economic Theory: Transaction Cost Determinants of Unfair Contractual Arrangement," *American Economic Review Paoers and Proceeding* 70, May;

Knight, F. H. , 1921, "Risk, Uncertainty, and Profit," Hart Schaffner and Marx.

Nee Victor & Frank W. Young, 1990, "Peasant Entrepreneurs in China's Second Economy: An Institutional Analysis," *Economic Development and Cultural Change*, 39: 293—310.

Pfeffer & Salancik, 1978, *The External Control of Organizations*, New York: Harper & Row Pub.

Scott, James C. , 1976, *The Moral Economy of the Peasant: Rebellion and Subsistence in Southeast Asia*. New Heaven: Yale University Press.

Smith, Arther H. 1899, *Village Life in China: a Study in Sociology*, New York: Fleming H. Revell Co.

Weick, K. , 1979, *The Social Psychology of Organizing*, 2 ed. , Reading, Mass: Addison-Wesley.

Weitzman, Martin & Changgang Xu, 1994, "Chinese Township-Village Enterprises as Vaguely Defined Cooperatives," *Journal of Comparative Economics*, No. 18.

Williamson, O. E., 1993, "*The Economic Analysis of Institutions and Organisations: in General and with Respect to Country Studies*," Economics Department Working Papers 133, Paris: OECD.